Paul Rassinier

# Le Mensonge d'Ulysse &
# Ulysse trahi par les siens

# Paul Rassinier

## Le Mensonge d'Ulysse

*1950*

&

## Ulysse trahi par les siens

*1960*

Publié par
Omnia Veritas Ltd

*Omnia Veritas*

www.omnia-veritas.com

# LE MENSONGE D'ULYSSE ........................................................................ 9

*Revue de presse concernant Le passage de la ligne (1948)* .............. 11
*Revue de presse concernant Le mensonge d'Ulysse (1950-1976)*...... 13
*Les actions judiciaires contre Le mensonge d'Ulysse : Échec complet* 15

AVANT-PROPOS DE L'AUTEUR POUR LA SECONDE ET LA TROISIÈME ÉDITION .......... 17
PRÉFACE D'ALBERT PARAZ À LA PREMIÈRE ÉDITION ........................................... 45
PROLOGUE .................................................................................................. 72
PREMIÈRE PARTIE : L'EXPÉRIENCE VÉCUE ....................................................... 81
CHAPITRE I .................................................................................................. 82
*Un grouillement d'humanités diverses aux portes des enfers* ........... 82
CHAPITRE II ............................................................................................... 102
*Les cercles de l'enfer* ..................................................................... 102
CHAPITRE III .............................................................................................. 118
*La barque de Charon* ..................................................................... 118
CHAPITRE IV .............................................................................................. 143
*Un havre de grâce antichambre de la mort* ................................... 143
CHAPITRE V ............................................................................................... 158
*Naufrage* ...................................................................................... 158
CHAPITRE VI .............................................................................................. 164
*Terre des hommes « libres »* .......................................................... 164
DEUXIÈME PARTIE : L'EXPÉRIENCE DES AUTRES ............................................. 188
CHAPITRE I ................................................................................................ 189
*La littérature concentrationnaire* .................................................. 189
CHAPITRE II ............................................................................................... 202
*Les témoins mineurs* ..................................................................... 202
   I – Frère Birin ............................................................................ 202
     Le départ en Allemagne (de la gare de Compiègne) ............... 203
     L'arrivée à Buchenwald ........................................................ 204
     Le régime du camp ............................................................... 204
     À Dora .................................................................................. 205
     Des erreurs graves ............................................................... 206
     Le destin des déportés .......................................................... 208
   II – Abbé Jean-Paul Renard ......................................................... 210
   III – Abbé Robert Ploton ............................................................. 211
   Appendice au Chapitre II ............................................................ 213
     La discipline à la Maison Centrale de Riom en 1939 ............... 214
     Dans les prisons de la « libération » ..................................... 215
     À Poissy ................................................................................ 217
     Allemands prisonniers en France .......................................... 217
CHAPITRE III .............................................................................................. 219
*Louis Martin-Chauffier* .................................................................. 219

| | |
|---|---|
| Type de raisonnement | 219 |
| Autre type de raisonnement | 222 |
| Le régime des camps | 223 |
| Mauvais traitements | 226 |

CHAPITRE IV ............................................................................................... 229
*Les psychologues* ............................................................................... *229*
    David Rousset et L'Univers concentrationnaire ..................... 229
    Le postulat de la théorie .............................................................. 232
    Le travail ......................................................................................... 233
    La Häftlingführung ....................................................................... 236
    L'objectivité .................................................................................. 242
    Tradutore, traditore ..................................................................... 249
    Appendice au Chapitre IV ........................................................... 251
        Déclaration sous la foi du serment ........................................ 251
        Le rapport d'un sous-lieutenant à un lieutenant ................ 252

CHAPITRE V ................................................................................................. 257
*Les sociologues* .................................................................................. *257*
    Eugen Kogon et L'Enfer organisé ............................................... 257
    Le détenu Eugen Kogon .............................................................. 258
    La méthode ................................................................................... 261
    La Häftlingführung ....................................................................... 263
    Les arguments .............................................................................. 267
    Le comportement de la S.S. ....................................................... 272
    Le personnel sanitaire ................................................................. 279
    Dévouement ................................................................................. 281
    Cinéma, sports ............................................................................. 283
    La maison de tolérance .............................................................. 284
    Mouchardage ............................................................................... 285
    Transports ..................................................................................... 287
    Tableau ......................................................................................... 288
    Appréciations ............................................................................... 290
    Nota bene ..................................................................................... 293
CONCLUSION .............................................................................................. 297

**ULYSSE TRAHI PAR LES SIENS .................................................................. 311**

INTRODUCTION .......................................................................................... 313
CHAPITRE I .................................................................................................. 317
  « Le commandant d'Auschwitz parle... » de Rudolf Höss ............... *317*
CHAPITRE II ................................................................................................. 330
  *Les chambres À gaz : 6 000 000 de gazés, ou ?* ............................ *330*
CHAPITRE III ................................................................................................ 361
  *« VÉRITÉ HISTORIQUE OU VÉRITÉ POLITIQUE ? »* ........................... *361*

Conclure ? ..................................................................................................386
  *Annexes (1/2)* ........................................................................................*390*
    Avant le procès des gardiens du camp d'Auschwitz ............................. 390
      (Rivarol n° 674, 12 décembre 1963) ................................................. 390
    La situation après l'armistice de 1940 ................................................... 393
    L'Entré en guerre de l'Allemagne contre la Russie et la solution finale du problème juif ............................................................................................. 397
      (Rivarol n° 677, 2 janvier 1964) ........................................................ 397
      La conférence de Wannsee ............................................................. 399
      Les chambres à gaz ........................................................................ 401
      Le nombre des victimes .................................................................. 401
      Importance de la question .............................................................. 403
    Le procès des gardiens du camp d'Auschwitz ....................................... 406
      (Rivarol, n° 680, 23 janvier 1964) ..................................................... 406
      (Rivarol n° 682, 6 février 1964) ........................................................ 412
      (Rivarol n° 684, 20 février 1964.) ..................................................... 414
      (Rivarol n° 686, 5 mars 1964) .......................................................... 418
      (Rivarol n° 689, 26 mars 1964.) ....................................................... 419
  *Annexes (2/2)* ........................................................................................*422*
    Le procès des gardiens d'Auschwitz : ..................................................... 422
    interview de Paul Rassinier ..................................................................... 422
      (Rivarol n° 692, 16 avril 1964) ......................................................... 422
    Du procès des gardiens d'Auschwitz ...................................................... 428
    À la journée de la déportation ............................................................... 428
      (Rivarol n° 696, 14 mai 1964) .......................................................... 428
    Acte de contrition .................................................................................. 432
      (Rivarol, 4 novembre 1965) ............................................................. 432
    Lettre de Rassinier À Kogon (5 MAI 1960) ............................................. 435
    Biographie de Paul Rassinier .................................................................. 448
Déjà parus ................................................................................................451

# LE MENSONGE D'ULYSSE

# REVUE DE PRESSE CONCERNANT LE PASSAGE DE LA LIGNE (1948)

« Déposition saisissante à l'heure où les camps de concentration, devenus moyen de gouvernement, se multiplient dans le monde. »

*(Franc-Tireur)*

« Le réquisitoire objectivement circonstancié d'un pacifiste et d'un socialiste internationaliste... Le premier témoignage froidement et calmement écrit, contre les sollicitations du ressentiment et de la haine imbécile ou chauvine. »

*(La Révolution prolétarienne)*

« Paul Rassinier, en nous rapportant ces choses, n'enfle pas la voix. Il les dit simplement. Plus encore : il les dit sans haine. Et c'est peut-être par-là que ces souvenirs de bagne se distinguent le plus de tous les autres. »

*(J.-B. Séverac, La République libre)*

« Lucide, intransigeant, terriblement honnête, Rassinier poursuit une série de tableaux cruels et vrais, des photographies d'une justesse, d'une exactitude qui étonnent tout au long du récit. Bourreaux comme concentrationnaires passent au crible de sa raison toujours présente. Il compare les deux états avec un esprit critique toujours froid. »

*(Le Populaire-Dimanche)*

« L'auteur a su garder la plus pure objectivité dans ces pages qui nous livrent enfin une interprétation humaine d'un phénomène qui ne se situe que trop normalement dans le cycle habituel aux frénésies guerrières. À lire et à faire lire pour débourrer les crânes. »

*(SERGE, Défense de Monime)*

« Une mise au point discrète à certains témoignages où la passion politique, la haine ou le ressentiment l'ont trop souvent emporté sur l'objectivité. »

*(Le Progrès de Lyon)*

« Passage de la ligne, de Paul Rassinier, ajoute un document à tous ceux que nous connaissons, avec cette originalité qu'au lieu de s'en prendre à ses bourreaux, c'est à la pratique même des camps de concentration qu'il s'attaque et à toutes les bassesses qu'elle engendre. Il ne parle que de ce qu'il a vu, de ce qu'il a enduré, et il en parle avec une émouvante bonne foi. »

*(Parisien libéré)*

« Ce qui ajoute à ce récit qui prendra sa place à côté de ceux de David Rousset et d'Eugen Kogon, ce sont les trois croquis du camp, un schéma de la hiérarchie, et surtout une série absolument étonnante d'articles cueillis dans les journaux de 47-48 et qui visent à démontrer, sans commentaires, que les horreurs des camps allemands ne sont pas un fait unique - que partout, dans ce monde, les S.S. ont fait et font encore des adeptes, que ces invraisemblables nouvelles des abîmes du sadisme nous arrivent de tous les horizons et spécialement des plus inattendus ou des plus volontairement oubliés. »

*(Le Libertaire)*

« Le document qui manquait à la collection littéraire sur les camps de concentration. »

*(École libératrice)*

« Importante mise au point après tant de rodomontades communistes ! »

*(Le Crapouillot)*

« Ce livre est un livre rare. Il est rare parce qu'il est un témoignage très fort dans sa nudité, parce que la sincérité de ses accents est frappante, parce que Rassinier a passé la ligne au-delà de laquelle la haine n'a plus de sens. Vous sortirez de sa lecture maudissant seulement la servilité, l'imbécillité, le fanatisme, la haine et la guerre. C'est donc un livre, bienfaisant et fondamentalement humain... »

*(J. Carrez, Bulletin du Syndicat des Instituteurs du Doubs)*

« Ce Rassinier pousse l'objectivité à la provocation. Il assure qu'il n'y avait pas de chambre à gaz à Dora, ni à Buchenwald. Et puis non, je n'ose pas dire jusqu'où il va, c'est du délire et ça ferait pleurer tous les Mauriac. »

*(Albert Paraz, Valsez Saucisses, chez Amiot-Dumont)*

« Un livre bien écrit, et où l'esprit de vérité domine sans faiblir toute vaine imagination, tout faux lyrisme, la partialité politique et la haine. »

*(L'Européen)*

# REVUE DE PRESSE CONCERNANT LE MENSONGE D'ULYSSE (1950-1976)

« C'est une utile et première contribution critique à cette histoire rationnelle et solide des camps qui est encore dans les langes. Tant de mauvaise foi contre un homme qui a le courage de la sincérité ne peut qu'inciter à lire *Le Mensonge d'Ulysse*. »

*(Maurice Dommanget, L'École émancipée, octobre 50)*

« Rassinier a raison d'être sévère pour ceux qui brodent, qui romancent, qui en ajoutent : la vérité suffit sans qu'on la sollicite, et elle n'eut été que plus frappante. »

*(Jean Puissant (ex-Buchenwald), Faubourgs, juillet 51)*

« On ne pourra pas ne pas considérer comme élément Important du dossier l'ouvrage de Rassinier, déporté à Buchenwald et à Dora, ce qui lui donne quelque droit à dire les choses comme il les comprend. »

*(Georges Lefranc, République libre, 13 mai 1955)*

« Paul Rassinier, qui a décrit son expérience de déporté dans Le Passage de la ligne et qui dans *Le Mensonge d'Ulysse* a tenté de refaire sur le thème concentrationnaire le travail accompli par Norton Cru au sujet des témoignages de guerre dans la littérature européenne de 1914 à 1930. Paul Rassinier n'est pas un Inconnu dans les milieux d'avant-garde. Ancien rédacteur en chef du *Travailleur de Belfort*, passé à l'opposition communiste avec Souvarine et Rosmer, collaborateur de la presse S.F.I.O. puis à divers organes libertaires et pacifistes, Il est resté un franc-tireur du journalisme et de la politique, en marge de toutes les orthodoxies de parti et de secte. »

*(André Prudhommeaux, Témoins, 1954)*

« La souffrance suffit à la souffrance rance ! Si le crime éclabousse, son exploitation avilit. La vérité, telle la coulée d'un métal ardent, gagne à s'être débarrassée des scories qui, ternissent son éclat. Paul Rassinier l'a compris. Sous son burin, les formes ont perdu leur lourdeur, et il nous a livré une vision concentrationnaire copieusement ébarbée. Pour cela, il lui fallait reconstituer l'histoire. Il l'a fait avec une rigueur qui écarte du sujet le modelage douteux des tâcherons de la veine concentrationnaire. »

*(Maurice Joyeux, L'Unité, février 51)*

« Ces lignes ont seulement pour but de dire tout le bien que je pense de l'œuvre de Rassinier et cela pour la seule raison qui l'inspire et qui la justifie : la fidélité à la vérité. Nous nous devons de défendre son œuvre et de la faire connaître. »

*(L. Roth, L'École émancipée, avril 55)*

« Lorsque, en 1950, Paul Rassinier, militant chevronné du socialisme international, publia *Le Mensonge d'Ulysse*, nous avons dit ici que cette sorte de thèse sur le régime concentrationnaire allemand s'accordait remarquablement avec les thèses constantes du socialisme sur la répression capitaliste, dans la tradition des Blanqui, Louise Michel, Guesde, Vaillant, etc., et rejoint dans ses conclusions Albert Londres

(*Dante n'avait rien vu*), le Dr Louis Rousseau (*Un médecin au bagne*), Belbenoit (*Les compagnons de la belle*), Mesclon (*Comment j'ai fait quinze ans de bagne*), Ville de la Ware, etc.. »

*(Correspondance socialiste internationale, octobre 54)*

« Oui, d'accord avec Rassinier : J'ai souffert dans ma chair, et du S.S., et des caïds qu'ils avaient choisis surtout (...) Constater, comme l'ont fait Rousset, Kogon, Martin-Chauffier puis Rassinier, ne peut que nous donner raison à nous, chair de déportés, et à vous, chair de déportés en puissance, quand nous accusons l'État TOTALITAIRE, quel qu'il soit, qui fait de l'homme un robot maniaque et cruel, à son image... »
(Henri Pouzol (ex-Dachau), *Faubourgs*, juillet 51)

# LES ACTIONS JUDICIAIRES CONTRE *LE MENSONGE D'ULYSSE* : ÉCHEC COMPLET

« *Bourg-en-Bresse* – M. Edmond Michelet, député, qui avait introduit une action en dommages et intérêts contre Le Mensonge d'Ulysse, de M. Paul Rassinier, s'est désisté de cette action... M. Michelet a, en outre, offert le remboursement des frais occasionnés par la partie adverse. »

*(Nouvelle Rép. du c.-ouest, 14 décembre 50)*

« Paul Rassinier, en nous remerciant pour notre soutien, nous informe que les trois organisations de la Résistance qui avaient engagé des poursuites contre lui viennent d'être déboutées et condamnées aux dépens de la procédure, au tribunal de Bourg-en-Bresse. Nous ne pouvons que nous en féliciter. *Le Mensonge d'Ulysse* a donc droit de cité. »

*(Le Libertaire, mai 51)*

« M. Paul Rassinier, auteur de l'ouvrage que la FNDIR, partie civile, considérait comme une atteinte portée à la Résistance, a été condamné à quinze jours de prison avec sursis et à 100 000 francs d'amende et solidairement à 800 000 francs de dommages et intérêts à la FNDIR. La saisie et la destruction de tous les exemplaires du livre ont été ordonnées. »

*(Franc-tireur, 3 novembre 1951)*

« Pour ne pas ignorer ce que veut dire la bureaucratisation (dans son sens Politique et « asiatique »), sa progression et sa pérennité, trois livres qui semblent se suivre apportent des éclaircissements : Sans patrie ni frontière, de Jan Valtin. Réédité par J.C. Lattès ; *Le Mensonge d'Ulysse*, de Paul Rassinier, livre maudit sur les camps de concentration, qui ne risque pas d'être réédité parce qu'il montre bien l'horreur, non seulement des faits, mais du système concentrationnaire dans ses composantes bureaucratiques. »

*(Errata, avril 1976)*

« Poursuivis en diffamation depuis 1951 l'auteur, le préfacier et l'éditeur du *Mensonge d'Ulysse* sont finalement relaxés par la cour de Grenoble.

L'affaire fut appelée en première instance devant le tribunal correctionnel de Bourg-en-Bresse, qui, le 9 mai 1951, avait rendu un jugement de relaxe condamnant les parties civiles aux dépens.

Sur appel des deux associations et du ministère public, la cour d'appel de Lyon devait rendre un arrêt de culpabilité le 2 nov. 1951 — M. Rassinier était condamné à quinze jours de prison avec sursis et 100 000 F d'amende, M. Paraz à huit jours de prison et 100 000 F d'amende, M. Greusard à 50 000 F d'amende. Les parties civiles obtenaient 800 000 F de dommages et intérêts. En outre, les exemplaires du *Mensonge d'Ulysse* furent saisis par la police et détruits.

Cependant un pourvoi en cassation fut signé contre l'arrêt de la cour de Lyon, et le 16 décembre dernier la Cour suprême l'annulait et renvoyait l'affaire devant la cour de Grenoble, où le débat recommença le 29 avril dernier. »

*(Le Monde, 26 mai 1955)*

# AVANT-PROPOS DE L'AUTEUR POUR LA SECONDE ET LA TROISIÈME ÉDITION

> Les armes de l'ennemi ne sont pas aussi meurtrières que les mensonges dont les chefs des victimes remplissent le monde le chant haineux de l'ennemi est moins désagréable à l'oreille que les phrases qui, comme une salive dégoûtante, coulent des livres des nécrologistes.
> (Manès SPERBER *Et le Buisson devint cendre*)

Les deux parties de cet ouvrage ont déjà été publiées, mais séparément, — la première, ou l'expérience vécue (*Passage de la Ligne*), en 1949, — la seconde, ou l'expérience des autres (*Le Mensonge d'Ulysse*, proprement dit), en 1950, dans la forme d'une étude critique de la littérature concentrationnaire : j'avais pensé que, sur un sujet aussi délicat, il convenait d'administrer la vérité à petites doses.

C'est de cette disposition d'esprit que d'aucuns ont tenté de profiter pour jeter la suspicion sur mes intentions : si *Le Passage de la Ligne* généralement accueilli avec sympathie, ne provoqua que des grincements de dents sourds et sans conclusion, d'un certain côté, *Le Mensonge d'Ulysse* fut en effet l'occasion d'une violente campagne de presse dont le départ fut donné à la Tribune même de l'Assemblée Nationale.

Parallèlement, Albert Paraz, auteur de la *Préface*, l'éditeur et moi-même, étions traînés en correctionnelle où nous fûmes acquittés, puis en Cour d'Appel où nous fûmes condamnés[1] bien que, faisant droit à nos conclusions, M. l'Avocat général lui-même eût requis la confirmation pure et simple du jugement correctionnel.

La Cour de cassation est maintenant appelée à trancher le différend, mais, l'opinion dont l'information se fait à sens unique est désorientée et, aussi peu enclin qu'on soit à descendre dans la polémique, il est devenu indispensable de démêler pour elle, les circonstances assez troubles qui ont créé le climat de cette affaire. On fera ainsi d'une pierre deux coups, car en même temps, on ne peut manquer de mettre les

---

[1] Prison avec sursis, 100 000 Fr. d'amende, 800 000 Fr. de dommages et intérêts.

pièces à conviction sous les yeux du lecteur[2].

Tombant en plein débat sur l'amnistie, *Le Mensonge d'Ulysse* qui la justifiait à sa manière fut accueilli, par certains, comme une affaire essentiellement politique et c'est par le petit côté qu'on tenta de lui donner ce caractère exclusif.

Par un fâcheux hasard, la *Préface* d'Albert Paraz contenait une assertion juridiquement insoutenable[3] quant aux circonstances de l'arrestation et de la déportation de M. Michelet alors député et leader parlementaire du R.P.F. : M. Guérin alors député M.R.P. de Lyon s'en saisit, non pas pour protester contre la publication de l'ouvrage, en dépit qu'il s'en soit habilement donné l'apparence, mais pour tenter de discréditer un des principaux militants du mouvement qui lui faisait la plus redoutable concurrence électorale. Ainsi donc, *Le Mensonge d'Ulysse* fut d'abord exploité par un mouvement politique contre un autre et, là déjà, il y avait suffisamment pour désespérer l'historien.

C'est sur une incidente de l'intervention de M. Guérin que se greffa l'action extra-parlementaire en vue de saisir l'opinion. À la Tribune de l'Assemblée Nationale, le député de Lyon m'avait rangé parmi « les responsables de la collaboration avec l'occupant et les apologistes de la trahison[4] ».

---

[2] La Cour de Cassation s'est à son tour prononcée : elle a acquitté — juste assez tôt pour qu'il en puisse être fait mention par cette note, dans cette édition — mais l'explication n'en reste pas moins nécessaire.

[3] M. Michelet avec lequel nous nous en sommes expliqués a retiré la plainte qu'il avait déposée contre nous et cette assertion ne figure pas dans cette édition, non plus d'ailleurs que, pour couper court à toute nouvelle tentative de diversion, et sur sa propre suggestion, la *Préface* de Paraz elle- même. Pour éviter toute nouvelle diversion seulement, car, depuis que la Cour de Cassation s'est prononcée, rien ne s'opposait plus à ce que cette préface, couverte par l'immunité qui protège la chose jugée, fût republiée. L'auteur n'a pas cru devoir céder aux hurlements de réprobation d'une poignée d'intéressés et faire subir d'autres modifications aux textes.

[4] En réalité, l'auteur fut parmi les fondateurs du Mouvement *Libération-Nord* en France, le fondateur du Journal clandestin *La IVe République* auquel les radios de Londres et d'Alger firent les honneurs en son temps, déporté de la Résistance (19 mois) à Buchenwald et Dora. Invalide à 100% +5 degrés des suites, il est titulaire de la carte de Résistant n° 1 016 0070, de la médaille de vermeil de la Reconnaissance française et de la Rosette de la Résistance, qu'il ne porte d'ailleurs pas. Et ceci ne lui

Pathétique, il s'était écrié :

« Il paraît, mes chers collègues, qu'il n'y a jamais eu de chambres à gaz dans les camps de concentration. Voilà ce qu'on peut lire dans ce livre. » (J.O. du 2 novembre 1950 — Débats parlementaires.)

Or M. Guérin n'avait pas lu l'ouvrage !

Sans le lire davantage, tous les journaux dans lesquels sévissent les journalistes improvisés par une certaine Résistance[5] à la Libération, reprirent le thème et me firent dire les choses les plus invraisemblables.

Trois associations de déportés, internés, et victimes de l'occupation allemande, demandèrent au Tribunal correctionnel de Bourg-en-Bresse, d'ordonner la saisie du livre, la destruction des exemplaires déjà mis en vente et de nous condamner solidairement à la coquette somme d'un million de dommages et intérêts. Mieux avisé, le Comité d'action de la Résistance s'abstint de toute manifestation hostile, non point que l'envie ne l'en démangeât, mais par crainte du ridicule. Le Parti communiste, ayant esquissé une offensive, s'aperçut à temps qu'il risquait à nouveau de mettre Marcel Paul, Casanova, le colonel Manhes, etc. en situation délicate et opéra une prudente retraite. Mais le Parti socialiste que j'ai représenté au Parlement, après avoir été pendant de longues années le leader d'une de ses fédérations départementales, m'exclut de son sein, « malgré le respect qu'impose ma personne » dit la sentence qui m'a été transmise par le Comité Directeur[6].

Telles furent les premières escarmouches d'une offensive peu glorieuse et qui fit long feu. La mauvaise foi qui la caractérise, pas un instant ne se démentit dans la suite.

M. Louis Martin-Chauffier qui dansa sur la corde raide dans presque

---

a enlevé, ni l'amour de la vérité, ni le sens de l'objectivité.

[5] Car, l'unité de la Résistance est un mythe, comme était un mythe aussi l'unité de la Révolution française. Il y eut non pas seulement deux mais plusieurs « Résistances », personne n'en peut plus disconvenir aujourd'hui à moins d'y être intéressé ! Il y eut même la voyoucratie qui trouva commode de s'abriter derrière le titre !

[6] Une demande de réintégration soutenue par 11 fédérations départementales et par Marceau Pivert, au Congrès de novembre 1951, fut repoussée après intervention de Daniel Mayer et Guy Mollet.

tous les mouvements de pensée du demi-siècle, prit le commandement de la seconde vague d'assaut.

Parce que j'avais signalé (en passant), une de ses maladresses de plume, il se crut obligé de la corriger par une autre (cf. p. 174 et note), de reprendre le thème de M. Maurice Guérin et de démontrer qu'en sus il ne savait pas lire.

« Tous les déportés ont menti, affirme Paul Rassinier qui nie l'existence des chambres à gaz », écrivit-il en tête d'un article dont le titre « Un faussaire et calomniateur pris en flagrant délit » (*Droit de vivre*, 15-11, 15-12-1950), à lui seul m'eût permis — si je m'étais senti en goût de lui faire la réponse de la bergère — d'obtenir de substantielles réparations de n'importe quel tribunal correctionnel.

Le porte-drapeau de la troisième vague fut M. Rémy Roure en ces termes :

« Ce Rassinier décrit comme suit le camp de Buchenwald : Tous les Blocks, géométriquement et agréablement disposés dans la colline, sont reliés entre eux par des rues bétonnées : des escaliers de ciment et à rampe conduisent aux Blocks les plus élevés ; devant chacun d'eux des pergolas, avec plantes grimpantes, de petits jardinets avec pelouses de fleurs, par-ci, par-là, de petits ronds-points avec jet d'eau ou statuette. La place de l'Appel, qui couvre quelque chose comme un demi-kilomètre carré, est entièrement pavée, propre à n'y pas perdre une épingle. Une piscine centrale avec plongeoir, un terrain de sport, de frais ombrages à portée du désir, un véritable camp pour colonies de vacances, et n'importe quel passant qui serait admis à le visiter en l'absence des détenus en sortirait persuadé qu'on y mène une vie agréable, pleine de poésie sylvestre et particulièrement enviable, en tout cas hors de toute commune mesure avec les aléas de la guerre qui sont le lot des hommes libres…

Je fais appel à mes camarades de Buchenwald : reconnaissent-ils leur camp ? » (*Force Ouvrière*, jeudi 25 janvier 1951).

M. Rémy Roure peut faire appel à ses camarades de Buchenwald : ceci ne se trouve pas dans *Le Mensonge d'Ulysse*. Pris en flagrant délit devant le tribunal correctionnel de Bourg-en-Bresse, il s'excusa et voulut bien convenir (*Le Monde*, 26 avril) que, n'ayant pas lu l'ouvrage, il me citait seulement d'après M. Maurice Bardèche[7]. Or, s'il est exact que M. Maurice Bardèche cita ce passage dans son Nuremberg II, il ne l'est pas moins qu'il le prit dans *Le Passage de la ligne* — où il se trouve pour donner une idée de l'installation matérielle, non du camp de Buchenwald, mais de celui de Dora en fin de course — et que, très honnêtement, il ne chercha pas à le détourner de son sens en l'isolant de son contexte.

J'ajoute que, n'en déplaise à M. Rémy Roure, en l'absence des détenus, — je dis bien : en l'absence des détenus ! — le camp de Dora ressemblait bien à la description que j'en donne, tous ceux qui l'ont connu en conviennent. Quand les détenus y rentraient, après une longue et harassante journée de travail, la bureaucratie concentrationnaire lui donnait une tout autre allure, ce qui précède et ce qui suit le passage qu'assez légèrement on me reproche -- et que, pour les besoins de la cause, M. Rémy Roure remplace habilement par des points de suspension ! — le dit en termes très précis.

Je pardonne volontiers cette mauvaise action à M. Rémy Roure. Ne serait-ce que parce que, dans le même article, il a écrit ceci :

« ...les cadres K.Z.[8], les Kapos, chefs de Blocks, Vorarbeiter,

---

[7] On m'a dit que M. Maurice Bardèche était d'extrême-droite et que, dans de nombreuses autres circonstances, il n'avait pas fait preuve du même souci d'objectivité : c'est certain et je ne me suis jamais fait faute de le dire chaque fois que j'ai cru en avoir sujet. Mais ce n'est une raison, ni pour contester son mérite en l'occurrence, ni pour refuser de reconnaître qu'à une page près dans ses deux ouvrages sur Nuremberg, — tout aussi injustement condamnés que *Le Mensonge d'Ulysse* — il traite du problème allemand à partir des mêmes impératifs qui étaient au lendemain de la guerre de 1914- 1918 ceux de Mathias Morhadt, de Romain Rolland et de Michel Alexandre, lesquels étaient bien, eux, de gauche. Et ce n'est pas ma faute à moi, si, par un curieux balancement historique, les gens de gauche, adoptant à partir de 1938-39 le nationalisme et le chauvinisme qui étaient de droite, ont par là même, obligé la vérité qui était de gauche, à chercher asile à droite et à l'extrême droite. De toutes façons, le chroniqueur ne peut pas accepter de se prononcer sur la matérialité des faits historiques en fonction des impératifs changeants de la politique et, à l'exemple de M. Merleau-Ponty (cf. page 23) ne reconnaître un fait pour vrai que si cela sert une propagande.
[8] Abréviation de *KonzentrationsIager*, le mot allemand qui désigne les Camps de

Stubendienst, détenus eux-mêmes qui vivaient de la mort lente de leurs camarades »

qui est un des thèmes du *Mensonge d'Ulysse* ainsi justifié d'éclatante façon et, très exactement le contraire de ce que, David Rousset en tête, tous les tâcherons de la littérature concentrationnaire avaient écrit jusqu'ici.

Mais je pose cette question : ce qui est une calomnie et une diffamation venant de moi, serait-il parole d'Évangile et respectable, venant de M. Rémy Roure ?

Ou bien serait-ce qu'il ne me pardonne pas d'avoir été le premier à tenter de faire sortir de son puits, cette horrible vérité ?

Je passe sous silence les entrefilets venimeux inspirés par les Associations de déportés que, pour maintenir l'opinion en état d'alerte, des journaux comme *Franc-Tireur*, *l'Aube*, *l'Aurore*, *le Figaro*, etc. publièrent complaisamment tous les huit ou quinze jours : ils en arrivèrent à prendre de telles licences avec l'objectivité, que le titre de l'ouvrage était devenu : « *La légende des camps de concentration* ».

En mars, l'offensive menée contre nous s'essouffla dans le délire.

Un petit besogneux du journalisme écrivit dans *Le Progrès de Lyon*, en me prêtant généreusement la thèse :

« Les sévices, une légende ! Les fours crématoires, une légende ! Les clôtures électriques, une légende ! Les morts par paquets de dix, une légende. »

Et M. Jean Kreher lui-même, l'avocat que les Associations de déportés avaient choisi, venait à la rescousse, dans le Rescapé, organe des déportés, avec ceci qui lui semblait couler de source de mon étude :

« Car, si nous étions gorgés de saucisson, d'excellente margarine, si tout était prévu pour nous donner les soins et les distractions nécessaires, si le crématoire est une institution que l'hygiène commande, si la chambre

---

Concentration.

à gaz est un mythe si, en un mot, les SS étaient pour nous pleins de prévenances, de quoi se plaint-on ? »

Le lecteur décidera lui-même, si on peut déduire cela de ce que j'ai écrit. Tous ces gens, d'ailleurs, se sont dépensés en pure perte. La « vérité » qu'ils voulaient faire prévaloir n'a pas prévalu et le discrédit qu'ils ont vainement tenté de jeter sur nous rejaillit aujourd'hui sur eux, dès lors que, outre le cuisant échec que leur vient d'infliger la Cour de Cassation, dans le *Figaro Littéraire* du 9-10-54, M. André Rousseaux qui porta cependant aux nues et indistinctement tous les tâcherons de la littérature concentrationnaire, en était déjà lui-même — probablement sous l'influence du sentiment public — à se poser cette question :

« Mais, pour les survivants de l'enfer, la condition d'anciens déportés, n'est-elle pas devenue très vite analogue à celle des anciens combattants de toutes les guerres : beaucoup plus des victimes que des témoins. »

Car cette manière de dire qui n'emprunte visiblement la forme de la question que par une précaution de style, est, devant l'Histoire, une condamnation en bloc, sans appel et bien plus précise que l'arrêt de la Cour de Cassation, de tous ces témoignages aussi orientés qu'intéressés contre lesquels j'ai été le premier à mettre le public en garde.

Le malheur est — hélas ! — qu'elle vienne un peu tard.

Et qu'une littérature aussi suspecte que la littérature concentrationnaire l'était dans son inspiration même, qu'une littérature que personne aujourd'hui déjà ne prend plus au sérieux et qui sera un jour la honte de notre temps, ait pendant des années fourni ses principes fondamentaux à une morale (qui était l'apologie du bolchevisme — ceci a son importance !) et à une politique[9] sa caution (qui était le banditisme, justifié par la Raison d'État — ceci découle naturellement

---

[9] Depuis, les choses ont bien changé. Au gouvernement, la politique est toujours faite par les mêmes hommes d'État (*sic*) ou peu s'en faut, mais elle repose sur l'anti-bolchévisme et, en ce sens, elle est exactement le contraire de ce qu'elle était à cette époque. Par voie de conséquence, dans la presse et dans la littérature, les procureurs de l'Antibolchévisme sont ceux-là mêmes qui en faisaient jadis l'apologie. Ce qui est remarquable, c'est que si quelqu'un parlait du sabre de M. Prudhomme ou rappelait l'histoire de ce Guillot qui criait au loup, personne ne comprendrait.

de cela).

Et maintenant voici le fonds du débat qu'un exemple rendra plus accessible… Un nouveau témoignage sur les camps de concentration allemands vient de paraître en Hongrie dont *Les Temps Modernes* ont entrepris la vulgarisation en France : « *S.S. Obersturmführer, Docteur Mengele* » par le Dr Nyiszli Miklos. Il concerne le camp d'Auschwitz-Birkenau.

La première pensée qui vient à l'esprit c'est que ce témoignage n'a pu paraître en Hongrie qu'avec l'assentiment de Staline par la personne interposée des Martin-Chauffier de là-bas, dont les pouvoirs, au titre de Présidents de ce qui correspond à notre C.N.E., sont assez étendus pour leur permettre d'empêcher des *Mensonge d'Ulysse* d'y voir le jour.

À ce seul titre donc, il serait déjà suspect. Mais là n'est pas la question.

Entre autres choses, ce Dr Nyiszli Miklos prétend que, dans le camp d'Auschwitz-Birkenau, quatre chambres à gaz[10] de 200 m de long (sans préciser la largeur) doublées de quatre autres de mêmes dimensions pour la préparation des victimes au sacrifice, asphyxiaient 20 000 personnes par jour et que quatre fours crématoires, chacun de 15 cornues à 3 places les incinéraient au fur et à mesure. Il ajoute que, par ailleurs, 5 000 autres personnes étaient, chaque jour aussi, supprimées par des moyens moins modernes et brûlées dans deux immenses foyers de plein vent. Il ajoute encore que, pendant une année, il a personnellement assisté à ces massacres systématiques.

Je prétends que tout ceci est manifestement inexact et qu'à défaut d'avoir été soi-même déporté, un peu de bon sens suffit à l'établir.

Le camp de concentration d'Auschwitz-Birkenau ayant en effet été construit à partir de fin 1939 et évacué en janvier 1945, si on en devait croire le Dr Nyiszli-Miklos, au rythme de 25 000 personnes par jour, il faudrait admettre que, pendant cinq années, environ 45 millions de personnes y sont mortes dont 36 millions ont été incinérées dans les quatre fours crématoires après asphyxie, et 9 millions dans les deux

---

[10] Dans *Le Monde* du 9 janvier 1952, le procureur général André Boissarie traduit : quarante-six !

foyers de plein vent.

S'il est parfaitement possible que les quatre chambres à gaz aient été capables d'asphyxier 20 000 personnes par jour (à 3 000 par fournée, dit le témoin), il ne l'est absolument pas que les quatre fours crématoires l'aient été de les incinérer au fur et à mesure. Même s'ils étaient à quinze cornues de trois places. Et même si l'opération ne nécessitait que 20 minutes, comme le prétend le Dr Nyiszli Miklos, ce qui est encore faux.

En prenant ces chiffres comme base, la capacité d'absorption de tous les fours fonctionnant parallèlement, n'eût malgré tout été que de 540 à l'heure soit 12 960 par jour de 24 heures. Et, à ce rythme, il n'eût été possible de les éteindre que quelques années après la Libération. À condition, bien entendu, de ne pas perdre une minute pendant près de dix ans. Si maintenant, on se renseigne au Père-Lachaise, sur la durée d'une incinération de 3 cadavres dans une cornue, on s'apercevra que les fours d'Auschwitz brûlent encore et qu'on n'est pas près de les éteindre !

Je passe sur les deux foyers de plein vent (qui avaient, dit notre auteur 50 mètres de long, 6 de large et 3 de profondeur) au moyen desquels on aurait réussi à brûler 9 millions de cadavres pendant les 5 ans…

Il y a d'ailleurs une autre impossibilité, au moins en ce qui concerne l'extermination par les gaz : tous ceux qui se sont penchés sur ce problème sont d'accord pour déclarer que « dans les rares camps où il y en eut » (E. Kogon dixit) les chambres à gaz ne furent définitivement en état de fonctionner qu'en mars 1942 et qu'à partir de septembre 1944, des ordres qu'on n'a pas plus retrouvés que ceux qu'ils annulaient, interdirent de les utiliser pour asphyxier. Au rythme avancé par le Dr Nyiszli Miklos, on arrive encore à 18 millions de cadavres pour ces deux années et demie, chiffre que, on ne sait par quelle vertu des mathématiques, M. Tibor Krémer, son traducteur, ramène d'autorité à 6 millions[11].

---

[11] J'ai écrit au Dr Nyiszli Miklos pour lui signaler toutes ces impossibilités. Voici ce qu'il m'a répondu : 2 500 000 victimes ! Sans autre commentaire. Cela qui est plus près de la vérité et que les chambres à gaz sont sûrement loin d'être seules à expliquer,

Et je pose cette nouvelle et double question : quel intérêt pouvait-il y avoir à exagérer ainsi le degré de l'horreur et quel a été le résultat de cette manière de procéder qui fut générale ?

On m'a déjà répondu que, ramenant les choses à leurs proportions réelles dans une théorie universelle de la répression, je n'avais d'autre dessein que celui de minimiser les crimes du nazisme.

J'ai moi, une autre réponse qui est toute prête et que je n'ai, maintenant, plus aucune raison de ne pas rendre publique. Avant de la donner, je voudrais encore soumettre à l'appréciation du lecteur un incident significatif de l'état d'esprit de notre temps.

Lecteur des *Temps Modernes*, j'ai naturellement fait part aussi à cette revue des réflexions que la publicité qu'elle faisait au Dr Nyiszli Miklos m'avait suggérées.

Voici la réponse que je reçus de M. Merleau-Ponty :

« Les historiens auront à se poser ces questions. Mais dans l'actualité, cette manière d'examiner les témoignages a pour résultat de jeter la suspicion qu'on serait en droit d'en attendre. Et, comme à l'heure où nous sommes, la tendance est plutôt à oublier les camps allemands, cette exigence de vérité historique rigoureuse encourage une falsification, massive celle-là, qui consiste à admettre en gros que le nazisme est une fable. »

Je trouvai cette réponse savoureuse et négligeai de répondre à M. Merleau-Ponty qu'il oubliait, lui, les camps russes et même français !

Car s'il faut admettre cette doctrine et que l'exigence d'une vérité historique rigoureuse encourage déjà une falsification massive dans l'actualité, on se demande avec anxiété à quelle monstruosité la falsification massive de l'actualité risque d'aboutir sur le plan de l'Histoire. Qu'on imagine seulement ce que penseront les historiens de l'avenir de l'abominable procès de Nuremberg dont il tombe déjà sous le sens qu'il a reporté à deux mille années en arrière l'évolution de l'Humanité sur le plan culturel, c'est-à-dire à la condamnation présentée

---

constitue déjà une certaine somme d'abominations !

comme un crime dans tous les manuels d'Histoire, de Vercingétorix par Jules César.

Les relations que M. Merleau-Ponty, Professeur de philosophie, établit entre les effets et les causes ne semblent pas d'une exceptionnelle rigueur et ceci prouve que, chacun faisant son métier, en philosophie aussi… nos vaches sont bien gardées !

Avec ma thèse sur la bureaucratie concentrationnaire dont j'ai mis en lumière le rôle déterminant dans la systématisation de l'horreur, c'est le jour nouveau sous lequel je présente les chambres à gaz qui a le plus douloureusement banderillé les imagiers d'Epinal des camps de concentration. Les deux choses sont intimement liées et ceci explique cela.

Il y a un certain nombre de faits, concernant cette irritante question, qui ne peuvent absolument pas avoir échappé aux honnêtes gens.

D'abord, tous les témoins sont d'accord sur cette évidence que dix d'entre eux — cités contre moi par la partie civile[12] — sont venus

---

[12] Deux témoins qui avaient offert leurs services à l'accusation ne se sont pas dérangés : M. Martin-Chauffier et l'inénarrable R. P. Riquet, prédicateur de Notre-Dame. Le premier dont on comprend aisément qu'il ait été gêné de venir tenir à la barre et sous les feux de la rampe le langage « si sûr de sa grammaire » qu'il tient, loin des yeux dans ses bouquins, limita de lui-même son rôle à un télégramme par lequel il réclamait une impitoyable condamnation. Quant au second, au moyen d'une longue lettre adressée au Tribunal, il attesta que nous étions, Paraz et moi, des êtres infâmes. Cette attestation prend toute sa valeur et toute sa saveur, si on sait qu'en juin 1953, un dénommé Mercier, dont le R.P. Riquet avait cautionné l'honorabilité, et certifié les qualités de patriote et de résistant, fût arrêté dans la région de Lyon. Or, Mercier qui était, sous l'occupation chauffeur au service d'un organisme allemand n'avait été arrêté et déporté que pour « indélicatesse ». De retour, il se servit de l'attestation que lui avait ingénument délivrée le R.P. Riquet pour capter la confiance des milieux religieux et des groupements de déportés et de résistants auxquels il extorqua quelques millions. Si nous aimons autant avoir contre nous le témoignage de cet étrange prêtre qui délivre des certificats de résistance aux collaborateurs authentiques et d'honorabilité aux escrocs auxquels il fournit si légèrement des moyens d'exercer leur « métier » à moindre risque, Dieu sera le premier à nous le pardonner. Et, si, dans sa mansuétude, il pardonne aussi au R. P. Riquet, nous serons, nous, les premiers à nous en réjouir. À la décharge du R.P. Riquet, il n'est pas le seul à avoir délivré des certificats de Résistance de complaisance : M. Lecourt, député M.R.P. et ancien garde des Sceaux en délivra un à Joinovici, agent de l'Abwehr, M. Pierre Berteaux

confirmer à la barre du tribunal correctionnel de Bourg-en-Bresse : aucun déporté vivant — j'en demande bien pardon à M. Merleau-Ponty qui cautionne si légèrement le Dr Nyiszli Miklos — n'a pu voir procéder à des exterminations par ce moyen. J'ai personnellement fait cent fois l'expérience et confondu en public les hurluberlus qui prétendaient le contraire : le dernier en date est le fameux G dont parle Albert Paraz. Je suis donc fondé à dire que tous ceux qui, comme David Rousset ou Eugen Kogon se sont lancés dans de minutieuses et pathétiques descriptions de l'opération, ne l'ont fait que sur des ragots[13]. Ce — je le précise encore pour éviter tout nouveau malentendu — ne veut absolument pas dire qu'il n'y a pas eu de chambres à gaz dans les camps, ni qu'il n'y a pas eu d'extermination par les gaz : une chose est l'existence de l'installation, une autre sa destination et une troisième son utilisation effective.

En second lieu, il est remarquable que, dans toute la littérature concentrationnaire et pas davantage au tribunal de Nuremberg, aucun document n'ait pu être produit, attestant que les chambres à gaz avaient été installées dans les camps de concentration allemands, sur ordre du gouvernement *dans le dessein de les faire utiliser pour l'extermination massive des détenus.*

Des témoins pour la plupart officiers, sous-officiers et même simple S.S. sont certes venus dire à la barre qu'ils avaient procédé à des exterminations par les gaz et qu'ils en avaient reçu ordre : aucun d'entre eux n'a pu produire l'ordre derrière lequel il s'abritait et aucun de ces ordres — à part ceux dont je fais état dans cet ouvrage et qui ne prouvent absolument rien — n'a été retrouvé dans les archives des camps à la Libération. Il a donc fallu croire ces témoins sur parole. Qui me prouve qu'ils n'ont pas dit cela pour sauver leur vie dans l'atmosphère de terreur qui commença de régner sur l'Allemagne, dès le lendemain de son écrasement ?

---

Professeur de Faculté et ancien Directeur de la Sûreté nationale en délivra un autre à l'agent de la Gestapo Leca, impliqué dans le vol des bijoux de la Begum, et l'escroc Dilasser put extorquer un milliard de francs avec la bénédiction de tous les ministres d'un gouvernement au moyen de certificats de ce genre dont on a tu très prudemment les noms des signataires vraisemblablement très haut placés dans la hiérarchie du régime. Nous en sommes là !
[13] Y compris Janda Weiss dont il est question plus loin.

À ce sujet, voici une petite histoire qui fait état d'un autre ordre soi-disant donné par Himmler et sur lequel la littérature concentrationnaire est très prolixe : celui de faire sauter tous les camps à l'approche des troupes alliées et d'y exterminer ainsi tous leurs occupants, gardiens y compris.

Le Médecin-chef SS du Revier de Dora le Dr Plazza le confirma dès qu'il fut capturé et en eut la vie sauve[14]. Au tribunal de Nuremberg, on le brandit contre les accusés qui nièrent. Or, dans le *Figaro Littéraire* du 6 janvier 1951, sous le titre « Un Juif négocie avec Himmler », et sous la signature de Jacques Sabille, on a pu lire :

« C'est grâce à la pression de Gunther, exercée sur Himmler par l'intermédiaire de Kersten (son médecin personnel) que l'ordre cannibale de faire sauter les camps à l'approche des alliés — sans ménager les gardiens est resté lettre morte. »

Ce qui signifie que cet ordre, reçu par tout te monde et abondamment commenté n'a jamais été donné.

S'il en est ainsi des ordres d'extermination par les gaz…

Alors, me dira-t-on, pourquoi ces chambres à gaz, dans les camps de

---

[14] Au procès du Struthof, le Dr Boogaerts, Médecin-Major à Etterbeck (Belgique) est venu déclarer le 25 juin 1954 : « J'avais réussi à me faire affecter à l'infirmerie du camp et, à ce titre, j'étais placé sous les ordres du médecin SS Plazza, le seul homme de Struthof ayant quelques sentiments humains. » Or, à Dora où ce Dr Plazza vint, dans la suite, exercer les fonctions de Médecin-chef du camp, l'opinion unanime lui attribuait la responsabilité de tout ce qui était inhumain dans la reconnaissance et le traitement des maladies. La chronique du Revier regorgeait de ses méfaits que, disait-on, son adjoint le Dr Kuntz ne réussissait que très difficilement à atténuer. Ceux qui l'avaient connu au Struthof en parlaient en termes horrifiants. Personnellement, j'ai eu affaire à lui et je suis de l'avis de tous ceux qui ont été dans ce cas : c'était une brute parmi les brutes. De retour en France, quelle ne fut pas ma surprise de voir que tant de brevets de bonne conduite étaient décernés — par des détenus privilégiés, il est vrai ! — à un homme que, au camp, tout le monde et jusqu'au mieux intentionnés, parlait de pendre. J'ai seulement compris quand j'ai su qu'il avait été le premier, et longtemps le seul, à affirmer l'authenticité de l'ordre de faire sauter tous les camps à l'approche des troupes alliées et d'y exterminer tous leurs occupants y compris les gardiens : c'était la récompense d'un faux témoignage dont on ne pouvait savoir à l'époque ce qu'il valait, mais qui était indispensable à l'échafaudage d'une théorie elle-même indispensable à une politique.

concentration ?

Probablement, — et tout simplement — parce que l'Allemagne en guerre, ayant décidé de transporter le maximum de ses industries dans les camps pour les soustraire aux bombardements alliés, il n'y a pas de raison qu'elle fît exception pour ses industries chimiques.

Que des exterminations par les gaz aient été pratiquées me paraît possible sinon certain : il n'y a pas de fumée sans feu. Mais qu'elles aient été généralisées au point où la littérature concentrationnaire a tenté de le faire croire et dans le cadre d'un système après coup mis sur pied est sûrement faux. Tous les officiers de cavalerie de nos colonies ont une cravache dont ils sont autorisés à faire usage, à la fois selon la conception personnelle qu'ils ont de la coquetterie militaire et selon le tempérament de leur cheval : la plupart s'en servent aussi pour frapper les autochtones des pays où ils sévissent. De même il se peut que certaines directions de camps[15] aient utilisé pour asphyxier, des chambres à gaz destinées à un autre usage.

À ce moment du discours, la dernière question qui se puisse poser est la suivante : pourquoi les auteurs de témoignages ont-ils accrédité avec un si remarquable esprit de corps la version qui a cours ?

Voici : parce que, nous ayant volés sans vergogne sur le chapitre de la nourriture et de l'habillement, malmenés, brutalisés, frappés à un point qu'on ne saurait dire et qui a fait mourir 82% — disent les statistiques — d'entre nous, les survivants de la bureaucratie concentrationnaire ont vu dans les chambres à gaz l'unique et providentiel moyen d'expliquer tous ces cadavres en se disculpant[16].

---

[15] Et ceci ne met pas seulement la S.S. en cause !

[16] Cette thèse a été confirmée de façon éclatante le 22 juillet 1953, à la tribune du Conseil de la République par M. de Chevigny, sénateur d'un département de l'Est, lequel ex-déporté de Buchenwald a révélé que « les Allemands avaient laissé les détenus faire leur propre police et que pour accomplir les exécutions hâtives — sans chambre à gaz ! — on trouvait toujours des amateurs passionnés. Tous ou presque tous ces acharnés de justice ont été pris plus tard en flagrant délit » ajoutait le Sénateur (*JO*. du 23 juillet 1953 – Débats parlementaires). L'auteur ne reprochera pas à M. de Chevigny de ne lui avoir pas offert spontanément son témoignage et de l'avoir laissé condamner.

Ce n'était pas plus malin que cela : le comble est qu'ils aient trouvé des historiographes complaisants.

Quant au reste, le voleur qui crie plus fort que sa victime et étouffe sa voix, pour détourner l'attention de la foule, ce thème n'est pas nouveau dans notre littérature.

Personne ne s'est jamais demandé pourquoi — hormis du temps des tickets supplémentaires de rationnement qui jouaient le rôle apparent de ciment — il n'a jamais été possible de constituer, ni sur le plan départemental, ni sur le plan national, des associations viables de déportés : c'est que la masse des rescapés n'incline pas volontiers à se rassembler dans des groupements fraternels sur les injonctions des thuriféraires de ses anciens gardes-chiourmes qui sont, comme par hasard, les protagonistes des différents mouvements qui la sollicitent.

On trouvera dans le corps de l'ouvrage et plus particulièrement en conclusion, les autres éléments de la réponse à la double question que je posais tout à l'heure.

Il est cependant un des éléments de cette réponse qui ne figure pas dans l'ouvrage : le procès du camp de Struthof qui n'avait point encore eu lieu aux dates auxquelles en furent écrites les deux parties.

Tout comme le livre du Dr Nyiszli Miklos, ce procès met en évidence un certain nombre d'invraisemblances quant aux raisons de mourir de ceux qui étaient détenus dans ce camp.

Si je lis le réquisitoire prononcé par le Commissaire du gouvernement contre les accusés qui étaient des médecins de la Faculté de Strasbourg auxquels on reprochait des expériences médicales qu'ils avaient faites sur des détenus, j'y trouve, d'après le journal *Le Monde* :

« 1) *Qu'à l'un d'entre eux, on reproche la mise à mort sur son ordre* « des quatre-vingt-sept israélites, hommes et femmes, arrivés d'Auschwitz et exécutés dans la chambre à gaz pour être ensuite envoyés à Strasbourg afin de garnir les collections anatomiques du professeur allemand » ;

2) *Qu'on dit du second* : « J'accorde volontiers que la première série

d'expériences n'a pas provoqué de mort » ;

3) *Ce commentaire :* « Il s'agit maintenant de savoir si les expériences sur le typhus ont provoqué des décès. Le Capitaine Henriey (*c'est le commissaire du gouvernement qui requiert*) reconnaît qu'il ne peut peut-être pas en apporter la preuve, mais il pense que le tribunal peut appuyer sa conviction sur des présomptions lorsqu'elles sont suffisantes, comme c'est le cas ici. Ces présomptions, il les trouve dans les témoignages, dans les attendus du jugement de Nuremberg[17] ; dans les mensonges de Haagen (*c'est le docteur en cause*) et ses dissimulations au cours des premiers interrogatoires. Il pense que ces faits doivent permettre au tribunal de répondre affirmativement à la question posée ; Haagen s'est-il rendu coupable d'empoisonnements ? »

Ceci prouve de toute évidence, qu'on n'a pu mettre que quatre-vingt-sept morts au compte de la chambre à gaz du Struthof et des expériences qui y ont eu lieu. Si ce nombre, relativement restreint au regard des affirmations de la littérature concentrationnaire étendues à la généralité des camps, n'enlève rien à l'horreur du fait (étant bien entendu admis que contrairement aux allégations de l'accusé, il ne s'agit pas d'un incident indépendant de sa volonté) il ne peut ni faire oublier que des milliers et des milliers — des dizaines de milliers, peut-être — de détenus sont morts dans ce camp, ni empêcher qu'on se demande comment et pourquoi ils sont morts.

Que j'aie été à peu près le seul à orienter les esprits vers ce tragique aspect du problème concentrationnaire en leur fournissant en même temps les éléments d'appréciation, c'est-à-dire les raisons qui ont fait de chaque camp un grand *Radeau de la Méduse*, dit assez la misère de notre temps.

Les médecins du Struthof se sont défendus en alléguant que les expériences auxquelles ils s'étaient livrés avaient été réalisées dans les mêmes conditions de sécurité que des expériences semblables faites à Manille par les Anglais, à Sin-Sin par les Américains et dans leurs colonies par les Français. Un éminent professeur de Casablanca est venu le confirmer à la barre, comme d'autres avant lui l'avaient

---

[17] Ceci ne peut manquer de frapper le lecteur s'il sait que le Tribunal de Nuremberg avait précisément fait le même raisonnement.

confirmé au tribunal de Nuremberg, si on en croit la magistrale thèse de Doctorat du médecin de la Marine Française François Bayle, (*Croix gammée contre Caducée*), publiée en France en 1950. Ce professeur de Casablanca a même raconté comment un certain nombre de noirs étaient morts d'un vaccin essayé sur 6 000 d'entre eux.

Cet argument est sans valeur, certes : on ne peut excuser ses propres méfaits par ceux des autres.

Mais l'argument du Commissaire du gouvernement requérant la condamnation des uns sur des présomptions — c'est lui qui l'avoue ! — et ignorant les autres sur lesquels il possède des faits tout aussi répréhensibles et matériellement établis est aussi sans valeur : on ne saurait mieux dire que les uns sont coupables parce qu'ils sont allemands et les autres innocents parce qu'ils sont anglais, américains et français.

C'est cette manière de penser et de juger dont la justification est le plus primitif des chauvinismes, qui permet de déclarer que six cents personnes brûlées dans une église et un village détruit à Oradour-sur-Glane (France) sont victimes du plus abominable des crimes tandis que des centaines et des centaines de milliers de personnes — femmes, enfants et vieillards, aussi ! — exterminées à Leipzig, Hambourg, etc. (Allemagne), Nagasaki et Hiroshima (Japon) dans les conditions que l'on sait, c'est-à-dire, tout aussi atroces, constituent un indiscutable et héroïque exploit.

C'est elle aussi qui permet d'éviter la mise en accusation du grand et véritable responsable de tout : la guerre !

La guerre : celle de 1914-18 dont la conséquence a été le nazisme lequel a utilisé — et non inventé, comme on le croit généralement[18] — les camps de concentration, au sein desquels la guerre de 1939-45 a rendu possible contre la volonté des hommes, des bourreaux comme des victimes, l'atroce régime que l'on sait.

---

[18] Les bolcheviks qui ne les ont pas davantage inventés les ont utilisés bien avant qu'il soit question du nazisme !

Mais ceci n'est plus dans le sujet que par raccroc.

Bien entendu, nous aurons l'élégance ou le front de penser qu'il ne dépend ni du Tribunal correctionnel de Bourg-en-Bresse, ni de la Cour d'Appel de Lyon, ni même de la Cour de Cassation que nous eussions raison ou tort : Me Dejean de la Batie a fort judicieusement fait remarquer en notre nom que le débat auquel on nous avait provoqués ne se concevait qu'aux Sociétés savantes ou en tout autre endroit où les hommes ont accoutumé de disputer des problèmes sociaux, non devant un tribunal.

Mais les dirigeants improvisés des Associations fantômes de déportés en faveur desquels les leviers de l'État jouent si complaisamment ne conçoivent d'autres vérités que celles qui sont décrétées et auxquelles le gendarme donne cours forcé dans l'opinion. Ils ne sont pas contre le camp de concentration parce qu'il est le camp de concentration, mais parce qu'on les y a, eux-mêmes, enfermés : à peine libérés, ils ont réclamé qu'on y mît les autres. Il n'y a donc pas de risques : à la salle des Sociétés savantes, ils se garderont bien de nous convier !

Or, je me refuse pour ma part à me laisser condamner au silence entre le débat sans issue qu'on nous a proposé devant les juges et celui qu'on nous refuse devant l'opinion.

Écrivant *Le Mensonge d'Ulysse*, j'avais l'impression de faire écho à Blanqui, Proudhon, Louise Michel, Guesde, Vaillant, Jaurès et de me rencontrer avec d'autres comme Albert Londres (*Dante n'avait rien vu*), le Dr Louis Rousseau (*Un médecin au bagne*), Will de la Ware et Belbenoit (*Les Compagnons de la Belle*), Mesclon (*Comment j'ai subi 15 ans de bagne*), etc. qui, tous, ont posé le problème de la répression et du régime pénitentiaire à partir des mêmes constatations et dans les mêmes termes que moi, ce pourquoi ils avaient, tous aussi, reçu un accueil sympathique du mouvement socialiste de leur époque.

Que les adversaires les plus acharnés de l'ouvrage se soient précisément trouvés parmi les dirigeants du Parti Socialiste et du Parti Communiste — unité d'action ? — s'explique peut-être par la curieuse et prétendue loi des balancements historiques. Toujours est-il qu'Alain Sergent ayant apprécié le régime pénitentiaire français, en prenant, lui aussi, ses unités de mesures dans le mouvement socialiste traditionnel (*Un anarchiste de la Belle époque*, Ed. du Seuil), c'est surtout en dehors du mouvement socialiste qu'il trouva des échos.

Et que dans, le débat qui eut récemment lieu sur l'amnistie à l'Assemblée nationale, l'attitude des représentants du Parti Socialiste et du Parti Communiste a pu être enregistrée comme une preuve superfétatoire qu'il s'agissait d'une prise de position systématique et quasi doctrinale.

Je regrette que cette prise de position n'ait d'autres références que les notions périmées de Nation, de Patrie et d'État. Pour cette raison, ceux qui se targuent d'être les héritiers spirituels des Communards, de Jules Guesde et de Jaurès ont insensiblement été conduits à cautionner une littérature qui, en étouffant les données élémentaires du problème de la répression dans une culture de l'horreur, appuyée sur le faux historique, ont à la fois créé une atmosphère de meurtre en France et creusé un insondable fossé entre la France et l'Allemagne.

Indépendamment d'autres résultats tout aussi paradoxaux dans de nombreux autres domaines. Dans un de ses moments de sincérité, David Rousset les avait cependant prévenus :

« La vérité, c'est que la victime comme le bourreau étaient ignobles ; que la leçon des camps, c'est la fraternité dans l'abjection ; Que si toi, tu ne t'es pas conduit avec ignominie, c'est que seulement le temps a manqué et que les conditions n'ont pas été tout à fait au point ; qu'il n'existe qu'une différence de rythme dans la décomposition des êtres ; que la lenteur du rythme est l'apanage des grands caractères ; mais que le terreau, ce qu'il y a dessous et qui monte, monte, monte, c'est absolument, affreusement la même chose. Qui le croira ? D'autant que les rescapés ne sauront plus. Ils inventeront, eux aussi, de fades images d'Epinal, de fades héros de carton-pâte. La misère de centaines de milliers de morts servira de tabou à ces estampes. » (*Les Jours de notre mort*, p. 488, Ed. de Paris, 1947).

Ils ont fait semblant de ne point entendre.

Et lui-même, trop préoccupé de traîner devant les tribunaux

correctionnels, les communistes dont il avait fait l'apologie, l'avait sans doute oublié.

Le lecteur pourra encore utilement méditer sur quelques faits du genre de ceux-ci :

– Le 26 octobre 1947, tous les journaux publièrent l'entrefilet suivant : « Encore un drame des camps de concentration devant le tribunal militaire :

Un Italien, Pierre Fiorelini fut accusé d'avoir, au temps de Bergen-Belsen, tué sept de ses compagnons.

Il était infirmier, un infirmier d'ailleurs aux méthodes médicales assez curieuses. Son plaisir était de jouer de l'harmonica et de faire danser au son de cet instrument les codétenus. S'ils refusaient, il les frappait à coups de bâton.

Un jour, ayant à soigner un lieutenant malade, il le conduisit au lavabo, le lava, puis, comme l'autre protestait contre la brusquerie de ses gestes, il l'assomma à coups de bâton. Les compagnons de celui-ci essayèrent alors de l'en empêcher. Fiorelini en abattit successivement six.

Il est aujourd'hui accusé par les rescapés de ce bloc. »

– Dans le journal Le Monde du 18 janvier 1954, rendant compte du procès du Struthof, M. Jean-Marc Théolleyre — un des rares chroniqueurs judiciaires de notre temps, dont l'objectivité ne puisse guère être mise en doute — fait le portrait d'un des rares détenus qui ait eu à répondre devant la justice de son comportement dans les camps :

« De tous ces accusés il en était un dont on attendait l'interrogatoire avec curiosité. C'était Ernst Jager, car Jager n'était pas S.S. Détenu, il appartint à cette race aussi détestée — sinon plus — dans les camps, celle des Kapos. En fait, il avait au Struthof le titre exact de « Vorarbeiter », c'est-à-dire de détenu responsable d'un groupe de travail sous les ordres d'un Kapo. À ce titre il a frappé, cogné, assommé, autant et peut-être plus qu'un S.S...

Jager est l'incarnation de ce que peut faire d'un homme la vie concentrationnaire. Quelle fut sa vie ? À quarante ans il en a passé vingt-quatre en prison. De la liberté il a gardé seulement le souvenir d'un temps où il était marin, sans pouvoir en dire plus, et du jour de 1930 où sur un quai de port il blessa mortellement un S.A. au cours d'une rixe. On le condamna à sept années de réclusion. L'avènement du nazisme, il en eut de vagues échos en prison. Il ne devait le découvrir vraiment que lorsque sa peine expirée il s'entendit annoncer par le nouveau régime qu'il serait maintenu en détention sous l'étiquette d'asocial. Dès lors il porta sur sa veste le triangle noir et ce furent les camps successifs. Mais avant de l'y jeter la Gestapo commença par le stériliser. Du monde concentrationnaire il a connu la période la plus horrible. Il fut de cette époque où les camps comptaient pour toute population des juifs, des tziganes, des asociaux, des pédérastes, des souteneurs et des voleurs. C'était déjà le temps de l'extermination, et seul y échappait celui qui avait assez de courage pour se faire loup afin de ne pas être dévoré[19].

Tous voulaient vivre, mais chacun d'entre eux voulait vivre contre les autres. À tout prix, n'importe comment. Ils instaurèrent et développèrent dans les camps toutes les méthodes du gang. Quand on le nomma Vorarbeiter au Struthof c'est qu'on savait qu'il avait les capacités requises. Contaminé par cette existence avilissante, il s'est noyé dans ce fleuve de boue. Ses nerfs n'ont pas tenu. Il a dû être de ceux, car il y en a eu, qui en arrivèrent à prendre cette vie concentrationnaire en telle haine que tous les êtres qui en portaient le

---

[19] Un très grand nombre des rescapés des camps — sinon le plus grand nombre, — sont ceux qui ont observé cette règle jusqu'à la fin ou qui, sans se faire loups — il y en eût ! — ont bénéficié de la bienveillance ou de la protection des loups. Car, on l'ignore, on feint de l'ignorer ou on l'oublie — les camps étaient administrés par des détenus qui s'étaient fait loups et qui, par délégation des S.S. y exerçaient une autorité de satrapes : Il n'est pas sans intérêt de noter accessoirement que ces loups étaient communistes, se disaient tels ou servaient les desseins du Communisme. C'est ce qui explique que la plupart des rescapés soient communistes : hormis ceux qu'ils ont oubliés ou qu'ils n'ont pas découverts, les communistes ont envoyé tous les autres à la mort. Et, imperturbables, ils mettent aujourd'hui la responsabilité de toutes les morts et de toutes les horreurs, non pas sur le régime nazi, — ce qui ne pourrait déjà se soutenir que très difficilement car il faudrait admettre que le régime nazi est seul responsable de l'institution concentrationnaire quand on sait qu'elle existe dans tous les régimes, y compris le nôtre, — mais sur des SS pris individuellement et qu'ils désignent nommément.

costume, ces fantômes faméliques et désespérés, leurs étaient devenus odieux. Alors c'étaient les coups, les accès de rage. »

C'est une explication que, sans doute, ne renierait pas Freud, mais elle ne vaut que ce qu'elle vaut.

Au surplus, où M. Jean-Marc Theolleyre se trompe, cette fois sûrement, c'est lorsqu'il écrit :

« Alors qu'avaient de commun avec eux ces détenus politiques, ces triangles rouges : communistes et socialistes allemands, résistants français, polonais ou tchèques ? Maîtres dans le camp, ils entendaient le rester. Ce fut alors le temps où les détenus de droit commun tapaient, tuaient à tour de bras, où les « politiques » s'arrangeaient pour organiser leur résistance, pour montrer leur discipline, leur aptitude à diriger et finissaient par contre-attaquer en enlevant un à un les postes-clés dans la vie intérieure du camp. »

Ce qu'ils avaient de commun ? Mais, cher Jean-Marc Theolleyre, une fois au pouvoir, dans les camps, ils se comportèrent exactement comme les droits communs et c'est Jager qui vous le dit en ces termes que, très honorablement, vous rapportez dans votre compte rendu :

« Je n'ai pas commis de sévices. Bien au contraire, c'est moi qui ai été frappé par les politiques. Ce sont eux qui se sont montrés les pires, mais à eux on ne leur disait jamais rien. Pourquoi en veut-on tellement à des gens comme nous, les triangles verts ou les triangles noirs ? Quand je suis arrivé au Struthof ce ne sont pas les S.S. qui m'ont cogné, mais les politiques. Or, jusqu'ici on n'a jamais vu un seul d'entre eux devant un tribunal. Et pourtant le Kapo chef du Struthof, qui en était, et qui a fait pire que moi, a bénéficié d'un non-lieu. »

– Dans un autre journal et toujours à propos du procès du Struthof, un autre chroniqueur judiciaire rapporte :

« Plusieurs autres témoins sont venus évoquer la mort d'un jeune Polonais qui, endormi, n'avait pas rejoint assez vite la place d'appel. Ramené à force de coups par Hermanntraut, il fut jeté aussitôt sur l'espèce de table qui servait pour administrer les bastonnades. Il reçut ainsi vingt-cinq coups terribles, que deux autres détenus furent contraints de lui donner. »

On trouvera dans cet ouvrage, l'histoire de Stadjeck, curieuse réplique à Dora, du Fiorelini, de Bergen-Belsen et celle de quelques autres dont le comportement fut le même que celui de Jager ou de ces deux malheureux qui furent contraints — ou s'offrirent ! — à appliquer 25 coups terribles de bâton à un de leurs compagnons d'infortune : droits communs ou politiques les seconds prenant la suite des premiers à la tête de la self-administration pénitentiaire, il y eut dans les camps des milliers et des milliers de Fiorelini, de Stadjeck, de Jager et de bastonneurs.

On connut quelques droits communs auxquels on demanda des comptes.

On ne demanda pas de comptes aux politiques et c'est pourquoi on n'en connut pas. Si on veut tout savoir, il n'était pas possible de demander des comptes aux politiques : profitant de la confusion des choses et du désarroi des temps, les politiques, qui avaient déjà eu l'habileté d'évincer les droits communs dans les camps — par des méthodes qui ressortissaient aux lois du milieu et qui consistaient en même temps à inspirer confiance aux SS, ceci n'est pas négligeable — eurent aussi, le moment venu, celle de se muer en procureurs et en juges, tout à la fois, et il se trouva qu'ils furent seuls habilités à demander des comptes. Dans leur rage de voir des coupables partout, ils eussent fusillé tout le monde et ils ne s'aperçurent même pas qu'ils n'avaient pas joué, à la tête des camps de concentration, un autre rôle — et en pire ! — que celui qu'ils reprochaient par exemple à Pétain, de s'être offert à jouer à la tête de la France occupée.

Tels étaient ces temps que, sur le moment, personne ne s'en aperçut pour eux.

Des gens découvrirent dans la suite qu'ils s'étaient un peu trop hâtés de reconnaître au Parti communiste le rôle d'un Parti de gouvernement, que la plupart des procureurs et des juges étaient communistes et que, par lâcheté, par inconscience ou par calcul, ceux qui, de hasard ne l'étaient pas, jouaient quand même le jeu du Communisme. Par cette voie détournée de la nécessité politique, on finit par découvrir aussi une partie de la vérité sur le comportement des détenus politiques dans les camps de concentration. Mais cette nécessité politique n'est encore évidente que dans l'esprit d'une certaine classe : la classe dirigeante qui ne retient du communisme que ce qui la menace directement et elle seulement. C'est pourquoi on ne connaît toujours qu'une partie de la vérité : on ne la connaîtra toute que le jour où les autres classes de la société et notamment la classe ouvrière seront à leur tour fixées sur les non moins sombres desseins du communisme en ce qui les concerne et sur sa véritable nature.

Ce sera évidemment long.

Nous avons toutefois des chances, maintenant, de voir se multiplier dans la littérature, les aveux du genre de celui-ci que Manès Sperber place dans la bouche d'un de ses personnages, ancien déporté politique :

« Sur le plan politique, nous n'avons pas cédé, mais, sur le plan humain, nous nous sommes trouvés du côté de nos gardiens. L'obéissance, en nous, allait au-devant de leurs décisions. » (*Et le buisson devint cendre*).

À la longue, ces aveux se dégageront comme d'une gangue, de la contradiction qui consiste à penser qu'on peut faillir sur le plan humain sans céder sur le plan politique et il ne restera plus que « Nous nous sommes trouvés du côté de nos gardiens ». Sans doute auront-ils alors perdu ce caractère d'excuse absolutoire qu'ils se voulaient eux-mêmes donner, mais ils auront gagné dans le sens d'une sincérité si émouvante que l'excuse absolutoire viendra du public et que ce sera beaucoup mieux.

Quand on en sera là, rien ne sera plus facile que de trouver une explication honnête du phénomène concentrationnaire sur le plan moral.

Chose étrange, là encore, tandis que la littérature dans son ensemble et non seulement la concentrationnaire, ne cherche toujours cette explication qu'en essayant de se surclasser elle-même dans la description des cruautés en tous genres de l'ennemi, tandis qu'historiens, chroniqueurs et sociologues cèdent toujours à ce fétichisme de l'horreur qui est le signe-clé de notre temps, le sentiment public à l'opposé, se manifeste déjà par des réactions d'un sérieux inattendu ainsi qu'en fait foi cet extrait d'une lettre de lecteur publiée par *Le Monde*, le 17 juillet 1954 :

« Que tout cela ait pu être ne s'explique pas seulement par la bestialité des hommes. La bestialité est limitée, à son insu, par la mesure de l'instinct. La nature est loi sans le savoir. L'épouvante qui nous a de nouveau saisis à la lecture des comptes rendus de Metz fut engendrée dans nos paradoxes d'intellectuels, dans notre ennui d'avant-guerre, dans notre pusillanime déception devant la monotonie du monde sans violence, dans nos curiosités nietzschéennes, dans notre mine blasée à l'égard des « abstractions » de Montesquieu, de Voltaire, de Diderot. L'exaltation du sacrifice pour le sacrifice, de la foi pour la foi, de l'énergie pour l'énergie, de la fidélité pour la fidélité, de l'ardeur pour la chaleur qu'elle procure, l'appel à l'acte gratuit, c'est-à-dire héroïque : voilà l'origine permanente de l'hitlérisme.

Le romantisme de la fidélité pour elle-même, de l'abnégation pour elle-même, attachait à n'importe qui, pour n'importe quelle besogne, ces hommes qui — ceux-là véritablement — ne savaient pas ce qu'ils faisaient. La raison, c'est précisément savoir ce que l'on fait, penser un contenu. Le principe de la société militaire où la discipline tient lieu de pensée, où notre conscience est en dehors de nous, mais qui, dans un ordre normal, se subordonne à une pensée politique, c'est-à-dire universelle, et en tire sa raison d'être et sa noblesse, se trouvait — dans la méfiance générale à l'égard de la pensée raisonnable, prétendument inefficace et impotente — seul à régir le monde.

Dès lors il a pu tout faire de l'homme. Le procès du Struthof nous rappelle, contre les métaphysiques trop orgueilleuses, que la liberté de l'homme succombe à la souffrance physique et à la mystique. Pourvu qu'il accepte sa mort, tout homme naguère pouvait se dire libre. Voilà que la torture physique, la faim et le froid ou la discipline, plus forts que la mort, brisent cette liberté. Même dans ses derniers retranchements, là où elle se console de son impuissance d'agir, de demeurer pensée libre, la volonté étrangère pénètre en elle et l'asservit. La liberté humaine se réduit ainsi à la possibilité de prévoir le danger de sa propre déchéance et à se prémunir contre elle. Faire des lois, créer des institutions raisonnables qui lui éviteront les épreuves de l'abdication, voilà la chance unique de l'homme. Au romantisme de l'héroïque, à la pureté des états d'âme, qui se suffisent, il faut à nouveau substituer et placer à sa place, qui est la première — la contemplation des idées qui rend possibles les républiques. Elles s'écroulent lorsqu'on ne lutte plus pour quelque chose, mais pour quelqu'un. » *Emmanuel Lévinas.*

Tout y est : le principe de la société militaire où la discipline tient lieu de pensée qui se trouvait seul à régir le monde ; la liberté de l'homme qui succombe à la souffrance physique et à la mystique : la bestialité limitée seulement par la mesure de l'instinct ; les lois et les institutions raisonnables nécessaires susceptibles d'éviter à l'homme les épreuves de l'abdication, lois qui n'existaient pas, qui n'existent pas encore et qui sont sa seule chance.

Le raisonnement, certes, n'est construit que sur l'homme qui a abdiqué et se transforme en bourreau. Il vaut pour la victime :

« Quant à la question de savoir si la souffrance prouve quelque chose pour celui qui la subit, écrit encore Manès Sperber, elle me paraît fort difficile. En revanche, il me paraît certain que la souffrance ne réfute pas son auteur, au moins en Histoire. » (Op. Cit.)

Cela est si vrai que les victimes d'hier sont les bourreaux d'aujourd'hui et vice-versa.

Il ne me reste plus maintenant qu'à remercier indistinctement et en bloc, tous ceux qui se sont courageusement battus pour *Le Mensonge d'Ulysse*.

On m'a dit que, parmi eux, il y avait des fascistes et j'ai souri doucement : ceux qui me le jetaient à la face étant précisément ceux qui réclamaient parallèlement la saisie de l'ouvrage et, dans tous leurs journaux, que fussent décrétées contre un peu tout le monde des interdictions d'écrire, de parler et même de se déplacer, comment n'aurais-je pas pensé que, s'il suffisait de croire pour être baptisé, il ne suffisait pas de refuser le baptême pour n'être point fasciste ?

On m'a dit aussi qu'il y avait des collaborateurs du temps de l'occupation et je me suis consolé en constatant qu'ils étaient surtout réputés tels et qu'en tout cas, ils voisinaient avec un nombre impressionnant de résistants authentiques.

En fin de compte, j'ai surtout observé que, dans le vaste champ de l'opinion qui va de l'extrême-droite à l'extrême-gauche, beaucoup de gens continuaient ou recommençaient à penser tous les problèmes, non plus conformément aux règles étroites des sectes, chapelles et partis, mais par référence aux valeurs humaines.

Et ceci me paraît de nature à autoriser tous les espoirs.

Paul RASSINIER

Mâcon, décembre 1954

# LA HIÉRARCHIE DANS UN CAMP DE CONCENTRATION

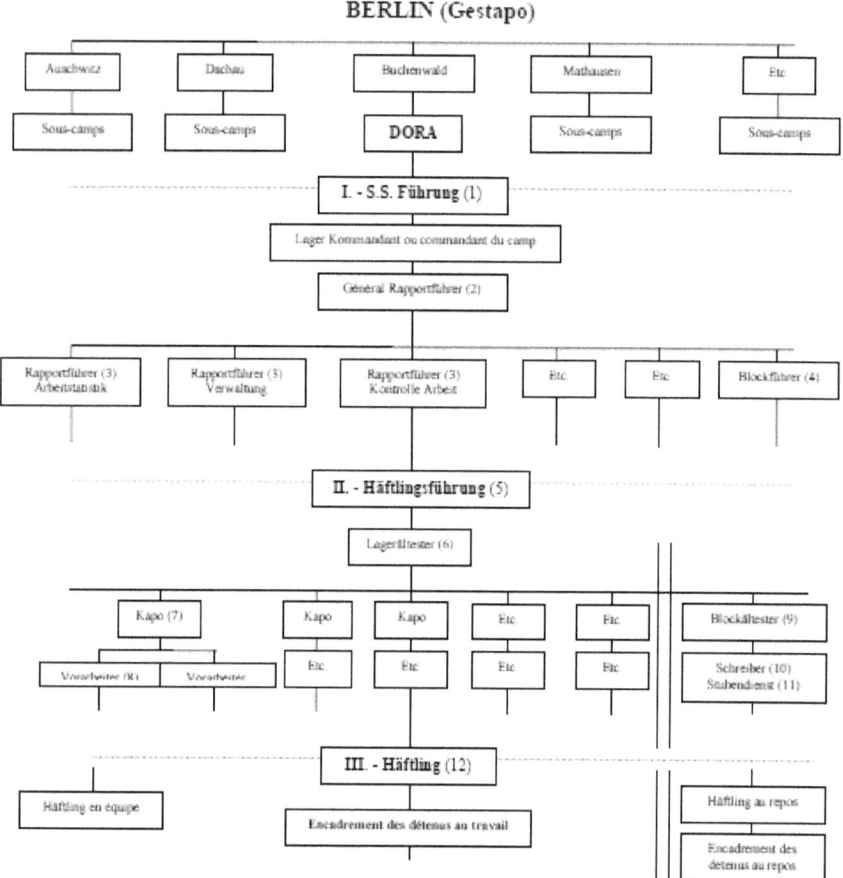

*(1)* Direction S.S. ; (2) Rapporteur général de la vie au camp ; (3) Rapporteur de la marche d'un service ; (4) Responsable S.S. de la vie d'un block ; (5) Direction par les concentrationnaires : (6) Doyen ou chef de camp, choisi par les S.S. parmi les détenus ; (7) Chef d'un kommando de travail ; (8) Chef d'une équipe d'un kommando ; (9) Doyen ou chef de block désigné par les S.S. ; (10) Comptable du block ; (11) Homme de chambre au block ; (12) La masse des détenus.

# Préface d'Albert Paraz
## à la première édition

Allons bon ! Qu'est-ce que le fascisme ne va pas inventer ? Faire préfacer un livre sur les camps par un type qui n'a pas beaucoup cru en la résistance, qui n'a même pas daigné en faire partie, comme tout le monde, quand les « boches » étaient loin, qui a prétendu en noter tout de suite l'imposture et n'a jamais cessé de revendiquer bien haut, le gars, avoir été le premier à l'écrire : les honnêtes gens ne le permettront pas.

Je suis bien de cet avis, c'est pourquoi cette préface je ne la fais pas. Je veux seulement vous raconter par quelle lézarde invisible dans le mur de la fable, des résistants, mais alors des vrais, sont venus me dire la joie que je leur avais faite en exprimant ce qui était depuis toujours leur point de vue.

Ils sont venus comme ça, ils m'ont écrit. Un jour, dans *France-Dimanche* où j'étais nettement visé par l'adjudant Rosenbach, un résistant a pris ma défense.

Puis une série de nouvelles relatant des exploits d'espionnage au profit de l'Angleterre m'ont été dédiées par leur auteur, un nommé Grégoire, sans que je n'en susse rien. J'avais bonne mine !

Et des résistants décorés que j'engueulais se jetaient sur moi, non pour m'étrangler, comme je l'aurais cru, mais pour m'étouffer (l'effet était le même) en me pressant sur leur cœur : « Jamais on ne le dira assez, mon cher monsieur, quels salauds abjects nous fûmes, on saura un jour que nous avons tous été des criminels. »

Et ce Rassinier, que je prends à partie[20] dans *Valsez, Saucisses*, me demande de le préfacer.

---

[20] 1 À propos de son *Passage de la ligne*, un récit sur les camps dans lequel il fait déjà preuve d'une objectivité qui frise la provocation.

Je lui réponds :

« Citoyen,

Tous les soirs, dans les rues de Morlaix, le bon Carette, en 1945 (voir le Gala) criait de sa voix célèbre :

« La résistance nous emm… »

« Elle nous emm parce qu'elle nous fait ch…. »

« Elle nous fait ch…. parce qu'elle nous emm… ! »

Admirez la richesse de la pensée et la concision de la forme. On ne saurait mieux dire. Simple, clair, français. C'est du Chamfort, pas du Sartre.

Les déportés font partie de la résistance. Voilà cinq ans qu'ils nous infectent et vous avec. Il n'y a aucune raison pour que les déportés aient plus le droit de se mettre en avant que les anciens combattants, les blessés du poumon, les prisonniers, les évadés et même les déserteurs, les cocus de guerre ou les maris de tondues. Je vous pisse au train. Salut et fraternité. »

À quoi Paul Rassinier me répondit qu'il était entièrement d'accord, que me connaissant il n'en attendait pas moins de moi, qu'il ne s'était pas trompé sur mon compte et qu'il me demandait seulement de lui dire quelles idées et quelles images m'avait suggérées son petit travail. Voici donc comment je vois les choses, en ce curieux demi-siècle.

Il est prouvé maintenant que la résistance officielle était composée de très basses fripouilles, fort heureusement peu nombreuses[21]. Regardez ce grotesque procès Hardy, escamoté par une presse complice. On découvre avec stupeur que la plupart des héros faisaient partie de la gestapo.

---

[21] Il y avait 475 résistants armés à Paris le 17 août. Le 20, grâce à Joinovici et aux armes vendues par les Fritz, il y en avait 3.000, et le 25, 3 trois millions.

Plus ou moins.

C'est même là-dessus que porte la discussion de ces accablants polichinelles. Le conjuré nommé Claude Bourdet s'écrie : « Ce que je reproche à René, c'est de ne pas nous avoir avoué qu'il travaillait pour les Fritz. On aurait compris, on lui aurait pardonné. »

C'était la moindre des choses.

Mais, cher chacal, il y a quarante-deux millions de Français qui n'ont jamais travaillé pour la Gestapo, et justement ceux-là n'ennuient personne. Le jour où ça va se retourner, petit scorpion, tu seras aplati.

Ah !

Ce Hardy aurait empêché la « réunion de Caluire ». Mais nul ne s'est avisé dans les deux hémisphères que si la réunion de Caluire avait eu lieu, cela n'aurait absolument rien changé à rien, pas d'un milliardième le résultat final, en bien ou en mal.

Nos zèbres auraient peut-être assassiné quelques Français de plus, et c'est tout.

Oh ! pardon, liquidé quelques fascistes, excusez-moi, la langue m'a fourché.

Quand il m'arrive de demander à un de ces extraordinaires « patriotes » ce qu'ils ont fait de vraiment utile pendant la guerre, je m'aperçois que personnellement j'en ai fait beaucoup plus qu'eux. Mais l'idée ne m'est jamais venue de le crier sur les toits pour me donner le droit d'occire les concurrents dont je convoitais la place.

Ça s'explique peut-être tout simplement en ce que je ne convoitais la place de personne.

Vous allez me dire : le monde entier est d'accord avec vous extrêmement sait depuis longtemps la différence entre la vraie résistance et le résistantialisme.

Je répondrai : pas du tout, et la preuve c'est que vous trouvez cette préface paradoxale et scandaleuse, alors que depuis longtemps et bien avant moi, les vrais résistants auraient dû se dresser pour exiger que les hideux assassins d'août, septembre, octobre 44, cessent de nous faire la loi.

Mais c'est tellement difficile de basculer la légende. Il faut d'abord y penser. Il faut voir la grande lumière. C'est le fait d'une toute petite élite, les écœurés du troupeau, les râleurs, les « jamais-contents », les gens qui n'aiment pas lécher les bottes et réclamer des décorations. Il y en a, bien entendu, dans la résistance, la vraie, mais si l'on s'avise de toucher le moins du monde à quelque chef de bande, chauffeur, violeur, étrangleur pris la main dans le sac et dénoncé par vingt témoins depuis cinq ans, on voit se dresser l'unanimité du Comac, du C.N.E., du C.N.R. qui se sent visée.

Il est bien évident et ils en ont des cauchemars, les bougres, que dès qu'on en aurait pendu un, les autres suivraient.

Vous remarquerez, par exemple, les fausses indignations des décromates tréchiens et des socialistes [sic] contre les communistes.

Du bidon tout ça, la seule force qui protège la clique résistance au pouvoir, ce sont les militants communistes, assez organisés pour empêcher dans les villages, les petites villes et les grandes, les Français ordinaires de faire éclater un peu brutalement la vérité.

Car enfin, comme disait l'autre, de quoi s'agit-il ? De ça, pas d'autre chose. De garer leurs fesses, pour les résistants qui ont lié leur sort au résistantialisme.

Voilà des malheureux qui prétendent avoir le monopole du patriotisme. Eux seuls ont des droits, parce qu'ils l'ont décrété et les quarante-deux millions de Français non-inscrits sur les listes sont suspects.

Avez-vous jamais vu un culot pareil au cours de l'histoire ?

Tous les Français, quels qu'ils soient, pendaient de même sous l'occupation, ils auraient bien voulu que les Allemands s'en aillent, sauf ceux qui trafiquaient avec eux et à qui ça rapportait gros, un point c'est tout.

Je n'affirmerais même pas qu'un Sartre et un Camus, par exemple, qui ont fait leur situation et pris toute leur place du temps des Allemands, n'aient pas sincèrement souhaité leur départ.

D'autant plus qu'ils se sont arrangés pour garder ces places et ces situations, ce qui est humain. Il est un tout petit peu répugnant qu'ils aient signé une liste désignant leurs confrères au poteau, il est exagérément répugnant qu'ils l'aient fait au nom des grands principes d'humanité, du christianisme, de socialisme, de marxisme, de progressisme. Feu et sang, mort aux gars qui pourraient prendre ma place, à bas la réaction.

Et Notre Tænia d'écrire des pièces de tænia, qui répondaient à l'époque à un besoin, à de la demande, où l'on voit exalter l'héroïsme des assassins les plus imbéciles.

Cela nous amène à notre objet. Il y avait en 45, 46, 47 (avant le « Gala des Vaches » pour fixer les idées, dit-il modestement) une demande de récits sur les exploits de la résistance, avec pour corollaire tout ce qu'on pouvait imaginer sur l'abjection propre et essentielle aux Teutons.

Ça avait déjà commencé, avant 44, en Angleterre par une série d'infamies de Peter Cheyney, prompt tout comme un Sartre à humer le vent et qui divisait les Français en deux groupes : d'un côté les espions en cheville avec Londres, de l'autre les traîtres de Vichy. De quoi je me mêle ? Passons.

Un peu plus loin, en Amérique, l'image d'Epinal n'était pas encore bien dessinée, on avait gardé le goût d'une certaine réalité et An. Girard (le dessinateur de Duco) pouvait publier un livre très lu dans tous les milieux[22] où il avouait naïvement que la plupart des réseaux (qu'on n'avait appelés ainsi qu'en 46) ont été créés par la Gestapo. De même, tous les réseaux de Werwolf, en Allemagne occupée, ont été organisés par la police américaine.

---

[22] *Bataille secrète en France*. Éditions Brentano's, New York.

En 45, l'Europe a vu l'explosion de la littérature la plus basse qu'elle ait jamais subie. Honte, Ecœurement. Heureusement, tout cela est illisible et rien n'en restera ?

Les éditeurs réclamaient de la résistance, il leur en fallait. Écrire contre, il n'en était pas question, les « patriotes » auraient fait sauter la maison et écorcher vifs les vampires, le personnel et l'auteur, aux applaudissements d'une foule enragée.

Pour vivre, je dus bâcler en un mois (26 jours) un petit livre, *Le Poète écartelé*, dont j'avais prudemment situé l'action au XVIe siècle, afin de m'enlever toute tentation de dire ce que je pensais des gueules au pouvoir. Rien que cela paraissait de la provocation. Pourquoi le XVIe ? Pourquoi ne pas vouloir parler des héros de la nuit, des assassins fantômes et de l'armée des ombres ?

Je faisais grincer des dents et je devais raser les murs. Vous pensez, dans une atmosphère pareille, comment ça se demandait les horreurs sur les camps.

*Nice-Matin* publiait en 45 le reportage d'une dame de mes amies qui racontait comment elle avait échappé de justesse à la chambre à gaz, elle était dans la file, on l'avait appelée par miracle.

Elle avait souffert, sans aucun doute, mais elle en rajoutait, c'était visible, et tout le monde en la voyant était stupéfait de sa mine éclatante, de ses dents parfaites et de ses magnifiques cheveux. Je l'entendis un jour se disputer avec une femme qui avait, elle aussi, un chiffre gravé sur le bras et qui lui reprocha d'avoir écrit toute sa série d'articles dans *Nice-Matin*, sans mentionner que les mauvais traitements dont elle se plaignait était le fait de détenues comme elles, des juives et des Polonaises.

À quoi notre journaliste amateur répondit avec une simplicité splendide qu'on ne pouvait pas en ce moment accabler des juifs et des Polonais, le journal ne l'aurait pas laissé passer, tandis qu'on pouvait bien coller tout sur les Fritz qui en verraient bien d'autres et avaient le dos large.

Je ne la blâme pas ; je crois, en effet, qu'elle n'aurait pas pu faire autrement, mais il est vrai que son témoignage ne saurait être retenu par l'histoire, et qu'il ne le sera pas, même à propos de détails, de dates, pour lesquels on possède des documents plus précis.

Et maintenant, j'en viens au travail de Paul Rassinier.

Il est une partie où je refuse absolument de le suivre : celle où il a l'imprudence d'ergoter, chipoter, chicaner sur les témoignages, à propos des chambres à gaz.

Un petit Mauriac disait dans *Le Figaro* (naturellement) qu'il était encore trop tôt pour parler de tout cela avec objectivité. Voilà pour une fois une forte parole, trop belle pour n'être pas échappée à ce vitulet autrement que par distraction.

Il est éternellement vrai que pour remonter la pente de cinq ans de mensonges il faut au moins pendant cinq ans frapper sur le même clou. Et les premiers qui s'avisent de le faire risquent tous les massacres.

Je vous parlerai de notre gang des basculeurs de légende, né après « Valsez »[23], formé avec des durs résistants. Mais il est des légendes qui basculent toutes seules, celle de la résistance par exemple. Elle a coulé comme un furoncle.

En revanche, il y en a qui durent mille ans, le droit de cuissage, les seigneurs obligeant leurs serfs à empêcher leurs grenouilles de gueuler. (Ils avaient bougrement raison. Moi, féodal, j'enverrais mes serfs tirer les motocyclistes et descendre les avions qui m'empêchent de faire ma sieste, et je ferais hisser les autocars par des bœufs dans un rayon de trois kilomètres autour de mon auguste domicile. Je ne suis pas marxiste comme Rassinier, je suis pour l'homme.)

Après les oubliettes, Torquemada, les jésuites et les francs-maçons, le masque de fer, il est une autre histoire à laquelle il ne faut absolument pas croire : c'est celle des chambres à gaz. La croûte terrestre en est à vif pour des siècles. J'ai failli me faire assassiner trois fois hier, rien que pour avoir soumis le texte de Rassinier à des voisins, le tout en

---

[23] *Valsez, Saucisses*, chez Amiot-Dumont, vient de paraître.

marchant à peu près à cent mètres de chez moi.

Seul un extraordinaire masochiste peut s'aviser d'écrire, maintenant, que les témoignages sur les chambres à gaz ne sont pas tout à fait assez concluants, pour son goût, qu'il n'y en a qu'un seul dans la littérature concentrationnaire, celui de Weiss, mais encore rapporté en seconde main, et que personne n'a pensé à interroger ce Weiss d'une manière sérieuse qui puisse être retenue par un historien.

C'est de la dynamite. Une femme que je croyais à moitié saine d'esprit s'est mise à vociférer derrière moi. Heureusement pour mes os, elle le faisait dans une langue étrangère où revenait dix fois le mot nazi jeté à ma tête avec des « pfoui » et des sifflements démentiels. Il lui faudra des semaines pour s'en remettre.

Je me suis esquivé habilement, faisant un détour par les écoles, j'ai sonné chez Reilhac qui n'a pas trop tiqué en lisant le texte où il dépistait la méthode marxiste il a le flair mais m'a assuré, olympien, que la chose était démontrée, les coupables ayant avoué au tribunal de Nuremberg !

Vous allez voir comment il est facile encore de nos jours de se faire aplatir. Vous pensez bien qu'à Nuremberg on aurait pu pendre tout le monde dix fois et le tribunal avec et les journalistes itou, je m'en fusse foutu, absolument, infiniment, délicieusement, n'empêche que j'eus l'inconscience de me délivrer dans l'oreille de Reilhac d'une vérité éternelle, à savoir que les aveux des accusés devant n'importe quel tribunal n'ont jamais rien prouvé !

Et maintenant, ajouté-je, trompé par sa suffocation que je prenais pour de l'intérêt, maintenant encore moins qu'aux époques les plus joyeuses de l'histoire.

Je n'ai dû mon salut, je vous le jure, qu'à la disposition des lieux et à ma promptitude à jeter la table et deux chaises entre ses pattes la maladie m'a enseigné l'économie des gestes et à m'enfermer dans un local sombre, humide et fort étroit.

Avec le temps, j'ai pu parlementer et on m'a laissé sortir. Il y avait là un crapaüté tréchien au nez comme aplati par une citrouille. Il écartait les mains dans le geste persuasif des apôtres en disant : « Mais moi, Monsieur, les chambres à gaz, je les ai vues à Dachau. »

J'étais ravi. Bravo ! lui dis-je. Je vais l'écrire à ce triste conneau de Rassinier, je lui dirai que la première personne à qui j'en ai parlé les a vues elle-même et peut donner son nom. L'incident est clos.

À ce moment, G.... gâcha un peu la valeur de son témoignage en s'empressant d'ajouter : « Mais non seulement moi, des millions de personnes les ont vues aussi. »

J'écrivis à Rassinier qui me répondit par retour : « Dites à votre G...., et sur le ton le plus affirmatif, qu'il n'a jamais vu fonctionner la chambre à gaz de Dachau pour asphyxier. De retour en France, il a peut-être vu la photo publiée par tous les journaux. Mais pendant son séjour au camp il n'a pu voir que l'écriteau « Achtung ! Gaz ! Gefahr ! » et c'est tout. »

Je soumis, de loin, le texte à G...., et celui-ci qui était dans un de ses bons jours me dit, onctueux : « Je ne l'ai, en effet, pas vue moi-même, mais c'est Michelet qui m'en a parlé, et il m'a même dit : « Ils sont en train de l'agrandir. » »

Il ajouta, décidément guilleret, ce détail croustilleux : « Il avait trouvé, Michelet, une belle planque au camp, les Allemands n'ont jamais su quel personnage important il était ; pensez qu'ils l'avaient arrêté, seulement pour leur avoir vendu de l'épicerie trop cher ! »

Elle est bien bonne.

Les quarante-deux millions de français « non résistants », qui n'ont jamais trafiqué avec les Fritz et qui n'ont jamais été de ce fait, ministres, vont l'apprécier et la savourer. Mais ceci n'est pas encore notre propos. Nous y reviendrons.

En fait, nous comprenons ce qu'a voulu dire Rassinier, et l'affaire G.... le prouve. Il a voulu dire que beaucoup de gens parlent des chambres à gaz et ne les ont jamais vues, ce qui est agaçant pour qui veut faire un travail d'historien. Mais le travail d'historien n'est pas fait pour la place publique : je conjure Rassinier de bien préciser que des chambres à gaz il y en a eu, d'y insister et, s'il ne le fait pas, je me retire de ce guêpier.

Parce que, figurez-vous, même si elles n'avaient pas servi, ou si elles avaient servi à la désinfection, ou servi par hasard, sans ordre d'en haut, ça n'a aucune importance. Ce qui compte, c'est que les nazis ont déporté des tas d'innocents qui ne sont jamais revenus. Ne donnons pas dans le panneau de discuter les supernazis qui les ont condamnés, nous faisons le jeu de la bête.

J'ai grande méfiance, depuis dix ans, quinze ans, de la maladie qui gangrène l'Europe, du nazi avec un faux nez, du Malraux qui crie : « La liberté est à qui l'a conquise », du partisan privilégié qui oblige à coup de trique le non-partisan à travailler pour lui, ou l'oblige à coups de bobards à payer des impôts. C'est kif. Si je ne préfère pas les coups de trique, je reconnais que c'est plus franc.

Vous pensez bien que dans cette collection d'écorcheurs je n'ai aucun penchant à justifier qui que ce soit. Tous se valent, les nazis pas plus que les autres. Et c'est travailler pour eux, sans le vouloir, que de rectifier à la loupe les inexactitudes publiées sur leur compte, si on ne hurle pas, d'abord, que c'est par amour de la vérité, mais qu'on les tient et les a toujours tenus pour des vampires imbéciles et sinistres.

Voilà en quoi un ingénieux farceur comme Malaparte est fort coupable avec ses inventions de bassines pleines d'yeux arrachés à des juifs, ou ses juifs crucifiés dans les arbres d'une forêt hantée. On est bien obligé de dire que cela n'est pas sérieux, et tout de suite on se fait classer comme un adorateur du diable, de Belzébuth-Himmler à Hitler-Satan.

Et encore ça peut aller si vous en parlez entre Français : le Français a gardé, malgré dix ans de pernicieux mensonges, un embryon de sens critique qui a disparu chez l'Européen de l'Est, auprès de qui, aujourd'hui encore, il est strictement, totalement, absolument interdit de risquer la moindre plaisanterie sur Goebbels ou Goering sans se faire assassiner.

Les Allemands ont été plus maladroits envers les Polonais, les Tchèques, les Roumains, mais la propagande des Alliés a su en tirer un tel parti qu'il est défendu à un citoyen français, en train de prendre son pastis, de souhaiter une union France- Allemagne de l'Ouest, sans risquer le pire de la part de Hongrois, par exemple, et plus encore de Hongroises que l'on voit déjà comme leur nom l'indique vous sauter dessus pour vous arracher ce que vous avez au monde de plus précieux.

Elles n'ont absolument pas la moindre gêne, la moindre hésitation (je ne parle pas là de juives mais d'aristocrates) à vous engueuler en public et à vous expliquer chez vous ce que vous devez penser dans votre propre pays sur les affaires qui vous concernent.

Bravo ! Très bien ! c'est déjà un peu faire l'Europe.

Mais je dis à Rassinier : « Ne touchez pas à ça, d'autant plus que les témoignages français sont rares. Il y en a trop du côté polonais, par exemple, et votre travail n'est qu'une partie de ce qu'il faut faire pour l'ensemble de l'Europe.

C'est encore plus vrai pour les déportés anglais qui, en général, ont été bien traités. Nos trois cent mille déportés ne comptent guère à côté des millions de juifs polonais qui ne sont plus là.

J'ai parlé tout à l'heure des Hongroises enragées. Il est essentiel d'en tenir compte. Rien n'est sans raison, en ce bas monde. Cinquante ans de propagande, ça fait des réflexes ancestraux. Mes comtesses hongroises sont « conditionnées ». Elles souffrent d'être obligées de me cracher dessus quand elles me rencontrent. Il n'y a pas tellement de monde à Vence. Tout cela est clinique au fond. Anaphylaxie, doses trop fortes dans le sang, intoxication, désintoxication, longues cures.

La vieille haine contre l'Autriche, la haine du nazi tournée en haine de l'Allemand, voilà une image d'Epinal difficile à extirper de ces cœurs ardents, et certes il importe grandement de faire comprendre à ces nations ombrageuses que dans l'union franco-allemande, aucune aspiration à dominer le monde ne sera possible, tolérée, et même exprimable pour les nazis.

Pensez à l'effet produit sur ces écorchés quand ils entendent la déclaration du grand démocrate Thomas Mann qui s'écrie : « Nous, les

Allemands, qui sommes depuis toujours appelés à exercer notre hégémonie sur l'Europe et sur le monde !.... »

Quel con ! madame. Ah ! ils sont lourds !

Ceci n'est qu'une parenthèse. Elle compte, il faut faire l'Europe, mais bien faire entrer dans les crânes allemands que c'est l'Europe, et non la plus grande Allemagne. Cela est notre tâche, elle est difficile.

Chercher la petite bête dans les informations inexactes qui ont été écrites sur les camps n'est donc pas, en notre siècle, un travail scientifique ordinaire. Le chercheur, aussi consciencieux soit-il et de quelque façon qu'il s'y prenne, aura l'air de travailler pour les nazis. La faute en est aux premiers fabulistes, à ceux qui ont rendu le mensonge possible et l'ont cru nécessaire à la justice de leur cause, comme si une cause juste pouvait avoir besoin de mensonge.

Mon Dieu, que tout cela est banal ! et pourtant nous devons le formuler pour y voir bien clair. La bibici avait-elle le droit de rendre les Européens enragés de haine contre les Allemands ? Cela peut se défendre, elle avait au moins besoin de persuader ses propres troupes et les soldats de la libre Amérique qu'ils partaient en croisade contre le diable, sinon les gars n'auraient pas eu l'enthousiasme.

C'était une recette pratique, cela facilitait le bon fonctionnement de l'armée, cela réduisait l'objection de conscience et poussait le public à dénoncer les traîtres.

Ainsi voyons-nous dès maintenant la même propagande se mettre en mouvement contre l'Union soviétique. Mais ne pourrait-on persuader une bonne fois ces propagandistes professionnels qu'ils devront renverser la vapeur aussitôt la victoire obtenue, et sans attendre une minute ?

C'est mieux que de se faire hara-kiri, c'est se donner du pain sur la planche. Quoi de plus simple que de dire simplement : nous avons beaucoup exagéré, il le fallait, mais maintenant nous allons rechercher la vérité tous ensemble.

La recherche de cette vérité, de nos jours, fait hurler voyez Bardèche arrêté pour avoir douté de l'auguste tribunal de Nuremberg. Est-ce à dire que l'on doive jeter un voile éternel sur la question ? Jamais de la vie, il faut s'y prendre autrement et savoir gré à Rassinier d'avoir attaché un grelot dangereux.

La vérité doit être connue au plus vite, et voici pourquoi : parce que si les millions de juifs qui manquent en Pologne ne sont pas tous passés par les chambres à gaz, il est encore plus inquiétant de savoir qu'ils ont quand même disparu.

Un seul million de personnes à supprimer par an, cela représente un travail de cauchemar si on essaie de se l'imaginer : trois mille tous les jours, trois cents toutes les heures pendant dix heures, sans une minute d'arrêt, ça laisse des traces, même au fond d'une forêt.

Un groupe d'historiens doit être réuni d'urgence, avec des crédits et des pouvoirs étendus, pour apporter des chiffres dont on connaîtra le pourcentage d'erreurs. Il en est encore temps, il existe encore des témoins. Mais il est tout juste temps.

Je dois suggérer, bien entendu, qu'aucun représentant des races et des nations intéressées n'y figure (autrement qu'en curieux) si l'on veut que la vérité soit bien nue et non dirigée. Des Hindous, des Chinois, des Noirs, des Japonais.

Quand je dis qu'il est juste temps, je puis vous donner un petit exemple simple : j'ai été mis à la porte du même sana d'où D.H. Lawrence a été renvoyé il y a vingt ans. Il en est mort à peine une semaine après.

Je sais que moi on m'a jeté dehors par un temps épouvantable et dans l'intention évidente de me faire crever, pour sauvegarder le prestige d'un adjudant directeur et les bénéfices de docteurs commerçants, mais pour Lawrence j'ai voulu me renseigner avant d'écrire, et après, à la faveur du bruit fait (dans Vence) par mon livre.

Vingt ans, ce n'est pas si vieux, je suis sur place les témoins se sont réveillés. Je n'ai pas pu réunir une version unique. Et, fût-elle unique, ce ne serait pas la preuve qu'elle soit bonne.

Les docteurs nient avoir jeté Lawrence dehors, mais ils ont intérêt à le nier. Ils nient aussi l'avoir traité de crétin et d'ivrogne, mais j'ai moi-même entendu ivrogne, et Merlin a entendu crétin. Il y a une version Katherine Caldwell, une version Huxley, une version Frieda Lawrence. Des gens qui prenaient alors pension avec Lawrence assurent que la maison n'était pas encore un sana, et pourtant les médecins avouent. On ne saura jamais la vérité, même pas dans mille ans, comme dit Rassinier. Vingt ans, ça commence à être vraiment tard, mais non seulement vingt ans, dix ans, six ans, c'est la limite.

J'ai interrogé moi-même, avec toute la patience dont je suis capable, et elle existe, tous les déportés que j'ai pu rencontrer. Six ans de recul, c'est déjà beaucoup trop chez des Liguriens ou des Bretons ou des Ardennais qui n'ont pas le sens et la religion de la vérité millimétrique. Les femmes surtout. J'en ai une sous la main qui ne bat nullement les records, j'ai vu pire. Ayant été arrêtée à la fois par la Gestapo et par les fifis, elle mélange tout.

Pourquoi arrêtée par les deux ?

Méditez cette phrase écrite naïvement par l'exquis commissaire (pouah) Charpentier, dans *France-Soir*, le 6 juin 50 :

« La Cotillon » ([sic] ! on est régence à la maison Poulailla) a été fusillée par les maquisards en 44. Elle avait possédé plus de 40 millions d'avant 1940. »

Donc, ma boulangère, qui a été matraquée dans les deux cas, par les fritz et les miliciens, puis par les fifis, n'est absolument plus capable de distinguer en 1950 qui l'a tondue, qui lui a fait creuser sa tombe, qui lui a cassé des dents, qui lui a sauté sur le ventre, qui lui a extorqué le plus de fric, et dans l'absolu son témoignage est le seul à atteindre à la vérité transcendante, car les tortionnaires sont toujours les mêmes, c'est une espèce, l'homo bourricus, roi sous tous nos régimes.

Ce qui m'a fait tiquer naturellement, c'est que les fifis, elle les situait en 42 et les miliciens en 44, sans ça j'aurais enregistré sans sourciller, d'autant plus qu'elle est parfaitement sensée, équilibrée, logique, précise un sou c'est un sou absolument normale.

Cela m'apporte la preuve (un magistrat honnête, s'il en reste, doit le savoir) que chez des hommes qui n'ont pas l'habitude des spéculations et des examens de conscience, il arrive que le plus honnête confonde avec une bonne foi entière ce qu'il a vu et ce qu'il a entendu raconter.

C'est au point qu'on ne peut guère interroger les gens sans être mufle et répéter constamment : « En êtes-vous bien sûr, ne l'avez-vous pas lu ou rêvé » surtout si l'on s'adresse à des citoyens comme on en rencontre beaucoup par ici, dont les souvenirs sont rendus un peu vagues par la radio, le tabac, le pastis, et le Tour de France.

Il faudra que ce livre de Rassinier ait pour conséquence la formation d'une équipe de loyaux prudhommes pas rendus fous par les bobards et les passions, capables d'écarter sec tout ce qui n'est pas vérité vraie, de taille à s'abstraire, à se déguiser en Martiens, à s'imaginer qu'ils sont d'une autre planète et à ne récolter que de l'incontestable.

Il doit y en avoir encore, la mère des Thucydide n'est pas morte. « C'est en vain que Néron prospère, Tacite est déjà né dans l'empire… »

Mais le diable gagne à tous les coups. Il ne reste guère de témoins qui n'aient été façonnés, il n'en reste guère qui ne s'imaginent pas que la vérité doive passer après leur race ou leur clan et par-dessus tout, là où le diable s'étale triomphant, le public en a tellement marre de ces histoires de camps, de bagnes et de prison que, le jour où le témoignage vraiment pur comme le cristal pourra naître, il n'intéressera plus personne.

Il ne se vendra pas, aucun succès public. Mais il en restera bien un quelque part. Il échappera aux saisies, peut-être enfoui au fond d'une jarre, et sera mis au jour qui sait, dans deux mille ans, comme ce livre d'Habacuc découvert en 1947 et qui recule à 63 avant J.-C., sous Aristobule II, toute la légende du Christ.

Préfiguration, disent les orthodoxes. Allons donc ! Une nouvelle preuve que Jésus-Christ était un dieu plus qu'un homme. Mais aussi, notez-le bien, un argument qui ne convaincra personne. Les tenants de Jésus homme historique, qui vont de Renan à Daniel-Rops, continueront à nous le représenter avec l'insigne du syndicat des charpentiers.

Les « mythistes » vont triompher, mais ils ne seront pas suivis, et pas compris.

Et c'est mieux ainsi. Être suivi sans être compris, c'est la vraie croix des prophètes.

Donc, nous laisserons nos historiens travailler en silence, nous les laisserons dresser le tableau de ce que fut la déportation, nous les laisserons, comme l'a fait Norton Cru pour les livres de la guerre 14-18, et comme Rassinier nous l'a montré déjà, nous prouver que tous les Rousset ont été des menteurs. La grande vérité apparaîtra au moment précis où tout le monde s'en foutra, comme pour le travail de Norton Cru, parce qu'alors un moyen d'oppression tout neuf et fignolé aura rapproché encore plus de la termitière les ivrognes zooïdes qui nous entourent et, malheureusement, nous entraînent.

En revanche, il est un terrain où je veux bien suivre Rassinier, c'est quand il établit d'une façon étonnante que les responsables des camps (la Häftlingsführung) cette élite de déportés qui nous a fourni nos gouvernants, nos censeurs, nos patriotes et nos juges, constitue la plus prodigieuse collection de fripouilles de l'Histoire.

On s'en doutait énormément quand on les a vus au pouvoir depuis 45. D'apprendre qu'ils se faisaient déjà la main en 42 éclaire le tout d'une splendide lumière.

C'est le triomphe du hideux salaud, si infect, si dégradé et si bas qu'il ne trouve plus qu'une seule place où se cacher, la plus haute puisqu'il sait qu'on le cherchera par terre, dans l'égout et dans le ruisseau, et que personne ne pensera aux bancs des ministres, aux comités des C.N.E. et C.N.R. et C.O.M.A.C., aux fauteuils des Sociétés nationalisées, à la direction des journaux.

Ces grands politiques, ces surhommes, se sont mis à la disposition des nazis pour faire régner l'ordre dans les camps, pour matraquer leurs frères d'infortune, pour conserver leurs planques, leur filon, leur fromage.

Tous les bobards à la Rousset pour nous faire croire qu'il s'agit là d'une chose toute nouvelle, une création de l'univers concentrationnaire, spontanément éclose entre les barbelés, vers 40-45, est un effort pour justifier une très vulgaire espèce de coquins.

La délation et la platitude ont toujours existé dans les bagnes, dans les chiourmes, sur les galères, même autrefois les criminels n'avaient pas eu l'idée géniale de s'en prévaloir pour devenir ministres.

J'attends d'ailleurs le livre d'un « vert », d'un « droitco », qui me dira tout ce qu'il pense des « rouges », des politiques. Dans *Valsez*, une lettre d'Ange C.... nous éclaire déjà.

Avant d'attirer votre attention sur un fait un peu plus gros, sourions un peu.

Voici une page qui eût enchanté Lesage.

Rassinier nous cite avec indignation un texte d'Eugen Kogon où il est dit que la direction médicale de l'immense infirmerie ne fut pas confiée à un médecin mais au député communiste Busse, qui choisissait du personnel communiste capable d'administrer des raclées aux malades dont il bouffait les rations pour se maintenir en forme, personnel pris au hasard chez des zingueurs, croquemorts et pâtissiers.

Les S.S. (brutes nazies) ayant imposé de vrais médecins, ceux-ci furent rapidement mis au pas. Et Kogon s'émerveille qu'avec tout ça les malades ne mouraient en somme ni plus ni moins qu'ailleurs.

Parbleu ! Molière et Gil Blas l'ont déjà dit.... C'est l'histoire du malade imaginaire un peu retournée, le faux médecin administre des coups de bâton au client pour qu'il s'avoue guéri. Il y a là un petit sketch à écrire, du plus savoureux comique.

Rassinier note encore un passage de Kogon (p. 286) qui m'avait déjà paru énorme, étouffant, inavalable, qui me semblait ouvrir un jour sur une vérité terrible :

« Le capitaine S.S. Schwartz n'essaya qu'une fois de réunir mille détenus pour le travail. Après une demi-journée il n'en avait plus que six cents qui trouvèrent le moyen de filer, et nul ne resta entre ses mains.

À partir de ce moment, on abandonna aux détenus responsables les questions de la répartition du travail. »

Et alors, plus possible de « filer ». Un barrage d'antihitlériens, matraque à la main, conduisait au boulot les esclaves et assommait, au nom des lendemains qui chantent, ceux qui tentaient de se soustraire à l'effort de guerre du IIIe Reich.

N'est-ce pas grand comme du Dante ? Ugolinesque.

Je t'étends sur place, mon fils, pour te conserver un ministre.

S'il n'y avait pas eu ces volontaires empressés, l'expérience Schwartz se serait répétée chaque fois qu'il était question d'organiser un transport vers quelque lieu de travail, et les S.S. auraient peut-être dû y renoncer, comme dans certains camps de prisonniers. Cet empressement n'allait pas sans rapporter quelques avantages : quarante mille œufs détournés en deux ans au profit de ces messieurs nos futurs maîtres, ces œufs ayant été mis à la disposition des malades par la S.S. (Attention, S.S. ne signifie pas sécurité sociale mais les vrais S.S., les criminels hitlériens...)

On aurait le plus grand tort de coller toutes ces infamies sur le dos des communistes. Un Martin-Chauffier, chrétien, trouve cela épatant.

« J'ai toujours admiré avec un peu d'effroi et de répulsion ceux qui, pour la patrie ou une cause.... choisissent toutes les conséquences de la duplicité, le dégoût de leurs compagnons de combat qui voient en eux un traître... »

Là où Martin-Fauchier nous double, c'est quand il assure que ces gens-là faisaient cela pour une cause ou pour la patrie, alors que le résultat immédiat, incontestable et immanent de leur attitude était de les maintenir, eux, en pleine forme, grâce aux colis de ceux qui n'étaient pas leurs complices.

Vous allez me dire que ça me va bien, à moi qui n'ai pas (encore) été déporté, d'écrire ça. Mais pardon, je me borne à répéter ce qu'a dit Rassinier qui, lui, l'a vécu et a le droit d'en parler.

Il m'a demandé une préface parce qu'il nous découvre une communauté d'esprit, bon, mais je suis très loin d'être toujours de son avis.

D'abord, à un moment, voilà que le gars se met à prendre Sartre au sérieux. Et il s'amuse à lui « répondre ». Répondre à qui ? Au néant ? Ça m'a déjà mis en boule.

Pour moi, il y a deux humanités : les gens bien, ceux qui appellent Sartre le « Tænia » ou l'« Agité du bocal », et les autres.

Cela est si vrai que notre Rassinier qui, jusqu'à sa conclusion a été d'une clarté parfaite, se met à écrire en charabia[24] dès qu'il s'avise à commenter un quelconque bafouillage du Tænia. Vous pouvez lire la page 225, vous êtes carrément dans les pleines ténèbres.

La pensée qui était solide devient floue, vague, glissante. Notre auteur, qui paraissait objectif, se met à revendiquer « l'inspiration humaine du marxisme ». Mais je m'en fous, moi du marxisme. Pourquoi pas le Taoïsme ? le Christianisme ? la Monarchie ? le Bonapartisme ? la Synarchie ? le Plan Monnet ?

Quand j'entends ça, j'ai envie de proclamer, comme La Brige : Je suis pour Philippe-Auguste et pour Louis X dit le Hutin.

Pourvu que Rassinier lisant ce passage ne s'avise pas de corriger sa réponse ! Vous verrez tout de suite l'influence fuligineuse du bigleux agissant par sa seule présence.

Mais ça alors, recta.

Comme disait ce latiniste qui écrit sanatoria pour sanatoriums.

On m'a dit : Si l'on essaie de traduire le tænia en bon langage français,

---

[24] De l'inconvénient qu'il peut y avoir à suivre l'adversaire sur son propre terrain. – P.R.

on découvre des vérités premières mêlées à d'incroyables niaiseries.

On y découvre aussi d'inévitables infamies qui semblent à ces coprophages à peu près aussi nécessaires que le jargon dont ils les enveloppent.

Le Tænia et un certain Merleau-Ponty n'hésitent pas à écrire, en janvier 1950, qu'« on ne trouve pas dans les camps soviétiques le sadisme, la religion de la mort, le nihilisme qui ont produit les camps d'extermination nazis ».

J'aime mieux les croire que d'aller y voir. Et vous ?

Mais que penser de ces « philosophes » à qui l'instrument de la dialectique fait découvrir que le nihilisme et le sadisme sont propres aux compatriotes de Kant, de Marx et de Goethe et, en particulier, inconnus chez ceux de Pierre le Grand, de Gengis Khan et d'Ivan le Terrible ?

C'est de cela qu'il s'agit, lisez bien. La pensée sartrizenne, autant en emporte la chasse d'eau, et si la Wehmarcht existait il ne serait plus question pour elle de douter des vertus allemandes mais, enfin, voilà ce que l'on écrit de nos jours, et très froidement.

Vous me direz : cela est fait par de plats imbéciles que nul ne s'avise de prendre au sérieux, mais leur imbécillité même les place d'instinct dans le troupeau. Ils n'expriment jamais que ce que tous les imbéciles pensent autour d'eux. En conséquence, cela représente une certaine « opinion ».

Vous voyez bien qu'il est tout de même important d'établir par d'autres méthodes que celle des on-dit, de quelles actions particulières, de quelles tentations, de quels péchés, les Teutons sont capables, à l'exclusion des autres peuples, et si possible d'en apporter une explication soit géographique, soit ethnique, soit biologique, ou même d'établir clairement qu'il s'agit là d'influences infrahumaines très spéciales, résultat d'une malédiction qui leur est propre.

Quand on sera fixé là-dessus, mais alors sérieusement fixé, cela sera une bonne chose de faite.

Dès que le cestode est loin (p. 228), Rassinier revenu à la lumière s'exprime avec force et clarté.

Une autre des raisons qui me font être assez réticent, c'est que le gars a été arrêté comme résistant !

Il y a, entre le résistant actif et moi, un fossé qui se creuse toujours davantage. Moi, pacifiste, je ne continue pas la guerre en civil. La guerre me fait peur sous n'importe quel uniforme, sous aucun uniforme sûrement encore plus. Poignarder une sentinelle et faire fusiller des otages, ça pour moi c'est le comble.

« Alors, sifflent mes Hongroises conditionnées, vous étiez content que les Boches soient là ? Vous les aimez bien, ils ont dû vous rapporter gros, vous les regrettez.

– Non, madame, je savais qu'ils ne pourraient tenir tête au monde entier, qu'ils s'en iraient plus vite qu'ils n'étaient venus, qu'ils ne résisteraient pas à une mâchoire de vingt millions de combattants d'un côté, et vingt millions de l'autre, armés jusqu'aux dents, qui n'avaient nullement besoin de mes V et de mes Croix de Lorraine dans les pissotières, qui avaient beaucoup plus fort que ça, des tanks, des avions et de l'essence. »

Et tous les Français le savaient comme moi, à part une minuscule poignée de fous, à part ceux qui faisaient semblant de ne pas le croire parce qu'ils étaient couverts par le double jeu.

« Tous les Français sont des Gaullistes », publiait à Paris, ouvertement, en 1941, le plus courageux des écrivains. Et c'est la vérité.

La vérité qu'il est urgent de publier pendant qu'il y a encore des millions de témoins.

À partir du mois de mai, quand il faisait beau, en sortant à 21h15 du métro, place des Fêtes, par exemple, on allait jusqu'à la porte de Ménilmontant, à pied, en écoutant, qu'on le veuille ou non, brailler tous les haut-parleurs de toutes les maisons, par les fenêtres grandes ouvertes, qui diffusaient la radio de Londres.

Ça faisait bien passer le temps, ça donnait de l'espoir, ça promettait qu'on serait libérés, que les choses iraient mieux.

Tous les Français le savaient. Le crime des gens de Londres a été de faire croire qu'il n'en a pas été ainsi et qu'en France il y avait des millions de traîtres.

Et alors, direz-vous, ils voulaient prendre les places, c'était normal ! Qu'est-ce que vous faites, vous ? Vous voulez qu'on les pende pour prendre les places à leur tour, c'est kif.

Eh bien, non. Je n'ai envie d'aucune place et je ne veux pendre personne, je ne veux faire assassiner personne dans l'ombre, je fais partie du gang des basculeurs de légendes.

J'aurais plaisir à voir rétablir la vérité sans qu'il soit besoin de saigner même un Bayet ou un Soustelle. Mais l'imposture a été si énorme qu'il faut tout de même un procès monstre pour la dévoiler à tous.

L'imposte est encore plus franche que vous ne le supposez ; la plus belle c'est aujourd'hui, quand nous voyons des ministres ou des ministrables faire de l'anticommunisme en priant le Bon Dieu qu'il garde surtout bien en place les troupes et les militants communistes.

Je l'ai déjà dit.

On ne le redira jamais assez.

Cent fois il faut frapper le même clou. Le jour où même pas dans une guerre U.S.A.-Union soviétique, mais où la guerre froide poussée un peu loin fera mettre hors-la-loi les communistes, arrêter leurs chefs et ce jour est proche il ne faut plus se le cacher, absolument rien ne se dressera pour empêcher que les millions de Français qui ont inscrit les noms de ceux qui les ont emprisonnés à la libération, ne se lèvent, aillent chercher par le bras leurs délateurs et, dans le meilleur des cas, les remette sains et saufs entre les mains de la justice très ordinaire.

Pas besoin de tribunaux spéciaux, il n'en est pas question. Est-ce que vous croyez que j'exagère ?

Non, n'est-ce pas, je suis très modéré, je parle en observateur, comme Bourdet, qui dit la même chose que moi. Du reste, Teitgen avoue quatre mille plaintes déposées d'ores et déjà et arrêtées par ses soins.

Comme les voleurs et les assassins ne manqueront pas, emportés eux-mêmes par l'habitude d'invoquer la résistance, c'est le principe de la résistance qui sera discuté.

Et l'on s'apercevra vite (huit jours de baratin presse et radio suffisent) que ce principe est contraire aux lois de la guerre et de l'honneur.

Tuer dans le dos et laisser fusiller les otages, pas besoin de génie pour faire comprendre aux enfants et même aux Hongroises que c'est mal.

C'est contraire au socialisme : le travailleur n'a pas de patrie. C'est contraire à l'enseignement du Christ : « Rendez à César... »

Notre Rassinier, qui m'a demandé une préface, est un résistant, lui, et ça se voit à des tas de petites réflexions par ci par là. Il est logique. Il est pour les nègres contre les blancs, pour le Viet-Minh, il est pour les Indiens contre les Yankees[25]. Il est tout à fait d'accord pour que les Arabes se réveillent une belle nuit pour égorger tous les Européens en Afrique du Nord[26], comme Sinistrus Couillonnus le leur a si bien appris. Car ils écoutaient la radio de Londres et celle d'Alger, nos bons indigènes.

Quand les Arabes feront paître leurs brebis sur les villes rasées, sur les jardins rendus à la brousse, Rassinier sera pour les Berbères qui se dresseront pour renvoyer chez eux les Arabes envahisseurs[27]. Car,

---

[25] Je jure que mes instincts sont beaucoup moins sanguinaires et mon âme bien moins noire : je suis pour Candide contre les Bulgares. À condition, évidemment, que ce point de vue n'entraîne aucune complication diplomatique. Si on me dit que la Bulgarie s'en trouve offensée et mobilise, je suis tout de suite pour Galilée. D'autre part, s'il en est besoin, je dirai un jour pourquoi et comment le pacifiste que je suis a été résistant. S'il en est besoin, seulement parce que ce n'est pas marrant.
[26] Cf. note 83.
[27] Cf. note 83.

enfin, ces gars-là, comme leur nom l'indique, viennent d'Arabie, et l'Arabie c'est encore plus loin que Marseille.

Rassinier aurait été, dans le Jura, pour le capitaine Lacuzon qui avait juré d'exterminer tous les Français après le traité de Nimègue (1679) et qui voulait rendre la Franche-Comté aux Espagnols[28].

Enfin, il ne peut pas le nier le salaud, on le tient ; du moment qu'il a été déporté il a résisté. S'il a résisté il a tué du boche ou saboté son matériel[29]. À l'époque, moi, crâne bourré aussi, je l'aurais peut-être aidé. Maintenant, fini.

J'ai compris.

Ma doctrine est simple. Qui que ce soit qui arrive, je baisse mon froc. Russes ou Algonquins. Je suis pour César. Pas d'armes. Il n'a absolument rien à craindre de moi, César. Tous ceux qui viennent sont des amis. Buvons un coup, buvons-en deux. Toujours ! Laissons les émigrés beugler au micro. S'ils veulent débarquer je ne les empêche pas. Amis avec eux quand ils arrivent[30].

Ça c'est de la doctrine.

Est-ce à dire qu'il a gagné César ? Non, il est cuit. J'ai mon arme secrète, une anarchie indestructible. Les occupations, il y en a qui durent mille ans et les occupés se libèrent. Les Corses et les Jurassiens ne voulaient pas tous être français, et puis ça s'est passé[31].... Besançon, vieille ville

---

[28] Cf. note 83.
[29] Cf. note 83.
[30] Les « émigrés » de Paraz ne sont pas les « Nord-Africains » qui n'arrivèrent en France que plus tard, mais ceux de la Révolution française, nobles effrayés et réfugiés à l'étranger où ils organisent une armée des émigrés cherchent à convaincre les puissances européennes de faire la guerre à la Révolution française et de les ramener en France pour y reprendre le pouvoir. La première coalition, en septembre 1792, comprenait cette armée des émigrés qui entra en France à l'arrière des troupes de François I. Sur toute cette affaire, il faut lire les *Mémoires d'Outre-tombe*, livre neuvième, pour un témoignage plein de panache et pour l'histoire, J. Godechot, *La Contre-Révolution*, Paris, PUF, 2e éd., 1984. Les émigrés de Londres de 1940 qui « beuglent au micro » et « veulent débarquer » ne font ainsi que suivre une tradition bien connue.
[31] C'était avant le FNLC.

espagnole.... On l'eût oublié, sans Hugo.

Il faut laisser les courants s'établir. Si on veut créer une véritable amitié franco-allemande, il y a des éléments, c'est une vieille tradition, ça remonte très haut, Charlemagne, Roland, le conte de l'amitié Amice et Amile, les échanges n'ont jamais cessé, lettres, arts, musique et surtout les sciences. Liebig, le grand chimiste allemand était un vrai Parisien.

Qu'on me donne deux journaux, un français et un allemand, et la radio, en dix mois je commence à baratiner les nerfs européens pour qu'il n'y ait plus de guerre possible, pensable, puisque les petits Fritz grinceront des dents si on leur dit qu'il y avait des salauds de Fritz autrefois qui voulaient dominer l'Europe, leur patrie.

Mais si on me donne six ans, dix ans et la bibici, là alors, je veux les voir conditionnés comme les chiens de Pavlov bavant de colère au mot « résistant ».

On fait l'Europe. On organise des échanges. On franchit le Rhin avec des fleurs, on explique bien à tous ces gens-là qu'ils sont frères. Ils ne parlent pas la même langue, mais elle a des racines communes, du sanscrit. Et puis quand ils sont en petits groupes, ils s'entendent bien. On ne voit aucune raison pour qu'ils aillent se massacrer. Pardon, il y en a qui ne veulent pas de ça, ils se liguent, ils conspirent, ils « résistent » ?

Non. Ce n'est plus possible. On oublie que l'infernale tornade qui a saccagé l'Europe est née des patries agressives.

La patrie, il faut la faire passer tout doucement avec de grandes précautions, sur le plan de l'Europe entière et, cela ne va pas être facile, il faudra d'abord rassurer, il faudra passer son temps à rassurer. Montrer que les unions franco-allemandes ne visent personne, mais invitent tout le monde. Et la présence par moitié (pas moins) de la France est seule capable d'apaiser les États d'Europe plus petits, qui ont gardé méfiance des Teutons.

Est-ce là une vision d'avenir ? Vous savez bien que non. C'est platement banal. Voilà des siècles qu'on en parle. Mais alors, il faut faire la lumière sur les questions irritantes, il faut débrider les plaies infectées, et la littérature concentrationnaire est une de ces plaies.

La tentative de Rassinier n'est pas seulement un mouvement d'historien, un réflexe d'homme libre, c'est aussi un acte qui s'inscrit dans nos tâches les plus ingrates. L'Europe doit se faire, elle ne se fera pas avec les nazis ou les antinazis également fanatisés, elle se fera avec le tiers-parti, avec le fond solide du bon paysan qui ne veut emm.... personne et qui veut que personne ne l'emm....

Ça fait du monde.

Vous allez me dire que voilà encore de vilaines expressions. Je regrette, j'ai beau chercher, je n'en trouve pas d'autres.

A. Paraz

Vence, le 15 juin 1950

« Laissez dire ; laissez-vous blâmer, condamner, emprisonner ; ce n'est pas un droit, c'est un devoir. La vérité est toute à tous... Parler est bien, écrire est mieux ; imprimer est excellente chose Si votre pensée est bonne, on en profite ; mauvaise, on la corrige et l'on en profite encore. Mais l'abus ? Sottise que ce mot ; ceux qui l'ont inventé, ce sont eux vraiment qui abusent de la presse, en imprimant ce qu'ils veulent, trompant, calomniant et empêchant de répondre. »

*Paul-Louis Courier.*

« Écris comme si tu étais seul dans l'Univers et que tu n'aies rien à craindre des préjugés des hommes. »

*La Mettrie*

À Albert LONDRES Hommage posthume et à JEAN-PAUL pour qu'il sache que son père n'eut point de haine.

Avec une grande abondance de détails et plus ou moins de bonheur ou de talent, un certain nombre de témoins ont fait, depuis la Libération, le tableau des horreurs des camps de concentration. Il ne peut avoir échappé à l'opinion que l'imagination du romancier, Les excès de lyrisme du poète, la partialité intéressée du politicien ou les relents de haine de la victime, servent tour à tour ou de concert, de toile de fond aux récits jusqu'ici publiés. J'ai pensé, pour ma part, que le moment était venu d'expliquer ces horreurs avec la plume froide, désintéressée, objective, à la fois impartiale et impitoyable, du chroniqueur — témoin, lui aussi, hélas ! — uniquement préoccupé de rétablir la vérité à l'intention des historiens et des sociologues de l'avenir.

*P.R.*

# PROLOGUE[32]

*Bâle, 19 juillet.* — Buchenwald, que l'on croyait relégué au rang des mauvais souvenirs laissés par la pègre nazie, est redevenu un camp de la mort lente, où s'éteignent les individus jugés dangereux pour le régime. Avec sept autres camps — dont les plus tristement fameux sont ceux d'Orianenburg et de Torgau — il abriterait environ 10.000 déportés.

Deux journalistes danois qui, au risque de leur vie, ont pu entrer en contact avec les prisonniers, rapportent des scènes effarantes. À Torgau, par exemple, dans des cases de 25 mètres carrés, sont entassées, comme des bêtes, de 10 à 18 personnes, dans des conditions d'hygiène pitoyables. Pour tout repas, on sert à ces malheureux une soupe et un morceau de pain sec. Plusieurs rescapés ont expliqué qu'ils avaient été arrêtés en pleine nuit par des militaires russes qui opéraient en collaboration avec la police allemande, et soumis, pendant des heures, sous la lumière intense des projecteurs, aux violences dont on pensait que les Allemands détenaient seuls le secret.

Militaires, anciens fonctionnaires, nazis, gros propriétaires terriens, directeurs d'usines et intellectuels, sont particulièrement visés.

*(Les Journaux, 20 juillet 1947)*

*Londres, 21 juillet* (Reuter). — Le Comité central de l'E.A.M. a informé les gouvernements américain, russe, britannique et français, ainsi que le Conseil de Sécurité de la Fédération syndicale mondiale, que les quinze mille personnes récemment arrêtées et déportées par le Gouvernement central de Grèce, se trouvaient actuellement dans différentes îles, sans abris et sans nourriture.

Le message de l'E.A.M. dit notamment : « Nous prenons à témoin le monde civilisé en lui demandant de nous prêter son appui pour mettre un terme aux souffrances du peuple grec. La situation qui existe dans

---

[32] Partie intégrante de la première édition de *Passage de la Ligne* (1918)

ce pays est une honte pour la civilisation. »

*(Les Journaux, 22 juillet 1947)*

*Washington, 20 août.* — Des rapports récemment parvenus de Roumanie au Département de l'Etat ont révélé que près de 2000 victimes de la récente rafle des dirigeants des partis de l'opposition, qui s'est étendue à tout le pays et a été dirigée par le régime Groza, contrôlé par les communistes, se trouvent actuellement dans des prisons ou dans des camps de concentration où ils sont soumis à des traitements cruels et inhumains, apparemment « dans un but d'extermination ».

*(Les Journaux, 22 août 1947)*

« Désireux de jeter un coup d'œil sur les prisonniers qui se rendaient à leur travail, je me levai de bonne heure. Une pluie froide tombait. Un peu après six heures, je vis arriver un contingent d'environ quatre cents prisonniers des deux sexes, ils marchaient en colonne par dix, sous bonne garde, et se dirigeaient vers les ateliers secrets.

Il y avait des années que je voyais des malheureux de cet acabit et je ne pensais pas qu'il m'était réservé de contempler un jour des créatures d'un aspect plus tragique encore que celles que j'ai vues dans l'Oural ou en Sibérie. L'horreur avait ici quelque chose de proprement diabolique et dépassait tout ce qu'on pouvait imaginer. Les visages exsangues et d'une horrible couleur jaunâtre des détenus ressemblaient à des masques mortuaires. On eût dit des cadavres ambulants, empoisonnés par les produits chimiques qu'ils manipulaient dans leur affreux purgatoire souterrain.

Parmi eux, il y avait des hommes et des femmes qui pouvaient bien avoir cinquante ans et plus, mais aussi des jeunes ayant à peine dépassé leur vingtième année. Ils allaient dans un silence accablé, comme des automates, sans regarder autour d'eux, ils étaient vêtus d'une façon effarante. Plusieurs d'entre eux portaient des galoches de caoutchouc attachées avec des ficelles, d'autres avaient les pieds enveloppés de chiffons. Certains étaient affublés de vêtements de paysans ; quelques femmes portaient des manteaux d'astrakan déchirés, et je reconnus sur certains prisonniers les vestiges de vêtements de bonne qualité et de provenance étrangère. Au moment où la sinistre colonne passait devant l'immeuble d'où je l'observais, une femme s'affaissa soudain. Deux gardes la tirèrent hors des rangs, mais pas un des prisonniers n'eut l'air de s'en apercevoir. Toute sympathie, toute réaction humaine étaient mortes en eux.

Mais peut-être des hommes de bonne foi se demanderont-ils s'il ne s'agit pas là de situations exceptionnelles, de faits atroces mais isolés. Jusque dans les milieux ouvriers les plus sincères, des hommes ont cru voir à être ainsi persécutés en Russie, uniquement une minorité de mécontents, minorité qui serait très restreinte. Or, il est impossible à tout esprit se refusant au parti pris, de ne pas apercevoir le caractère d'extension, de tendance vers la généralisation du travail forcé qui s'affirme en Russie. »

*Voici les données de Kravchenko quant à la masse humaine qui est l'objet de ce travail forcé :*

« D'autres contingents, arrivant de différentes directions, se rendaient à l'enfer souterrain. Ils venaient des colonies du N.K.V.D., cachées au loin, dans les forêts, à plusieurs kilomètres de distance. Le soir, je vis une colonne deux fois plus longue que celle du matin, qui pataugeait dans la boue et sous la pluie, en route pour le travail de nuit.

Je ne fus pas autorisé à descendre sous terre et, en vérité, je n'en avais guère envie, mais les conversations que j'eus pendant les deux journées que je passai là, me permirent de me faire une idée assez précise de toute la misère qui régnait dans cet endroit. L'usine souterraine était mal aérée, ayant été construite en plein affolement et sans qu'on se souciât le moins du monde de la santé des ouvriers. Après quelques semaines passées à respirer ses vapeurs nocives et sa puanteur, l'organisme humain était empoisonné à jamais. Le taux de la mortalité était extrêmement élevé. L'usine consommait la « matière humaine » presque aussi vite que les matières premières qu'elle transformait.

Le directeur de l'entreprise était un communiste au visage rébarbatif, qui portait sur sa tunique je ne sais quel ordre et toute une rangée de décorations. Lorsque j'en vins à l'interroger sur ses ouvriers, il me regarda d'une façon étrange, comme si je lui eusse demandé des nouvelles d'un lot de mules destinées à l'équarrissage. »

*(V. A. Kravchenko, J'ai choisi la Liberté)*

*Lyon, 15 juin.* — Le Commissaire Jovin a été écroué, l'enquête menée à son sujet ayant établi que le prévenu y était mort de coups reçus pendant son interrogatoire.

*(Les Journaux, 16 juin 1947)*

*Paris, 31 juillet.* — Vingt-deux femmes détenues pour des peines légères ont trouvé la mort hier soir, vers 23 heures, dans un incendie qui, pour des causes encore indéterminées, s'est déclaré dans le dortoir-atelier 12 de la prison des Tourelles.

L'ex-caserne des Tourelles, située boulevard Mortier, à la Porte des Lilas, n'était pas faite pour abriter des détenus. Construction lamentable, elle avait été depuis longtemps abandonnée par la troupe, et ce n'est qu'aux Allemands qu'elle dut son utilisation. Construction lépreuse et pratiquement dépourvue de toute installation sanitaire, l'ennemi y entassa pendant des années les patriotes qu'il allait déférer aux cours spéciales. Puis, à la Libération, les coupables étaient incarcérés par milliers : aux premiers jours de l'épuration, les autorités françaises expédièrent là de nombreux collaborateurs. Les geôles étaient trop peu nombreuses alors. Mais cela remonte à trois ans.

Depuis, avait-on apporté quelque changement à la détention des jeunes, hommes et femmes, inacceptables par Fresnes ou la Petite Roquette ? Aucune. Les détenues vivaient là dans des dortoirs (comportant des lits à étages identiques à ceux des P.G. en Allemagne), séparés par des cloisons en planches, le bois étant le matériau principal de la construction.

Cette prison, qui occupe le bâtiment central de la caserne, abrite actuellement 380 détenus, employés dans la journée à des travaux manuels consistant à confectionner des colliers de paillettes de celluloïd et de matière plastique.

Par groupes de 25 ou 30, ces femmes, il faut le souligner, toutes prévenues de menus délits, sont enfermées de 7 heures du soir à 9 heures du matin.

Or, hier soir, vers 22 h 15, un passant aperçut dans la rue de longues flammes qui apparurent immédiatement après une courte explosion et donna l'alarme, cependant que les détenues affolées se cramponnaient aux barreaux des fenêtres en appelant au secours.

Les gardiens, par veulerie, lâcheté, ou afin de se conformer aux ordres qu'ils avaient reçus, refusèrent d'ouvrir les portes, et ce furent les soldats du centre de rassemblement du personnel 202 (C.R.A.P.) qui durent enfoncer les portes du dortoir-atelier n· 12, situé au premier étage, pour se porter au secours des malheureuses.

Mais cette manœuvre prit du temps, et lorsque les soldats purent entrer, ils ne trouvèrent que 21 cadavres. Seule une 22e détenue, atrocement brûlée, vivait encore, mais, transportée à l'hôpital Tenon, elle ne tarda pas à succomber à son tour. »

*(Les Journaux, 1er août 1947)*

*Ceux de « l'Exodus », jetés d'une cage à l'autre, roulent dans les camps...* — Quelle détresse et quelle rage se peignent sur les visages de ces émigrants crispés aux barreaux de leurs cages, cependant que, sur la passerelle du navire, les soldats assomment ceux qui résistent. Dans une bagarre furieuse, les soldats assomment les émigrants du « Runnymede-Park » qui se refusaient à débarquer à Hambourg à coups de matraque, on persuade les émigrants de descendre des bateaux-cages, etc., etc.. »

*(Les Journaux, 9 et 10 septembre 1947)*

*Après la mutinerie du camp de La Noë.* — Au cours de son évasion du camp de détenus politiques de La Noë, à 30 km de Toulouse, Roger Labat, ex-capitaine de corvette, interné pour faits de collaboration, a été tué d'une balle en plein cœur par un gardien M. Amor, directeur de l'administration pénitentiaire, a déclaré : « Le détenu s'était déjà rendu aux gardiens lorsqu'il fut abattu. Il y a donc eu meurtre. »

*(Les Journaux, 18 septembre 1947)*

*La Rochelle, 18 octobre 1948.* — Instruit de faits scandaleux dont il s'était rendu coupable l'ancien officier Max-Georges Roux, 36 ans, qui fut adjoint au commandant du camp de prisonniers allemands de Châtelaillon-Plage, le juge d'instruction de La Rochelle en a saisi le tribunal militaire de Bordeaux où Roux a été transféré. L'ancien officier purge actuellement une peine de 8 mois de prison, qui lui fut infligée en août dernier à La Rochelle, pour abus de confiance et escroqueries au préjudice de diverses associations.

Infiniment plus graves sont les délits commis par Roux au camp de prisonniers. Il s'agit de crimes authentiques et d'une telle ampleur qu'il apparaît difficile que Roux en porte seul la responsabilité devant les juges. À Chatelaillon, l'ignoble personnage avait fait notamment dévêtir plusieurs P.G. et les avait battus à coups de cravache plombée. Deux des malheureux succombèrent à ces séances de knout.

Un témoignage accablant est celui du médecin allemand Clauss Steen, qui fut interné à Chatelaillon. Interrogé à Kiel, où il habite, M. Steen a déclaré que, de mai à septembre 1945, il avait constaté au camp de P.G. les décès de cinquante de ses compatriotes. Leur mort avait été provoquée par une alimentation insuffisante, par des travaux pénibles et par la crainte perpétuelle dans laquelle les malheureux vivaient d'être torturés.

Le régime alimentaire du camp, qui était placé sous les ordres du commandant Texier, consistait, en effet, en une assiette de soupe claire, avec un peu de pain. Le reste des rations allait au marché noir. Il y eut une période où le pourcentage de dysentériques atteignit 80 p. 100.

Texier et Roux, avec leurs subordonnés, procédaient, en outre, à des fouilles sur leurs prisonniers, leur enlevant tous leurs objets de valeur. On évalue à cent millions le montant des vols et des bénéfices effectués par les gangsters à galons, qui avaient si bien organisé leur affaire que les billets de banque et les bijoux étaient envoyés directement en Belgique, par automobile.

On veut espérer qu'avec Roux les autres coupables seront bientôt incarcérés au fort du Hâ et qu'une sanction exemplaire sera prise contre ces véritables criminels de guerre.

*(Les Journaux, 19 octobre 1948)*

Au cours de l'année 1944, une jeune femme de nationalité serbe, Yella Mouchkaterovitch, née le 11 janvier 1921, à Lyon, avait été abattue par la Résistance pour avoir dénoncé par lettre onze personnes de Pont-de-Veyle. Quelques jours plus tard, son bébé de 8 mois était abattu à son tour dans l'écurie d'une ferme, au hameau de Mons, à Grièges.

La police mobile de Lyon appréhenda, au mois de mars, deux des auteurs de ce meurtre : Gaston Convert, 31 ans, rue du Tonkin, à Lyon, et Louis Chambon, 37 ans, originaire de Grand-Croix (Loire), propriétaire de l'Hôtel de la Gare, à Pont-de-Veyle.

Le Parquet de Bourg vient d'être dessaisi de cette affaire au bénéfice du Tribunal militaire. Les deux prévenus ont été transférés à la prison de Montluc.

*(Les Journaux, 28 avril 1948)*

Se rendant parfaitement compte que tout le parti communiste est compromis par l'affaire Gastaud, ses dirigeants marseillais ont essayé avec violence de justifier l'assassinat du commissaire de l'Estaque. Non sans quelque maladresse d'ailleurs.

Ils ont organisé en faveur de Marchetti un meeting de « masses », au cours duquel un orateur a eu le front de déclarer :

— Gastaud était « impopulaire », et la population lui aurait fait un mauvais parti si on le lui avait livré.

Marchetti s'est contenté de lui tirer une balle dans la nuque après lui avoir fait couper la langue et brûler les organes sexuels avec la flamme d'une bougie.

*(Les Journaux, 27 octobre 1948)*

Le camp de concentration de Buchenwald, en zone soviétique, reçoit, depuis le 14 septembre, de nouveaux détenus.

Les nouveaux prisonniers sont arrivés à la gare de Weimar dans trente-six wagons de marchandises. Chaque wagon contenait de 40 à 50 hommes et femmes de tous âges, ainsi que des enfants et des vieillards, les prisonniers se sont rendus à pied de Weimar au camp de concentration.

Bien que les rues aient été évacuées sur l'ordre de la police soviétique, les détenus cherchaient à ameuter la population en criant qu'ils étaient membres de partis démocratiques de Berlin.

Les jours qui suivirent, quatorze trains, comprenant 30 à 40 wagons, ont conduit directement les détenus de Weimar au camp de Buchenwald.

*(A. F. P., 11 novembre 1948)*

Treize cents personnes déplacées, vivant dans le camp de Dachau (zone américaine), ont demandé aujourd'hui au gouvernement de Bavière de les asphyxier dans les chambres à gaz utilisées par les nazis « pour que leurs misères prennent fin ».

Pour attirer l'attention sur leur sort et protester contre leurs conditions d'existence, les réfugiés ont déjà hier fait la grève de la faim.

*(Reuter, 14 novembre 1948)*

Il existe dans le Sud-Algérien, exactement à Aïn-Sefra, un camp où l'on a parqué, pêle-mêle, des condamnés de droit commun et de jeunes condamnés des Cours de justice qui, ayant purgé leur peine, doivent accomplir leur service militaire. Ce n'est pas, bien sûr, un camp de « déportés ». C'est un camp d'« exclus ». Nuance !

*(Carrefour, 2 décembre 1948)*

Etc., etc.

Voici maintenant deux opinions :

Après la Libération, les détenus politiques se sont comptés par dizaine de milliers, voire, au début, par centaines de milliers. Ils ont été entassés dans des camps dont l'organisation est déplorable, dans des conditions qu'on a le droit de dire insupportables. Si le public connaissait ces conditions, il sortirait sans doute de son indifférence, qu'on lui reproche souvent, qui est en effet blâmable mais qui, le plus souvent, tient à son manque d'information Le nombre et la condition de ces détenus posent un problème angoissant du quadruple point de vue du christianisme, de la justice, de la concorde nationale et du relèvement du pays.

*(Journal de Genève, 19 février 1949.)*

Puisque les camps demeurent, gris et grouillants abattoirs, nous sommes encore dans les camps.

La pensée que d'autres hommes, en ce présent instant, rampent sous les mêmes fouets, tremblent sous les mêmes froids, meurent sous les mêmes faims, est-ce pour nous une pensée supportable, pour nous qui savons ?

*(Léon Mazaud, Bulletin de la Fédération des Déportés de la Résistance, mars 1949)*

# Première partie : L'expérience vécue[33]

« La vérité, c'est que la victime comme le bourreau étaient ignobles : que la leçon des camps, c'est la fraternité dans l'abjection ; que si toi, tu ne t'es pas conduit avec ignominie, c'est que seulement le temps a manqué et que les conditions n'ont pas été tout à fait au point ; qu'il n'existe qu'une différence de rythme dans la décomposition des êtres ; que la lenteur du rythme est l'apanage des grands caractères ; mais que le terreau, ce qu'il y a dessous et qui monte, monte, monte, c'est absolument, affreusement, la même chose. Qui le croira ? D'autant que les rescapés ne sauront plus. Ils inventeront, eux aussi, de fades images d'Épinal. De fades héros de carton-pâte. La misère de centaine de milliers de morts servira de tabou à ces estampes. »

*(David Rousset, Les Jours de notre mort)*

---

33 Paru en 1948 sous le titre Passage de la ligne

# Chapitre I

## Un grouillement d'humanités diverses aux portes des enfers

Six heures du matin : au jugé. Nous sommes là, une vingtaine d'hommes de tous âges et de toutes conditions, tous Français, affublés des plus invraisemblables oripeaux et sagement assis autour d'une grande table à tréteaux. Nous ne nous connaissons pas et nous n'essayons pas de faire connaissance. Muets ou à peu près, nous nous contentons de nous dévisager et de chercher, quoiqu'avec paresse, à nous deviner mutuellement. Nous sentons que, liés à un sort désormais commun, nous sommes destinés à vivre ensemble une épreuve douloureuse et qu'il faudra bien nous résigner à nous livrer les uns aux autres, mais nous nous comportons comme si nous voulions le plus possible en retarder le moment : la glace a peine à se rompre.

Absorbés chacun par son propre soi-même, nous essayons de reprendre nos esprits, de réaliser ce qui vient de nous arriver : trois jours et trois nuits à cent dans le wagon, la faim, la soif, la folie, la mort ; le débarquement dans la nuit, sous la neige, au milieu des claquements de revolvers, des hurlements des hommes et des aboiements des chiens, sous les coups des uns et les crocs des autres ; la douche, la désinfection, la « cuve à pétrole », etc. Nous en sommes tout abrutis. Nous avons l'impression que nous venons de traverser un *No man's land*, de participer à une course d'obstacles plus ou moins mortels, savamment gradués et méticuleusement minutés.

Après le voyage et sans transition, une longue enfilade de halls, de bureaux et de couloirs souterrains, peuplés d'êtres étranges et menaçants, ayant chacun sa non moins étrange et humiliante formalité. Ici, le portefeuille, l'alliance, la montre, le stylo ; ici, la veste, le pantalon ; là le caleçon, les chaussettes, la chemise ; en dernier lieu le nom : on nous a tout volé. Puis le coiffeur qui a fait coupe blanche dans tous les coins, le bain de crésyl, la douche. Enfin l'opération inverse : à ce guichet, une chemise en lambeaux, à celui-ci un caleçon à trous, à cet autre un pantalon rapiécé, et ainsi de suite jusqu'aux claquettes et à la bande qui porte le matricule en passant par la redingote élimée ou la vareuse hors d'usage, et le bonnet russe ou le chapeau bersaglier. On ne nous a redonné ni un portefeuille, ni une alliance, ni un stylo, ni une montre.

— C'est comme à Chicago, a laissé tomber en brandissant son numéro, l'un d'entre nous qui voulait faire un mot : à l'entrée de l'usine ils sont cochons, à la sortie boîtes de conserves. Ici, on entre en homme et on sort numéro.

Personne n'a ri : entre le cochon et la boîte de conserves de Chicago, il n'y a sûrement pas plus de différence qu'entre ce que nous étions et ce que nous sommes devenus.

Quand nous sommes arrivés, tout ce premier groupe, dans cette grande salle claire, propre, bien aérée, à première vue confortable, nous avons éprouvé comme un soulagement : le même, sans doute, qu'Orphée remontant des Enfers. Puis, nous nous sommes laissé aller à nous-mêmes, à nos préoccupations, à celle qui domine et refrène toute envie de spéculations intérieures et qui se lit dans tous les yeux :

— Aurons-nous à manger aujourd'hui ? Quand pourrons-nous dormir ?

Nous sommes à Buchenwald, *Block 48*, *Flügel a*. Il est six heures du matin : au jugé. Et c'est dimanche — dimanche 30 janvier 1944. Sombre dimanche.

Le Block 48 est en pierre — bâti en pierre, couvert en tuiles — et, contrairement à presque tous les autres qui sont en planches, il comprend un rez-de-chaussée et un étage. Aisances et commodités en haut et en bas : toilettes avec deux grandes vasques circulaires à dix ou quinze places, et jet d'eau retombant en douches, w.-c. avec six places assises et six debout. De chaque côté, communiquant par un entre-deux, un réfectoire (*Ess-Saal*) avec trois grandes tables à tréteaux, et un dortoir (*Schlaf-Saal*) qui contient trente ou quarante châlits en étage. Un dortoir et un réfectoire jumelés composent une aile ou *Flügel* : quatre Flügel, a et b au rez-de-chaussée, c et d à l'étage. Le bâtiment couvre environ cent vingt à cent cinquante mètres carrés, vingt à vingt-cinq de long sur cinq à six de large : le maximum de confort dans le minimum d'espace.

Hier, en prévision de notre arrivée, on a vidé le Block 48 de ses occupants habituels. Il n'est resté que le personnel administratif qui fait corps avec lui : le *Blockältester* ou doyen, c'est-à-dire le chef de Block, son *Schreiber* ou comptable, le coiffeur et les *Stubendienst* — deux par Flügel — ou hommes de chambrée. En tout, onze personnes. Maintenant et depuis l'aube, il s'emplit à nouveau.

Notre groupe, qui est arrivé le premier, a été casé dans le Flügel même du chef de Block. Petit à petit, il en arrive d'autres. Petit à petit aussi, l'atmosphère s'anime. Des compatriotes arrêtés en même temps ou dans la même affaire se retrouvent. Les langues se délient. Pour ma part, j'ai retrouvé Fernand qui vient s'asseoir à côté de moi.

Fernand est un de mes anciens élèves, un ouvrier solide et consciencieux. Vingt ans. Sous l'occupation, il s'est tout naturellement tourné vers moi. Nous avons fait le voyage, enchaînés l'un à l'autre jusqu'à Compiègne, et à Compiègne déjà, nous avions formé un îlot sympathique parmi les dix-sept arrêtés dans la même affaire que nous. À vrai dire, nous les avions plaqués : d'abord, il y avait celui qui s'était mis à table à l'interrogatoire ; ensuite, l'inévitable sous-officier de carrière devenu agent d'assurances et qui, en même temps qu'il s'était décoré de la Légion d'honneur, avait jugé indispensable à sa dignité de se promouvoir de lui-même au grade de capitaine. Enfin, il y avait les autres, tous gens rangés et sérieux, dont le silence et le regard disaient à chaque instant la conscience qu'ils avaient de s'être mis dans un mauvais cas. L'agent d'assurances, surtout, nous agaçait avec sa mégalomanie, ses manières grandiloquentes, ses airs entendus d'être dans le secret des dieux, et les bobards bêtement optimistes dont il ne cessait de nous abreuver.

— Viens, m'avait dit Fernand, c'est pas des gens de not' monde.

À Buchenwald, où nous étions arrivés dans le même wagon, nous nous sommes à nouveau accrochés l'un à l'autre, et nous avons profité d'un moment d'inattention du groupe pour filer à l'anglaise et offrir nos personnes l'une derrière l'autre à ce qu'il faut quand même appeler les formalités d'écrou. Un instant séparés, nous nous sommes retrouvés ensemble ici.

À huit heures du matin, il ne reste pas la place pour caser un œuf autour des tables, et les bavardages, si bruyants qu'ils incommodent le chef de Block et les Stubendienst, vont leur train. Les présentations se font, les professions s'annoncent, les unes aux autres par-dessus les têtes, accompagnées des postes occupés dans la résistance : des banquiers, de gros industriels, des commandants de vingt ans, des colonels à peine plus âgés, des grands chefs de la résistance ayant tous la confiance de Londres et détenant ses secrets, en particulier la date du débarquement. Quelques professeurs, quelques prêtres qui se tiennent timidement à l'écart. Peu s'avouent employés ou simples ouvriers. Chacun veut avoir une situation sociale plus enviable que celle du voisin, et surtout avoir été chargé par Londres d'une mission de la plus haute importance. Les actions d'éclat ne se comptent pas. Nos deux modestes personnes s'en trouvent écrasées

— Du gratin, de la haute volée Mazette, me glisse Fernand à l'oreille et tout, tout bas.

Au bout d'un quart d'heure, vraiment gênés, nous éprouvons une irrésistible envie de pisser. Dans l'entre-deux qui conduit aux w.-c., une conversation très animée à cinq ou six. En passant, nous entendons agiter des millions.

— Dieu, dans quel milieu sommes-nous donc tombés ?

Aux w.-c. toutes les places sont occupées, on fait la queue et nous sommes obligés d'attendre. Au retour, une bonne dizaine de minutes après, le même groupe est toujours dans l'entre-deux et la conversation roule toujours sur les millions. Il est question de quatorze maintenant. Nous voulons en avoir le cœur net et nous nous arrêtons ; c'est un pauvre vieux qui se répand en lamentations sur les sommes fabuleuses que son séjour au camp lui fera perdre.

— Mais enfin, Monsieur, risqué-je, qu'est-ce que vous faites donc dans le civil pour manipuler des sommes pareilles ? Vous devez avoir une situation considérable.

J'ai pris un air de commisération admirative pour dire cela,

— Ah ! Mon pauvre Monsieur, ne m'en parlez pas : ça !

Et il me montre les claquettes qu'il a aux pieds. Je n'ai pas la force de ne pas éclater de rire. Il ne comprend pas et il recommence pour moi ses explications.

— Vous comprenez, ils m'en ont d'abord commandé mille paires qu'ils sont venus chercher sans contrôler ni le nombre, ni les factures. Puis mille autres paires, puis deux mille, puis cinq mille, puis... Ces temps derniers, les commandes affluaient. Et jamais ils ne contrôlaient. Alors, j'ai commencé à tricher un peu sur les quantités, puis sur les prix. Dame : plus on leur prenait d'argent, plus on les affaiblissait, et plus on facilitait la tâche des Anglais. Ces sales boches, tout de même ! Un beau jour, ils ont collationné les factures et les comptes rendus de leurs réceptionnaires : il faut s'attendre à tout de la part de ces gens-là. Ils ont trouvé qu'ils avaient été volés d'une dizaine de millions. Alors ils m'ont envoyé ici. Directement. Et sans le moindre jugement, Monsieur. Mais vous vous rendez compte : moi, un voleur ? Ruiné, je vais être ruiné. Monsieur ! Et sans le moindre jugement.

Il est vraiment scandalisé. Très sincèrement, il a l'impression qu'il a accompli un acte d'un patriotisme indiscutable et qu'il est, comme tant d'autres, la victime d'un déni de justice. Les autres compatissent manifestement à sa douleur. L'un d'eux enchaîne sans sourciller :

— C'est comme moi, Monsieur, j'étais intendant économique dans la ...
— Allez, viens, me dit Fernand, tu vois bien !

Les jours passent. Nous nous familiarisons, autant que faire se peut, avec notre nouvelle vie.

D'abord, nous apprenons que nous sommes ici pour travailler, que nous serons très prochainement affectés à un kommando vraisemblablement extérieur au camp et qu'alors nous partirons « en transport ». En attendant, nous resterons en quarantaine trois ou six semaines, selon qu'il se déclarera ou non parmi nous une maladie épidémique.

Ensuite, on nous donne connaissance du régime provisoire auquel nous serons soumis. Pendant la quarantaine, interdiction absolue de quitter le Block ou sa petite cour d'ailleurs entourée de barbelés. Tous les jours, réveil à quatre heures et demie, — en « fanfare », par le Stubendienst, gummi à la main pour ceux qui seraient tentés de traînasser — toilette au pas de course, distribution des vivres pour la journée (250 g de pain, 20 g de margarine, 50 g de saucisson ou de fromage blanc ou de confiture, un demi-litre de café-ersatz non sucré), appel à cinq heures et demie et qui durera jusqu'à six heures et demie ou sept heures. De sept à huit heures, corvées de nettoyage du Block. Vers onze heures, nous toucherons un litre de soupe de rutabagas, et vers seize heures, le café-trink. À dix-huit heures, nouvel appel qui pourra durer jusque vers vingt-et-une heures, rarement au-delà, mais ordinairement jusqu'à vingt heures. Puis coucher. Entre-temps, livrés à nous-mêmes, nous pourrons, assis autour des tables et à condition de n'être pas trop bruyants, nous raconter nos petites histoires, nos découragements, nos craintes, nos appréhensions et nos espoirs.

En fait, du matin au soir, la conversation roulera sur la date de la cessation éventuelle des hostilités et la façon dont elles prendront fin : l'opinion générale est que tout sera fini dans deux mois, l'un d'entre nous ayant gravement annoncé qu'il avait reçu un message secret de Londres lui donnant le début de mars comme date certaine du débarquement.

Progressivement, Fernand et moi, nous faisons connaissance avec notre entourage, tout en gardant nos distances et en restant sur la réserve. En deux jours, nous avons acquis la certitude que la moitié au moins de nos compagnons d'infortune ne sont pas ici pour les motifs qu'ils avouent, et qu'en tout cas ces motifs n'ont qu'une parenté assez lointaine avec la résistance : le plus grand nombre des victimes nous paraît venir du marché noir.

Ce qui est plus compliqué, c'est de saisir le rythme de la ronde dans laquelle nous venons d'entrer. Par la personne interposée d'un Luxembourgeois qui sait à peine le français, le chef de Block nous fait bien des discours explicatifs tous les soirs à l'appel, mais Ce chef de

Block est le fils d'un ancien député communiste au Reichstag, assassiné par les nazis. Il est communiste, il ne s'en cache pas — ce qui m'étonne — et l'essentiel de ses palabres consiste dans l'affirmation réitérée que les Français sont sales, bavards comme des pies, et paresseux ; qu'ils ne savent pas se laver et que ceux qui l'écoutent ont la double chance d'être arrivés au moment où le camp était devenu un sanatorium, et d'avoir été affectés à un Block dont le chef soit un politique au lieu d'être un droit commun. On ne peut pas dire que ce soit un mauvais garçon : il y a onze ans qu'il est enfermé et il a pris les habitudes de la maison. Rarement il frappe : ses manifestations de violence consistent généralement en vigoureux « *Ruhe*[34] » lancés au milieu de nos bavardages et suivis d'imprécations dans lesquelles il est toujours question de Krematorium. Nous le craignons, mais nous craignons plus encore ses Stubendienst russes et polonais.

Du reste du camp, nous ne savons rien ou presque, notre champ d'investigations se limitant aux quatre Flügel du Block. Nous pressentons qu'on travaille autour de nous, que le travail est dur, mais nous n'avons que radio-bobard pour nous fixer sur sa nature. Par contre, nous connaissons très rapidement tous les coins et recoins de notre Block et de ses occupants. Il y a de tout, là-dedans : des aventuriers, des gens d'origine et de condition sociales mal définies, des résistants authentiques, des gens sérieux, des Crémieux, le Procureur du Roi des Belges, etc. Inutile de dire que Fernand et moi, nous n'éprouvons pas le désir de nous agglutiner à l'un quelconque des groupes d'affinités qui se sont constitués.

La première semaine a été particulièrement pénible.

Parmi nous il y a des éclopés, des mutilés d'une jambe ou des deux, des estropiés congénitaux qui ont dû laisser leurs cannes, leurs béquilles ou leurs jambes artificielles à l'entrée, en même temps que leur portefeuille ou leurs bijoux : ils se traînent lamentablement, on les aide ou on les porte. Il y a aussi de grands malades à qui on a pris les médicaments indispensables qu'ils portaient toujours sur eux : ceux-là, incapables de s'alimenter, meurent lentement. Et puis, il y a la grande révolution provoquée dans tous les organismes par le changement brutal de la nourriture et sa tragique insuffisance : tous les corps se mettent à

---

[34] Du calme !…

suppurer, le Block est bientôt un vaste anthrax que des médecins improvisés ou sans moyens soignent ou font semblant de soigner. Enfin, sur le plan moral, des incidents inattendus rendent plus insupportable encore la promiscuité qui nous est imposée : l'intendant économique avec grade de colonel s'est fait prendre alors qu'il dérobait le pain d'un malade dont il avait voulu être l'infirmier ; une violente dispute a opposé le Procureur du Roi des Belges à un Docteur, à propos du partage du pain ; un troisième qui se promenait de groupe en groupe en brandissant sa qualité de Préfet pour après la Libération, a été surpris en train de prélever sur la ration commune au moment de son arrivée au Block, etc. Nous sommes à la Cour des Miracles.

Tout cela provoque le réveil des philanthropes : il n'y a pas de Cour des Miracles sans philanthropes et la France, riche en ce domaine, en a forcément exporté ici qui ne demandent qu'à rendre leur dévouement ostensible, et si possible rémunérateur. Un beau jour ils jettent un regard de commisération hautaine sur cette masse d'hommes en haillons, abandonnés à toutes les constructions de l'esprit, et victimes possibles de toutes les perversions. Notre niveau moral leur paraît en danger et ils volent à son secours car, dans une aventure comme celle-ci, le facteur moral est essentiel. C'est ainsi dans la vie : il y a des gens qui en veulent à votre pain, d'autres à votre liberté, d'autres à votre moral.

Un Lyonnais, qui se dit rédacteur en chef de *L'Effort*, — voyez référence ! — un colonel, si j'ai bonne mémoire, un haut fonctionnaire du ravitaillement et un petit boiteux qui se dit communiste, mais que les Toulousains accusent de les avoir donnés à la Gestapo lors de son interrogatoire, mettent sur pied un programme de tours de chants et de conférences sur des sujets divers. Jusqu'au dimanche, nous entendons un exposé sur la syphilis des chiens, un autre sur la production pétrolifère dans le monde, et le rôle du pétrole après la guerre, un troisième sur l'organisation comparée du travail en Russie et en Amérique : ces discours n'arrivent pas jusqu'à nous.

Le dimanche, un programme suivi de trois à six, avec régisseur. Une dizaine de volontaires y sont allés chacun de « la sienne », les sentiments les plus divers sont remontés du fond des âmes, les personnalités les plus variées se sont affirmées : du *Violon brisé* au *Soldat alsacien* en passant par *G.D.V.*, *Margot reste au village*, et *Cœur de Lilas*. Les gauloiseries les plus osées, les monologues les plus cocasses aussi. Ces pitreries jurent avec l'endroit, le public, la situation dans laquelle nous nous trouvons, et les préoccupations qui devraient être les nôtres : décidément, les Français méritent bien la réputation de légèreté que le monde leur a faite.

« *Je sais une église au fond d'un hameau* » …

Des larmes montent aux yeux de tous, les visages reprennent des airs d'humanité, ces désaxés redeviennent des hommes. Je réalise ce que « *le lent Galoubet de Bertrandou, le Fifre ancien Berger* », fut pour les Cadets de Gascogne de Cyrano de Bergerac. Je pardonne aux philanthropes et, sur le champ, je voue une reconnaissance éternelle à Jean Lumière.

La deuxième semaine, changement de décor : il y a encore des formalités à accomplir. Le lundi matin, les infirmiers font irruption dans le Block, la lancette à la main : les vaccinations. Tout le monde à poil dans le dortoir ; au retour dans le réfectoire, on est cueilli au passage, piqué à la chaîne. L'opération se répète trois ou quatre fois, à quelques jours d'intervalle. L'après-midi, c'est le *politische Abteilung* — bureau politique du camp — qui opère une descente et procède à un interrogatoire serré sur l'état civil, la profession, les convictions politiques, les raisons de l'arrestation et de la déportation : ça prend trois ou quatre jours à cheval sur les vaccinations et la « corvée de m ».

La corvée de m… : ah ! mes amis ! Toutes les défécations des quelque trente à quarante mille habitants du camp convergent dans un contre-bas qui fait cône de déjection. Comme il faut que rien ne se perde, tous les jours, un kommando spécial répand la précieuse denrée sur des jardins qui dépendent du camp et produisent des légumes pour les S.S. Depuis que les convois d'étrangers affluent à jet continu, les détenus allemands qui ont la direction administrative du camp ont imaginé de faire faire ce travail par les nouveaux arrivés : ça leur tient lieu de la traditionnelle farce qu'on fait aux bleus dans les casernes de France, et ça les amuse énormément. Cette corvée est des plus pénibles : les détenus, attelés deux à deux à une « *trague* » (bassin en bois en forme de tronc de pyramide à base rectangulaire), contenant la chose, tournent en rond, du réservoir aux jardins, comme des chevaux de cirque, pendant douze heures consécutives, dans le froid, dans la neige, et, le soir, rentrent au Block, fourbus et empuantis.

Un jour, on nous annonce que, sans que nous soyons pour autant affectés à un kommando, notre Block devra fournir chaque matin et chaque après-midi, pendant tout le reste de la quarantaine, une corvée de pierres. Le chef de Block a décidé qu'au lieu d'envoyer des groupes de cent hommes qui se relaieraient et travailleraient douze heures d'affilée, il nous serait plus léger d'y aller tous, c'est-à-dire les quatre cents, et de ne rester que deux heures dehors pour chaque service. Tout le monde est d'accord.

À partir de ce jour, tous les matins et tous les soirs nous défilons à travers le camp, pour nous rendre au Steinbruck — à la carrière — où nous prenons une pierre dont le poids est à la mesure de notre force : nous la ramenons au camp à des équipes qui la cassent pour faire des avenues, et nous rentrons au Block. Ce travail est léger, surtout en comparaison de celui des carriers qui extraient la pierre sous les injures et les coups des Kapos — K.A.Po., abréviation de *Kontrolle Arbeit Polizei* ou Police de contrôle du travail. Quatre fois par jour, nous passons à proximité des villas où la rumeur veut que Léon Blum, Daladier, Raynaud, Gamelin et la Princesse Mafalda, fille du Roi d'Italie, soient gardés à vue. Nous envions tous le sort de ces privilégiés. À chaque passage, j'entends des réflexions :

— Les loups ne se mangent pas entre eux !
— Selon que vous serez puissant ou misérable
— Les gros, mon vieux, tu te fais crever la peau pour eux et ils se font des politesses !
— Les lois raciales d'Hitler s'appliquent à tous les juifs sauf un.
Etc., etc.

Dans nos rangs, il y a un ancien premier Ministre de Belgique, un ancien Ministre français, d'autres personnages aussi, plus ou moins considérables. Ceux-là sont plus mortifiés que nous du traitement dont bénéficient les habitants des villas. On raconte qu'ils ont chacun deux pièces, la T.S.F., les journaux allemands et étrangers, qu'ils font trois repas par jour. Et on a la certitude qu'ils ne travaillent pas. Léon Blum est plus particulièrement envié. Le hasard a voulu qu'à un voyage,

Fernand et moi qui ne nous quittons jamais, nous nous trouvions à côté du ministre français :

— Pourquoi Léon Blum et pas moi ? nous dit-il.

À l'inflexion de sa voix, nous avons senti qu'il ne trouvait pas du tout étrange que nous soyons affectés à ces basses besognes d'esclaves ; mais lui, voyons, Lui, Ancien Ministre !

Fernand hausse les épaules. Je suis perplexe.

Un autre jour, au lieu de nous conduire à la corvée de pierres, on nous emmène au service de l'anthropométrie où on doit nous photographier (de face et de profil) et relever nos empreintes digitales. Des individus gros et gras, bien fourrés, au reste détenus comme nous, mais portant au bras l'insigne d'une autorité quelconque et à la main le gummi qui la justifie, hurlent à nos chausses. Devant moi marchent le Docteur X et le petit boiteux communiste qui est dans les grâces du chef de Block et passe pour son homme de confiance aux yeux des Français. J'écoute la conversation. Le Docteur X, dont tout le monde sait que, dans son département, il fut à plusieurs reprises candidat de l'U.N.R., au Conseil général ou à d'autres élections, explique au petit boiteux qu'il n'est pas communiste, mais pas non plus anticommuniste, bien au contraire : la guerre lui a ouvert les yeux et peut-être, quand il aura eu le temps d'assimiler la doctrine Depuis deux jours, on parle d'un transport possible à Dora et le Docteur X commence à poser des jalons pour rester à Buchenwald. Misère !

Soudain, je reçois un formidable coup de poing : absorbé dans les réflexions nées de la conversation, j'ai dû sortir un peu des rangs. Je me retourne et je reçois en plein visage une avalanche d'injures en allemand dans lesquelles je distingue : « *Hier ist Buchenwald, Lumpe, Schau mal, dort ist Krematorium* ». C'est tout ce que je saurai sur la raison du coup de poing. Par contre et comme pour m'expliquer combien il était justifié, le petit boiteux s'est retourné vers moi :

— Tu pouvais pas faire attention : c'est Thaelmann !

Nous arrivons à l'entrée du bâtiment de l'anthropométrie. Un autre personnage à brassard et à gummi, nous colle brutalement en rangs contre la paroi. Cette fois, c'est le petit boiteux qui reçoit un coup de poing et qui est abreuvé d'injures. L'orage passé, il se tourne vers moi :

– Ça m'étonne pas de ce c…-là : c'est Breitscheid.

Je n'éprouve pas le moins du monde le besoin de vérifier l'identité des deux lascars. Je me borne à sourire à la pensée qu'ils ont enfin réalisé l'unité d'action dont ils ont tant parlé avant la guerre, et à admirer ce sens aigu des nuances que le petit boiteux possède jusque dans ses réflexes.

Je suis un pessimiste, du moins j'en ai la réputation.

D'abord, je me refuse à prendre pour argent comptant les nouvelles optimistes que chaque soir Johnny rapporte au Block. Johnny est un nègre. Je l'ai vu pour la première fois à Compiègne où je l'ai entendu raconter avec un accent américain fortement prononcé, qu'il était capitaine d'une forteresse volante et qu'au cours d'un raid sur Weimar, son appareil ayant été touché, il avait dû sauter en parachute. Arrivé à Buchenwald, il s'est mis à parler le français couramment et il s'est donné comme médecin. Il parle deux autres langues à peu près aussi bien que le français : l'allemand et l'anglais. Grâce à cette supériorité, à son imagination et à une indiscutable culture, il réussit à se faire affecter comme médecin au Revier avant même que la quarantaine soit finie. Les Français sont persuadés qu'il n'est pas plus médecin que capitaine de forteresse volante, mais ils s'inclinent devant la maîtrise avec laquelle il a su se planquer. Chaque soir il est très entouré : le Revier passe pour être le seul endroit d'où peuvent venir les nouvelles sûres. Aussi, malgré sa réputation de hâbleur, Johnny est-il pris au sérieux par tout le monde quand il parle des événements de la guerre. Un soir, il revient avec la révolution à Berlin, un autre avec un soulèvement de troupes sur le front de l'Est, un troisième avec le débarquement des alliés à Ostende, un quatrième avec la prise en charge des camps de concentration par la Croix-Rouge internationale, etc., etc. Johnny n'est jamais à court de bonnes nouvelles qui font que chaque soir, après son arrivée au Block, l'opinion générale est, en février 44, que la guerre sera finie dans deux mois. Il m'excède et les autres aussi avec leur crédulité. À ceux qui m'abordent avec la certitude que leur insuffle Johnny, j'ai pris l'habitude de répondre que, pour ma part, j'étais persuadé que la guerre ne serait pas finie avant deux ans. Comme je suis par ailleurs de ceux, très rares, qui n'avaient cru à la chute de Stalingrad, pour ainsi dire que sur le vu de la chose, et que je l'ai avoué même après coup, je suis tout de suite catalogué.

De fait, j'accueille tout avec un scepticisme inébranlable : les horreurs les plus raffinées qu'on raconte sur le passé des camps, les suppositions optimistes sur le comportement futur des S.S. qui sentent, dit-on, passer sur l'Allemagne le vent de la défaite, et qui veulent se racheter aux yeux de leurs futurs vainqueurs, les bruits rassurants sur notre affectation ultérieure. Je nie même ce qui paraît être l'évidence, par exemple, la fameuse inscription qui se trouve sur la grille en fer forgé qui ferme l'entrée du camp. En allant à la corvée de pierres, j'ai lu un jour : « *Jedem das Seine* », et les rudiments d'allemand que je possède m'ont fait traduire : « À chacun sa destinée ». Tous les Français sont persuadés que c'est la traduction de la célèbre apostrophe que Dante place sur la porte des Enfers : « Vous qui entrez ici, abandonnez tout espoir »[35].

C'est le comble et je suis un mécréant.

Le Block est partagé en deux clans : d'un côté, les nouveaux arrivés, de l'autre les onze individus, chef de Block, Schreiber, Friseur et Stubendienst, Germains ou Slaves, qui constituent son armature administrative, et une sorte de solidarité qui fait table rase de toutes les oppositions, de toutes les différences de conditions ou de conceptions, unit tout de même dans la réprobation, les premiers contre les seconds. Ceux-ci, qui sont des détenus comme nous, mais depuis plus longtemps, et possèdent toutes les rouceries de la vie pénitentiaire, se comportent comme s'ils étaient nos maîtres véritables, nous conduisent à l'injure, à la menace et à la trique. Il nous est impossible de ne pas les considérer comme des agents provocateurs, ou de plats valets des S.S. Je réalise enfin et seulement ce que sont les Chaouchs, prévôts des prisons et hommes de confiance des bagnes, dont fait état la littérature

---

[35] Immédiatement après ma libération, en mai 1945, alors que j'étais encore en Allemagne et sur le chemin du retour, j'ai entendu une causerie radiophonique par un déporté — Gandrey Retty, si j'ai bonne mémoire — et qui donnait cette traduction. Ainsi naissent les bobards.

française sur les pénitenciers de tous ordres. Du matin au soir, les nôtres, bombant le torse, se targuent du pouvoir qu'ils ont de nous envoyer au Krematorium à la moindre incartade et d'un simple mot. Et, du matin au soir aussi, ils mangent et fument ce qu'ils dérobent, au vu et au su de tous, insolemment sur nos rations : des litres de soupe, des tartines de margarine, des pommes de terre fricassées à l'oignon et au paprika. Ils ne travaillent pas. Ils sont gras. Ils nous répugnent.

Dans ce milieu, j'ai fait la connaissance de Jircszah.

Jircszah est tchèque. Il est avocat. Avant la guerre il fut adjoint au maire de Prague. Le premier travail des Allemands prenant possession de la Tchécoslovaquie fut de l'arrêter et de le déporter. Il y a quatre ans qu'il traîne dans les camps. Il les connaît tous : Auschwitz, Mauthausen, Dachau, Oranienburg. Un accident banal l'a sauvé il y a deux ans et ramené à Buchenwald, dans un transport de malades. À son arrivée, un de ses compatriotes lui a trouvé la place d'interprète général pour les Slaves. Il espère qu'il la conservera jusqu'à la fin de la guerre qu'il ne croit pas toute proche, mais qu'il sent enfin venir. Il vit avec les Chaouchs du Block 48 qui le considèrent comme étant des leurs, mais il nous donne tout de suite des gages qui nous le font considérer comme étant des nôtres : ses rations qu'il distribue, des livres qu'il se procure et qu'il nous prête.

Jircszah prend pour la première fois contact avec les Français. Il les regarde avec curiosité. Avec pitié aussi : c'est ça les Français ? C'est ça la culture française dont on lui a tant parlé au temps de ses études ? Il est déçu il n'en revient pas.

Mon scepticisme et la façon dont je me tiens presque systématiquement à l'écart de la vie bruyante du Block le rapprochent de moi.

— C'est ça, la résistance ?

Je ne réponds pas. Pour le raccommoder avec la France, je lui présente Crémieux.

Il n'approuve certes pas le comportement des Chaouchs, mais il n'en est plus choqué et il ne les méprise même pas : ils font aux autres ce qu'on leur a fait.

– J'ai vu pire, dit-il Il ne faut pas demander aux hommes trop d'imagination dans la voie du bien. Quand un esclave prend du galon sans sortir de sa condition, il est plus tyran que ses tyrans eux-mêmes.

Il me raconte l'histoire de Buchenwald et des camps.

– Il y a beaucoup de vrai dans tout ce qu'on dit sur les horreurs dont ils sont le théâtre, mais il y a beaucoup d'exagération aussi. Il faut compter avec le complexe du mensonge d'Ulysse qui est celui de tous les hommes, par conséquent de tous les internés. L'humanité a besoin de merveilleux dans le mauvais comme dans le bon, dans le laid comme dans le beau. Chacun espère et veut sortir de l'aventure avec l'auréole du saint, du héros ou du martyr, et chacun ajoute à sa propre odyssée sans se rendre compte que la réalité se suffit déjà largement à elle-même.

Il n'a pas de haine pour les Allemands. Dans son esprit, les camps de concentration ne sont pas spécifiquement allemands et ne relèvent pas d'instincts qui soient propres au peuple allemand.

– Les camps — les *Lagers*, comme il dit — sont un phénomène historique et social par lequel passent tous les peuples arrivant à la notion de Nation et d'Etat. On en a connu dans l'Antiquité, au Moyen Age, dans les Temps modernes : pourquoi voudriez-vous que l'Epoque contemporaine fasse exception ? Bien avant Jésus-Christ, les Egyptiens ne trouvaient que ce moyen de rendre les Juifs inoffensifs à leur prospérité, et Babylone ne connut son apogée merveilleuse que grâce aux concentrationnaires. Les Anglais eux-mêmes y eurent recours avec les malheureux Boers, après Napoléon qui inventa Lambessa. Actuellement, il y en a en Russie qui n'ont rien à envier à ceux des Allemands ; il y en a en Espagne, en Italie et même en France : vous rencontrerez ici des Espagnols et vous verrez ce qu'ils vous diront, par exemple, du camp de Gurs, en France, où on les parqua au lendemain du triomphe de Franco.

Je risque une observation :

— En France, tout de même, c'est par humanité qu'on a recueilli les Républicains espagnols, et je ne sache pas qu'ils furent maltraités.

— En Allemagne aussi, c'est par humanité. Les Allemands quand ils parlent de l'institution, emploient le mot *Schutzhaftlager*, ce qui veut dire camp de détenus protégés. Au moment de son arrivée au pouvoir, le National-Socialisme, dans un geste de mansuétude, a voulu mettre ses adversaires hors d'état de lui nuire, mais aussi les protéger contre la colère publique, en finir avec les assassinats au coin des rues, régénérer les brebis égarées et les ramener à une plus saine conception de la communauté allemande, de sa destinée et du rôle de chacun dans son sein. Mais le National-Socialisme a été dépassé par les événements, et surtout par ses agents. C'est un peu l'histoire de l'éclipse de lune qu'on raconte dans les casernes. Le colonel dit un jour au commandant qu'il y aura une éclipse de lune et que les gradés devront faire observer le phénomène à tous les soldats en le leur expliquant. Le commandant transmet au capitaine et la nouvelle arrive au soldat par le caporal sous cette forme :

« Par ordre du colonel, une éclipse de lune aura lieu ce soir à 23 heures ; tous ceux qui n'y assisteront pas auront quatre jours de salle de police ». Ainsi en est-il des camps de concentration ; l'Etat-Major national-socialiste les a conçus, en a fixé le règlement intérieur que d'anciens chômeurs illettrés font appliquer par des Chaouchs pris parmi nous. En France, le Gouvernement démocratique de Daladier avait conçu le camp de Gurs et en avait fixé le règlement : l'application de ce règlement était confiée à des gendarmes et gardes mobiles dont les facultés d'interprétation étaient très limitées.

« C'est le Christianisme qui a introduit dans le droit romain le caractère humanitaire qui est conféré à la punition, et lui a assigné comme premier but à atteindre la régénération du délinquant. Mais le Christianisme a compté sans la nature humaine qui ne peut arriver à la conscience d'elle-même que sur un fond de perversité. Croyez-moi, il y a trois sortes de gens qui restent les mêmes chacun dans son genre, à tous les âges de l'Histoire, et sous toutes les latitudes : les policiers, les prêtres et les soldats. Ici, nous avons affaire aux policiers. »

Évidemment, nous avons affaire aux policiers. Je n'ai eu maille à partir qu'avec les policiers allemands, mais j'ai souvent lu et entendu dire que les policiers français ne se distinguaient pas par une douceur particulière. Je me souviens qu'à ce moment du discours de Jircszah, j'ai évoqué l'affaire Almazian. Mais Almazian était impliqué dans un crime de droit commun, et nous sommes des politiques. Les Allemands, eux, ne semblent pas faire de différence entre le droit commun et le droit politique, et cette promiscuité des uns et des autres dans les camps.

— Allons, allons, me dit Jircszah, vous semblez oublier que c'est un Français, un intellectuel dont la France est fière, un fin lettré, un grand philosophe, Anatole France, qui a écrit un jour : « Je suis partisan de la suppression de la peine de mort en matière de droit commun, et de son rétablissement en matière de droit politique ».

Avant la fin de la quarantaine, les S.S. ne se mêlant jamais de la vie propre du camp qui semblait ainsi livré à lui-même, maître de ses lois et de ses règlements, j'étais persuadé que Jircszah avait en grande partie raison : le National-Socialisme, les S.S. étaient revenus à ce moyen classique de coercition, et les détenus l'avaient d'eux-mêmes rendu plus mauvais encore.

Nous avons agité ensemble d'autres problèmes, notamment celui de la guerre et de l'après-guerre. Jircszah était un bourgeois démocrate et pacifiste :

— L'autre guerre a partagé le monde en trois blocs rivaux, me disait-il : les Anglo-Saxons capitalistes traditionnels, les Soviets et l'Allemagne, cette dernière s'appuyant sur le Japon et l'Italie : il y en a un de trop. L'après-guerre connaîtra un monde partagé en deux, la démocratie des peuples n'y gagnera rien et la paix n'en sera pas moins précaire. Ils croient qu'ils se battent pour la liberté et que l'Age d'or naîtra des cendres d'Hitler. Ce sera terrible après : les mêmes problèmes se poseront à deux au lieu de se poser à trois, dans un monde qui sera ruiné matériellement et moralement. C'est Bertrand Russell qui avait raison au temps de sa jeunesse courageuse : « Aucun des maux qu'on prétend éviter par la guerre n'est aussi grand que la guerre elle-même ».

Je partageais cet avis, et même j'enchérissais. Dans la suite, j'ai souvent pensé à Jircszah.

10 mars, quinze heures : un officier S.S. entre au Block rassemblement dans la cour.

— *Raus, los ! Raus, raus !*

Nous allons partir, et les formalités vont commencer. Depuis une huitaine de jours, le bruit courait de ce transport et les suppositions allaient leur train : à Dora, disaient les uns, à Cologne pour déblayer les ruines et sauver ce qui pouvait encore l'être, récupérer ce qui pouvait être utilisé, disaient les autres. C'est cette dernière supposition qui l'emporte dans l'opinion : les gens bien informés mettent en avant que maintenant l'Etat-Major du National-Socialisme sentant la partie perdue, laisse tomber le Kommando de Dora considéré comme l'enfer de Buchenwald et n'y envoie plus personne. Ils ajoutent qu'employés désormais aux travaux dangereux de déblaiement, nous serons bien traités. À tout moment, on risquera l'éclatement d'une bombe, mais on mangera à sa faim, d'abord la ration du camp, et ensuite ce qu'on trouvera dans les caves dont certaines sont pleines de denrées comestibles.

Nous ne savons pas ce que c'est que Dora. Aucun de ceux qui y ont été envoyés jusqu'ici n'est jamais revenu. On dit que c'est une usine souterraine en perpétuel état d'aménagement, et dans laquelle on fabrique des armes secrètes. On vit là-dedans, on y mange, on y dort et on y travaille sans jamais revenir au jour. Tous les jours, des camions ramènent des cadavres à plein charroi pour être brûlés à Buchenwald, et c'est de ces cadavres qu'on déduit les horreurs du camp. Heureusement, nous n'irons pas là-bas.

Seize heures : nous sommes toujours debout devant le Block, dans la position du *Stillgestanden*[36] sous les yeux du S.S. Le chef de Block passe dans les rangs et en fait sortir un vieillard ou un éclopé, et les juifs. Crémieux, qui remplit à lui tout seul cette triple condition, est du nombre. Le petit boiteux aussi et quelques autres figures qui n'appartiennent ni à des vieillards, ni à des éclopés, ni à des juifs, mais dont nous savons tous que leurs propriétaires s'étant fait passer pour communistes, ou l'étant réellement, sont dans les grâces du chef de

---

[36] Garde-à-vous.

Block.

Seize heures trente : direction de l'infirmerie pour la visite de santé – pour la visite de santé, c'est une façon de parler. Un médecin S.S. fume un énorme cigare, affalé dans un fauteuil ; nous passons devant lui à la queue-leu-leu, et il ne nous regarde même pas.

Dix-sept heures trente : direction de *l'Effektenkammer*[37] : on nous habille de neuf, pantalon, veste et capote rayés, chaussures ad hoc (en cuir, semelle de bois) pour remplacer les claquettes impropres au travail.

Dix-huit heures trente : appel qui dure jusqu'à vingt et une heures. Avant de nous coucher, nous devons encore coudre nos numéros sur les effets que nous venons de toucher, à hauteur du sein gauche pour la veste et la capote, sous la poche droite pour le pantalon.

11 mars, quatre heures trente : réveil.

Cinq heures trente : appel jusque vers dix heures. Ah ! ces appels ! En mars, dans le froid, qu'il pleuve ou qu'il vente, rester des heures et des heures debout à être comptés et recomptés ! Celui-ci est un appel général de tous ceux, à quelque Block qu'ils appartiennent, qui ont été désignés pour le transport, et il a lieu sur la place de l'appel, devant la Tour.

À onze heures, la soupe.

À quatorze heures, nouvel appel qui dure jusqu'à dix-huit ou dix-neuf heures : nous avons perdu la notion de la durée.

12 mars : réveil comme d'habitude, appel de cinq heures et demie à dix heures. Appel, toujours appel. Ils veulent nous rendre fous. À quinze heures, nous quittons définitivement le Block 48 et, après un stage de quelques heures sur la place, nous sommes dirigés sur le Block du cinéma où nous passons la nuit, les plus favorisés assis, le plus grand nombre debout.

---

[37] Magasin d'habillement.

Réveil le lendemain matin, à trois heures trente, une heure plus tôt que d'habitude. On nous conduit sous la tour où nous attendons, debout, dans la nuit, dans le froid, rien au ventre depuis la veille à onze heures, d'être embarqués. Entre sept et huit heures, nous montons dans les wagons.

Voyage sans histoire : nous sommes à l'aise et nous bavardons. Thème : où allons-nous ? Le train prend la direction de l'ouest : à Cologne, ça y est, nous avons gagné ! À seize heures environ, il s'arrête en pleins champs, dans une sorte de gare de triage, où, sous la neige, pataugeant dans la boue, des malheureux, hâves, sales, en guenilles rayées de la même façon que nos habits neufs, déchargent des wagons, creusent des canalisations, véhiculent les déblais. Des gens à brassard et à numéros, bien vêtus, pleins de santé, les encouragent à la menace, à l'injure et au gummi. Défense de leur adresser la parole. En passant à côté d'eux, si par hasard ils sont hors de portée de toute surveillance, nous risquons des questions à voix aussi basse que possible :

—   Dis, où est-on ici ?
—   À Dora, mon vieux, t'as pas fini d'en ch... !

Fernand et moi, qui nous tenons par la main, nous nous regardons. Nous n'avions cru que difficilement au bobard optimiste de Cologne. Un grand découragement nous saisit cependant, les bras nous tombent des épaules, nous sentons passer sur nous l'ombre de la mort.

# Chapitre II

## Les cercles de l'enfer

Le 30 juin 1933, Buchenwald n'était que ce que le mot signifie : une forêt de hêtres, un lieudit perché sur une colline des contreforts du Harz, à neuf kilomètres de Weimar. On y accédait par un sentier rocailleux et tortueux. Un jour, des hommes sont venus en voiture jusqu'au pied de la colline. Ils ont gagné le sommet à pied, comme en excursion. Ils ont gravement inspecté l'endroit. L'un d'eux a désigné un clair-fourré, puis ils s'en sont retournés après avoir fait un bon déjeuner, en repassant à Weimar.

— *Unser Führer wird zufrieden werden,* ont-ils déclaré[38].

Quelque temps après, d'autres sont venus. Ils étaient enchaînés par cinq les uns aux autres et constituaient un détachement de cent unités, encadrés par une vingtaine de S.S., l'arme au point : il n'y avait plus de place dans les prisons allemandes. Ils ont gravi le sentier sous les injures et les coups, comme ils ont pu. Arrivant au sommet, exténués, ils ont été mis au travail sans transition. Un groupe de cinquante a derechef monté des tentes pour les S.S. pendant que l'autre mettait en place un cercle de barbelés de trois rangs de hauteur et d'environ cent mètres de rayon. Le premier jour, c'est tout ce qui a pu être fait. On a mangé en hâte, et presque sans arrêter le travail, un maigre casse-croûte et, le soir, très tard, on s'est endormi à même le sol, enroulé dans une mince couverture. Le lendemain, le premier groupe de cinquante a déchargé tout le jour des matériaux de construction, des éléments de baraques en bois, que de lourds tracteurs réussissaient à amener jusqu'à mi-pente de la colline, et les a montés à dos d'homme jusqu'au sommet, à l'intérieur des barbelés. Le second groupe lui, a abattu des arbres pour faire place nette. On n'a pas mangé ce jour-là car on n'était parti qu'avec un jour de vivres, mais la nuit on a mieux dormi, à l'abri des branchages et dans les anfractuosités des tas de planches.

---

[38] Notre Führer sera content !

À partir du troisième jour, les éléments de baraques se sont mis à arriver à un rythme accéléré et à s'entasser à mi-pente. S'y trouvaient joints un attirail de cuisine, des habits rayés en nombre, des outils et quelques vivres. Les S.S. ont fait valoir dans leur rapport quotidien qu'avec cent hommes ils ne réussissaient pas à décharger au fur et à mesure des arrivées : d'autres leur ont été envoyés. Les vivres sont devenus insuffisants. À la fin de la semaine, une cinquantaine de S.S. se débattaient avec un grand millier de détenus qu'ils ne savaient où loger la nuit, qu'ils pouvaient à peine nourrir, et au milieu desquels ils étaient débordés dans l'organisation du travail. Ils avaient bien fait plusieurs groupes ou kommandos affectés chacun à une tâche particulière : la cuisine des S.S. d'abord, et l'entretien de leur camp, la cuisine des détenus, le montage des baraques, le transport des matériaux, l'organisation intérieure, la comptabilité. Tout cela s'appelait S.S. *Küche*, *Haftlingküche*, *Barrackenkommando*, *Bauleitung*, *Arbeitstatistik*, etc. et, couché sur le papier, dans des rapports, traduisait une organisation claire et méthodique. Mais, en fait, c'était une grande pagaille, un horrible grouillement d'hommes qui mangeaient pour la forme, travaillaient à merci, dormaient, à peine couverts, dans un fatras de planches et de branchages. Comme ils étaient plus faciles à surveiller au travail qu'en sommeil, les journées étaient de douze, quatorze et seize heures. Les gardes-chiourmes en nombre insuffisant avaient été dans l'obligation de choisir sur la mine un complément de co-adjuteurs dans la masse des détenus, et comme ils se sentaient mal à l'aise devant leur conscience, ils faisaient régner la terreur en manière d'excuse et de justification. Les coups pleuvaient et non seulement les injures et la menace.

Les mauvais traitements, la mauvaise et insuffisante nourriture, le travail surhumain, l'absence de médicaments, la pneumonie, firent que ce troupeau se mit à mourir à une cadence effrayante et dangereuse pour la salubrité. Il fallut songer à faire disparaître les cadavres autrement que par l'inhumation qui prenait trop de temps et se serait trop souvent répété : on eut recours à l'incinération plus rapide et plus conforme aux traditions germaniques. Un nouveau kommando devint à son tour indispensable, le *Totenkommando* et la construction d'un four crématoire s'inscrivit sur la liste des travaux à effectuer avec l'ordre d'urgence commandé par les circonstances : ainsi se trouva-t-il qu'on construisit l'endroit où ces hommes devaient mourir, avant celui où on se proposait de leur permettre de vivre. Tout s'enchaîne, le mal appelle le mal, et quand on est pris dans l'engrenage des forces mauvaises.

Au surplus, le camp n'était pas conçu dans l'esprit de l'État-major national- socialiste pour être seulement un camp mais une collectivité devant travailler sous surveillance à l'édification du IIIe Reich, au même titre que les autres détenus de la communauté allemande restés dans la liberté relative que l'on sait : après le crématoire, l'usine, la Guszlow. Par quoi on voit que l'ordre d'urgence de tous les aménagements était déterminé d'abord par le souci de tenir sous bonne garde, ensuite par celui de l'hygiène, en troisième lieu par les besoins du travail rentable. Enfin, et en dernier ressort, par les droits *prescriptibles* de la personne humaine : le garde- chiourme, le crématoire, l'usine, la cuisine. Tout est subordonné à l'intérêt collectif qui piétine l'individu et l'écrase.

Buchenwald fut donc, pendant la période des premiers aménagements, un *Straflager*[39] où n'était envoyée que la population des prisons réputée incorrigible, puis à partir du moment où l'usine, la Guslow, fut en état de fonctionner, un *Arbeitslager*[40] ayant des Straf-kommandos, enfin un *Konzentrationslager*[41], c'est-à-dire ce qu'il était quand nous l'avons connu, un camp organisé avec tous ses services mis en place, où tout le monde était envoyé indistinctement. À partir de ce moment, il y eut des sous-camps ou kommandos extérieurs qui dépendaient de lui et qu'il achalandait en matériel humain ou tout court. Tous les camps ont passé par ces trois étapes successives. Il s'est malheureusement produit que, la guerre étant survenue, les détenus de toutes origines et de toutes conditions, de toutes infractions et de toutes peines disciplinaires, furent au petit bonheur la chance, au gré de l'humeur des chefs ou du désordre des circonstances, indifféremment dirigés sur le Straflager, l'Arbeitslager ou le Konzentrationslager. Il en résulta un effroyable mélange d'humanités diverses qui constitua, sous le signe du gummi, un gigantesque panier de crabes sur lequel le National-Socialisme si maître de lui, si méthodique dans ses manifestations, mais débordé de toutes parts par les événements qui commençaient à le maîtriser, jeta un non moins immense et gigantesque manteau de Noé.

---

[39] Camp de punition.
[40] Camp de travail.
[41] Camp de concentration.

Dora naquit sous le parrainage de Buchenwald et dans les mêmes conditions. Il crût et prospéra en suivant le même processus.

En 1903, des ingénieurs et des chimistes allemands s'étaient aperçus qu'à cet endroit la pierre du Han était riche en ammoniaque. Comme aucune société privée n'avait voulu risquer des capitaux dans son extraction, l'État s'en chargea. L'État allemand ne possédait pas, comme ses voisins, des colonies susceptibles de mettre à sa disposition des Cayenne ou des Nouméa : ses bagnards, il était obligé de les conserver à l'intérieur et il les parquait dans des endroits déterminés où il les employait à des travaux ingrats. C'est dans ces conditions qu'un bagne semblable à tous les bagnes du monde, à quelques nuances en mieux ou en plus mal près, naquit à Dora. En 1910, on ne sait trop pourquoi, mais probablement parce que le rendement en ammoniaque était bien inférieur à celui qu'on avait escompté, l'extraction de la pierre fut arrêtée. Elle fut reprise pendant la guerre de 1914-1918, sous les espèces d'un camp de représailles pour P.G., en un moment où l'Allemagne pensait déjà à s'enterrer pour limiter les dégâts des bombardements. De nouveau, elle fut interrompue par l'armistice. Pendant l'entre-deux-guerres, on oublia totalement Dora : une végétation désordonnée masqua l'entrée de ce commencement de souterrain, et autour, d'immenses champs de betteraves poussèrent pour alimenter la sucrerie de Nordhausen, à six kilomètres de là.

C'est dans ces champs de betteraves que, le 1er septembre 1943, Buchenwald dégorgea un premier kommando de deux cents hommes sous bonne escorte : l'Allemagne sentant de nouveau le besoin de s'enterrer, d'enterrer au moins ses industries de guerre, avait repris le projet de 1915. Construction du camp S.S., du Krematorium, aménagement du souterrain en usine, des cuisines, des douches, de l'Arbeitstatistik, le Revier ou infirmerie en dernier lieu. Comme il y avait ce souterrain, on y dormit le plus longtemps possible, repoussant toujours à plus tard le travail non rentable de construction des Blocks pour détenus et lui préférant le forage toujours plus avant de la galerie du tunnel, pour permettre la mise à l'abri d'usines en toujours plus grand nombre menacées à ciel ouvert.

Quand nous sommes arrivés à Dora, le camp était encore au stade du Straflager : nous en fîmes un Arbeitslager. Quand nous l'avons quitté avec ses 170 Blocks, son Revier, son Théâtre, son Bordel, ses services en place, son tunnel achevé, il était sur le point de devenir un Konzentrationslager. Déjà, à l'extrémité du double tunnel, un autre camp, Ellrich, était né sous son parrainage et se trouvait, lui, au stade du Straflager. Car il ne pouvait y avoir de solution de continuité dans l'échelle descendante de la misère humaine.

Mais les Anglo-Américains et les Russes en avaient décidé autrement et, le 11 avril 1945, vinrent nous délivrer.

Depuis, le système pénitentiaire de l'Allemagne est aux mains des Russes qui n'y ont pas changé une virgule. Demain, il sera aux mains des…

Car il ne faut pas non plus qu'il y ait solution de continuité dans l'Histoire.

Un camp de concentration, quand il est au point, est une véritable cité isolée du monde extérieur qui l'a conçue par une enceinte de barbelés électrifiés à quintuples rangs de hauteur, au long de laquelle tous les cinquante mètres environ, des miradors abritent une garde spéciale armée jusqu'aux dents. Pour que l'écran entre elle et lui soit plus opaque encore, un camp de S.S. est également interposé et jusqu'à cinq ou six kilomètres alentour, des sentinelles invisibles sont disposées dans la périphérie ; celui qui tenterait de s'évader aurait ainsi un certain nombre d'obstacles successifs à surmonter et il vaut mieux dire que toute tentative est matériellement vouée à un échec certain. Cette cité a ses lois propres, ses phénomènes sociaux particuliers. Les idées qui y naissent isolément ou en courants viennent mourir contre les barbelés et restent insoupçonnées du reste du monde. De même tout ce qui se passe à l'extérieur est inconnu à l'intérieur, toute interpénétration est rendue impossible par l'écran dans lequel il n'y a pas une faille[42]. Des journaux arrivent : ils sont triés sur le volet et ne disent que des vérités

---

[42] On a dit que l'Allemagne presque entière ignorait ce qui se passait dans les camps et je le crois : les S.S., qui vivaient sur place en ignoraient une grande partie, ou n'apprenaient certains événements que longtemps après coup. D'autre part, qui, en France, connaît aujourd'hui les détails de la vie des détenus de Carère, La Noé et autres lieux ? (Cf. p. 204 en Appendice au Chap. II la relation de Pierre Bernard sur la Maison centrale de Riom et l'opinion de E. Kogon,).

spécialement imprimées pour les concentrationnaires. Il s'est trouvé qu'en temps de guerre les vérités pour concentrationnaires étaient les mêmes que celles dont les Allemands devaient faire leur Evangile, et c'est pourquoi les journaux étaient communs aux deux, mais c'est un pur hasard. La T.S.F. est châtiée. Il s'ensuit que la vie du camp, axée sur d'autres principes moraux et sociologiques, prend une orientation tout autre que la vie normale, que ses manifestations revêtent des aspects tels qu'elle ne peut être jugée avec les unités de mesures communes à l'ensemble des hommes. Mais c'est une cité, une cité humaine.

À l'intérieur, — ou à l'extérieur, — mais à proximité une usine est la raison de vivre du camp et son moyen d'existence : à Buchenwald, la Guslow, à Dora, le tunnel. Cette usine est la clé de voûte de tout l'édifice et ses besoins qu'il faut satisfaire sont sa loi d'airain. Le camp est fait pour l'usine et non l'usine pour occuper le camp.

Le premier service du camp est l'*Arbeitstatistik* qui tient une comptabilité rigoureuse de toute la population et qui la suit unité par unité, jour par jour dans son travail ; à l'*Arbeitstatistik* on est capable de dire à n'importe quel moment de la journée à quoi est employé chaque détenu et l'endroit précis où il se trouve. Ce service, comme tous les autres d'ailleurs, est assuré par des détenus et il occupe un personnel nombreux et relativement privilégié.

Vient ensuite le *Politische-Abteilung*, lequel tient la comptabilité politique du camp et se trouve, lui, à même de donner pour n'importe quel détenu quelque renseignement que ce soit sur sa vie antérieure, sa moralité, les motifs de son arrestation, etc. C'est l'anthropométrie du camp, son *Sicherheitsdienst* (police de sécurité) et il n'occupe qu'un personnel ayant la confiance des S.S. Encore des privilégiés.

Puis, la *Verwaltung* ou administration générale qui tient la comptabilité de tout ce qui entre au camp : nourriture, matériel, vêtements, etc. C'est l'intendance du camp, le sergent-major de la compagnie. Le personnel, occupé à un travail de bureau, est toujours privilégié.

Ces trois grands services coiffent le camp. Ils ont à leur tête un Kapo qui en assure le fonctionnement sous la surveillance d'un sous-officier S.S. ou *Rapportführer*. Il y a un Rapportführer pour tous les services-clés, et chacun d'eux fait chaque soir son rapport au Rapportführer général du camp, qui est un officier, généralement un Oberleutnant. Ce Rapportführer général communique avec le camp des détenus par l'intermédiaire de ses sous-ordres et du *Lagerältester* ou doyen des détenus, qui a la responsabilité générale du camp et qui répond de sa bonne marche jusque et y compris sur sa vie même[43].

Parallèlement, les services de seconde zone : le *Sanitätsdienst*, ou service de santé, qui comprend les médecins, les infirmiers, le service de la désinfection, celui du Revier et celui du Krematorium ; la *Lagerschutzpolizei*, ou police du camp ; la *Feuerwehr*, ou protection contre l'incendie ; le *Bunker*, ou prison pour détenus pris en flagrant délit d'infraction aux règlements du camp ; le *Kino-Theater*, ou cinéma-théâtre, et le bordel, ou *Pouf*.

Il y a encore la Küche ou cuisine, l'*Effektenkammer* ou magasin d'habillement, qui est rattaché à la Verwaltung ; la *Häftlingskantine*, ou cantine, qui fournit aux détenus nourriture et boissons complémentaires contre espèces sonnantes, et la *Bank*, institut d'émission de la monnaie spéciale qui n'a cours qu'à l'intérieur du camp.

La masse des travailleurs, maintenant.

Elle est répartie dans des Blocks construits sur le même modèle que le Buchenwald 48, mais en bois et ne comportant qu'un rez-de-chaussée. Elle n'y vit que la nuit. Elle y arrive le soir après l'appel, vers 21 heures, et elle les quitte chaque matin avant l'aube, à quatre heures trente. Elle y est encadrée par les chefs de Block entourés de leurs Schreiber, Friseur, Stubendienst, qui sont de véritables satrapes. Le chef de Block contrôle la vie du Block sous la surveillance d'un soldat S.S. ou *Blockführer* qui rend compte au Rapport-führer général. Les Blockführer ne se montrent que très rarement : en général, ils se bornent à rendre une visite amicale au chef de Block dans la journée, c'est-à-dire en l'absence des détenus, si bien que celui-ci est en dernier ressort seul juge et que toutes ses exactions sont pratiquement sans appel.

Dans la journée, c'est-à-dire au travail, les détenus sont pris dans les mailles d'un autre encadrement. Tous les matins, pour ceux qui ne

---

[43] Voir p. 256 et 257 le tableau de la hiérarchie dans un camp.

travaillent que le jour, ils sont répartis dans des Kommandos ayant à leur tête chacun un Kapo assisté d'un, de deux ou de plusieurs chefs d'équipe ou Vorarbeiter. Chaque jour, à partir de quatre heures trente, les Kapos et les Vorarbeiter se trouvent sur la place de l'Appel, à un endroit déterminé — toujours le même — et constituent leurs Kommandos respectifs qu'ils conduisent au pas cadencé sur le lieu du travail où un Meister ou contremaître civil leur donne connaissance de la tâche qu'ils doivent faire effectuer à leurs hommes dans la journée. Les Kommandos employés par l'usine font les deux 12 et non les trois 8. Ils sont répartis en deux équipes ou *Schicht* : il y a le Tagschicht qui se présente à ses Kapos et Vorarbeiter, à 9 heures du matin, et la Nachtschicht, à 9 heures du soir. Les deux Schicht font à tour de rôle une semaine de jour et une semaine de nuit.

Ainsi était le Buchenwald que nous avons connu. La vie y était supportable pour les détenus définitivement affectés au camp, un peu plus dure pour les passagers destinés à n'y séjourner que le temps de la quarantaine. Dans tous les camps, il eût pu en être de même. Le malheur a voulu qu'au moment des déportations massives des étrangers en Allemagne, il y avait peu de camps au point, à part Buchenwald, Dachau et Auschwitz, et que la presque totalité des déportés n'a connu que des camps en période de construction, des Straflager et des Arbeitslager et non des Konzentrationslager. Le malheur a voulu aussi que, même dans les camps au point, toutes les responsabilités fussent confiées à des Allemands d'abord, pour la facilité des rapports entre la *gens* des Haftling et celle de la Führung, à des rescapés des Straflager et des Arbeitslager ensuite, qui ne concevaient pas le *Konzett*, comme ils disaient, sans les horreurs qu'ils y avaient eux-mêmes endurées et qui étaient bien plus que les S.S. des obstacles à son humanisation. Le « *Ne faites pas aux autres ce que vous ne voudriez pas qu'on vous fît* » est une notion d'un autre monde qui n'a pas cours dans celui-ci. « Faites aux autres ce qu'on vous a fait » est la devise de tous ces Kapos, qui ont passé des années et des années de *Straftlager* en *Arbeitslager*, et dans l'esprit desquels les horreurs qu'ils ont vécues ont créé une tradition que, par une déformation bien compréhensible, ils croient avoir pour mission de perpétuer.

Et si par hasard les S.S. oublient de maltraiter, ces détenus, eux se chargent de réparer l'oubli.

La population du camp, sa condition sociale et son origine, sont aussi un élément qui s'insurge contre son humanisation. J'ai déjà noté que le National-Socialisme ne faisait aucune différence entre le délit politique et le délit de droit commun et que, par conséquent, il n'y avait en Allemagne ni droit, ni régime politique différenciés. Comme dans la plupart des nations civilisées, il y a donc de tout dans les camps — de tout et autre chose encore. Tous les détenus, de quelque catégorie de délit qu'ils relèvent, vivent ensemble et sont soumis au même régime. Il n'y a pour les distinguer les uns des autres que le triangle de couleur qui est l'insigne de leur délit.

Les politiques portent le triangle rouge.

Les droits commun, le triangle vert : *nu*, pour les Verbrecher ou criminels simples ; *agrémenté d'un S* pour les Schwereverbrecher ou grands criminels, et *d'un K* pour les Kriegsverbrecher, criminels de guerre. Ainsi sont gradués les délits de droit commun du simple voleur à l'assassin et au pilleur d'intendance ou de magasin d'armement.

Entre les deux, toute une série de délits intermédiaires :

— Le triangle noir (saboteurs, chômeurs professionnels) ; le triangle rose (pédérastes) ; le triangle jaune fixé à l'envers sur le rouge, de façon à former une étoile (juifs) ; le triangle violet (objecteurs de conscience).

— Les gens qui, ayant fini un temps de prison déterminé, doivent ensuite accomplir ce que nous appellerions le doublage, ou la relégation à temps ou à vie, et qui portent en lieu et place de triangle, un cercle noir sur fond blanc avec un grand « Z » au centre : les libérés de la *Zuchthaus* ou maison de force.

— D'autres enfin et qui portent le triangle rouge la pointe en haut : les délit bénins commis à l'armée et à propos desquels une condamnation a été prononcée par un conseil de guerre.

Il y aurait encore à ajouter quelques particularités dans l'écussonnage des détenus : le triangle rouge surmonté d'une barre transversale de ceux qui sont envoyés au Konzett pour la deuxième ou troisième fois, les trois petits points noirs portés en brassard sur fond jaune et blanc pour les aveugles, etc. Enfin, ceux qu'on appelait jadis les Wifo : le même cercle que les Zuchthaus, mais à l'intérieur duquel le « Z » était remplacé par un « W ». Ces derniers étaient des travailleurs volontaires, à l'origine. Ils avaient été employés par la firme Wifo qui fut la première à s'évertuer dans la réalisation des *Vergeltungsfeuer*, les fameuses V1, V2, etc. Un beau jour et sans motif apparent, ils touchèrent des habits rayés et ils furent mis en camp de concentration. Le secret des V1 et V2 sortant de la phase d'essai, entrait dans la voie de la production intensive et il ne fallait pas qu'il circulât librement, même dans la population allemande : les internés par raison d'État. Les Wifo constituaient la plus misérable population du camp : ils continuaient à toucher leur salaire, dont la moitié leur était remise au camp même, le reste étant envoyé à leurs familles. Ils avaient le droit de conserver des cheveux longs, d'écrire quand bon leur semblait, à condition de ne rien révéler du sort qui leur était fait et, comme ils étaient les plus fortunés, ils introduisirent le marché noir dans les camps et en firent monter les cours.

Sous le rapport de la population, les camps de concentration sont donc de véritables tours de Babel dans lesquelles les individualités se heurtent par leurs différences de nationalités, par leurs différences d'origine, de condamnation et de conditions sociales antérieures. Les droits communs haïssent les politiques qu'ils ne comprennent pas, et ceux-ci le leur rendent bien. Les intellectuels regardent les ouvriers manuels de haut, et ceux-ci se réjouissent de les voir « enfin travailler ». Les Russes enveloppent dans le même mépris de fer tout l'Occident. Les Polonais et les Tchèques ne peuvent pas voir les Français, en raison de Munich, etc. Sur le plan des nationalités, il y a des affinités entre Slaves et Germains, entre Germains et Italiens, entre Hollandais et Belges, ou entre Hollandais et Allemands. Les Français qui arrivèrent les derniers et qui se mirent à recevoir les plus magnifiques colis de victuailles, sont méprisés par tout le monde, sauf par les Belges, doux, francs et bons. On considère la France comme un pays de Cocagne, et ses habitants comme des Sybarites dégénérés, incapables de travailler, mangeant bien et uniquement occupés à faire l'amour. À ces griefs, les Espagnols ajoutent les camps de concentration de Daladier. Je me souviens d'avoir été accueilli au Block 24, à Dora, par un vigoureux :

— Ah ! les Français, vous savez maintenant ce que c'est que le *Lager*. Pas dommage, ça vous apprendra !

C'étaient trois Espagnols (il y en avait en tout 26 à Dora) qui avaient été internés à Gurs en 1938, embrigadés dans les compagnies de travail en 1939, et envoyés à Buchenwald au lendemain de Rethel. Ils soutenaient qu'il n'y avait entre les camps français et les camps allemands que le travail comme différence, les autres traitements et la nourriture étant, à peu de chose près, en tous points semblables. Même ils ajoutaient que les camps français étaient plus sales.

O Jircszah !

Les S.S. vivent dans un camp parallèle. En général, ils sont une compagnie. Au début, cette compagnie était une compagnie d'instruction pour jeunes recrues, et seuls les Allemands en faisaient partie. Dans la suite, il y eut aussi de tout dans les S.S. : des Italiens, des Polonais, des Tchèques, des Bulgares, des Roumains, des Grecs, etc. Les nécessités de la guerre ayant fini par imposer l'envoi au front des jeunes recrues, avec une instruction militaire limitée, ou même sans aucune préparation spéciale, les jeunes furent remplacés par des vieux, des gens qui avaient déjà fait la guerre de 14-18, et sur lesquels le national-socialisme n'avait qu'à peine marqué son emprise. Ceux-ci étaient plus doux. Dans les deux dernières années de la guerre, la S.S. devenant insuffisante, les rebuts de la Wehrmacht et de la Luftwaffe, qui ne pouvaient être utilisés à rien d'autre, furent affectés à la garde des camps.

Tous les services du camp ont leur prolongement dans le camp S.S. où tout est centralisé et d'où partent directement sur Berlin, dans les services de Himmler, les rapports quotidiens ou hebdomadaires. Le camp S.S. est donc en fait l'administrateur de l'autre. Dans les débuts des camps, pendant la période de gestation, il administrait directement ; dans la suite et dès qu'il le put, il n'administra plus que par la personne interposée des détenus eux-mêmes. On pouvait croire que c'était par sadisme et, après coup, on n'a pas manqué de le dire : c'était par économie de personnel, et pour la même raison, dans toutes les prisons, dans tous les bagnes de toutes les nations, il en est de même. Les S.S. n'ont administré et fait régner l'ordre intérieur directement que tant qu'il leur fut impossible de faire autrement. Nous n'avons, nous, connu que le self-government des camps. Tous les vieux détenus qui ont subi les deux méthodes sont unanimes à reconnaître que l'ancienne était en principe la meilleure et la plus humaine, et que si elle ne le fut pas en fait, ce fut parce que les circonstances, la nécessité de faire vite, la précipitation des événements, ne le permirent pas. Je le crois : il vaut mieux avoir affaire à Dieu qu'à ses Saints.

Les S.S. donc n'assurent que la garde extérieure et on ne les voit pour ainsi dire jamais à l'intérieur du camp où ils se contentent de passer en exigeant le salut des détenus, le fameux « Mützen ab ». Ils sont assistés dans cette garde par une véritable compagnie de chiens merveilleusement dressés, toujours prêts à mordre et capables d'aller rechercher un détenu qui se serait évadé, à des dizaines de kilomètres. Tous les matins, les kommandos qui vont travailler à l'extérieur, souvent à cinq, six kilomètres à pied — quand il fallait aller plus loin, on utilisait le camion ou le train — sont accompagnés, selon leur importance, par deux ou quatre S.S., l'arme au poing et tenant, chacun, en laisse, un chien muselé. Cette garde particulière, qui complète l'encadrement par les Kapos, se contente de surveiller et n'intervient dans le travail qu'au cas où il faut prêter main-forte, rarement d'elle-même.

Le soir, à l'appel par Block, quand tout le monde est là, un coup de sifflet, tous les *Blockführer* se dirigent vers le Block dont ils ont la responsabilité, comptent les présents et s'en retournent pour rendre compte. Pendant cette opération, des sous-officiers circulent entre les Blocks et font respecter le silence et l'immobilité. Les Kapos, chefs de Block et Lagerschutz[44] leur facilitent grandement la tâche dans ce sens. De temps à autre, un S.S. se distingue des autres par sa brutalité, mais c'est rare, et en tout cas, jamais il ne se montre plus inhumain que les sus-nommés.

Le problème de la *Häftlingsführung*[45], domine des camps de concentration, et la solution qui lui est apportée conditionne leur évolution dans le sens du pire ou de l'humanisation.

Au début de tout camp, il n'y a pas de *Häftlingsführung* : il y a le premier convoi qui arrive dans la nature, encadré par ses S.S., lesquels assument

---

[44] Policiers pris parmi les détenus.
[45] Direction du camp par les détenus eux-mêmes. (Cf. p. 40, la hiérarchie dans un camp de concentration)

eux-mêmes toutes les responsabilités, directement et dans le détail. Il en est ainsi jusqu'au deuxième, troisième ou quatrième. Ça peut durer six semaines, deux mois, six mois, un an. Mais, dès que le camp a pris une certaine extension, le nombre des S.S. qui y est affecté n'étant pas extensible à l'infini, ceux-ci sont obligés de prendre parmi les détenus le personnel complémentaire nécessaire à la surveillance et à l'organisation.

Il faut avoir vécu la vie des camps et assimilé leur histoire pour bien comprendre ce phénomène et l'aspect qu'à l'usage il a pris.

Au moment où les camps naissent, en 1933, l'état d'esprit est tel en Allemagne que les adversaires du National-socialisme sont considérés comme les pires bandits. D'où la facilité avec laquelle les nouveaux maîtres ont réussi à faire admettre qu'il n'y avait pas des crimes ou des délits de droit commun et des crimes ou des délits de droit politique, mais seulement des crimes et des délits tout court. Ils étaient si semblables les uns aux autres, même et dans certains cas, il y avait si peu à faire pour rendre les seconds apparemment plus odieux que les premiers, aux yeux d'une jeunesse fanatisée, enrôlée dans les S.S. et à laquelle avait été confiée la réalisation du projet ! Mettez-vous maintenant à la place des cinquante S.S. de Buchenwald, le jour où, débordés par un millier de détenus et l'énorme masse du matériel à l'embouteillage, ils ont dû constituer le premier encadrement de leurs victimes et désigner le premier *Lagerältester*. Entre un Thaelmann ou un Breitscheid, signalés particulièrement à leur attention, et le premier criminel venu qui avait assassiné sa belle-mère ou violé sa sœur, mais qui était docile et plat à souhait, ils n'ont pas hésité, ils ont choisi le second. À son tour, celui-ci a désigné les Kapos et les Blockältester et, forcément, il les a pris dans son monde à lui, c'est-à-dire parmi les droits communs.

Ce n'est que lorsque les camps ont pris un certain développement qu'ils sont devenus de véritables centres ethnographiques et industriels et qu'il a vraiment fallu des hommes d'une certaine qualité morale et intellectuelle pour apporter à la S.S.Führung une aide efficace. Cette dernière s'est aperçue que les droits communs étaient la lie de la population, au camp comme ailleurs, et qu'ils étaient bien au-dessous de l'effort qu'on leur demandait. Alors les S.S. ont eu recours aux politiques. Un jour, il a fallu remplacer un Lagerältester vert par un rouge, lequel a immédiatement commencé à liquider, à tous les postes, les verts au profit des rouges. Ainsi est née la lutte qui prit rapidement un caractère de permanence, entre les verts et les rouges. Ainsi s'explique-t-on aussi que les vieux camps, Buchenwald, Dachau, étaient aux mains des politiques quand nous les avons connus, tandis que les jeunes, encore au stade du Straflager ou de l'Arbeitslager, à moins de hasards miraculeux, étaient toujours aux mains des verts.

On a essayé de dire que cette lutte entre les verts et les rouges, qui ne déborda d'ailleurs que très tard le contingent allemand de la population des camps, était le résultat d'une coordination des efforts des seconds contre les premiers : c'est inexact. Les politiques méfiants les uns vis-à-vis des autres, désemparés, n'avaient entre eux que de très vagues et très ténus liens de solidarité. Mais du côté des verts, par contre, il en était tout autrement : ils formaient un bloc compact, puissamment cimenté par la confiance instinctive qui existe toujours entre gens du milieu, piliers de prisons ou gibier de potence. Le triomphe des rouges ne fut dû qu'au hasard, à l'incapacité des verts et au discernement des S.S.

On a dit aussi que les politiques — et surtout les politiques allemands — avaient constitué des comités révolutionnaires, tenant des assemblées dans les camps, y stockant des armes et même correspondant clandestinement avec l'extérieur, ou d'un camp à l'autre : c'est une légende. Il se peut qu'un bienheureux concours de circonstances ait, une fois par hasard, permis à un individu de correspondre avec l'extérieur, ou avec un compagnon d'infortune d'un autre camp, à la barbe de la S.S. Führung : un libéré qui va porter avec beaucoup de précautions des nouvelles d'un détenu à sa famille ou à un ami politique, un nouvel arrivant qui fait l'opération inverse, un transport qui véhicule des nouvelles d'un camp à l'autre. Mais il était extrêmement rare, pendant la guerre du moins, qu'un détenu soit libéré, et quant aux transports, personne dans le camp, même pas le commun des S.S., ne connaissait leur destination avant qu'ils y fussent rendus. On apprenait généralement qu'un transport ayant eu lieu, il y avait quelques semaines ou quelques mois, s'était rendu à Dora, ou Ellrich, par des malades qui, par exception, en revenaient, par les morts le plus souvent, qu'on ramenait au camp pour y être incinérés, et sur la poitrine desquels on pouvait lire le numéro et la provenance. Dire que ces liaisons étaient préméditées, organisées, suivies, relève de la plus haute fantaisie. Passons sur les stockages d'armes : dans les derniers jours de Buchenwald, grâce à la pagaille, des détenus ont pu détourner des pièces disparates d'armes, et même des armes complètes, sur la fabrication courante, mais de là à avancer qu'il s'agissait d'une pratique systématisée, il y a le monde qui sépare le bon sens du ridicule. Passons également sur les comités révolutionnaires et les assemblées qu'ils tenaient ; j'ai bien ri quand, à la libération, j'ai entendu parler du comité des intérêts français du camp de Buchenwald. Trois ou quatre braillards communistes ; Marcel Paul[46] et le fameux colonel Manhès en tête, qui avaient réussi à échapper aux transports d'évacuation, ont fait surgir ce comité du néant après le départ des S.S. et avant l'arrivée des Américains. Ils ont réussi à faire croire aux autres qu'il s'agissait d'un comité né de longue date[47], mais c'est une pure galéjade et les Américains ne l'ont pas prise au sérieux. Leur premier travail, à leur entrée au camp, a été de prier les trublions de se tenir cois, la foule qui s'apprêtait à les écouter, de rentrer docilement dans les Blocks, et tout le monde de se plier par avance à une discipline de laquelle ils entendaient rester seuls maîtres. Ensuite de quoi ils se sont occupés des malades, du ravitaillement et de l'organisation des rapatriements, sans même vouloir prendre connaissance des avis et des suggestions que quelques importants de la dernière heure essayèrent en vain de faire monter jusqu'à eux. Ce fut aussi bien d'ailleurs : il n'en a coûté qu'une leçon d'humilité à Marcel Paul et un certain nombre de vies ont pu être sauvées.

Enfin, on a dit que les politiques, quand ils avaient la haute main sur la H- Führung, étaient plus humains que les autres. À l'appui on tire argument de Buchenwald : c'est exact[48], Buchenwald était à notre

---

[46] *Stubendienst* au block 56, puis au block 24.
[47] En fait de comité né de longue date, il n'y en eut qu'un dans tous les camps : une association de voleurs et de pillards, verts ou rouges, détenant des S.S. les leviers de commande, par surcroît. À la Libération, ils ont essayé de donner le change et il faut convenir qu'ils ont réussi dans une honnête mesure.
[48] Encore qu'il y ait lieu de porter à l'actif de ce camp les retentissants « abat-jour en peau de détenus » dont Ilse Koch, dite la chienne de Buchenwald reste seule, aujourd'hui, à porter l'effroyable responsabilité la femme du Lager-Kommandant se promenait-elle dans le camp à la recherche des beaux tatouages dont elle désignait elle-même les malheureux propriétaires à la mort ? Je ne puis ni confirmer, ni infirmer.

arrivée un camp très supportable pour les indigènes de l'endroit définitivement soustraits à la menace d'un transport. Mais il le devait plus au fait qu'il était arrivé au terme de son évolution, qu'à celui d'avoir une H-Führung politique. Dans les autres camps en retard sur lui, la différence entre les rouges et les verts n'était pas sensible. Il eût pu se produire que le contact des politiques moralisât les droits communs : c'est le contraire qui est arrivé et c'est les droits communs qui ont dévoyé les politiques.

---

Je précise cependant, qu'en février-mars 1944, la rumeur concentrationnaire accusait les deux Kapos du Steinbruch et du Gartnerei, de ce crime, jadis perpétré par eux, avec la complicité de presque tous leurs « collègues ». Les deux compères avaient industrialisé la mort des détenus tatoués dont ils vendaient, contre de menues faveurs, les peaux à Ilse Koch et à d'autres, par l'intermédiaire du Kapo et du S.S. de service au Krematorium. De sorte que, la thèse de l'accusation, si elle était fondée, n'en serait pas moins assez fragile.

# Chapitre III

## La barque de Charon

Notre prise en compte par Dora s'est faite dans les règles habituelles au milieu.

Descente des wagons, course effrénée à travers le fatras des matériaux, dans la boue jusqu'aux chevilles, sous la neige fondante, les injures et menaces hurlées, les aboiements, les coups.

Traversée du S.S. Lager : une cinquantaine de Blocks aménagés, pas de chemins pour aller de l'un à l'autre, — des sentiers boueux à travers champs.

L'entrée du H-Lager : deux Blocks en bois (tout est en bois), de chaque côté d'un cheval de frise qui s'ouvre devant nous. On nous compte.

— *Zu fünf ! Zu fünf ! Mensch blöde Hund !* Pan, un coup de poing. Pan, un coup de *gummi*. Pan, un coup de pied.

De l'autre côté du cheval de frise, le camp lui-même. Une dizaine de Blocks, une douzaine tout au plus, disséminés, posés là, au hasard, sans qu'apparaisse aucune intention coordinatrice. Au passage, nous pouvons lire de loin les numéros sur les Blocks : 4, 35, 24, 104, 17.

— Où sont les Blocks intermédiaires ?

Une piste marquée d'une multitude de piétinements, part de l'entrée et monte la colline sans qu'on puisse dire qu'elle conduit quelque part : on nous la fait prendre et nous arrivons au *Gemeinde Abort* (w.c. public) où nous sommes parqués en attendant les ordres. Le Gemeinde Abort est un Block dans lequel il n'y a que des sièges, des pissotières et des lavabos-bassins. Impossibilité de s'asseoir ou de s'étendre, interdiction de sortir. Nous sommes harassés. Affamés aussi. Vers dix-huit heures, une soupe, 300 g de pain, un bâton de margarine, une rondelle de saucisson. Nous remarquons que les rations sont plus fortes qu'à

Buchenwald. Un vent d'optimisme souffle sur nous :

— On travaillera, mais au moins on mangera, se confie-t-on de bouche à oreille. Les gens à brassard apparaissent à vingt heures : une table est dressée, un scribouillard s'installe. Un à un, nous passons devant la table où nous déclinons notre numéro matricule, nos noms, prénoms, professions. Les gens à brassard sont des Tchèques et des Polonais internés pour des délits divers : ils ont la main lourde, alourdie encore par le gummi dont ils font un généreux usage.
— *Hier ist Dora ! Mensch ! Blöde Hund !* Et pan, pan !

À minuit, les opérations sont terminées. Tout le monde dehors : nous faisons le chemin en sens inverse, dans la nuit, cette fois, et toujours encadrés de Kapos et de S.S. Soudain, nous nous trouvons devant une immense excavation qui s'ouvre à flanc de colline : le Tunnel. Les deux énormes battants de fer s'ouvrent : ça y est, nous allons être enterrés, car il ne vient à personne l'idée que les battants de fer puissent à nouveau s'ouvrir devant nous avant la libération. Les horreurs que nous avons entendues à Buchenwald sur ce « souterrain », nous torturent l'esprit.

Nous entrons de plain-pied. Vision dantesque : dehors, c'était l'obscurité — à l'intérieur, c'est la pleine lumière. Deux voies ferrées parallèles d'un mètre : les trains font donc la navette dans le centre du monstre. Une rame de wagons chargés et bâchés : les torpédos, les fameuses V1 et V2 — immenses obus plus longs que les wagons qui les portent. On dit qu'elles font 13 m de longueur et, au jugé leur diamètre dépasse la hauteur d'un homme.

– Ça doit faire un drôle de travail où ça tombe !

La discussion se met à rouler sur le mécanisme et le mode de lancement des V1 et V2 dont nous entendons parler et que nous voyons pour la première fois. À ma grande stupéfaction, je m'aperçois qu'il y a parmi nous des gens très renseignés qui sortent sur les engins en question, avec l'air le plus sérieux, des détails très précis, mais qui se révéleront dans la suite comme étant les plus fantaisistes bobards.

Nous nous enfonçons vers l'intérieur. De chaque côté, des bureaux, des anfractuosités aménagées en ateliers. Nous arrivons dans la partie du Tunnel qui est encore en gestation : des échafaudages, des hommes hâves, maigres et diaphanes (des ombres) juchés un peu partout, collés aux parois comme des chauve-souris, forent la roche. Au sol, les S.S. se promènent, l'arme au poing, les Kapos hurlent dans les allées et venues en tous sens de malheureux qui portent des sacs ou véhiculent des brouettes pleines de déblais. Le bruit des machines, — des cadavres allongés sur les bas-côtés.

Une anfractuosité est aménagée en Block d'habitation : Stop ! À l'entrée, deux tinettes et une quinzaine de cadavres. À l'intérieur, des hommes qui courent affolés, des bagarres individuelles ou collectives entre des rangées de châlits à trois, quatre ou cinq étages. Parmi eux, graves et imposants, des Stubendienst qui essaient en vain de rétablir l'ordre. C'est là que nous devrons passer la nuit. Les Stubendienst interrompent leur mission policière pour s'occuper de nous.

—   *Los ! Los ! Mensch ! Hier ist Dora !*

Les gummis entrent en danse, ou plutôt changent seulement de cible. Le chef de Block, un gros Allemand, regarde faire, l'œil à la fois amusé, goguenard et menaçant. Nous nous jetons tout habillés sur les paillasses qu'on nous indique. Enfin ! À l'aube, nous nous réveillons : toutes nos chaussures, et ce qui nous restait de la distribution de vivres de la veille, ont disparu. Nos poches mêmes sont vidées de leur contenu : nous admirons la dextérité des Russes qui ont réussi ce pillage général sans nous réveiller. À peine si deux ou trois se sont fait prendre en flagrant délit : les victimes les ont conduits au chef de Block et ont été ramenées à leur paillasse à coups de gummi par les Stubendienst complices.

—   *Hier ist Dora, mein Lieber !*

Nous sommes, c'est bien certain, tombés dans un repaire de brigands dont la loi est celle de la jungle.

Dès le réveil, nous sommes remontés au jour. Nous respirons : nous ne sommes donc pas encore enterrés définitivement. La matinée, nous la passons debout devant l'Arbeitstatistik à piétiner dans la boue et dans la neige ; nous sommes frigorifiés, et de nouveau nous avons faim.

L'après-midi, on nous répartit en kommandos : Fernand et moi, nous échouons au Strassenbauer 52 (Constructeurs de routes). Tout de suite, on nous met au travail : jusqu'à l'appel, nous transportons, au galop, des sapins, du camp à la gare.

À dix-huit heures, appel : il durera jusqu'à vingt-et-une heures.

Vingt-et-une heures : direction le Block 35. Cette fois, nous avons la certitude que nous ne serons pas enterrés au Tunnel, mais nous apprenons que pas mal d'entre nous ayant annoncé des professions fantaisistes de spécialistes pour être employés en usine, y ont été envoyés et n'en remonteront, selon toute probabilité, pas avant la libération.

Le chef du Block 35 est Tchèque, les Stubendienst aussi, par voie de conséquence. Le Block lui-même est encore nu : nous dormirons entassés, à même le parquet, sans couverture, tout habillés. Au préalable, on nous distribue, dans une indescriptible bousculade, un litre de soupe de rutabagas que nous mangeons debout : c'est tout ce que nous avons mangé ce jour-là.

À vingt-deux heures nous pouvons nous endormir avec cette autre certitude que nous faisons maintenant partie intégrante de Dora.

— Dora ! …

La première journée de travail.

Quatre heures trente, un gong résonne par quatre fois dans cet embryon de camp, les lumières du Block s'allument, les Stubendienst, gummi à la main, font irruption dans la *Schlafsaal*.

— *Aufstehen ! Aufstehen ! Los ! Waschen !*

Puis, sans transition :

— *Los, Mensch, Los, Waschen !*

Les deux cents hommes se lèvent comme un seul, traversent en cohue la *Esszimmer*, nus jusqu'à la ceinture et arrivent dans l'entre-deux, à la porte du lavabo, en même temps que les deux cents de l'autre Flügel. Le lavabo peut contenir une vingtaine de personnes. À l'entrée, deux Stubendienst, le jet d'eau à la main, endiguent cette invasion :

— *Langsam, Langsam, Lumpe !*

Et en même temps, le jet d'eau entre en action. Les malheureux reculent Cependant, deux autres Stubendienst qui ont prévu le coup endiguent à leur tour le repli :

— *Los ! Los ! Schnell, Mensch ! Ich sage : waschen !*

Et les gummis s'abattent impitoyables sur les épaules nues et maigres.

Tous les matins ce sera la même tragi-comédie. Elle ne s'arrête pas là, toutefois. Après la toilette, la distribution des vivres pour la journée : on passe à la queue leu leu, tenant à la main la contremarque remise au lavabo (on ne peut toucher sa nourriture qu'après avoir prouvé qu'on s'est lavé) et qu'on doit donner à un Stubendienst. Nouvelle et tout aussi inénarrable bousculade. L'heure qui est accordée par le règlement pour l'accomplissement de cette double formalité est vite passée.

Cinq heures trente : les Kapos chaudement emmitouflés sont sur la place de l'Appel et y attendent l'arrivée de la masse humaine. La voilà qui se précipite vers eux, venant de tous les Blocks, courant dans le matin glacial en finissant de s'habiller et en avalant la dernière bouchée de la maigre part qui a été faite, dans la ration quotidienne pour le déjeuner. Les Kapos procèdent au rassemblement des kommandos, font l'appel de leurs hommes : les coups et les injures pleuvent. L'appel terminé, les kommandos se mettent en branle à un tour calculé, en tenant compte de la distance à laquelle ils vont travailler. Il y en a qui vont à six et huit kilomètres : ils partent les premiers. Viennent ensuite ceux qui n'ont qu'une heure de marche, puis ceux qui n'ont qu'une demi-heure. Le Kommando 52 est à 20 minutes : il part à six heures quarante. À sept heures précises, tout le monde est sur le lieu de son travail. Les kommandos du Tunnel sont réglés par un autre horaire : réveil à sept heures du matin pour l'équipe de jour et à sept heures du soir pour celle de nuit, et tous les préliminaires du travail ont lieu au

Tunnel même.

Sept heures : voici donc le Kommando 52 sur son chantier de terrassement, y arrivant, après avoir participé aux opérations de la toilette et de la distribution des vivres, fait le pied de grue en grelottant, les pieds dans vingt centimètres de boue, dans la position du Stillgestanden pendant une heure et dix minutes, franchi au pas cadencé les quelque deux kilomètres qui le séparent du camp, épuisé déjà bien avant de commencer le travail.

Le travail : construire une route qui va de la gare au camp, en empruntant le flanc de la colline. Une ellipse de voie ferrée Decauville dont le plus grand diamètre peut être de 800 m., est posée là, en déclivité. Deux rames de huit wagons à bennes basculantes, traînées par une locomotive à pétrole, font une sorte de circuit perpétuel sur les rails. Pendant que 32 hommes — quatre par wagon — chargent la rame qui se trouve au sommet, 32 autres déchargent celle qui se trouve au pied, en ayant soin de mettre les déblais à niveau. Quand la rame vide arrive au sommet, l'autre doit repartir pleine : toutes les vingt minutes. Généralement, le premier départ est assuré dans le temps prescrit. Au deuxième, il y a des retards qui provoquent les grognements du Meister, du Kapo et des Vorarbeiter. Au troisième, la rame vide est déjà là depuis cinq minutes et il en faudra bien encore cinq avant qu'elle soit prête à partir : le Meister sourit ironiquement et hausse les épaules, le Kapo hurle et les Vorarbeiter se ruent sur nous. Personne n'y coupe de sa raclée. Le retard s'augmente du temps qu'il faut à trois hommes pour en rosser trente-deux, et à partir de ce moment, il ne se rattrapera plus, la machine est déréglée pour le reste de la journée.

Au quatrième voyage, nouveau retard, nouvelles raclées. Au cinquième, Kapo et Vorarbeiter comprennent qu'il n'y a rien à faire, et se lassent de frapper. Le soir, au lieu de trente-six voyages prévus à raison de trois par heure, on arrive péniblement à en totaliser quinze ou vingt.

Midi : un demi-litre de café chaud est distribué sur le lieu même du travail. On le boit debout en mangeant le reste du pain, de la margarine et du saucisson distribués le matin.

Midi vingt : reprise du travail.

L'après-midi, le travail se traîne. Les hommes affamés et gelés ont tout juste la force de se tenir debout. Le Kapo disparaît, les Vorarbeiter s'amollissent, le Meister lui-même a l'air de comprendre qu'il n'y a rien à tirer des loques humaines que nous sommes et il laisse aller. On fait semblant de travailler : c'est aussi pénible, il faut se frotter les mains, battre la semelle pour lutter contre le froid. De temps à autre, un S.S. passe : les Vorarbeiter, aux aguets, le voient venir de loin et le signalent ; quand il arrive à hauteur du kommando, tout le monde est effectivement à sa tâche. Il lance un mot au Meister :

— *Wie geht's ?*

Un haussement d'épaule découragé lui répond :

— *Langsam, langsam. Sehr langsam ! Schauen Sie mal diese Lumpen : Was machen mit ?*[49]

Le S.S. hausse les épaules à son tour, grogne et passe, ou bien, selon son humeur, se répand en injures, distribue au hasard quelques coups de poing, menace de son revolver et quitte les lieux. Quand il est hors de portée, le kommando se détend à nouveau :

— *Aufpassen ! Aufpassen !*[50], dit le Meister, presque paternellement.

Six heures du soir arrivent dans un relâchement général :

— *Feierabend*[51], dit le Meister.

Le Kapo, réapparu depuis quelques instants, reprend ses hommes en mains, pour le rangement des outils, pousse quelques hurlements qui stimulent les Vorarbeiter, distribue quelques coups : retour à la discipline par la terreur.

Six heures quarante : le kommando par cinq prend la direction du camp au pas cadencé. À sept heures, rangés par block et non par kommando,

---

[49] Doucement, doucement, très doucement ! Regardez-moi un peu ces loques : qu'est-ce qu'on peut faire avec ?
[50] Attention ! Attention !
[51] Journée terminée.

nous attendons de nouveau en grelottant, les pieds dans la boue, que ces messieurs aient fini de nous compter : ça prend deux ou trois heures.

Entre huit et neuf heures, nous arrivons au Block. Un Stubendienst, son gummi à la main, se tient à l'entrée : il faut se déchausser, laver les Holzschuhe[52], entrer en les tenant à la main, et seulement s'ils ont été reconnus bien propres. Au passage dans la Esszimmer, il faut les déposer, bien en rangs, tendre sa gamelle dans laquelle un autre Stubendienst verse théoriquement un litre de soupe, manger debout et dans une bousculade sans nom. Ces diverses formalités accomplies, un troisième Stubendienst vous autorise à gagner le Schlafsaal où vous vous laissez tomber en tas sur le peu de paille qui a été apportée pendant la journée. Il est dix heures et demie. Nous sommes restés dix-sept à dix-huit heures debout, sans la moindre possibilité de nous asseoir, nous sommes fourbus, nous avons faim et nous avons froid. En nous endormant, nous pensons que le travail qui nous est imposé entre pour bien peu dans notre fatigue.

Le lendemain, ça recommence à partir de quatre heures trente : Pendant la nuit, les Russes ont volé les Holzschuhe que nous avions si soigneusement alignés dans la Esszimmer, sur injonction des Stubendienst : il faut, en plus de la toilette et de la distribution des vivres, en « organiser », une autre paire avant de se jeter en courant, en finissant de s'habiller et en avalant la dernière bouchée du maigre déjeuner, dans la nuit et dans le froid, pour gagner la place de l'Appel où les Kapos attendent.

Le lendemain et tous les jours : à la fin de la semaine, nous sommes devenus les ombres de nous-mêmes.

Il y a des kommandos plus mauvais que le nôtre : le Ellrich-Kommando, le Transport-Eins, et tous les kommandos de transport, le Steinbruch, le Gartnerei

À l'autre extrémité du tunnel, on construit le camp d'Ellrich. Un kommando très important, mille hommes environ, s'y rend tous les matins par un train de ballast qui quitte la gare de Dora à quatre heures

---

[52] Souliers de bois.

trente : il y a cinq kilomètres à faire. À pied, il suffirait de partir à cinq heures trente pour être au travail à sept heures, mais ce serait trop simple : les S.S. ont décidé de se montrer humains et d'épargner au kommando la fatigue de la marche puisqu'il était possible d'emprunter le train. Le Ellrich-Kommando est donc réveillé à trois heures : il fait sa toilette, touche ses rations et se trouve sur la place de l'Appel à quatre heures. Départ à la gare. Le train, qui doit passer à quatre heures trente n'a jamais moins d'une heure de retard : attente. À six heures au plus tôt, six heures et demie au plus tard, arrivée à Ellrich. Travaux de terrassement toute la journée. À dix-huit heures, arrêt du travail. Théoriquement, on devrait prendre le train du retour à dix-huit heures trente, mais, comme celui du matin, il n'a jamais moins d'une heure de retard : re-attente. Vers vingt heures trente, dans le meilleur des cas, souvent vingt-et-une heures et même vingt-deux heures, rentrée à Dora. Formalités d'entrée au block, lavage des chaussures, distribution de la soupe. Vers vingt-trois heures, les gens d'Ellrich peuvent enfin s'allonger et dormir : cinq heures de sommeil et de nouveau réveil, rassemblement, départ, attente. La ronde des jours est impitoyable, la mesure d'humanisation que les S.S. croient ou feignent de croire avoir prise, se traduit par une torture supplémentaire : on est tué par le déplacement avant de l'être par le travail. Ajouter à cela que les Kapos du Ellrich-Kommando sont des brutes parmi les brutes, que les coups pleuvent plus dru que n'importe où ailleurs, que le travail est extrêmement et rigoureusement contrôlé : c'est le kommando de la mort, tous les soirs il ramène des cadavres.

Commencent dans la même forme et le même temps que tout le monde : ils déchargent des wagons et portent à dos d'hommes de lourds matériaux de la gare au tunnel, ou de la gare au camp. On les voit du matin au soir, tourner en chevaux de cirque par quatre, transportant de larges panneaux de bois, par groupes de deux avec des traverses de chemin de fer, par files de huit ou dix, avec des rails, par un avec des sacs de ciment. Ils tournent lentement, lentement, ployant sous le faix. Sans arrêt : ils tournent. Ils tournent. Leur Kapo est un Polonais à triangle rouge, il va des uns aux autres en jurant, menaçant et frappant.

Le Gartnerei ou Kommando du jardin : chevaux de cirque comme ceux du Transport-Eins, mais ils véhiculent des excréments au lieu de matériel. Le Kapo est un vert, mêmes méthodes que le Polonais du Transport-Eins, mêmes résultats.

Le Steinbruch, la fameuse carrière de tous les camps : on extrait la pierre, on la met sur wagons et on tire ou pousse les wagons chargés vers des endroits où elle est cassée pour servir à l'empierrement des rues du camp. Les gens du Steinbruch ont la malchance supplémentaire de travailler à flanc de coteau dans l'ouverture de la carrière : le moindre incident qui leur vaut une gifle les précipite en bas où ils se tuent. Tous les jours, ils ramènent des morts sur la place de l'Appel : quatre d'entre eux portent le cadavre chacun par un pied ou un bras. *Ein, zwei, drei, vier*, fait en tête le Kapo qui rythme la marche du kommando ; ploc, ploc, ploc, ploc, fait en queue la tête du cadavre contre le sol. De temps à autre, on entend dire dans le camp qu'un malheureux du Steinbruch, ayant reçu un coup de poing, a basculé et est tombé dans le concasseur ou la bétonneuse qu'on n'a même pas arrêtés.

Il y a aussi des kommandos qui sont meilleurs : tous ceux qui composent l'administration du camp, le Lager-Kommando, le Holzhof, le Bauleitung, les Schwunk.

À l'Effektenkammer, on tient la comptabilité des habits enlevés aux détenus à leur entrée dans le camp et on les maintient en état de propreté : c'est de tout repos. C'est lucratif aussi : de temps en temps, on peut voler un pantalon, une montre, un stylo, qui sont une précieuse monnaie d'échange contre de la nourriture. À la Wascherei, on lave le linge dont les détenus changent en théorie tous les quinze jours. On est à l'abri, au chaud et on a aussi pas mal de facilités de se procurer à manger. À la Schusterei, on répare les souliers, à Schneiderei, on répare les vêtements et le linge déchiré, à la Küche.

Le meilleur Kommando est sans conteste celui de la cuisine ou *Küche*. On ne marchande pas la mangeaille à ceux qui en font partie et le travail n'est pas pénible. Ils ont d'abord la ration de tout le monde qu'ils touchent au Block avant de partir au travail. Sur le lieu même du travail, ils touchent officiellement une ration supplémentaire. Ensuite, chaque fois qu'entre-temps ils ont faim, ils peuvent prendre dans les vivres qu'ils manipulent, et manger. Enfin, ils volent pour se procurer du tabac, des chaussettes, des vêtements, des faveurs. Par surcroît, ils sont exempts d'appel. Ils ont la vie des cuisiniers au régiment. Il faut un certain piston pour arriver à se faire intégrer au Küche-Kommando : les Français n'y ont pas accès, les places étant réservées aux Allemands, aux Tchèques et aux Polonais.

Dans le même ordre, il y a l'Arbeitstatistik et les gens du Revier. Pas d'appel ni pour les uns, ni pour les autres. Les coups ne sont pas d'usage. À l'Arbeitstatistik, on fait un travail de bureau, on mange à sa faim parce que ceux qu'on a planqués paient en nature, on est bien habillé par le même moyen, on a du tabac à volonté. J'ai connu deux Français qui avaient réussi à s'introduire à l'Arbeitstatistik, tous les autres étaient des Allemands, des Tchèques et des Polonais comme à la cuisine.

Au Revier, il y a les médecins, les *Pfleger* et les *Kalifaktor ;* les premiers diagnostiquent, les seconds soignent, les autres maintiennent en état de propreté. En supplément, un tas de scribouillards, généralement anciens malades, mangent à leur faim, ne travaillent pour ainsi dire pas, ne sont pas battus.

Vient ensuite le *Lagerkommando*, ou kommando d'entretien du camp. Y sont affectés tous les gens reconnus de santé délicate : en principe. En fait, tous les pistonnés, les lopettes des Kapos et Lagerschutz, ceux qui ont un ami influent au Revier ou à la cuisine, ceux qui reçoivent de beaux colis. Le *Lagerkommando* fournit toutes les corvées de ramassage de papiers, de balayage, de pluches aux cuisines des S.S., des Häftling et des travailleurs libres des environs, alimente l'Altverwertung ou section de récupération des vieilles choses. Au début, quand le camp était encore petit, quand le kommando était à sa mesure, c'était une planque très recherchée. Dans la suite, la situation n'y fut plus tenable que pour les pistonnés, le Lagerkommando en étant arrivé à comprendre des centaines et des centaines d'individus, parmi lesquels on puisait pour compléter les kommandos déficitaires en matériel humain.

Deux autres kommandos sont encore recherchés : le *Tabakfabrik* et le *Zuckerfabrik*. Ils vont tous deux travailler à Nordhausen et sont transportés par camions. Le soir, ils rentrent, les gens du premier, les poches pleines de tabac qu'ils échangent contre du pain ou des soupes, ceux du second gorgés de sucre. Dans la suite, un troisième kommando fut affecté aux abattoirs de Nordhausen, qui introduisit dans le camp le commerce de la viande.

Avoir un bon ou un mauvais kommando est une question de chance que des relations à l'Arbeitstatistik favorisent puissamment : la chasse au bon kommando est la préoccupation de tous les détenus et se fait en permanence avec utilisation des armes et des moyens les plus incompatibles avec la dignité humaine.

Les kommandos du Tunnel sont considérés à la fois comme étant le meilleur et le pire. Ils sont groupés dans un kommando unique : *Zavatsky*, du nom du chef d'entreprise ayant le Tunnel en commandite.

Ils ont à leur tête un Kapo général — le grand Georges — ayant sous ses ordres toute une équipe de Kapos encadrant les détenus par spécialités. Etre affecté à un kommando qui travaille dans une des quelque dix ou quinze usines abritées dans le Tunnel, c'est la certitude de faire un travail léger, d'être protégé du vent, de la pluie et du froid. Et c'est très appréciable. C'est la certitude aussi de couper aux appels : il n'y a pas d'appel pour les gens du Tunnel. Mais c'est aussi celle de ne jamais remonter au jour, de respirer dans les galeries mal ou pas du tout aérées, les miasmes de tous ordres, la poussière pendant des mois et des mois, et risquer de mourir avant la libération. Tandis qu'à la terrasse, on travaille par tous les temps : qu'il pleuve, qu'il neige, qu'il vente, par un soleil de plomb, comme par l'orage, jamais on n'arrête le travail. Mieux : les appels eux-mêmes ne sont ni supprimés, ni écourtés. Par temps de pluie, il nous est arrivé, pendant quinze jours, trois semaines, de ne pas pouvoir sécher les guenilles qui nous servaient de vêtements : le soir, en rentrant au Block, on les mettait sous la paille ou la paillasse, dans l'espoir que la chaleur du corps arriverait à vaincre l'humidité, et le lendemain matin, on les enfilait chauds mais mouillés et on s'enfonçait à nouveau dans la pluie. La pneumonie simple ou double régnait à l'état endémique chez les gens de la terrasse et en conduisait beaucoup au Krématorium, mais du moins on vivait au grand air. Et, pendant la belle saison L'opinion était partagée entre le désir de travailler au Tunnel et celui de rester à la terrasse.

— Il faudrait pouvoir s'enfiler au Tunnel pour l'hiver et remonter pour l'été, me disait Fernand.

C'était évidemment impossible et je n'étais pas sûr qu'éventuellement c'eût été une bonne solution.

Ce qu'on appelait le Tunnel, c'était un système de deux galeries parallèles traversant la colline de part en part. À une extrémité, il y avait Dora, et à l'autre, son enfer, Ellrich. Ces deux galeries principales, de chacune 4 à 5 kilomètres de longueur, étaient reliées par une cinquantaine de galeries transversales ou halls de 200 m environ de longueur et de 8 m sur 8 m de section. Chacun des halls abritait une usine. En avril 1945, le Tunnel était terminé, au point, et, n'eût été le sabotage, eût pu donner le maximum de rendement. On estime qu'à ce moment il totalisait 13 à 15 km de galeries creusées et aménagées contre les 7 à 8 qui existaient en août 1943, au moment de la naissance de Dora : ces deux chiffres donnent la mesure de l'effort qui a été imposé aux détenus. Encore faut-il tenir compte que les deux camps réunis de Dora et d'Ellrich n'ont jamais pu mettre au travail un effectif supérieur à 15 000 hommes, lesquels devaient en outre monter les baraques et produire chacun un nombre donné de V1, de V2, de moteurs ou de carcasses d'avions et d'armes secondaires. Que si on veut par ailleurs établir le prix de revient de ce travail, on ajoute aux francs ou aux marks les 20 à 25 000 vies humaines qu'il a coûtées en moins de deux années.

Tous les jours, deux fois donc, à 7 heures du matin et à 7 heures du soir, les kommandos du Tunnel, qui dorment dans les galeries ou portions de galeries aménagées en blocks, sont réveillés par moitié. Ils disposent de moins d'eau, par conséquent l'hygiène est plus défectueuse, puces et poux sont à leur aise.

À 9 heures du matin et à 9 heures du soir, selon la Schicht à laquelle ils appartiennent, ils sont au travail.

Il y a aussi de mauvais kommandos au Tunnel : ceux qui forent les galeries, sont affectés au transport du matériel et des déblais. Ceux-là sont de véritables forçats qui meurent comme des mouches, les poumons empoisonnés par la poussière ammoniacale, victimes de la tuberculose. Mais la plupart sont bons. La taylorisation est poussée à l'extrême : un kommando passe son temps, assis devant des perceuses, à pousser les unes après les autres des pièces sous la mèche ; un autre vérifie des gyroscopes ; un troisième, des contacts électriques ; un quatrième lisse des tôles ; un cinquième est composé de tourneurs ou d'ajusteurs. Il y en a enfin qui ne sont ni bons, ni mauvais : ceux qui montent les V1 et V2. D'une manière générale le rendement est faible : on emploie dix hommes qui travaillent contre leur gré où il suffirait d'un ou de deux qui soient de bonne volonté. Le plus pénible consiste à faire toujours semblant de travailler, à être debout continuellement, à prendre des airs affairés, et surtout à vivre dans ce bruit et dans ces miasmes, ne recevant d'air de l'extérieur que parcimonieusement par de mauvaises et trop peu nombreuses cheminées d'aération.

Vers la mi-mars, sur la demande de Zavatsky, lequel voulait supprimer une des causes essentielles à ses yeux du mauvais rendement, on commença de remonter au jour les kommandos du Tunnel pour leur faire manger la soupe au camp au lieu de la leur descendre. À fin avril, début mai, l'équipe de la terrasse avait mis sur pied à peu près tous les blocks prévus jusqu'au numéro 132 : on décida de ne plus faire coucher personne au Tunnel, tous les kommandos remontèrent et ne descendirent désormais plus que pour travailler, c'est-à-dire 12 heures par jour.

Pour être complet, il faut dire que des civils sont aussi employés dans les diverses usines du Tunnel. En avril 1945, ils sont six à sept mille : des Allemands qui sont Meister, des S.T.O. ou des volontaires venus de toutes les nations d'Europe. Ils sont, eux aussi, groupés en kommandos, ils vivent dans un camp à 2 km de Dora, ils font dix heures par jour, ils touchent de hauts salaires et une nourriture peu variée, mais saine et abondante. Enfin, ils sont libres dans un rayon de 30 km : au-delà, il leur faut un papier spécial. Parmi eux, il y a beaucoup de Français qui se tiennent à distance de nous et dans les yeux desquels on lit continuellement la peur qu'ils ont de partager un jour notre sort.

31 mars 1944. Depuis une huitaine de jours, les Kapos, les Lagerschutz et les chefs de Blocks sont particulièrement énervés, plusieurs détenus sont morts sous les coups : on a trouvé des poux, non seulement au Tunnel mais dans les Kommandos de l'extérieur et la S.S. Führung a rendu la H-Führung responsable de cet état de choses. Par surcroît, il a fait toute la journée un temps épouvantable : le froid est plus rigoureux

qu'à l'accoutumée, et une pluie glaciale entremêlée de giboulées est tombée sans arrêt. Le soir, nous arrivons sur la place de l'Appel, gelés, trempés, et affamés à un point qu'on ne saurait dire : pourvu que l'appel ne soit pas trop long ! Malheur : à 10 heures du soir nous sommes encore debout sous les giboulées à attendre le *Abtreten*[53] qui nous libérera. Enfin, ça y est, c'est fini, nous allons pouvoir manger en hâte la soupe chaude et nous laisser tomber dans la paille. Nous arrivons au Block : nettoyage des chaussures, puis, nous maintenant dehors du geste, le chef de Block, debout dans l'encadrement de la porte, nous fait un discours. Il nous annonce que, comme on a trouvé des poux, tout le camp va être désinfecté Ça commence ce soir : cinq Block parmi lesquels le 35 ont été désignés pour passer à l'*Entlaüsung*[54] cette nuit. En conséquence, ce soir, nous ne mangerons la soupe qu'après l'opération. Il nous indique les formalités auxquelles nous devons nous soumettre, et passe à l'exécution.

— *Alles da drin !* Nous entrons dans la Esszimmer nos chaussures à la main.
— *Ausziehen !* Nous nous déshabillons, mettons nos vêtements en paquet, le numéro apparent.
— *Zu fünf !* Nous sommes effrayés.
— *Zu fünf !* Nous exécutons. Les Stubendienst portant nos vêtements dans des couvertures, nous encadrent et, tout nus, dans le froid, sous la pluie et la neige, nous prenons la direction du bâtiment où nous allons être désinfectés : il y a huit cents mètres environ à franchir.

Nous arrivons. Les quatre autres Blocks, nus comme nous, se pressent déjà à l'entrée : nous sentons la mort descendre parmi nous. Combien de temps cela va-t-il durer ? Nous sommes là un millier environ, tout nus, grelottant dans le froid mouillé de la nuit qui nous pénètre jusqu'aux os, à nous presser contre les portes. Pas moyen d'entrer. On ne peut passer que quarante par quarante. Des scènes atroces se produisent. On veut d'abord forcer l'entrée : les gens de l'Entlaüsung nous contiennent avec la lance à eau. Alors on veut retourner au Block pour y attendre son tour : impossible, les Lagerschutz, gummi à la main, nous ont encerclés. Il faut rester là, coincés entre la lance à eau et le

---

[53] Rompez les rangs !
[54] Exact.

gummi, arrosés et frappés. Nous nous serrons les uns contre les autres. Toutes les dix minutes, quarante sont admis à entrer dans une bousculade effroyable qui est une véritable lutte contre la mort. On joue des coudes, on se bat, les plus faibles sont impitoyablement piétinés et on retrouvera leurs cadavres à l'aube. Vers deux heures du matin, je réussis à pénétrer à l'intérieur, Fernand derrière moi au tour que j'ai conquis : coiffeur, crésyl, douche. À la sortie, on nous donne une chemise et un caleçon dans lesquels nous nous lançons dans la nuit pour le retour au Block. J'ai l'impression d'accomplir un véritable acte d'héroïsme. Nous arrivons au Block. Nous entrons dans la *Esszimmer* où un *Stubendienst* nous tend nos habits qui sont revenus de la désinfection, avant nous. La soupe et au lit.

Au réveil, la sinistre comédie se termine à peine. La moitié au moins du Block n'est revenue que tout juste pour s'habiller, manger sa soupe, toucher la ration quotidienne et bondir sur la place de l'Appel pour se rendre au travail. Et il y a des manquants : ceux qui sont morts pendant l'accomplissement même de ce mauvais coup. D'autres n'y ont survécu que quelques heures ou deux à trois jours et ont été emportés par la presque inévitable congestion pulmonaire consécutive : l'opération a vraisemblablement tué autant d'hommes que de poux.

Ce qui s'est passé ?

La S.S. Führung s'est bornée à décider la désinfection à raison de cinq Blocks par jour et la H-Führung a été laissée maîtresse, entièrement maîtresse, des modalités d'application. Elle eût pu prendre la peine d'établir un horaire, un tour par Block : à 11 heures le 35, à minuit le 24, à 1 heure le 32, etc. Les chefs de Blocks eussent pu, dans le cadre de cet horaire, nous envoyer par groupes de cent à vingt minutes d'intervalle par exemple et, tout habillés, ce qui constituait déjà quelque chose d'assez pénible après la journée de travail. Mais non : c'était trop simple.

Et au lieu de cela ?

Les événements de la nuit du 31 mars étant venus aux oreilles de la S.S.-Führung, celle-ci établit elle-même un horaire précis, dès le lendemain, pour les Blocks qui restaient à désinfecter.

2 avril 1944 : Pâques. La S.S.-Führung a décidé 24 heures de repos qui ne seront troublées que par un appel général, c'est-à-dire auquel le Tunnel participera tout comme la terrasse. Le temps est magnifique : un soleil radieux dans un ciel pur et serein. Joie : les Dieux sont avec nous !

Lever à 6 heures au lieu de 4 h 30 : toilette, distribution des vivres au ralenti, répit.

9 heures : tous les kommandos sont au Stillgestanden sur la place. Les *Lagerschutz* circulent entre les groupes, les chefs de Block sont à leur poste. Le Lagerältester bavarde familièrement avec le Rapportführer. Il a un papier à la main : la situation détaillée des effectifs du camp établie par l'Arbeitstatistik. Une trentaine de S.S., casqués, étuis à revolver, sont massés à l'entrée du camp : les Blockführer. Tout semble devoir bien se passer.

Un coup de sifflet : les Blockführer se dirigent en éventail, chacun vers le Block qu'il a pour mission de contrôler. Chacun compte et confronte le résultat qu'il a constaté avec la situation des effectifs du Block que lui tend, après coup, le chef de Block.

— *Richtig*[55]

Un à un les Blockführer viennent rendre compte au Rapportführer qui attend, crayon en main, et qui inscrit les résultats au fur et à mesure qu'ils lui arrivent.

Aucune note discordante, ça ne durera pas longtemps : les S.S. veulent profiter de ce dimanche, ils font vite. Nous exultons : un jour de repos, rien à faire, manger sa soupe et aller s'étendre au soleil.

Minute : le total obtenu par le Rapportführer ne concorde pas avec le chiffre fourni par l'Arbeitstatistik, il y a 27 hommes en moins sur la place de l'Appel que sur le papier. Problème : que sont-ils devenus ?

Le Kapo de l'Arbeitstatistik est mandé d'urgence. Il est prié de refaire

---

[55] Exact.

ses totaux sur le champ. Une heure après, il revient : il a trouvé le même chiffre.

Peut-être, alors les S.S. se sont-ils trompés : on recompte une nouvelle fois et le Rapportführer trouve encore le même chiffre.

On fouille les Blocks, on fouille le Tunnel : on ne trouve rien.

Il est midi. Les quelque dix mille détenus sont toujours sur la place à attendre que l'Arbeitstatistik et la S.S.-Führung tombent d'accord. On commence à trouver le temps long, les uns s'évanouissent, ceux dont c'est le tour de mourir tombent pour ne plus se relever, les dysentériques font dans leurs culottes, les Lagerschutz sentent le relâchement venir et se mettent à frapper. Les S.S. dont le dimanche est compromis sont furieux : soudain, ils prennent le parti d'aller manger, mais nous, nous restons là. À 14 heures, ils reviennent.

Soudain, le Kapo de l'Arbeitstatistik arrive en courant : il a trouvé un nouveau chiffre. Un murmure d'espoir monte de la masse. Le Rapportführer se penche sur le nouveau chiffre et entre dans une violente colère : il manque encore huit hommes. Le Kapo de l'Arbeitstatistik repart. Il revient à 16 heures : il ne manque plus que cinq hommes. À vingt heures, il n'en manque plus qu'un et nous sommes toujours là, pâles, défaits, harassés par onze heures de station debout, le ventre creux : les S.S. décident de nous envoyer manger.

Nous partons : derrière nous, le Toten-kommando ramasse une trentaine de morts.

À 21 heures, on recommence pour trouver le manquant : à 23 h 45, après diverses opérations, ce manquant est à son tour trouvé, la S.S.-Führung et l'Arbeitstatistik sont d'accord. Nous rentrons au Block et nous pouvons aller nous coucher, laissant encore une dizaine de morts derrière nous.

Vous avez maintenant l'explication de la longueur des appels : les gens employés à l'Arbeitstatistik, illettrés ou quasi, ne sont devenus comptables que par la faveur et sont incapables de dresser du premier coup une situation exacte des effectifs. Le camp de concentration est un monde où la place de chacun est déterminée par son entregent et non par ses capacités : les comptables sont employés comme maçons, les charpentiers sont comptables, les charrons médecins et les médecins ajusteurs, électriciens ou terrassiers.

Tous les jours, un wagon de dix tonnes, plein de colis venant de toutes les nations de l'Europe occidentale, sauf de l'Espagne et du Portugal, arrivait en gare de Dora : à quelques rares exceptions près, ces colis étaient intacts. Cependant au moment de la remise à l'intéressé ils étaient totalement ou aux trois quarts pillés. Dans de nombreux cas, on ne recevait que l'étiquette accompagnée de la nomenclature du contenu, ou d'un savon à barbe, ou d'une savonnette, ou d'un peigne, etc. Un kommando de Tchèques et de Russes était affecté au déchargement du wagon. De là, on conduisait les colis à la Poststelle où les Schreiber et Stubendienst de chaque Block venaient en prendre livraison. Puis le chef de Block les remettait lui-même à l'intéressé. C'est sur ce parcours limité qu'ils étaient pillés.

Le mécanisme du pillage était simple. D'abord, c'était surtout les colis français réputés pour la richesse de leur contenu qui en faisaient les frais. Sur le lieu même du déchargement, le wagon était ouvert par le Kapo du kommando, sous les yeux d'un S.S. chargé du contrôle des opérations. Le colis passait en trois mains : du wagon, un Tchèque le lançait à un Russe à terre qui devait l'attraper au vol et le relancer à un autre Russe ou à un autre Tchèque, lequel avait pour mission de le ranger sur la voiture. De temps en temps, le Russe du wagon disait « Franzous » et le Tchèque écartait les mains : le colis tombait à terre où il s'écrasait, son contenu se répandait sur le sol et Russes et Tchèques s'emplissaient les poches ou la musette. Si quelque chose du colis éventré lui plaisait, le S.S. tendait la main, et ainsi était achetée sa complicité.

La voiture pleine, tirée par six hommes, s'ébranlait en direction de la Poststelle ; sur ce premier parcours, nombre de colis disparaissaient ou étaient éventrés à leur tour.

Le règlement prescrivait qu'à la Poststelle, les colis devaient être minutieusement fouillés et que devaient en être retirés les médicaments, le vin, les alcools, les armes ou objets divers pouvant être utilisés comme armes. Cette fouille officielle était faite par une équipe de détenus, Allemands ou Slaves, sous la surveillance de deux ou trois S.S. : nouveau prélèvement. Les S.S. eux-mêmes se laissaient tenter par un morceau de lard, une tablette de chocolat dont la petite amie avait envie, un paquet de cigarettes, un briquet : ils s'assuraient le silence des détenus en fermant les yeux sur les vols qu'ils commettaient.

De la Poststelle au Block, les Schreiber et Stubendienst s'arrangeaient pour effectuer un troisième prélèvement et, à la fin de la course, il y avait le chef de Block qui effectuait le quatrième et dernier, après quoi, il remettait le reste à l'intéressé.

La cérémonie de la remise à l'intéressé avait quelque chose de grotesque. Le détenu était appelé par son numéro et invité à se rendre auprès du chef de Block. Sur le bureau de celui-ci, il y avait son colis ouvert et inventorié. Au pied du bureau une grande corbeille surmontée d'une pancarte : « Solidarität ». Chaque détenu était moralement obligé de laisser tomber un peu de ce qu'il recevait pour ceux qui ne recevaient jamais rien, notamment les Russes et les Espagnols, les enfants, les déshérités de toutes nationalités qui n'avaient pas de parents ou dont les parents ignoraient l'adresse, etc. En théorie, car en pratique le chef de Block, après chaque distribution, s'appropriait purement et simplement ce qui était tombé dans la corbeille et le partageait avec son Schreiber et les Stubendienst.

Après chaque arrivage, les S.S., les Kapos, les Lagerschutz, les Blockältester, tout ce qui avait un grade quelconque dans la S.S.-Führung ou dans la H-Führung, étaient abondamment pourvus de produits français, ce qui m'avait persuadé que les pillages étaient le fait d'une bande organisée.

Je reçu mon premier colis le 4 avril 1944 ; il manquait tout le linge, une tablette de chocolat, je crois, et une boîte de conserve, mais il restait trois paquets de cigarettes, un bon kilo de lard, une boîte de beurre et diverses autres menues denrées comestibles. Nous avions changé de Block l'avant-veille, nous étions au 11 et notre chef de Block était un Allemand à écusson noir. Je lui demandai ce qui lui ferait plaisir :

- *Nichts, geh mal !*[56]

Résolument, je lui tendis un paquet de cigarettes puis, montrant la corbeille de « Solidarität », je l'interrogeai des yeux :

- *Brauch nicht ! Geh mal, blöde Kerl !*[57]

J'avais misé juste. Le surlendemain, j'étais de nouveau appelé : j'avais trois colis cette fois. De l'un d'eux, il ne restait que l'étiquette, mais les deux autres étaient à peu près intacts : dans l'un, un énorme morceau de lard.

- *Dein Messer*, dis-je au chef de Block.

J'en coupe la bonne moitié que je lui tends, puis je m'en vais sans même demander si je devais laisser quelque chose à la « *Solidarität* ». Il me regarde m'éloigner en écarquillant les yeux : les Français avaient la réputation que d'ailleurs ils justifiaient, d'être jaloux de leurs colis et peu généreux. Soudain, il me rappelle :

- *Dein Nummer ?*

Il inscrit, puis :

- *Höre mal, Kamerad, deine Paketten werden nie mehr gestollen werden*, me dit-il. *Das sage ich. Geh mal jetzt !*

En effet, à partir de ce jour, mes colis m'ont tous été remis et à peu près intacts : le chef de Block avait fait passer mon numéro aux différents stades de la dévalisation, intimant l'ordre de « ne pas y toucher ». C'est à cela que je dois d'avoir la vie sauve car, les colis venus de France, outre l'appoint qu'ils apportaient à la nourriture du camp, étaient une précieuse monnaie d'échange avec laquelle on pouvait se procurer des exemptions de travail, des vêtements supplémentaires, des planques. Ils m'ont permis à moi de passer à l'infirmerie une huitaine de mois que d'autres, tout aussi malades, ont passés à une gymnastique

---

[56] Rien, file !
[57] Pas la peine ! Va-t'en donc, sot voyou !

dont ils sont morts

À propos des colis, il s'est passé un autre phénomène tragique : la plupart des Français, même de famille très aisée, en recevaient un au trois quarts pillé, puis plus rien. C'est à la libération que j'ai eu l'explication : à l'arrivée au camp, les détenus écrivaient une fois à leur famille, en précisant qu'ils avaient le droit d'écrire deux fois par mois. La famille envoyait un colis et, comme c'était le premier, avant d'envoyer le second, elle attendait d'avoir l'accusé de réception qui ne venait jamais, car hormis la première, une sur dix seulement des lettres que nous écrivions arrivait à destination. Au camp, le détenu qui écrivait régulièrement se demandait ce qui se passait, et pendant qu'il mourait d'inanition, en France, sa famille était persuadée que ce n'était pas la peine de lui envoyer un second colis : puisqu'il n'avait pas accusé réception du premier, sûrement il était mort. Ma femme qui m'envoya régulièrement un colis tous les jours m'a dit qu'elle ne le faisait que par acquit de conscience et contre toute espérance, ma mère elle-même ayant réussi par ce raisonnement à la persuader qu'elle les envoyait à un mort et qu'en plus du deuil certain, c'était bien de l'argent perdu.

Le 1er juin 1944, le camp est méconnaissable.

Depuis le 15 mars, deux convois n'ont cessé d'arriver (de huit cents, de mille, de mille cinq cents), une ou deux fois par semaine, et la population est montée à environ quinze mille unités. Si elle n'a pas dépassé ce chiffre, c'est que la mort a fauché dans une proportion très voisine de la totalité des arrivages : tous les jours, cinquante à quatre-vingts cadavres ont pris la direction du Krematorium. La H-Führung comprend à elle seule le dixième de la population du camp : quatorze à dix- huit cents planqués, omnipotents et pleins de leur importance règnent sur le *vulgum pecus* en fumant des cigarettes, en mangeant des soupes et en buvant de la bière à volonté.

On en est à monter le Block 141, qui est destiné à devenir le Theater-Kino et le Bordel est prêt à recevoir des femmes. Tous les Blocks, géométriquement et agréablement disposés dans la colline, sont reliés entre eux par les rues bétonnées : des escaliers de ciment et à rampe conduisent aux Blocks les plus élevés ; devant chacun d'eux des pergolas, avec plantes grimpantes, de petits jardinets avec pelouses de fleurs, — par-ci, par-là, de petits ronds-points avec jet d'eau ou statuette, La place de l'Appel, qui couvre quelque chose comme un demi-kilomètre carré, est entièrement pavée, propre à n'y pas perdre une épingle.

Une piscine centrale avec plongeoir, un terrain de sport, de frais ombrages à portée du désir, un véritable camp pour colonies de vacances, et n'importe quel passant qui serait admis à le visiter en l'absence des détenus en sortirait persuadé qu'on y mène une vie agréable, pleine de poésie sylvestre et particulièrement enviable, en tout cas hors de toute commune mesure avec les aléas de la guerre qui sont le lot des hommes libres. Les S.S. ont autorisé la création d'un kommando de la musique. Tous les matins et tour les soirs, une clique d'une trentaine d'instruments à vent soutenus par une grosse caisse et des cymbales, rythme la cadence des kommandos qui vont au travail ou en reviennent. Dans la journée, elle s'exerce et assourdit le camp des plus extraordinaires accords. Le dimanche après-midi, elle donne des concerts dans l'indifférence générale, pendant que les planqués jouent au football ou font les acrobates au plongeoir.

Les apparences ont changé, mais la réalité est restée la même. La H-Führung est toujours ce qu'elle était : les politiques s'y sont introduits en nombre appréciable et les détenus, au lieu d'être brutalisés par les droits communs, le sont par les communistes ou soi-disant tels. Tout individu touche régulièrement un salaire : deux à cinq marks par semaine. Ce salaire est encaissé par la H-Führung qui le distribue en général le samedi soir sur la place de l'Arbeitstatistik, mais en procédant de telle sorte, en organisant de telles cohues que manifester la prétention de le toucher équivaut à poser sa candidature au Krematorium. Très peu nombreux sont les téméraires qui se présentent. Les Kapos, chefs de Blocks, Lagerschutz, se partagent ce qu'ils sont ainsi dispensés de répartir. On distribue aussi des cigarettes — douze cigarettes tous les dix jours — moyennant 80 pfennigs. On n'a pas d'argent pour les payer et les chefs de Blocks chargés de la répartition exigent de ceux qui en ont, de telles vertus d'hygiène et de maintien qu'il est à peu près impossible d'entrer en possession de sa ration. Enfin, on distribue de la bière : à tout le monde en principe, mais là encore, il faut pouvoir payer. Les familles des détenus sont autorisées à leur envoyer chaque mois trente marks qu'ils ne reçoivent pas plus que leur salaire hebdomadaire ou leurs cigarettes pour les mêmes raisons. Et tout à l'avenant : un jour, les gens de la H-Führung ont décidé de se partager les vêtements et objets divers dont nous avions été dépouillés à notre arrivée à Buchenwald.

Il convient d'ajouter que pour obtenir ce résultat des milliers et des milliers de détenus sont passés par le Krematorium, soit qu'ils y soient allés tout naturellement en conséquence de la vie qu'on leur faisait mener, soit qu'on les y ait envoyés pour des motifs divers, notamment le sabotage, en leur faisant emprunter le chemin des Strafkommandos, du Bunker et de la Potence. De mars 1944 à avril 1945, il ne s'est pas passé de semaine qui n'ait vu ses trois ou quatre pendus pour sabotage. À la fin, on les pendait par dix, par vingt, sous les yeux les uns des autres. L'opération se faisait sur la place de l'Appel, en présence de tout le monde. Une potence était dressée, les patients arrivaient, un bâillon de bois en forme de mors dans la bouche, les mains derrière le dos. Ils grimpaient sur un tabouret, passaient la tête dans le nœud coulant. D'un coup de pied, le Lagerschutz de service faisait basculer le tabouret. Pas d'à-coup : les malheureux mettaient quatre, cinq, six minutes pour mourir. Un ou deux S.S. surveillaient. L'opération terminée, toute la population du camp défilait devant les cadavres suspendus à leur corde.

Le 28 février 1945, ils en ont pendu trente qui sont montés par dix à la potence. Les dix premiers ont passé leur tête dans les nœuds coulants, les dix suivants attendant leur tour au garde-à-vous, près des tabourets, les dix derniers se tenant à cinq pas pour attendre le leur. Le 8 mars suivant, ils en ont pendu dix-neuf : cette fois, l'opération a eu lieu au Tunnel et il n'y a que les kommandos du Tunnel qui en ont été les témoins. Les dix-neuf patients ont été mis sur un rang en face du Hall 32. Un grand palan auquel étaient fixées dix-neuf cordes s'est abaissé lentement, au-dessus de leurs têtes. Le Lagerschutz a passé les dix-neuf nœuds coulants, puis le palan est remonté lentement, lentement : oh ! les yeux des malheureux qui s'agrandissaient et leurs pauvres pieds qui cherchaient à garder contact avec le sol ! Le dimanche des Rameaux ils en ont pendu cinquante-sept, à huit jours de la libération, alors que nous avions déjà entendu le canon allié tout proche et que l'issue de la guerre ne pouvait plus faire de doute pour les S.S.

C'est encore ainsi : les S.S. découvraient d'eux-mêmes un certain nombre d'actes de sabotage (en 1945, et depuis la mi-44, il était devenu impossible à quiconque dans ou hors des camps de vivre sans saboter), mais la H-Führung leur en signalait impitoyablement un plus grand nombre encore. On aura d'ailleurs une juste idée de ce que pouvait être cette H-Führung, quand on saura qu'à la libération, au moment des transports d'évacuation, tous les Allemands qui en faisaient partie, rouges ou verts, nous encadraient, brassard blanc et fusil chargé sous l'épaule. Tous les Allemands, dis-je, regardés avec quels yeux pleins d'envie par les autres, Russes, Polonais ou Tchèques, dont les services avaient par avance été déclinés.

Inutile de s'appesantir sur le coût de l'entreprise en vies humaines ! Le 1er juin 1944, la population du camp était presque exclusivement constituée par des gens arrivés en mars ou postérieurement. On pouvait encore rencontrer sept détenus dont les matricules étaient compris entre treize et quinze mille : ils étaient arrivés huit cents le 28 juillet 1943. On en comptait une douzaine dans les vingt et vingt et un mille : ils étaient arrivés à mille cinq cents en octobre. Des huit cents pris dans les trente à trente et un mille arrivés en décembre-janvier, il restait une cinquantaine, des mille deux cents pris dans les trente-huit à quarante-quatre mille arrivés en février- mars, trois ou quatre cents survivaient. Les matricules quarante-cinq à cinquante mille arrivés dans le courant de mai étaient encore à peu près au complet : pas pour longtemps.

# Chapitre IV

## Un havre de grâce antichambre de la mort

Le 28 juillet 1943, lorsque le premier convoi est arrivé dans les betteraves, à l'entrée du Tunnel, il n'était pas question de Revier. On n'avait envoyé que des détenus de Buchenwald réputés en bonne santé et il n'était pas prévu qu'ils pussent tomber malades tout de suite ; au cas où cette éventualité se serait néanmoins produite, les S.S. avaient ordre de ne prendre en considération que les cas graves, de les signaler par courrier et d'attendre la décision. Naturellement, jamais les S.S. ne décelèrent de maladies graves : tous ceux qui ont été militaires comprendront aisément cela.

Il fit un temps de chien cette année-là. Il pleuvait, il pleuvait. La pneumonie et la pleurésie se mirent de la partie : elles eurent beau jeu parmi ces affaiblis maltraités, qui étaient mouillés à longueur de journée et qui, le soir, dormaient encore dans les anfractuosités humides de la roche. En huit jours, les malheureux étaient tordus par ce qui semblait aux S.S. une petite fièvre qui s'était compliquée sur la fin, ils ne savaient trop pourquoi. Le règlement prévoyait qu'on n'était pas malade au-dessous de 39.5, cas auquel on pouvait bénéficier d'un *Schonung* ou dispense de travail : tant qu'on n'atteignait pas cette température, on était astreint au travail, et quand on l'atteignait, c'était la mort.

Vint ce que nous appelions la dysenterie, mais qui n'était en réalité qu'une diarrhée incoercible. Un beau jour, sans raison apparente, on était pris de troubles digestifs qui se transformaient rapidement en une intolérance totale : la nourriture (les rutabagas cuits à l'étuvée en permanence, le pain de mauvaise qualité) et les intempéries (une pluie ou un coup de froid en cours de digestion). Pas de remèdes : il fallait attendre que ça s'arrête, sans manger. Ça durait huit, dix, quinze jours, selon l'état de résistance du malade qui s'affaiblissait, finissait par tomber, ne plus avoir la force de se mouvoir, même pour ses besoins, puis était emporté par une fièvre connexe. Cette maladie, heureusement plus facilement décelable que la pneumonie ou la pleurésie, amena les

S.S. à prendre, avec les moyens de bord, des mesures pour l'enrayer : ils ordonnèrent la construction d'un *Bud* où les diarrhétiques étaient admis sur pièces justificatives et sans condition de température, dans la mesure des places disponibles.

Le Bud pouvait contenir une trentaine de personnes : il y eut rapidement cinquante, cent candidats et plus, leur nombre augmentant sans cesse à mesure que de nouveaux convois arrivaient de Buchenwald et que le camp prenait de l'extension. Généralement, les diarrhétiques y étaient envoyés au dernier stade et y allaient mourir. Ils étaient entassés à même le sol, emboîtés les uns dans les autres, s'oubliant sous eux : c'était une infection. À tel point que, par souci d'hygiène, les S.S. chargèrent la première H-Führung de désigner un Pfleger ou infirmier pour discipliner les malades et les aider à se maintenir dans la propreté. Le poste fut confié à un vert — naturellement ! — menuisier de son état et condamné pour meurtre : ce fut du beau travail !

À longueur de journées, on faisait la queue à l'entrée du Bud : le Pfleger, gummi à la main, calmait les impatiences. De temps à autre un cadavre était sorti de la puanteur et libérait une place qui était prise d'assaut. Le nombre des diarrhétiques ne faisait que croître : les S.S. s'étant aperçus que le Pfleger était au-dessous de sa tâche, celui-ci fit valoir qu'il était seul pour beaucoup de travail et on lui adjoignit un aide dont les S.S. exigèrent qu'il fut de la partie. Le poste échoua à un médecin hollandais jusque-là employé au transport de matériel, de la gare au Tunnel. À partir de ce moment, le Bud s'humanisa, le Pfleger devint Kapo, le Hollandais travailla sous ses ordres en faisant des prodiges de diplomatie ; il réussit à sauver un diarrhétique dont il eut soin de dissimuler la guérison pour le garder par devers lui au titre d'infirmier. À grand renfort de charbon de bois, la diarrhée fut enrayée, les S.S. se déclarèrent satisfaits, le Bud put servir à autre chose : le premier Revier était né.

Le Hollandais obtint, en effet, que dans la mesure des places laissées disponibles par les diarrhétiques, on admît au Bud les pneumonies et les pleurésies déclarées, à partir de 38° de température : au prix de quelles discussions avec son Kapo ! Même il se mit à prétendre qu'avec un peu de charbon, il était possible de soigner efficacement les diarrhées sans hospitalisation, si elles étaient prises à temps, et qu'ainsi on pouvait faire de la place pour les pneumonies et les pleurésies. Le duel fut homérique. Un médecin S.S., qui avait été affecté au camp et qui était arrivé en novembre avec l'encadrement d'un convoi, après être resté longtemps indifférent à ce conflit qui l'amusait, finit par donner raison au Hollandais : on entreprit la construction d'un Block, le Bud était rapidement devenu trop exigu.

Puis ce fut le tour des néphrites. La néphrite était inhérente à la vie du camp : la sous-alimentation, les trop longues stations debout, les conséquences des intempéries, des pneumonies, des pleurésies, le sel gemme — le seul qui existât en Allemagne — dont les cuisiniers faisaient un usage immodéré et qui, paraît-il, était nocif parce que ne contenant pas d'iode. Les œdèmes étaient légion, tout le monde avait les jambes plus ou moins enflées.

— Ça passe, disait-on ; c'est le sel qui fait ça.

Et on n'y prenait pas autrement garde. Quand il s'agissait d'un œdème banal, il arrivait que cela passât. Quand l'œdème était la conséquence de la néphrite, un beau jour on était emporté dans une crise d'urémie.

Le Hollandais obtint que les néphrétiques fussent aussi hospitalisés : il fallut construire un autre Block.

Puis ce fut le tour des tuberculeux, et ainsi de suite.

Tant et si bien que, le 1er juin 1944, le Revier comprend les Blocks, 16, 17, 38, 39, 126, 127 et 128, groupés au sommet de la colline. On y peut loger 1500 malades à raison d'un par lit, soit un dixième de la population du camp. Chaque Block est divisé en salles où les maladies apparentées sont rassemblées.

Le Block 16 est le centre administratif de tout l'édifice. Le Hollandais a été promu au grade de médecin-chef. Entre-temps, les S.S. ont remplacé le Lagerältester vert par un rouge et il y a eu un grand branle-bas dans la H-Führung. Le Kapo du Revier a été la première victime du nouveau Lagerältester : on s'est arrangé pour le surprendre alors qu'il était en train de voler la nourriture de ses malades, on l'a envoyé à Ellrich, en représailles, et remplacé par Pröll.

Pröll est un jeune Allemand de 27 à 28 ans. En 1934, il se destinait à la médecine. Fils de communiste et communiste lui-même, il fut arrêté alors qu'il n'était encore qu'un enfant. Il compte dix années de camps divers.

D'abord envoyé à Dachau, il ne dut qu'à son jeune âge de survivre aux rigueurs du camp naissant : les S.S. aussi bien que les détenus, ne s'acharnaient généralement pas sur les enfants, les premiers par une sorte de recul devant l'innocence certaine, les seconds par une tendresse particulière qui nourrissait en eux l'espoir de les voir devenir des tapettes. Grâce à cette double circonstance, Pröll réussit à s'infiltrer au Revier comme Pfleger, à y rester quelques années, puis à être envoyé à Mauthausen ès-qualité. La H-Führung verte de Mauthausen s'en débarrassa au profit d'Auschwitz qui le comprit dans le premier convoi en partance pour Natzweiler. C'est à Natzweiler qu'il fit son plus long séjour : il y fut Kapo du Lager- kommando et adjoint au Lagerältester. Les détenus, rares, il est vrai, qui l'avaient connu dans ce camp, étaient unanimes à déclarer que jamais ils n'avaient vu semblable brute. Une révolution de palais dans la H-Führung de Natzweiler détermina son envoi à Buchenwald d'où il fut expédié à Dora comme homme de confiance des communistes et Kapo du Revier.

À Dora, Pröll se conduit comme tous les autres Kapos — ni meilleur, ni pire. Intelligent, il organise le Revier sorti de l'apostolat du Hollandais qui le considère malgré tout comme un aide précieux parce que compétent. Bien sûr, il n'obéit pas toujours aux commandements moraux de la médecine : il est brutal et, dans la composition de l'armée de Pfleger dont il a besoin pour assurer la marche de l'entreprise, il fait passer les références politiques avant les professionnelles. C'est ainsi que le forgeron Heinz, qui était communiste et qui avait réussi à s'infiltrer au Revier déjà sous le règne du Kapo vert, comme Oberpfleger, eut toujours sa confiance entière contre l'avis de tous les autres médecins. C'est ainsi qu'à un étudiant en médecine dont il sait que les opinions politiques ne concordent pas avec les siennes, il préfère toujours n'importe quel argousin allemand, tchèque, russe ou polonais. Il a une grande admiration pour les Russes et un faible pour les Tchèques à ses yeux abandonnés à Hitler par les Anglo-Saxons et les Français qu'il méprise. Mais c'est un organisateur de premier ordre.

En moins d'un mois, le Revier est conçu sur les principes des grands hôpitaux : au Block 16, l'administration, les entrées et les soins urgents ; au 17 et au 39, la médecine générale, les néphrites et les névrites ; au 38, la chirurgie ; au 126, les pneumonies et les pleurésies ; au 127 et au 128, les tuberculeux. Dans chaque Block, un médecin responsable, assisté d'un *Oberpfleger*[58] ; dans chaque salle, un Pfleger pour les soins et un Kalifaktor pour les corvées diverses. Pour les malades, des lits à deux étages seulement, avec paillasse en copeaux de bois, draps et couvertures. Trois régimes alimentaires, le *Hauskost* ou nourriture en tous points semblable à celle du camp pour les malades dont les voies digestives ne sont pas affectées ; le *Schleimkost* ou soupe maigre de semoule (pas de pain, pas de margarine, pas de saucisson), pour ceux dont l'état nécessite la mise à la diète ; le *Diätkost* qui consiste chaque jour en deux soupes dont une sucrée, pain blanc, margarine et confiture, pour ceux qui ont besoin d'un fortifiant.

On ne peut pas dire qu'on soit très bien soigné au Revier : la S.S.-Führung n'alloue que très peu de médicaments, et Pröll prélève sur le contingent tout ce qui est nécessaire à la H-Führung, ne laissant filtrer jusqu'aux malades eux-mêmes que ce dont elle n'a pas besoin. Mais on est couché au propre, on est au repos et la ration alimentaire, quand elle n'est pas de meilleure qualité qu'au camp, est toujours plus abondante. Pröll lui-même borne l'accomplissement de son métier de Kapo à une visite qui, chaque jour, s'accompagne de quelques hurlements et de quelques coups généreusement distribués au personnel et aux malades pris en flagrant délit de contravention aux règlements du Revier. La vie qu'on y mène jurerait avec le régime qui sévit dans le reste du camp si, Pfleger et Kalifaktor, autant par souci de zèle et par fidélité aux traditions, que par crainte du Kapo, ne mettaient toute leur volonté à essayer de la rendre intolérable.

Tous les soirs, après l'appel, la cohue s'organise à l'entrée du Block 16. Le Block 16 comprend, outre l'appareil administratif du Revier, une *Aussere-Ambulanz* et une *innere-Ambulanz*. La première donne des soins immédiats à tous ceux, malades ou accidentés, qui ne remplissent pas les conditions requises pour être hospitalisés, la seconde décide, après examen, de l'hospitalisation ou de la non-hospitalisation des autres.

---

[58] Surveillant général infirmier.

À part les gens de la H-Führung, tous les habitants du camp sont des malades et, dans le monde normal, tous seraient hospitalisés sans exception et sans hésitation, ne serait-ce que pour faiblesse générale extrême. Au camp, il en va tout autrement, la faiblesse générale ne compte pas. On ne soigne que le surplus, et encore, sous certaines conditions extra-thérapeutiques, ou quand il n'y a pas moyen de faire autrement. Chaque détenu donc est un client plus ou moins attitré du Revier : il a fallu établir un tour qui revient tous les quatre jours en moyenne.

Il y a d'abord les furoncles : tout le camp suppure ; la furonculose, conséquence de l'absence de viande et de crudités dans l'alimentation, sévit à l'état endémique tout comme l'œdème banal et la néphrite. Il y a ensuite les plaies aux mains, aux pieds, ou aux deux. Les Holzschuhe blessent et, avec les mains dont les chairs se déchirent si facilement, il faut souvent faire des travaux inattendus ! Il y a enfin les doigts coupés, les bras ou les jambes cassés, etc. Tout cela constitue la clientèle de l'Aussere-Ambulanz et, à partir du 1er juin 1944, relève du nègre Johnny dont la compétence comme médecin avait fini par être tellement discutée au Revier de Buchenwald qu'en dépit des garanties politiques[59] qu'il avait données, il nous fut envoyé avec un transport. Comme médecin, naturellement, mais accompagné d'une note précisant qu'il était plus prudent de l'employer comme infirmier. Pröll a pensé que sa place était tout indiquée à l'Aussere-Ambulanz et il lui en a confié la responsabilité.

Johnny a sous ses ordres tout une compagnie de Pfleger allemands, polonais, tchèques ou russes, qui ne connaissent rien au travail dont on les a chargés et qui font, défont et refont les pansements au petit bonheur. Furoncles ou plaies, il n'y a qu'un remède : la pommade. Ces messieurs ont devant eux des pots de pommade de toutes les couleurs : pour le même cas, ils vous mettent gravement un jour la noire, un autre la jaune ou la rouge, sans qu'on puisse deviner la raison intérieure qui a déterminé leur choix. Nous avons une chance extraordinaire que toutes

---

[59] J'ai su, dans la suite, que Johnny avait été assez astucieux pour obtenir en même temps la protection de Katzenellenbogen, ce détenu qui se disait d'origine américaine, qui était médecin général du camp et qui commit assez d'exactions pour être considéré, à la libération, comme criminel de guerre !

les pommades soient antiseptiques !

À l'Innere-Ambulanz, se présentent les gens qui ont l'espoir d'être hospitalisés. Tous les soirs, ils sont cinq à six cents, tous aussi malades les uns que les autres. Il y a parfois dix ou quinze lits disponibles : mettez-vous à la place du médecin qui doit choisir les dix ou quinze élus Les autres sont renvoyés avec ou sans Schonung ; ils se représentent le lendemain et tous les jours jusqu'à ce qu'ils aient la chance d'être admis : on ne compte pas ceux qui meurent avant qu'il ait été statué sur leur cas dans le sens de leur désir.

J'ai connu des détenus qui ne se présentaient jamais aux douches parce qu'ils avaient peur de voir les appareils vomir du gaz[60] au lieu d'eau : un jour, à la visite hebdomadaire au Block, les infirmiers leur trouvaient des poux On leur faisait alors subir, en manière de désinfection, un tel traitement qu'ils en mouraient. De la même façon, j'en ai connu qui ne se présentaient jamais au Revier : ils avaient peur d'être pris comme cobaye ou piqués. Ils tenaient, tenaient, tenaient envers et contre tous les conseils et, un soir, leur kommando ramenait leur cadavre sur la place de l'Appel.

À Dora, il n'y avait pas de Block de cobayes et on ne pratiquait pas la piqûre. Généralement d'ailleurs et dans tous les camps, la piqûre n'était pas utilisée contre le commun des détenus, mais par un des deux clans de la H-Führung contre l'autre : les verts employaient ce moyen pour se débarrasser élégamment d'un rouge dont ils sentaient l'étoile monter au ciel S.S., ou inversement.

Un heureux concours de circonstances a fait que j'ai réussi à entrer au *Revier* le 8 avril 1944 ; il y avait une bonne quinzaine de jours que je traînais dans le camp un corps fiévreux qui enflait à vue d'œil.

---

[60] Les chambres à gaz que certains S.S. niaient, que d'autres justifiaient par les raisonnements de Simone de Beauvoir, n'existaient pas à Dora. Elles n'existaient pas non plus à Buchenwald. Je note, en passant, que de tous ceux qui ont si minutieusement décrit les horreurs de ce genre de supplice, par ailleurs parfaitement légitime aux E.U., il n'y a aucun témoin de visu, à ma connaissance (Cf. pp. 277 et suivantes).

L'enflure avait commencé aux chevilles :

— *Ich auch, blöde Hund !* avait déclaré mon Kapo.

Et il m'avait fallu continuer à aller charger les wagonnets du Strassenbauer 52. Un matin, je dus me présenter sur la place de l'Appel avec, sur le bras, mon pantalon que je n'avais pas réussi à enfiler :

— *Blöde Hund*, déclara mon Kapo, *du bist verrückt ! Geh mal zu Revier !*

Et il ponctua cet ordre de quelques vigoureux coups de poing. C'était le 2 avril.

Au *Revier* je me trouvai dans la cohue. Après une heure d'attente, mon tour vint de passer devant le médecin :

— Tu n'as que 37° 8, impossible de t'hospitaliser : trois jours de Shonung.

Reste étendu au Block, les jambes en l'air, ça passera. Si ça ne passe pas, reviens.

En fait de repos, je fus pendant trois jours employé aux travaux de nettoyage du Block par les Stubendienst impitoyables. À l'expiration du délai, je me représentai dans un état sensiblement aggravé.

— Bien sûr, il faudrait t'hospitaliser, me dit le médecin, mais il n'y a que trois places vacantes et vous êtes au moins trois cents candidats, parmi lesquels il y en a qui sont dans un état pire que le tien. Encore trois jours de Schonung : tu reviendras

Je sentis entrer dans moi la certitude du crématoire. Résigné, je m'en retournai au Block où m'attendait mon premier colis grâce auquel je pus obtenir des Stubendienst qu'ils me laissassent allongé sur mon lit au lieu de m'employer aux corvées.

Le 8 avril, quand mon tour vint de me représenter, un paquet de gauloises me classa dans les trois ou quatre élus. Ce qu'il y a de pis dans mon cas, c'est que je n'ai pas trouvé le fait anormal.

Avant de gagner le lit qui m'était attribué, je dus encore déposer à l'entrée mes habits et mes chaussures qui furent naturellement volés pendant mon séjour, et passer sous une douche individuelle qu'un Kalifaktor polonais maintint aussi froide qu'il put.

La douche était la dernière formalité à remplir. Elle était prévue chaude, mais quand il ne s'agissait ni d'un Tchèque, ni d'un Polonais, ni d'un Allemand, le Kalifaktor jurait ses grands dieux que l'appareil était détraqué. Le nombre des hospitalisés pour pneumonie ou pleurésie qui en sont morts est incalculable.

J'ai fait six stages au Revier : du 8 au 27 avril, du 5 mai au 30 août, du 7 septembre au 2 octobre, du 10 octobre au 3 novembre, du 6 novembre au 23 décembre et du 10 mars 1945 à la libération. Dès le premier, j'ai perdu de vue Fernand envoyé en transport à Ellrich où il est mort.

J'étais malade c'était bien évident, gravement malade même puisque je le suis encore, mais…

La vie au Revier est minutieusement réglée.

Tous les jours, réveil à 5 h 30, une heure après le réveil du camp. Toilette : à quelque groupe de malades qu'on appartienne, avec 40° de fièvre comme avec 37°, il faut se lever, aller au lavabo, puis de retour faire son lit. En principe, le Pfleger et le Kalifaktor sont là pour aider ceux qui ne peuvent pas, mais, à de rares exceptions près, ils se bornent, sous la menace des coups, à exiger des malades qu'ils procèdent eux-mêmes à ces soins.

Quand ce premier travail est fait, le Pfleger prend les températures pendant que le Kalifaktor lave la salle à grande eau.

Vers sept heures, le médecin du Block passe entre les lits, regarde les feuilles de température, écoute les remarques du Pfleger, les doléances des malades, dit un mot à chacun et ordonne les soins particuliers ou les médicaments à prendre dans la journée. S'il n'est ni Polonais, ni Allemand, ni Tchèque, le médecin est généralement un homme bon et compréhensif. Peut-être un peu trop confiant dans le Pfleger qui, lui, apprécie les malades en fonction de leurs opinions politiques, de leur nationalité, de leur profession ou des colis qu'ils reçoivent, mais il se laisse tout de même rarement influencer par lui dans le mauvais sens, quoique toujours dans le bon. Un grand malade risque parfois une question :

– *Krematorium ?*
– *Ja, sicher Drei, vier Tage*[61]

On rit. Il passe sans se soucier de l'effet produit par sa réponse sur l'intéressé. Il arrive au dernier lit, quitte la salle ; c'est fini, on ne le reverra plus de la journée : à demain.

À 9 heures, distribution des médicaments. Ça va très vite : les médicaments c'est le repos ou la diète, — de temps à autre, un cachet d'aspirine ou de pyramidon très parcimonieusement attribués.

À 11 heures, la soupe. Le Pfleger et le Kalifaktor mangent copieusement, se servent à chaque régime et distribuent le reste aux malades : ça n'est pas grave, il reste assez pour assurer une ration réglementaire honnête à tout le monde, voire pour donner un petit supplément aux amis.

L'après-midi, on fait la sieste jusqu'à 16 heures, après quoi, les conversations vont leur train jusqu'à la prise de température et à l'extinction des feux. Elles ne sont interrompues que lorsque notre attention est plus particulièrement retenue par les longues files de cadavres que, passant sous nos fenêtres, les gens du Totenkommando portent au Krematorium.

Quelques favorisés dont je suis reçoivent des colis : ils sont un peu plus pillés qu'au camp parce qu'ils passent par un intermédiaire de plus avant d'arriver au destinataire. Le tabac qu'ils contiennent n'est pas remis : il est déposé à l'entrée, mais les Pfleger sont arrangeants et, moyennant une honnête rétribution, un partage équitable, on peut toucher aussi son tabac et être autorisé à fumer en cachette. Par le même procédé, en

---

[61] Oui, sûrement Dans deux ou trois jours.

partageant le reste, on obtient du Pfleger qu'il maquille les températures et on prolonge son séjour au Revier.

En été, la sieste de l'après-midi se fait au grand air, sous les hêtres : les kommandos qui travaillent à l'intérieur du camp nous regardent avec envie et nous appréhendons d'autant plus l'heure de la guérison qui nous renverra parmi eux.

En octobre 1944, on n'admet plus que très rarement les diarrhétiques au Revier : tous les soirs, ils se présentent au Block 16, on les gorge de charbon de bois et on les renvoie. Il arrive que le mal passe. Il arrive aussi qu'il persiste au-delà des huit jours escomptés, qu'il se complique d'une fièvre quelconque, et alors, ils sont hospitalisés dans la mesure où les conjectures de tous ordres le permettent.

Ils sont rassemblés au Block 17, salle 8, dont le Pfleger est le Russe Ivan, qui se dit « Docent » de la Faculté de médecine de Karkhov, et le Kalifaktor, le Polonais Stadjeck. La salle 8 est l'enfer du Revier : tous les jours, elle fournit deux, trois ou quatre cadavres au Krematorium.

Pour tout diarrhétique entrant, le médecin ordonne, outre le charbon, un régime de diète surveillée : très peu à manger, si possible pas du tout, aucune boisson. Il conseille à Ivan de ne rien donner le premier jour et de partager un litre de soupe à deux ou trois le lendemain, et ainsi progressivement, le retour à la ration complète étant déterminé par la disparition du mal. Mais Ivan considère qu'il est Pfleger pour se soigner lui et non les malades : les suivre est un travail trop pénible pour lui, en tout cas, hors de mise dans un camp de concentration ; il juge plus simple d'appliquer la diète absolue, de partager avec Stadjeck les rations des malades, de s'en nourrir abondamment et de faire du commerce avec le surplus. Les malheureux ne mangent donc rien, absolument rien : au troisième jour, à de rares exceptions près, ils sont dans un tel état qu'ils ne peuvent plus se lever et font sous eux, car Stadjeck a autre chose à faire que de leur apporter la bassine quand ils la demandent. Dès lors ils sont condamnés à mort.

Stadjeck se met à surveiller plus particulièrement le lit du malheureux à qui il vient de refuser la bassine. Tout à coup, il sent l'odeur et il entre en fureur. Il commence par administrer une solide raclée au délinquant, puis il le sort de son lit, le pousse au lavabo attenant et là, une bonne douche bien froide, car le Revier doit rester un endroit propre et les malades qui ne veulent pas se laver, il faut bien qu'on les lave Puis, en se répandant en imprécations, Stadjeck enlève le drap et la couverture du lit, change la paillasse : à peine de nouveau étendu, le malade est repris de coliques, il redemande la bassine qu'on lui refuse, fait sous lui, est de nouveau passé à la douche froide, et ainsi de suite. Vingt-quatre heures après, généralement il est mort.

Du matin au soir, on entend les cris et les supplications des malheureux qui sont passés à la douche froide par le Polonais Stadjeck. Deux ou trois fois, le Kapo ou un médecin sont passés à proximité pendant l'opération. Ils ont ouvert la porte. Stadjeck a expliqué :

— *Er hat sein Bett ganz beschiessen. Diese blöde Hund ist so faul. Keine warme Wasser*[62].

Le Kapo ou le médecin ont refermé la porte et sont partis sans rien dire.

Car, bien sûr, l'explication était inattaquable : Il faut bien laver les malades incapables de le faire et quand on n'a pas d'eau chaude

Au Revier, on est à peu près tenu au courant des événements de la guerre. Les journaux allemands, le *Volkische Beobachter* notamment, y arrivent, et tout le personnel écoute régulièrement la T.S.F. Évidemment on n'a que les nouvelles officielles, mais on les a rapidement, et c'est déjà ça.

On est aussi tenu au courant de ce qui se passe dans les autres camps : des malheureux, qui ont fait deux ou trois camps avant d'échouer à Dora, racontent à longueur de journée la vie qu'ils y ont vécue. C'est ainsi qu'on connait les horreurs de Sachsenhausen, Auschwitz, Mauthausen, Oranienburg, etc. C'est ainsi qu'on apprend qu'il existe aussi des camps très humains.

En août, pendant une dizaine de jours, l'Allemand Helmuth fut mon

---

[62] Il a complètement em… son lit !. Ce chien bête est si paresseux !. Et je n'ai pas d'eau chaude.

voisin de lit. Il arrivait en droite ligne de Lichtenfeld près de Berlin. Ils étaient neuf cents dans ce camp et gardés par la Wehrmacht, ils procédaient au déblaiement des faubourgs bombardés : douze heures de travail, comme partout, mais trois repas par jour et trois repas abondants (soupe, viande, légumes, souvent du vin), pas de Kapos, pas de H- Führung, par conséquent pas de coups. Une vie dure, mais très tenable. Un jour, on a demandé des spécialistes : Helmuth était ajusteur, il s'est levé, on l'a envoyé au Tunnel de Dora où on lui a mis en main l'appareil à forer la roche. Huit- jours après, il crachait le sang.

Précédemment, j'avais vu arriver à côté de moi un détenu qui avait passé un mois à Wieda et qui m'avait raconté que les mille cinq cents occupants de ce camp n'étaient pas trop malheureux. Naturellement, on travaillait et on mangeait peu, mais on vivait en famille : le dimanche après-midi, les habitants du village venaient danser aux abords du camp au son des accordéons des détenus, échangeaient des propos fraternels avec eux, et même leur apportaient des victuailles. Il paraît que cela n'a pas duré, que les S.S. s'en sont aperçu et qu'en moins de deux mois, Wieda est devenu aussi dur et inhumain que Dora.

Mais la plupart des gens venus d'ailleurs ne racontent que des choses horrifiques, et, parmi eux, ceux d'Ellrich sont les plus effrayants. Ils nous arrivent dans un état inimaginable et rien qu'à les voir on est persuadé qu'ils n'inventent rien. Quand on parle des camps de concentration, on cite Buchenwald, Dachau, Auschwitz, et c'est une injustice : en 1944-45, c'était le tour d'Ellrich d'être le pire de tous. On n'y était pas logé, pas vêtu, pas nourri, sans Revier et on n'y était employé qu'à des travaux de terrassement sous la surveillance de la lie des verts et des S.S.

C'est au Revier que j'ai fait la connaissance de Jacques Gallier dit Jacky, clown à Médrano. C'était un dur entre les durs. Quand on se plaignait des rigueurs de la vie au camp, il répondait invariablement :

— Moi, tu comprends, j'ai fait deux ans et demi de Calvi ; alors, j'ai l'habitude.

Et il enchaînait :

— Mon vieux, à Calvi, c'était la même chose : même travail, même insuffisance de nourriture, il n'y avait que les coups en moins, mais il y avait les fers et le mitard, alors...

Le marin de la Mer Noire, Champale, qui avait tiré cinq années à Clairvaux, le démentait à peine, et, quant à moi qui avais autrefois été témoin de la vie des Joyeux en Afrique, je me demandais s'ils n'avaient pas raison[63].

Le 23 décembre, je suis sorti du Revier avec l'intention bien arrêtée de ne plus y remettre les pieds. Divers incidents s'étaient produits.

En juillet, Pröll s'était fait lui-même au bras une piqûre de cyanure de potassium. On n'a jamais su pourquoi : le bruit a couru qu'il était à la veille d'être arrêté et en passe d'être pendu pour complot. Il avait été remplacé par Heinz, le forgeron communiste.

Heinz était une brute : un jour, il surprit, en train de s'humecter les lèvres, un fiévreux à qui l'eau était défendue, et il le roua de coups jusqu'à ce que mort s'ensuive. On le disait capable de tout : au Block de la chirurgie, il se mêlait d'opérer de l'appendicite, — à l'insu du chirurgien responsable, le Tchèque Cespiva. On racontait que, dans les premiers temps du Revier, sous le règne du Kapo vert, il avait donné ses soins à un Algérien qui avait eu le bras broyé entre deux wagons au Tunnel : il avait désossé l'articulation de l'épaule, tout comme un boucher l'aurait fait d'un jambon, et au lieu d'anesthésier sa victime, il l'avait au préalable assommée à coups de poing... Un an après, le Revier tout entier résonnait encore des hurlements du malheureux.

On racontait bien d'autres choses encore. Toujours est-il que les malades ne se sentaient pas en sécurité avec lui. En ce qui me concerne, un jour, à fin septembre, il était passé près de mon lit avec Cespiva et il avait décidé que, pour me guérir, il fallait m'amputer du rein droit : j'avais aussitôt prié un de mes camarades atteint d'une autre maladie d'uriner à ma place, et obtenu une analyse négative, ce qui m'avait valu, ainsi que je le désirais, d'être renvoyé en kommando. N'ayant pas pu

---

[63] Dans *La Lie de la Terre*, Arthur Koestler fait, de la vie dans les camps de concentration français un tableau qui a, par la suite, encore confirmé mon point de vue. De même, d'ailleurs que le livre de Julien Blanc, *Joyeux, fais ton fourbi*.

tenir le coup au travail, je m'étais représenté au Revier quelques jours après, — juste le temps de laisser passer l'orage, — et j'avais été facilement réadmis.

Tout avait bien marché jusque vers décembre, date à laquelle Heinz fut à son tour arrêté, pour complot, comme son prédécesseur, et remplacé par un Polonais. Dans le même coup de filet des S.S. figuraient : Cespiva, un certain nombre de Pfleger, dont l'avocat Boyer de Marseille, et diverses personnalités du camp. On n'a jamais su non plus pourquoi, mais il est vraisemblable que c'était pour avoir fait circuler sur la guerre des nouvelles qu'ils disaient tenir de la radio étrangère, écoutée clandestinement, et que les S.S. jugèrent subversives.

Avec le nouveau Kapo, les Polonais envahirent le Revier et de nouveaux médecins furent placés à la tête des Blocks : le nôtre était un Polonais ignare. À son arrivée, il décida que la néphrite était une conséquence de la mauvaise dentition et donna l'ordre d'arracher toutes les dents à tous les néphrétiques. Le dentiste fut mandé d'urgence et commença d'exécuter sans comprendre, mais en s'étonnant et en protestant. Pour sauver mes dents, je m'arrangeai une nouvelle fois pour sortir du Revier avec un billet de *Leichte Arbeit* ou travail léger.

Le hasard de circonstances exceptionnellement favorables voulut que je fusse affecté comme Schwunk (ordonnance) auprès du S.S. Oberscharführer[64] qui commandait la compagnie des chiens.

À mon retour à la vie commune, je trouvai le camp bien changé.

---

[64] Adjudant-chef

# Chapitre V

# Naufrage

Ce qui s'est passé ensuite est sans grand intérêt.

En décembre 1944, Dora est un grand camp. Il ne dépend plus de Buchenwald, mais Ellrich, Osterod, Harzungen, Illfeld, etc., en voie de construction, dépendent de lui[65]. Les convois y arrivent directement, comme autrefois à Buchenwald, y sont désinfectés, numérotés et répartis dans les sous-camps. On en est aux matricules qui dépassent 100 000. Tous les soirs, des camions ramènent des cadavres des sous-camps pour être brûlés au Krematorium. La roue tourne...

On achève le Block 172 : le Theater-Kino et une bibliothèque fonctionnent pour les gens de la H-Führung et leurs protégés ; les femmes installées depuis quelques mois au bordel font face aux besoins de la même clientèle. Les Blocks sont confortables : l'eau y arrive, la T.S.F. aussi, les lits sont en place, sans draps, mais avec paillasse et couverture. La période de presse est passée, les S.S. sont moins exigeants, leur but, la mise au point du camp, étant atteint ; mais ils sont plus attentifs à la vie politique, s'acharnent sur des complots imaginaires, et pourchassent les actes de sabotage qui, eux, sont réels et nombreux.

Toutes ces améliorations matérielles n'apportent cependant pas à la masse des détenus le bien-être qu'elles promettent : la mentalité des gens de la H-Führung n'a pas changé, et tels des hommes des cavernes qui voudraient nous faire vivre dans les Buildings, la vie qu'ils ont vécue avec les moyens de leur temps, ils s'acharnent à nous faire une vie aussi proche que possible de celle qu'ils ont connue dans les débuts des camps. Ainsi va le monde.

Dans la nuit du 23 au 24 décembre, un kommando a monté sous la

---

[65] La H-Führung de ces sous-camps est aux mains des verts que la H-Führung rouge de Dora y a envoyés pour s'en débarrasser et prévenir leur retour au pouvoir.

trique, sur la place de l'Appel, un gigantesque sapin de Noël qui resplendissait de ses lumières multicolores, le lendemain matin, à 5 h 30, au moment du rassemblement pour le départ au travail. À partir de ce jour et jusqu'à l'Épiphanie, nous avons dû entendre tous les soirs à l'appel le *O Tannenbaum*, joué par le Musik-Kommando, avant de rompre les rangs... Écouter avec recueillement était une obligation à laquelle on ne pouvait se soustraire qu'en risquant des coups.

Sous le rapport du bien-être, deux éléments inattendus entrent en ligne de compte : l'avance conjuguée des Russes et des Anglo-Américains a fait évacuer les camps de l'Est et de l'Ouest sur Dora, et les bombardements de plus en plus intensifs empêchent un ravitaillement normal.

À partir de janvier, les convois d'évacués n'ont cessé d'arriver dans un état indescriptible[66] : le camp conçu pour une population d'environ 15 000 personnes atteint parfois 50 000 et plus. On couche à deux et trois par lit. On ne touche plus de pain, la farine n'arrivant plus : au lieu et place on reçoit deux ou trois petites pommes de terre. La ration de margarine et de saucisson est réduite de moitié. Les silos se vidant dans la mesure où la population augmente, il est question de ne plus distribuer qu'un demi-litre de soupe au lieu d'un litre. Plus d'habits pour remplacer ceux qui sont hors d'usage : Berlin n'en envoie plus. Plus de chaussures : on tire le meilleur parti possible des vieilles. Et tout à l'avenant. Sur le plan du travail, le camp est devenu une véritable entreprise de sabotage. Les matières premières n'arrivent plus au Tunnel, on travaille au ralenti. C'est l'hiver. Inutile de demander des vitres pour remplacer celles qui sont brisées : il n'y en a pas, mais n'importe quel détenu s'en procure clandestinement une au Tunnel. Il n'y a pas non plus de peinture pour faire les raccords des Blocks : le chef de Block qui en a besoin en fait voler dans un entrepôt Zawatsky par un de ses protégés. Un jour on manque de fil électrique pour la construction des V1 et V2 : tous les détenus du tunnel en ont volé un mètre chacun pour se faire des lacets de souliers. Un autre jour, il faut mettre en place une voie de chemin de fer supplémentaire. Depuis un an au moins les traverses nécessaires étaient là, entassées aux abords de la gare. La S.S.-Führung les y croit toujours et donne l'ordre de construire enfin la voie, puisqu'on ne peut pas faire autre chose : on

---

[66] Voir au chapitre suivant le récit d'un transport d'évacuation.

s'aperçoit alors que les traverses ont disparu, et une enquête révèle qu'à l'entrée de l'hiver, les civils les ont fait scier une à une par les détenus et les ont emportées petit à petit dans leur *Rücksack* pour pallier les déficiences des rations de chauffage qui ne sont plus distribuées parce qu'elles n'arrivent plus. On prend quelques sanctions, on demande des traverses et on reçoit quelques jours après des gyroscopes.

Au Tunnel, les actes de sabotage ne se comptent plus : les S.S. ont mis des mois à s'apercevoir que les Russes rendaient un grand nombre de V1 et V2 inutilisables en urinant dans l'appareillage radio-électrique. Les Russes maîtres- pillards sont aussi des maîtres saboteurs et ils sont entêtés : rien ne les arrête, aussi fournissent-ils le plus fort contingent de pendus. Ils le fournissent pour une raison supplémentaire : ils ont réussi à mettre au point une tactique de l'évasion.

Très peu de détenus ont eu l'idée de s'évader de Dora, et ceux qui l'ont tenté furent tous retrouvés par les chiens. À leur retour au camp on les pendait généralement, non pas pour tentative d'évasion, mais pour crime de guerre, car il était bien rare qu'on ne puisse mettre à leur compte un vol quelconque commis dans un des endroits où ils avaient passé. Pour obvier à cet inconvénient, les Russes inventèrent une autre méthode : un jour, ils se cachaient dans le camp, — sous un Block, par exemple ; on les cherchait partout au dehors, et naturellement on ne les trouvait pas ; alors, au bout de huit jours on abandonnait les recherches. À ce moment ils sortaient avec un kommando et s'évadaient réellement avec toutes chances de succès puisqu'on ne les cherchait plus. Tout se gâta le jour où au lieu de faire la tentative à un, ils voulurent la faire plusieurs, — à dix, je crois. Las d'être bernés, les S.S. eurent l'idée, devant une évasion si massive, de rassembler toute la population du camp sur la place de l'Appel et de lâcher les chiens à l'intérieur : en moins de temps qu'il ne faut pour le dire, les Russes furent pris et le moyen éventé[67].

Le sabotage semble avoir gagné les sphères les plus élevées : les V1 et V2, avant d'être utilisées, doivent être essayées et les « ratés » sont envoyés à Harzungen pour être démontés et vérifiés. À Harzungen, on les démonte donc, on met les différentes pièces dans un emballage ad

---

[67] Je n'ai vu qu'une seule fois le phénomène se produire, quelques semaines avant la libération.

hoc qu'on réexpédie à Dora où on les remonte de la même façon. Il y a ainsi une trentaine de V1 et V2 qui ne cessent d'être montées et démontées et de faire la navette entre Harzugen, Dora et le lieu de l'essayage.

La direction même de Dora est à la fois débordée et désorientée. À l'entrée du Tunnel, à Dora, il y a une sorte de magasin où on rassemble toutes les pièces inutilisables : écrous, boulons, lames de tôle, vis de tous genres, etc. Un kommando spécial réputé de travail léger est chargé de trier toutes ces pièces et de les ranger par espèces : dans une caisse on met les boulons, dans l'autre les vis, dans cette troisième les bouts de tôle. Quand toutes les caisses sont pleines, le Kapo donne l'ordre de les aller vider pêle-mêle dans un wagon. Quand le wagon est plein, il est accroché à un train, part pour une destination inconnue, puis deux jours après, il échoue à l'entrée d'Ellrich où on l'a envoyé pour être déchargé et trié. Le kommando qui est chargé de ce travail brouette jusqu'au magasin de Dora les pièces qu'il a triées et les y vide pêle-mêle. Il y a donc aussi tout un lot de rebuts qui ne cessent d'être gravement triés aux deux extrémités du Tunnel.

Ainsi, d'incidents en incidents, de bombardements en raréfactions de la nourriture, de complots virtuels en sabotages et en pendaisons, nous atteignons la libération.

Toute cette période je l'ai vécue au titre de Schwunk de l'*Oberscharführer* commandant la compagnie des chiens : travail facile qui consiste à cirer ses bottes, brosser ses habits, faire son lit, tenir sa chambre et son bureau dans un état de propreté méticuleuse, aller chercher ses repas à la cantine S.S. Tous les matins, vers huit heures, ma journée est finie. Je passe le reste à bavarder à droite et à gauche, à me chauffer au coin du feu, à lire les journaux, à écouter la T.S.F. En même temps qu'il me donne la soupe de mon patron, le cuisinier S.S., à chaque repas, m'en donne subrepticement autant pour moi. Par surcroît, les trente S.S. qui occupent le Block m'emploient de temps à autre à de petits travaux, me font laver leurs gamelles, cirer leurs bottes, balayer leurs chambres, etc. En revanche, ils me donnent leurs restes que je remonte tous les soirs au camp pour les camarades. La belle vie.

Ce contact direct avec les S.S. me les fait voir sous un tout autre jour que celui sous lequel ils apparaissent vus du camp. Pas de comparaison possible : en public, ce sont des brutes, pris individuellement, des agneaux. Ils me regardent curieusement, m'interrogent, me parlent familièrement, veulent mon opinion sur l'issue de la guerre et la prennent en considération : ce sont tous des gens, — anciens mineurs, anciens ouvriers d'usines, anciens plâtriers, etc. — qui étaient chômeurs en 1933 et que le régime a sorti de la misère en leur faisant ce qu'ils considèrent comme un pont d'or. Ils sont simples et leur niveau intellectuel est excessivement bas : en échange du bien-être que le régime leur a apporté, ils exécutent ses basses besognes et se croient en règle avec leur conscience, la morale, la patrie allemande et l'humanité. Très sensibles au mauvais coup du sort qui m'a frappé en m'envoyant à Dora, ils passent la tête haute, altiers, inflexibles et impitoyables au milieu des autres détenus dont la garde leur est confiée : pas une fois, ne les effleure l'idée que ce sont des gens comme eux, ou même... comme moi !

Les anomalies du régime du camp ne leur tombent pas sous les sens et quand, par hasard, ils les remarquent, très sincèrement ils en rendent responsable la H-Führung[68]. Ils ne comprennent pas que nous soyons maigres, faibles, sales et en loques. Le IIIe Reich nous fournit cependant tout ce dont nous avons besoins : la nourriture, les moyens d'une hygiène impeccable, un logement confortable dans un camp modernisé au possible, des distractions saines, de la musique, de la lecture, des sports, un sapin de Noël, etc. Et nous ne savons pas en profiter. C'est bien la preuve que Hitler a raison et qu'à quelques rares exceptions près, nous appartenons à une humanité physiquement et moralement inférieure ! Individuellement responsables du mal qui se fait sous leurs yeux, avec leur complicité ou leur coopération, à la fois inconsciente et délibérée ? Sûrement pas : victimes de l'ambiance — de cette ambiance particulière dans laquelle, échappant au contrôle des individus et rompant collectivement avec les traditions, tous les peuples, sans distinction de régime ou de nationalité, sombrent périodiquement et à tour de rôle, aux carrefours dangereux de leur évolution ou de leur Histoire.

Le 10 mars, un convoi de femmes *Bibelforscher*[69] est arrivé à Dora, suivi

---

[68] Ou la masse elle-même des détenus.
[69] Baptiste, témoin de Jéhovah, objecteur de conscience.

d'une ordonnance de Berlin stipulant que ces femmes — elles étaient 24 — devaient être employées à des travaux légers. Désormais, l'emploi de Schwunk sera tenu par elles. Je suis relevé et renvoyé au camp. Pour échapper à un mauvais kommando, je juge plus prudent de profiter de mon état de santé pour me faire hospitaliser au Revier, des fenêtres duquel j'ai assisté aux bombardements de Nordhausen, les 3 et 5 avril 1945, — trois semaines après, tout juste deux jours avant d'être pris dans un de ces fameux transports d'évacuation.

## Chapitre VI

### Terre des hommes « libres »

Il pleut. Une pluie fine d'avril, froide, glaciale. Régulière, entêtée, inexorable.

Ainsi depuis deux jours : on entame la troisième nuit.

Le convoi, une longue chaîne de wagons déglingués qui grincent sur le rail, s'enfonce lentement dans le grand trou noir. La machine, une locomotive d'un autre âge, sue et souffle et peine, tousse et crache, patine et pétarade. Cent fois, elle a hésité, cent fois elle a eu l'air de refuser l'effort qu'on attend d'elle.

Il pleut, il pleut sans cesse.

Dans le wagon à ciel ouvert, quatre-vingts corps affalés, recroquevillés, s'enchevêtrent et s'entassent, les uns dans les autres, les uns sur les autres. Vivants ? Morts ? Nul ne saurait le dire. Le matin, ils se sont encore éveillés, gelés dans leurs pauvres loques trempées, amaigris, transparents, hâves, leurs grands yeux désorbités pleins de fièvre et d'hébétude. Dans un effort surhumain, ils se sont comme ébroués. Ils ont distingué le jour, ils ont senti la pluie, — les longs traits acérés de la pluie, — traverser la guenille, les chairs minces et durcies, puis se ficher dans l'os, en rangs serrés, impitoyables. Ils ont fait le gros dos dans un imperceptible frisson. Peut-être allaient-ils se laisser entraîner aux mille gestes instinctifs du réveil quand ils se sont vus, mirés les uns dans les autres. À travers le brouillard de la fièvre et la trame d'eau qui tombe du ciel, ils ont aperçu des hommes en uniforme, armés jusqu'aux dents, plantés aux quatre coins du wagon, impassibles mais vigilants. Alors, ils se sont souvenu : ils ont réalisé leur destin et, sans un sursaut, mornes et accablés, ils sont retombés dans ce demi-sommeil, cette demi-vie, cette demi-mort.

Il pleut, il pleut toujours. Un air lourd, chargé de fétidités, monte du tas des corps, s'évanouit dans le froid humide et dans la nuit.

Au départ, ils étaient cent.

Rassemblés en hâte, les chiens aux trousses, jetés pêle-mêle et en paquets dans la rame, sous les coups et dans les ordres hurlés, ils ont d'abord été atterrés quand ils se sont retrouvés, prêts à partir, sur la plate-forme exiguë, sans vivres pour le voyage. Toute de suite, ils ont compris qu'une grande épreuve commençait.

— *Achtung, Achtung !* les a-t-on prévenus sans transition : debout le jour, assis la nuit ! *Nicht verschwinden !* Toute infraction à ce règlement, *sofort erschossen !*[70] compris ?

Le wagon découvert, le froid, la pluie, passe encore, on en avait vu d'autres.

Mais, rien à manger : Rien à manger !

Pour comble de malheur, depuis des semaines, il n'était pas entré un gramme de pain au camp et il avait fallu se contenter des ressources des silos : soupe claire de rutabagas, un litre (parfois un demi-litre) et deux petites pommes de terre, le soir, après la longue et dure journée de travail. Rien à manger : tout s'est effacé devant cette menace, c'est à peine s'ils ont entendu arriver jusqu'à eux ce bruit selon lequel les Américains étaient à douze kilomètres.

— Rien à manger, debout le jour, assis la nuit

Avant la fin de la première nuit, trois ou quatre d'entre eux, qui avaient manifesté trop précipitamment le désir de satisfaire un besoin pressant, ont été saisis au collet, plaqués brutalement contre la haute paroi du wagon et exécutés à bout portant :

— *Craa-ack !* contre le bois, *craa-ack !*

On a pris le parti de faire dans sa culotte, précautionneusement d'abord, en se retenant comme pour se souiller moins, puis progressivement on

---

[70] Attention ! Attention ! Ne pas tenter de s'évader ! Fusillé sur-le-champ !

s'est laissé aller.

Trois ou quatre autres, tombés d'épuisement au long du jour suivant, ont été froidement achevés d'une balle dans la tête.

— *Craa-ack !* contre le plancher, *craa-ack !* Les corps ont été jetés par-dessus bord, au fur et à mesure, après relevé des numéros matricules : au seuil de la troisième nuit, les rangs sont considérablement éclaircis, on est passé de l'effroi à la terreur et de la terreur à l'abandon complet. On a renoncé à sortir de cet enfer, on a renoncé jusqu'à vivre : maintenant on se laisse mourir dans la sanie.

Il pleut, il pleut, il pleut.

Toutefois, un petit vent s'est levé qui prend le convoi par le travers et gonfle la toile de tente mal arrimée à des montants de fortune sous laquelle, à chaque coin du wagon, la sentinelle abrite ses longues heures de veille : il a comme balayé des miasmes, et les S.S., nerveux au départ, affairés quoique décidés et pleins d'espoir encore, sont soudain devenus soucieux. Depuis un temps, on entend moins de coups de fusils, moins de claquements de revolver. Les chiens eux-mêmes — les chiens, oh, ces chiens ! — aboient et jappent moins aux nombreux arrêts. En quarante-huit heures, d'avant en arrière, de voie de garage en voie de garage, de changement de direction en changement de direction, le convoi se trouve à moins de vingt kilomètres de son point de départ. Tard dans la soirée, il a mis le cap sur le Sud-Ouest, après avoir vainement essayé du Nord, du Sud et de l'Est : si cette voie est coupée comme les autres, cela signifie qu'on est cerné, qu'on sera pris. Ils ont froncé le sourcil, les S.S., puis ils se sont répercuté la nouvelle de wagon en wagon, de la tête à la queue, après quoi ils se sont repliés sur eux-mêmes.

— On est cerné, on va être pris !

Ça les a tourneboulés : on va être pris, tous ces corps inconscients qui gisent vont retrouver la vie, se lever pour accuser, le délit sera flagrant.

Au cours de la matinée encore, on les avait entendus s'interpeller fréquemment avec des cris gutturaux, dire des gaudrioles et lancer de gros rires aux filles qui, tout au long du parcours, tristes et désabusées, ne leur accordaient déjà plus que de rares et mélancoliques encouragements. Maintenant, il se taisent : seuls, un battement de briquet ou le point rouge d'une cigarette, viennent de temps à autre érafler ce silence de mort, ou troubler l'épaisse et humide obscurité de la nuit. Il pleut, il pleut toujours, il pleut sans cesse, il pleut sans fin : le ciel est inépuisable.

Voici que, par surcroît, le vent s'est fait plus fort. Il se met à siffler aigrement dans les interstices des planches et l'eau arrive en trombe. Les toiles de tente des S.S. s'enflent démesurément, leurs montants plient. Tout à coup, à l'arrière, une attache a cédé, puis une autre : la toile de tente se met à flotter comme un drapeau, à claquer de l'extérieur contre la paroi. Le S.S. pousse un juron. Puis, bougonnant et sacrant, il s'essaie à réparer le dégât. En vain : s'il réussit d'un côté, le vent remporte l'autre !

— *Gott verdamnt !*

Après deux tentatives infructueuses, il renonce. Brusquement il se tourne vers celui des malheureux qui est le plus proche. Une bourrade des genoux, un coup de bottes dans les reins, puis :

— *Du*, crie-t-il, *du ! Du, blöde Hund ! Blöde Hund* : l'homme a entendu, compris d'où venait l'appel, rassemblé automatiquement tout ce qui restait de forces en lui, et s'est levé tout apeuré. Quand il a vu ce qu'on attendait de lui, ça l'a un peu rassuré. Il s'est hissé, — laissé hisser ! — sur la ridelle, équilibré sur les genoux et sur les mains. Puis, avec beaucoup de précautions pour ne pas tomber à la renverse sur le ballast — pour ne pas tomber sur le ballast ! — il a ramené la toile, aidé l'autre à en fixer à nouveau les coins sur les montants.
— *Fertig ?*
— *Ja, Herr S.S.*

Alors, il se passe une chose extraordinaire : l'homme se retrouve. D'un coup, dans un éclair. N'eût été l'obscurité et la pluie, on aurait vu soudain une étrange flamme allumer ses yeux. Tout à la fois il a réalisé qu'il est à genoux sur le rebord de la paroi, les deux jambes tournées vers l'extérieur, que le train ne marche pas très vite, qu'il pleut, que la nuit est noire, que les Américains sont peut-être à douze kilomètres, que la liberté.

– La liberté, ô la liberté !

À cette évocation, une inexplicable folie s'empare de lui qui, tout à l'heure, avait peur de tomber à la renverse — ô ironie ! — une grande lumière entre dans son cerveau, inonde, envahit tout son corps :

– *Ia*, répète-t-il. Puis il crie : *Ia ! Ia ! Ia a ah !*

Avant que l'autre ait eu le temps, même d'être surpris, l'homme, le squelette, le demi-mort, bande ses muscles dans un suprême effort, arc-boute ses pauvres bras sur le rebord de la planche et, d'un coup sec, il se projette en arrière. Il entend un crépitement de salve résonner dans sa tête et il a encore la force, l'étonnante lucidité, de penser qu'il tombe dans un angle mort. Il se sent happé et, corps et âme, il roule dans le néant des inconsciences.

*Tch ! Tch ! Clac ! Tcheretchstche ! Clac ! Tch ! Clac ! Taratatata ! Tche ! Tche ! Tche ! Tche !* La machine sue, souffle, hésite, patine, pétarade toujours. Les armes ont recommencé à cracher la mort. Peu à peu, le grand silence indifférent de la nature endormie se referme sur le drame qui se prolonge, troublé seulement par le bruissement redevenu régulier de la pluie dans le vent qui s'affaisse.

Il pleut, il pleut, il pleut.

Il ne pleut plus.

Des heures se sont écoulées : deux, trois, quatre, peut-être. Le ciel s'est enfin lassé. Dans le noir épais, spongieux, quelque chose a remué, là, en contrebas de la voie ferrée.

Deux yeux d'abord ont essayé de s'ouvrir, mais les paupières alourdies se sont rabattues dans un brusque réflexe, comme si la tête était sous l'eau.

Une gorge asséchée s'est contractée pour un appel de salive et a fait venir un goût de terre sur la langue. Un bras a esquissé un geste qui a été paralysé à mi-course par une douleur aiguë au coude, sourde à l'épaule. Puis, plus rien : l'homme s'est vidé de nouveau dans la sensation d'un étrange bien-être et, de bonne foi, il a cru se rendormir.

Soudain, un frisson le parcourt et l'enveloppe. La peau, sur sa poitrine, s'est décollée du vêtement mouillé : br ! Il a voulu se pelotonner, ramener sa jambe sous lui : Aïe ! Alors, il a cherché à se réveiller, ses paupières ont battu nerveusement, il a forcé ses yeux à rester ouverts : il les a plantés dans le noir opaque, absolu, pesant. Une envie de tousser monte de ses poumons, brise tout en lui. Il en garde l'impression que son corps gît en tronçons épars et endoloris, dans l'herbe ruisselante et sur le sol boueux.

Il essaie de penser. Au premier effort, il reçoit comme un choc dans la tête : Les chiens.

Cette fois il est réveillé. Il revit tout. Une cascade d'événements l'assaillent, se succèdent et se chevauchent : l'embarquement, le convoi, l'enfer du wagon, le froid, la faim, la pluie, la toile de tente, le vent, le saut dans la nuit. Le convoi : s'il allait revenir une fois encore sur ses pas ? Les chiens : oh ! tout plutôt que cette mort-là !

Il veut fuir : rien à faire, les morceaux de son corps sont rivés là. Il veut se rassembler ; ça craque de partout, il entend ses os crisser les uns sur les autres. Pourtant, il faut sortir de là. À tout prix.

Son raisonnement prend une autre direction : une voie ferrée, c'est un objectif militaire pour les assaillants, un accident du terrain à utiliser pour les assaillis. Les Allemands vont utiliser celle-ci, se replier sur elle, s'y accrocher : ils vont le trouver.

— Fuir, oh ! fuir ! S'éloigner de quelques centaines de mètres au moins et attendre là, plus en sécurité, l'arrivée des Américains : premièrement se mettre debout !

Premièrement, se mettre debout. Il a pensé haut, sa voix a des résonances caverneuses, le murmure de ses lèvres fait sortir de sa bouche des granulations terreuses. Il crachote : tt ! tt !

Avec d'infinies précautions, il ramène ses bras l'un après l'autre : à gauche, rien, mais à droite, toujours cette douleur au coude et à l'épaule.

— Tiens, on dirait qu'elle s'atténue

Il répète le mouvement : c'est bien vrai, la douleur s'assouplit dans le jeu des muscles et des articulations ; il n'a rien de cassé. Sa poitrine respire mieux.

Aux jambes maintenant : il froisse doucement ses muscles, ça lui fait horriblement mal, il hurlerait. Enfin, c'est fait, rien de cassé non plus de ce côté, — du moins il n'y paraît pas. Il en devient plus calme. Plus méthodique aussi.

Il réussit à s'asseoir. Les meurtrissures de son corps se font plus douloureuses, le cataplasme de ses vêtements plus glacé. Il grelotte. Au creux de l'estomac, il ressent un tiraillement rond : il a faim, c'est bon signe. Il s'étonne de n'avoir pas eu faim plus tôt. Il porte la main à sa tête : son béret de bagnard y est encore, ça le fait rire. Il pense à ses claquettes : il les a perdues dans l'aventure, tant pis. Il tâtonne sur lui : il est couvert de boue et comme enroulé dans un fatras de fils de fer dont il entreprend tout de suite de se dépêtrer. Il se tourne, se met à quatre pattes, encore un effort et il sera debout

Debout : il est debout, il va gagner le large, les Allemands pourront se replier, venir, s'accrocher à la voie ferrée Pas si vite, la tête lui tourne, il a envie de vomir, il sent qu'il vacille, qu'il va tomber et que seuls ses deux pieds enlisés le maintiennent en équilibre, qu'il ne faut pas compter les mettre l'un devant l'autre. Il se raidit, tient aussi longtemps qu'il peut, mais il voit qu'il va chavirer, se faire mal encore dans sa chute. Alors doucement, tout doucement, il s'accroupit : puisqu'il ne peut marcher, il se traînera, mais il ne restera pas là, non, il ne restera pas là. Et il revient au convoi, aux chiens, aux Allemands qui vont se replier. Aux Américains.

— Dire qu'ils sont à douze kilomètres. Non, ce serait trop bête. Il désenlise ses pieds : pfloc, pfloc !

Sur les genoux et sur les mains, rampant comme un gros ver torturé, il achève de descendre une pente, traverse un semblant de fossé plein d'une eau poisseuse, un carré de pré, aborde une parcelle fraîchement labourée : la terre s'enlève par plaques, colle aux genoux, aux jambes, aux coudes. Il s'arrête, reprend son souffle

Cependant la nuit est devenue moins noire, le ciel plus haut. Déjà les formes des buissons et des arbres isolés d'alentour se précisent dans un brouillard ténu :

Le jour va se lever : autre danger.

À quelques centaines de mètres, au sommet d'une montée de terrain, il distingue une masse sombre : les bois, sans doute.

Il se fixe comme premier but de les atteindre avant l'aube. Il se remet en mouvement. L'effort a réchauffé son corps, assoupli ses muscles et ses articulations, localisé la douleur dans une bande tout le long du corps, du côté droit. Il arrive à se mettre debout, à le rester, à mettre l'un devant l'autre ses pieds déchaussés et insensibles, à marcher. À marcher lentement car sa jambe droite tire et son épaule lui fait bien mal. Mais il marche, il avance : penché, moulu, cassé, tordu, il se hisse vers la forêt. Il veut, se raidit, s'efforce et se cramponne. Avant l'aube il y sera, il s'y tapira, il s'y terrera, les Américains arriveront, il sera sauvé.

Le reste s'est passé dans un rêve, — dans un rêve à deux temps, long, exténuant.

Arrivé au bois, il a renoncé à s'enfoncer dans les taillis dont il redoutait la traîtrise, et jugé plus sage de s'asseoir là, un peu en retrait toutefois, entre les buissons rares d'où il pourrait, comme d'un observatoire dérobé, voir venir de tous les côtés.

Le jour s'est levé, la pente qui dévalait à ses pieds est peu à peu sortie de l'ombre, le damier de champs et de prés indistincts s'est précisé, la voie ferrée, là-bas s'est étirée, déroulée comme un long ruban. Au creux de deux collines dans le lointain, un rocher a pointé sa flèche parmi les petites fumerolles, montant toutes droites, d'invisibles cheminées.

Très vite, la nue encore grise mais irradiée d'une grosse tache blanche dénonçant le soleil qui cherchait à percer, s'est trouvée très haut dans le ciel. Le paysage s'est peuplé, par-ci, par-là, de quelques attelages qui vont et viennent, tranquilles. Un homme, un civil aussi mais dont on distingue le brassard significatif, a entrepris, nonchalamment d'ailleurs, de faire les cent pas le long de la voie ferrée.

Il a évoqué un coin de nature semblable, par un même temps, sous un même ciel, avec le même damier de champs et de prés, les mêmes forêts, les mêmes arbres isolés, le même clocher, la même voie ferrée, quelque part aux confins de l'Alsace et de la Franche-Comté.

Il a pensé que si sa mère avait vu celui-ci à cette même heure, elle n'aurait pas manqué de remarquer que le ciel se « lavait » ou que le temps « s'essuyait ». Il a observé longtemps deux chevaux qui traînaient, à cinq cents mètres, une sorte de herse, sur un pré, pour « étendre » les taupinières: ce vieux qui les conduisait, ma parole, c'était le père Tourdot, et cette petite bonne femme qui tirait sur une corde fixée à l'arrière de la herse, c'était sa petite-fille dont le père, le Tony, était prisonnier en Allemagne ! Par association d'idées, il a vu le visage soucieux de sa femme se pencher sur un petit bout d'homme de deux ans Puis il est revenu à lui dans un sursaut d'inquiétude :

– Non, non, c'était un leurre ! Les Américains ne peuvent pas être à douze kilomètres, tout est trop calme. À travers ces champs, ces prés, ces bois, rien ne respire une atmosphère de guerre, à plus forte raison de débâcle. En France, en 1940...

Il a été atterré : qu'allait-il devenir ?

Pas moyen de s'adresser à ces gens tout de même : avec un costume pareil !

Il en a eu faim, très faim, et il a ramassé une brindille qu'il a mise dans sa bouche : c'était encore une recette de sa mère quand il criait la soif dans ses jupes, les après-midi de grande chaleur, pendant la moisson. Ça lui a changé les idées.

Les heures ont coulé, le soleil a réussi à percer la nue, à morceler le ciel. Une cloche a sonné : midi, le finage s'est vidé. L'après-midi s'est écoulé de même : les attelages sont revenus plus nombreux par un soleil plus chaud qui a séché complètement ses vêtements. Un homme est passé près de lui, un coupe-gazon sur l'épaule, et l'a presque frôlé : il n'a pas bronché, mais il en a déduit qu'il ne pourrait pas rester longtemps dans cette situation sans donner l'éveil. Il a réfléchi le lendemain, c'était dimanche, il n'a pas eu de peine à l'établir en prenant comme repère l'embarquement au camp, qui avait eu lieu un mercredi soir. Demain matin, donc, il serait tranquille, mais il aurait, l'après-midi, beaucoup à redouter des dispositions qu'ont les Allemands, grands et petits, à se promener dans les bois.

Le soir est venu, puis la nuit. Le garde-voie avec son brassard n'a pas cessé d'aller et venir. Pas une alerte, pas le moindre petit bruit de moteur dans le ciel, durant toute cette journée :

— Non, non

La lune, une grosse lune couleur de braise, a répandu son étrange clarté sur le paysage. Des coups sourds ont résonné dans le lointain :

— Ils sont encore à quarante ou cinquante kilomètres au moins. Les chiens, si on les lâche sur moi, m'auront trouvé, avant qu'ils ne soient ici. Il faudrait partir, aller à leur rencontre, mais dans quelle direction d'abord ?

Il allait désespérer de tout quand une alerte lui a redonné courage. Les avions ont tournoyé des heures et des heures au-dessus de lui, laissé tomber des bombes dans les environs immédiats. Tranquillement, sans être le moins du monde inquiétés, pris en chasse, ou dans le feu de la D.C.A. Puis ils sont partis, puis d'autres sont revenus : un va-et-vient continuel jusqu'à l'aube.

Une alerte, une vraie alerte, une bonne alerte !

— Cette fois, tout de même.

Le jour, un brouillard qui se dissipe rapidement sous un soleil qui n'hésite pas, — tout de suite un ciel serein : un ciel de dimanche, un vrai ciel de vrai dimanche, de vrai printemps.

Il pouvait être dix heures du matin quand le grand chambardement a enfin commencé.

— Tac ! Tac ! *Tacatacatacatac !* Tac ! Il a évalué la distance : quatre à cinq kilomètres au maximum. Ça venait de la direction du clocher, d'un peu au-delà.
— Tac ! Tac ! Tac ! Tac !

La mitrailleuse a insisté, une autre a répondu :

— Toc ! Toc ! Toc ! Toc ! Puis un grand fracas :
— Boum ! boum ! boum ! Boum ! Le canon : les projectiles ne sont pas tombés bien loin, mais au-delà du village encore.
— Boum ! Boum ! boum, boum Un temps Boum ! boum ! Un autre temps. Boum ! Boum ! Boum ! Boum ! boum ! Boum !

Les coups viennent droit contre lui, le tir est régulier, frais, sonore. Il va falloir aviser.

Une formidable explosion déchire l'air derrière lui, presque sur lui.

Brroum ! Puis une autre.

Brroum !

Il en a les tympans brisés :

Brroum ! Brroum !

Ça ne s'arrête plus. Et de là-bas, en écho :

— Boum ! Boum ! boum ! Boum !

Le soleil est magnifique, le ciel est radieux, la campagne déserte, l'homme au brassard a disparu. Personne, il est seul.

— Brroum ! Boum, boum, boum, Brou,..Broum !

Il est dans l'axe du tir que la voie ferrée coupe presque

perpendiculairement et sur laquelle les Allemands se replient : ils essaieront de la défendre mais ils ne tiendront pas longtemps, ils se retireront sur la forêt où ils marqueront un temps d'arrêt. Sur la forêt, c'est-à-dire sur lui. Ils le trouveront :

Non, il ne faut pas rester là !

Il est dans l'axe du tir que la voie ferrée coupe presque pour sortir de l'axe. Sa jambe ne traîne presque plus, la terre est sèche, le sol est dur, il est en possession de toutes ses facultés. Le dernier acte de la tragédie va se jouer, il ne fera pas un faux mouvement, il est sûr de lui, il descend :

— Pas trop près de la voie, pas trop près de la forêt, décide-t-il. Le duel se poursuit :
— Boum ! Boum ! Boum ! Boum !
— Brroum !Broum ! Boum ! Boum !

Tiens, il a vu des fumées, en deçà du clocher : les Américains allongent le tir

— Boum ! Boum ! Boum ! Boum ! Boum ! Ils l'allongent encore : ça tombe sur la voie.

Il voit la terre gicler en gerbes dans la fumée, sur une longue ligne qui la coupe en oblique. Il sent l'odeur des obus.

— Diable, il faut se coucher ;

Il aurait voulu aller plus loin, mais Un buisson isolé est à proximité :

— Mauvais refuge.

Et il préfère le sillon profond qui sépare deux parcelles, devant lui, à quinze pas ; il s'y tapit :

— Zz Boum ! Zz Boum !

Il était temps ! Ça siffle au-dessus, ça tombe autour. Le tonnerre qui s'était tu derrière lui reprend, les coups sont plus sourds, plus lointains :

— Ils reculent !

Pendant que les Américains allongent le tir, les Allemands le raccourcissent, suivent la progression à reculons Il se trouve tout à coup comme au centre d'un effroyable tremblement de terre, dans un nuage de fumée, de fer et de terre, Il est quasi recouvert de terre et il se demande quel miracle fait qu'il ne soit pas pulvérisé.

Entre deux roulements, il risque un regard par-dessus son sillon : des formes grises traversent la voie, l'une après l'autre, en sauts rapides Elles se plaquent au remblai : un coup de feu Un plaquage, un coup de feu ! Un plaquage, un coup de feu ! Hop ! quinze pas en arrière Hop ! Hop ! on dirait qu'ils se passent le mot et sautent à leur tour.

Ils reculent sur lui, ils cherchent à quitter le découvert, à gagner les taillis.

Hop ! Quinze pas en arrière, un coup de feu Hop !

— Pourvu que l'un d'eux ne vienne pas se plaquer à côté de moi, ni sur moi !

Un coup de feu claque à moins de quinze pas à sa gauche, un autre à moins de cinq à sa droite. Il ne voit pas d'adversaires leur répondre :

— Sur quoi tirent-ils, bon Dieu ?

Le tir des canons s'allonge peu à peu, atteint la forêt, la franchit d'un bond. Les claquements se croisent par-dessus lui, depuis que là-bas d'autres formes grises ont escaladé la voie ferrée et progressent vers la forêt : Hop ! quinze pas en avant, clac Hop ! quinze pas en avant, clac Hop !

— Clac ! Clac ! Clac ! Clac ! Clac !

Un feu nourri. Les assaillis faiblissent, la riposte qui part de la forêt se fait de plus en plus mince, finit par s'éteindre complètement.

Soudain, une immense clameur :

— Hurrah ! Hurrah ! Hurrah !

Les canons continuent, leurs coups sont de plus en plus sourds, s'éloignent de plus en plus, mais les fusils et les mitrailleuses se sont tus.

— Hurrah ! Hurrah ! Hurrah !

Ça part de tous les coins de l'horizon, ça se répercute de proche en proche, ça n'en finit plus :

— Hurrah ! Hurrah ! Hurrah !

Une nuée d'hommes s'est élevée, mitraillettes au poing. Tout à l'heure, ceux qui fuyaient étaient quelques dizaines, une centaine tout au plus : ceux-ci sont au moins un millier. Comme obéissant à une même et impérieuse attraction, ils se dirigent, ils se concentrent tous sur le même point.

— Hurrah aaah !!!

Ils passent de part et d'autre, ils marchent, ils courent La fin du drame les a grisés. Aucun ne l'a vu : il aime autant, on ne sait jamais ce qui peut arriver dans ces moments d'excitation et d'énervement. Il prend garde de ne pas signaler trop tôt sa présence, il attend que le flot soit tari. Enfin, il ose bouger.

Il s'assied. À huit cents mètres, des hommes nerveux, une quinzaine à peine — les autres doivent s'être enfoncés dans les taillis — font la navette, sur leurs gardes, mitraillette aux aguets. Devant eux, le dos à la forêt, d'autres hommes sont alignés, les mains à la nuque, raides. D'autres enfin, les bras levés, un fusil au bout, se présentent un à un, jettent leurs armes à terre, étroitement surveillés, se déséquipent et vont prendre rang dans l'alignement.

— Et que ça saute !

L'un d'eux, trop lent, est rappelé à sa condition par un coup de bottes bien placé. Un autre par un coup de crosse. Un troisième a voulu parlementer, tergiverser, peut-être protester : Cra-a-ac ! une mitraillette s'est déchargée à bout portant dans sa poitrine. Quelques coups de poings, de bottes et de crosses encore et le convoi est prêt.

— En route vers le clocher !

Le groupe passe à sa hauteur, à une centaine de mètres. Les prisonniers, en rangs de cinq, entièrement deséquipés, vestes déboutonnées, souliers délacés, les mains toujours derrière le dos, avancent, gênés, silencieux : et dociles. De chaque côté, un cordon armé de sept à huit hommes les accable de sarcasmes et d'avertissements. Il juge à propos de s'annoncer, il se dresse d'un bond :

— Eho ! Eho !

Et il lève un bras dans un geste d'appel.

Ça n'a pas traîné : le groupe a stoppé, quatre hommes s'en sont détachés au pas de course, et avant qu'il ait eu le temps de se rendre compte de ce qui lui arrivait, les canons de quatre mitraillettes ont été appuyées sur sa poitrine et dans son dos.

— Comme ça, au moins, je suis sûr qu'ils ne tireront pas ! pense-t-il. Les questions fusent, menaçantes, dans un langage qu'il ne comprend pas.
— *French man*, dit-il. Tout ce qu'il sait d'anglais, et encore n'est-il pas sûr de son authenticité.

On le regarde avec de grands yeux étonnés et méfiants. Il n'a manifestement pas été compris. Alors :

— Français !

Il ne l'est pas davantage. Il risque sa dernière ressource :

— *Französische Häftling ! Franzous !*

Cette fois ça y est, une des quatre mitraillettes s'abaisse :

— *Was ?*

Il explique brièvement, en phrases hachées, et il s'aperçoit qu'il est en présence d'un Allemand, de deux Espagnols et d'un Yougoslave dont un sabir italien est la langue commune.

Ils ont compris, toutes les mitraillettes se sont abaissées, on lui tend une gourde. Il boit : un liquide âcre, froid, qu'il a envie de recracher. Il fait la grimace :

— *Koffé*, dit l'Allemand, *gut Koffé !* Ils sortent tous des biscuits secs — durs, durs, ho, durs ! — du chocolat, des boîtes, des cigarettes Des cigarettes :
— D'abord une cigarette

Mais il ne faut pas perdre de temps :

— *Schnell*, a dit l'Allemand, *Wir müssen.* Ils se sont rendus compte de son état. À deux, — ils ont voulu se mettre à deux, — ils l'ont hissé sur leurs épaules et, comme un trophée vivant, rapporté, rieurs, vers le groupe qui attendait.
— *Sin, sin ?* a demandé un des gars de l'escorte.
— *Yes*, a-t-il répondu, mais les autres n'ont pas fait écho, il n'y avait qu'un Anglais — ou un Américain — dans l'équipe. Troupes de choc, a-t-il pensé, brigade internationale, et il a évoqué la guerre d'Espagne.

Dans le soir qui tombait, la petite troupe s'est remise en marche vers le clocher, lui, tenant difficilement en équilibre sur deux épaules appartenant à deux hommes différents et grignotant lentement, en salivant bien, des biscuits et du chocolat. Les sarcasmes et les avertissements, les jurons aussi, ont recommencé à pleuvoir sur les prisonniers qui, toujours dociles, avancent, toujours gênés dans leurs souliers délacés, la tête penchée, les deux mains croisées sur la nuque :

— *Porco Dio ! Gott verdamnt !*

De temps à autre, l'Allemand prend la parole :

— *Du ! Blöde Hund ! Du* Et il désigne un prisonnier.

Puis, sortant un revolver d'un étui et, se tournant vers celui qu'ils viennent de délivrer :

— *Muss ich erschiessen ?*[71] lui demande-t-il.

Le prisonnier roule de gros yeux effarés et suppliants, guettant la réponse : c'est un sourire neutre, résigné.

— *Du hast Glück ! Mensch ! Blöde Hund* et il crache de mépris : *tt ! Lumpe !*[72]

Les rôles sont renversés.

De sarcasmes en sarcasmes, de quolibets en quolibets, de menaces en menaces, le cortège, vainqueurs triomphants et vaincus défrisés, fait son entrée au village encore avant la nuit. On est passé devant une gare, toute petite, toute pareille à une autre, qu'il connaît bien à cheval sur la Franche-Comté et l'Alsace. Au fronton il a lu Munschlof en lettres gothiques. On a traversé un passage à niveau. Ils l'ont déposé à terre, se sont détachés du groupe avec lui, puis, lentement, les uns aidant l'autre, ils se sont mis en marche dans le bruit assourdissant d'imposantes machines de guerre, lesquelles traversent en toute hâte et toutes griffes dehors, le village désert quoiqu'intact, et se portent sur de nouvelles positions.

Les faibles, les déprimés, ceux qui sont restés longtemps retirés de la vie du monde sont souvent, comme les nerveux et les malades, d'une extrême sensibilité, et cette sensibilité se manifeste toujours à rebours. Heurté, il fut heurté dès les premières reprises de contact avec la liberté. Chez le commandant d'abord, quand il retrouva le convoi ensuite, et, enfin, dans cette villa où il passa deux nuits.

Un drôle de bonhomme ce commandant : l'anglais, l'allemand, l'italien, le français, toutes les langues semblaient lui être familières. Et puis ce ton, cette allure :

---

[71] Je l'abats ?
[72] Tu as de la chance ! ... Débris d'humanité ! ... Chien idiot ! ... Tt Voyou ! ...

— Premièrement, choisir un gîte, mon ami, manger, se restaurer, se reposer, un bon lit. Après, on verra Frappez à la première porte que vous jugez convenable Non, non, pas avec mes hommes, ils n'ont pas le temps, foutez-leur la paix à mes hommes, maintenant. Frappez : si on vous ouvre, réclamez à manger, — chaud, vous avez besoin de quelque chose de chaud. On vous donnera un petit supplément, nous, froid naturellement. Si on ne vous répond pas, entrez quand même, et qu'il y ait quelqu'un ou personne, faites comme chez vous, tous ces gens-là sont nos domestiques, c'est bien leur tour. Ils n'ont qu'à bien se tenir ! Non, non, n'ayez pas peur, au moindre manque d'égard Hein, compris ? Revenez me voir demain. D'ici là... Pas blessé ?... Pas malade ?... Oui, bien sûr, faible, faible seulement. À demain donc. Et tâchez de trouver une paire de souliers par là et un autre smoking !

Le lendemain, il était revenu. Le commandant, assis dans un fauteuil, sur le perron, était en coquetterie avec deux fort jolies personnes qui riaient aux éclats et qui paraissaient fort disposées « à bien se tenir » au sens militaire de l'expression quand on l'applique aux civils du sexe d'en face :

— La femelle, toujours, subit en riant la loi du vainqueur, pensa-t-il. En France, en 1940... Toutes, filles de Colas Breugnon.

Mais l'autre, tout de suite :

— Ah, vous voilà ! Dites donc, depuis hier soir, j'ai hérité de pas mal de gens comme vous : depuis l'aube, mes hommes ne cessent d'en transporter à l'*Arbeitsdienst*[73]. Qu'est-ce que je vais en faire. Bon Dieu ?.. Un train, qu'ils sont, un train ! Et moi, je n'ai pas de moyens pour les transporter vers l'arrière ! Ils vont tous crever, ma parole, ils vont tous crever ! Qu'est-ce que c'était donc la pension où vous étiez ?... Ah ! les salauds ! T'en fais pas, mon pote, ces deux garces-là.

Bon, reprit-il Vous pouvez marcher ?... Alors, n'allez pas à l'Arbeitsdienst... Vers l'Ouest, mon ami, vers l'Ouest. Évadé, arrivé par ses propres moyens en terre amie, convention de La Haye, déporté, priorité. À la première ambulance que vous rencontrez, vous faites

---

[73] Camp du Service du Travail (Todt).

signe... Dans huit jours vous êtes à Paris. Tous les droits, je vous dis. On va vous donner des vivres pour la route. Au fait, c'est tout ce que vous avez trouvé depuis hier soir ? Mon vieux, vous allez faire peur aux filles en chemin ! Il n'y avait donc rien où vous avez dormi ? Nous avons gagné la guerre, nom de Dieu ! Elle est bien bonne, celle-là ! Ah ! ces Français, jamais on ne leur apprendra rien Frantz !

Un planton, quelques mots en sabir anglo-allemand :

— *Also, bye, bye !* Suivez le guide, il va vous donner un petit viatique. Bonne chance, mais tâchez de faire mieux la prochaine fois !

Abondamment lesté de boîtes de conserves, de sucre, de chocolat, de biscuits, de cigarettes, etc., etc., qu'il ne savait où mettre, il s'était retrouvé dehors : il voulait voir le convoi, il se dirigea vers la gare.

Des gens, civils et soldats, allaient et venaient, affairés, sur les quais, faisaient des colloques, s'empressaient. On s'écarta sur son passage : l'habit qu'il portait lui valait une sorte de considération. Des équipes tiraient des wagons, des corps mi- vêtus, loqueteux, décharnés, sales, barbus, fangeux, les civils aidaient et regardaient, pitoyables, horrifiés. On alignait les cadavres en bordure de la voie ferrée, après avoir pris les numéros quand il y en avait sur les pauvres guenilles. Il chercha si, dans les morts, il n'y avait pas une figure connue... Deux hommes, deux civils allemands, arrivèrent, portant un grand corps maigre :

— *Kaputt !* disait l'un ; *nein*, rétorquait l'autre, *atmet noch...*[74]

Il reconnut Barray : Barray !

Barray était un ingénieur de Saint-Etienne : au camp, ils avaient dormi trois semaines sur la même paillasse, étaient devenus amis ; on s'écrira, si on en sort, s'étaient-ils promis.

Il apprit d'un rescapé que le malheureux avait succombé sous les coups des détenus allemands pour avoir, dans le délire de la faim, du froid et de la fièvre, entonné la *Marseillaise*. Les S.S. avaient assisté au drame

---

[74] Non, il respire encore.

avec un gros sourire, trouvant que c'était beaucoup plus amusant que le monotone et rituel coup de revolver.

— Barray ! Pas de chance, dit-il.

Et il s'éloigna en songeant qu'il y avait vraiment une fatalité dans les choses et que certaines prémonitions se vérifiaient dans la vie : depuis quinze jours au moins, Barray jurait ses grands Dieux qu'on serait tous libres le lundi de Quasimodo… Il se promit tout de même d'écrire à sa veuve et aux deux enfants dont ils s'étaient si souvent entretenus le soir en s'endormant.

Le rescapé, — il disait le rescapé ! — lui raconta l'histoire du convoi. À deux kilomètres après avoir dépassé la gare, il avait été immobilisé, le samedi au petit matin. Les SS. avaient en hâte fait descendre tous les hommes valides, les avaient groupés en une grande colonne qui n'en finissait plus et qui s'était enfoncée dans la nature, au milieu des hurlements des chiens et des coups de feu assassins. Ils avaient abandonné là les morts, les mourants et tous ceux qui, à la faveur du désarroi général, avaient eu la chance de passer pour tels : visiblement, il y en avait trop et ils n'avaient pas eu le temps de les tuer un à un — pas le temps ou pas le goût[75].

Il continua son inspection. Dans un wagon grand ouvert et dont personne ne s'occupait, des troncs vivants, grelottant malgré le grand soleil, émergeaient d'un tas de morts ; ils se serraient sur eux-mêmes contre un froid qu'ils étaient seuls à ressentir.

— Qu'est-ce que vous attendez ?
— Ben on attend de crever, tu vois pas ?
— Hein ?
— Peuh ! On est encore quatorze vivants, tous les autres sont morts, on attend son tour.

Il ne comprit pas qu'ils fussent si peu accrochés à la vie.

---

[75] Depuis que ceci a été écrit, il a été prouvé qu'ils n'avaient pas non plus l'ordre : cf. Avant- propos de l'auteur à la deuxième et troisième éditions (Note de l'Auteur pour la seconde édition.)

— Ceux-là ont abandonné, pensa-t-il, pas la peine qu'on s'occupe d'eux Ils sont déjà de l'autre côté et ils s'y trouvent bien. Ils recevaient la vie comme une punition qu'ils auraient hâte de voir levée.

Et il passa indifférent. Combien en avait-il connu au camp, de ces êtres qui traînaient derrière eux une sorte de fatalité et qu'on ne pouvait jamais rencontrer sans penser qu'ils étaient déjà morts, que leur cadavre se survivait, en quelque sorte, à lui-même. Ils ne manquaient jamais une occasion de vous aborder, de vous seriner que la guerre serait finie dans deux mois, que les Américains étaient ici, les Russes là, l'Allemagne en révolution, etc. Ils étaient irritants, excédants. Un beau jour on ne les voyait plus : les deux mois étaient écoulés, ils n'avaient rien vu venir, ils avaient « lâché la rampe » disait-on, ils s'étaient laissés mourir à la date fixée. Ceux-ci lâchaient la rampe au poteau, les deux mois finissaient là, le jour de la liberté ! Il savait par expérience qu'il n'y avait rien à faire.

Deux pas plus loin, il eut un remords :

— Restez pas comme ça, dégagez-vous, les Américains sont là, ils vident le wagon d'à côté, ils arrivent à vous. Ils vont vous donner à manger, il y a un hôpital au village. Ils ne le crurent pas, mais il était en règle avec lui-même. Dix, douze, quinze wagons, des morts, des mourants :

Mourir là ! Venir mourir là !

En queue de train, les vivres : des sacs de petits pois, de farine, des boîtes de conserves, des paquets de tous les *ersatz* imaginables, des alcools, de la bière, des liqueurs, des habits, des souliers, des accessoires, etc. Il prit un sac de soldat et une paire de souliers italiens, montants de toile, semelles plates, qui allaient merveilleusement à son pied, puis il partit, ayant hâte de quitter toute cette misère.

Il voulut cependant voir encore ce camp de l'Arbeitsdienst, à deux pas, où le commandant lui avait dit qu'on transportait les vivants : un grand espace de terrain entouré de bâtiments en bois, des squelettes qui allaient et venaient, pressant leurs mains sur leurs boyaux qui se tordaient, des cadavres ici et là cinq ou six cents qu'ils étaient. Des infirmiers bénévoles s'affairaient parmi eux, couraient de l'un à l'autre, s'évertuaient en vain à leur faire comprendre qu'ils devaient rester sagement étendus sur les paillasses à l'intérieur des baraquements. Rares étaient ceux qui avaient gardé dans leurs yeux la volonté et au cœur le goût de vivre. Ceux qu'on aurait encore pu sauver commençaient à mourir de diarrhée dysentérique pour s'être, dédaignant les conseils, jetés trop goulûment sur les vivres qu'on leur distribuait à profusion : ils mangeaient puis ils éprouvaient un grand besoin d'air, voulaient partir, et ils allaient mourir dans la cour... Non, non, ce n'était pas un endroit pour lui. D'abord on était trop près des lignes, on entendait encore les coups de canons trop frais. Il partirait. À pied jusqu'au bout, s'il le fallait : il évoqua le retour d'Ulysse...

Il s'achemina vers la villa où il avait dormi la veille et où un nouveau serrement de cœur l'attendait. Entre-temps il trouva un soldat américain, à la porte d'une grange, qui voulut bien le raser, amusé.

À vrai dire, ce n'était pas une villa mais une petite maison d'ingénieur ou de retraité comme il y en avait tant en France, grille et jardin autour. La veille, il l'avait trouvée déserte, toutes portes ouvertes. Dans la cuisine, la table n'était pas même desservie : du fromage blanc dans une assiette, de la confiture — la marmelade des Allemands ! — dans une autre. Dans la salle à manger, les portes d'armoire baillaient, le linge et divers objets étaient empilés sur le divan, sur la table, sur les chaises, tout à trac, — une malle dont le couvercle béait dans l'attente. La chambre à coucher était en ordre parfait. Il avait respiré là-dedans la détresse toute chaude de gens aisés qui avaient espéré jusqu'au bout et attendu la dernière minute pour partir.

— Ils ne sont pas loin, avait-il pensé, ils vont revenir d'un moment à l'autre.

Il avait dormi dans le grand lit de la chambre à coucher, il y avait paressé en fumant une cigarette, le matin ; il s'y était étiré dans la chaleur des draps, sous un large faisceau de soleil qui rebondissait sur les meubles laqués. En quittant cette maison, pour se rendre chez le commandant, vers dix heures du matin, il avait pensé à ce qui lui était arrivé en 1940, quand il avait, se repliant d'Alsace, voulu passer une dernière fois chez lui. Il s'était revu tenant un crayon pour écrire une banderole qu'il aurait affichée sur la porte si, au dernier moment, une sorte de fierté dont il avait toujours cru qu'elle était déplacée ne l'avait retenu : « Usez de tout, ne volez rien, ne cassez rien. Ne vous vengez pas sur les choses de ce que vous avez à reprocher aux individus Ne faites pas payer aux individus ce que vous croyez être l'erreur de la collectivité ». Et il n'avait pris dans l'armoire au linge que l'indispensable : une chemise, un caleçon, un mouchoir, sous le buffet de cuisine la paire de sandales simili-cuir qui avait tant fait rire le commandant. Il avait même surmonté une tentation très forte quand, passant devant le garage dans le jardin, il avait, au dernier moment, avant de sortir, levé le rideau sur une magnifique Opel.

Maintenant, tout avait disparu, la magnifique Opel était loin, les meubles éventrés, le linge envolé, la vaisselle cassée.

— Et moi qui ai eu tant de scrupules, pensa-t-il. La guerre, ah, la guerre !

Sur la table de nuit, un réveil qu'il avait remarqué la veille était par miracle resté. Il marquait 18 h 30.

Il se jeta tout habillé sur le lit et il s'endormit.

Le lendemain matin de bonne heure, par un soleil déjà haut, il prit la route Le tonnerre des canons roulait toujours ; derrière lui, les puissantes machines de guerre montaient toujours à la rescousse. À la sortie du village, devant une maison à l'écart, des civils faisaient cuire quelque chose dans un chaudron posé sur deux pierres : ils étaient là une demi-douzaine, mal habillés, mal lavés, pas rasés, sales, et il vit que l'un d'eux alimentait le feu avec des livres qu'il prenait dans un tas. Il s'approcha, curieux : c'était des requis belges et hollandais, les livres étaient ceux de la *Hitler- Jugend-Bücherei*[76].

Il jeta un coup d'œil sur les titres :

*Kritik über Feuerbach*, *Die Raüber* de Schiller, *Kant und der Moral*, Goethe, Hölderlin, Fichte, Nietzsche, etc. ils étaient tous là comme à un rendez-

---

[76] Bibliothèque de la jeunesse hitlérienne.

vous tragique et ils attendaient parmi des seigneurs de moins noble lignée, des Goebbels et des Streicher, qu'un sort leur fût fait. Le papier était beau, la reliure modeste, la présentation de bonne facture : il avait toujours eu un faible pour les livres quels qu'ils soient. Il en avisa un : *Du und die Kunst*, par un leader du National-Socialisme. Il l'ouvrit machinalement et il vit une reproduction en couleurs de « La liberté guidant le peuple », de Delacroix. Il feuilleta, plus attentif : des fleurs de Manet, un détail de Renoir, la Joconde, Mme Récamier, le Martyre de Saint Sébastien Le contraste avec l'enfer dont il sortait lui fit mal, il demanda l'autorisation d'emporter ce livre, fruit pourtant de cette civilisation qui avait été si cruelle pour lui et qui étonnera et scandalisera le monde jusqu'à la consommation des siècles. L'autorisation lui fut accordée avec un sourire et un quolibet. Bien sûr, c'était difficile à comprendre.

Il reprit la direction de l'Ouest, avec le pressentiment qu'il ne rencontrerait jamais une ambulance de bonne volonté, qu'il irait à pied jusqu'au bout Brusquement il se sentit au seuil d'une nouvelle aventure et il eût bien voulu, quoique dans un autre temps et sous un autre ciel, elle ressemblât à celle d'Ulysse qu'il évoquait hier.

Devant lui, il vit des routes, des paysans dans les champs, des buissons en fleurs, des arbres en bourgeons, des fermes, des gens qui lui demandaient son histoire et auxquels il la racontait volontiers, des routes, encore des routes et, là-bas, au tréfonds de cet horizon de mirage, une petite maison dans les thuyas, en banlieue d'une petite ville. Dans la courette, un bambin qui avait toujours deux ans et qui jouait avec du sable, levait de grands yeux étonnés en le voyant arriver dans son habit de bagnard Il eut la langue levée :

— Comment t'appelles-tu, mon petit ? Où est ta maman ?
— Et il pleura.

Saint-Nectaire, le 1er septembre 1948.

# FIN

## Deuxième partie : L'expérience des autres[77]

À tous ceux que n'ont jamais pu séduire :

- ni ce patriotisme désuet dont la haine est toute la substance,
- ni cet anti-fascisme sans profondeur et sans portée,

qui se contente de se justifier par des « vérités » de circonstance...

... et à quelques autres.

P.R.

---

[77] Paru en 1950 sous le titre *Le mensonge d'Ulysse*

# Chapitre I

## La littérature concentrationnaire

En politique, les camps de concentration allemands sont dépassés. En littérature, ils sont « usés ». Cédant comme à une injonction occulte et franchissant allégrement les étapes, l'opinion en est aux camps russes.

Parfaitement conscient de cet état de fait, j'ai cependant tout récemment publié sur le régime concentrationnaire hitlérien, un témoignage rigoureusement limité à mon expérience personnelle. Bien entendu, j'arrivais avec quelque retard et c'est surtout ce qu'on a souligné. Aujourd'hui, je récidive sous une autre forme : on ne manquera pas de dire que je m'entête inconsidérément et à contre-courant. Il convient, en conséquence, qu'avant toute chose, je fasse amende honorable.

Au camp même, toutes les conversations que nos rares instants de répit nous permettaient, étaient centrées sur trois sujets : la date probable de la cessation des hostilités et nos chances individuelles ou collectives d'y survivre, des recettes de cuisine pour les lendemains immédiats, et ce qu'on pourrait appeler les « potins » du camp, si le mot avait quelque rapport avec la tragique réalité qu'il désigne. Aucun des trois ne nous offrait de très grandes possibilités de nous évader de notre condition du moment. Tous trois, par contre, séparément ou ensemble, selon le temps dont nous disposions pour faire le tour de notre univers restreint, nous y ramenaient à la moindre tentative, par le truchement d'un « *Quand on racontera ça...* », prononcé sur un ton et ponctué dans les regards d'une telle lueur que j'en étais effrayé. Avouant en quelque sorte mon impuissance à élever ces rapides prises de conscience au-dessus de l'ambiance, je me repliais alors sur moi-même et me transformais en témoin obstinément silencieux.

D'instinct, je me trouvais reporté au lendemain de l'autre guerre, aux anciens combattants, à leurs récits et à toute leur littérature. À n'en pas douter cette après-guerre aurait, au surplus, des anciens prisonniers et des anciens déportés qui réintégreraient leurs foyers avec des souvenirs plus horribles encore. La voie me paraissait libre devant l'anathème et l'esprit de vindicte. Dans la mesure où il m'était possible d'abstraire mon sort personnel du grand drame qui se jouait, tous les Montaigus, tous les Capulets, tous les Armagnacs et tous les Bourguignons de l'Histoire, reprenant tous leurs démêlés par le commencement, se mettaient à danser devant mes yeux, une sarabande effrénée, sur une scène agrandie à l'échelle de l'Europe. Je ne parvenais pas à me représenter que la tradition de haine en train de naître sous mes yeux, pût être endiguée quelle que soit l'issue du conflit.

Si je tentais d'en mesurer les conséquences, il me suffisait de penser que j'avais un fils pour arriver, non seulement à me demander s'il ne vaudrait pas mieux que personne ne revînt, mais encore à espérer que les instances supérieures du IIIe Reich prendraient assez tôt conscience qu'elles ne pouvaient plus obtenir de pardon qu'en offrant, dans un immense et affreux holocauste, ce qui resterait de la population des camps, à la rédemption de tant de mal. Dans cette disposition d'esprit, j'avais décidé, si je revenais, de prêcher d'exemple ; et juré de ne jamais faire la moindre allusion à mon aventure.

Pendant un temps qui me paraît très long, même après coup, j'ai tenu parole : ce ne fut pas facile.

D'abord, j'eus à lutter contre moi-même. À ce propos, je n'oublierai jamais une manifestation que, dans les tout premiers temps, les déportés avaient organisée à Belfort pour marquer leur retour. Toute la ville s'était dérangée pour venir entendre et recueillir leur message. L'immense salle de la Maison du Peuple était pleine à craquer. Devant, l'esplanade était noire de monde. On avait dû installer des haut-parleurs jusque dans la rue. Mon état de santé ne m'ayant permis d'assister à cette manifestation, ni comme orateur, ni comme auditeur, ma peine était grande. Elle fut plus grande encore le lendemain, quand les journaux locaux m'apportèrent la preuve qu'avec tout ce qui avait été dit, il était absolument impossible de construire un message valable. Mes appréhensions du camp étaient justifiées. La foule, d'ailleurs ne fut pas dupe : jamais plus, dans la suite, on ne put la rassembler dans le même dessein.

Il fallut aussi lutter contre les autres. Où que j'aille il se trouvait toujours entre la poire et le fromage, ou devant la tasse de thé, une perruche distinguée en mal d'émotions rares ou un ami bienveillant qui croyait me rendre service en attirant l'attention sur moi, pour amener la conversation sur le sujet : *Est-il vrai que ?... Croyez-vous que ?... Que pensez-vous du livre de ?...* Toutes ces questions, quand elles n'étaient pas inspirées par une curiosité malsaine, trahissaient visiblement le doute et le besoin de confrontation. Elles m'excédaient. Systématiquement, je coupais court, ce qui n'allait pas sans provoquer, parfois, des jugements sévères.

Je m'en rendais compte et, s'il arrivait que j'en éprouvasse quelque ressentiment, j'en rendais responsables mes compagnons d'infortune, rescapés comme moi, qui n'en finissaient pas de publier des récits souvent fantaisistes dans lesquels ils se donnaient volontiers des allures de saints, de héros ou de martyrs. Leurs écrits s'amoncelaient sur ma table comme autant de sollicitations. Convaincu que les temps approchaient où je serais contraint de sortir de ma réserve et de faire perdre moi-même à mes souvenirs leur caractère de sanctuaire interdit au public, je me suis, plus d'une fois, surpris à penser que le mot attribué à Riera et selon lequel, après chaque guerre, il faudrait impitoyablement tuer tous les anciens combattants, méritait plus et mieux que le sort d'une boutade.

Un jour, je me suis aperçu que l'opinion s'était forgée une idée fausse des camps allemands, que le problème concentrationnaire restait entier malgré tout ce qui en avait été dit, et que les déportés, s'ils n'avaient plus aucun crédit, n'en avaient pas moins grandement contribué à aiguiller la politique internationale sur des voies dangereuses. L'affaire sortait du cadre des salons. J'eus soudain le sentiment qu'à m'obstiner, je me ferais le complice d'une mauvaise action. Et, d'un seul trait, sans aucune préoccupation d'ordre littéraire, dans une forme aussi simple que possible, j'écrivis mon *Passage de la Ligne*, pour remettre les choses au point et tenter de ramener les gens, à la fois au sens de l'objectivité, et à une notion plus acceptable de la probité intellectuelle.

Aujourd'hui, les mêmes hommes qui ont présenté les camps de concentration allemands au public, lui présentent les camps russes et tendent les mêmes pièges sous ses pas. De cette entreprise est déjà née, entre David Rousset, d'une part, Jean-Paul Sartre et Merleau-Ponty, de l'autre, une controverse dans laquelle tout ne pouvait qu'être faux puisqu'elle repose essentiellement sur la comparaison entre les témoignages peut-être inattaquables — je dis : peut-être — des rescapés des camps russes et ceux qui ne le sont, à coup sûr pas, des rescapés des camps allemands... Sans doute n'y a-t-il aucune chance de replacer cette controverse sur les voies qu'elle aurait dû emprunter. Les jeux sont faits : les antagonistes obéissent à des impératifs beaucoup plus catégoriques que la nature même des choses dont ils disputent.

Mais il n'est pas interdit de penser que les discussions de l'avenir autour du problème concentrationnaire, gagneraient à prendre leur départ dans une reconsidération générale des événements dont les camps allemands furent le théâtre, à travers la foule des témoignages qu'ils ont suscités. Au stade de la conviction, cette idée me faisait une obligation de réunir et de publier les premiers éléments de cette reconsidération. Ainsi s'explique et se justifie ce *Regard sur la Littérature concentrationnaire*.

Le lecteur comprendra maintenant que si, après avoir tant tardé à parler, je tente encore, alors que tout le monde s'est tu, et qu'il semble bien que personne n'ait plus rien à dire, de rajeunir un sujet, à mes yeux prématurément vieilli, je puisse me croire en droit de lui demander le bénéfice des circonstances atténuantes et que ce soit mon premier soin.

L'expérience des anciens combattants, si fraîche encore, pour avoir été gratuite, n'en offre pas moins la possibilité d'un parallèle que je crois probant.

Ils étaient revenus avec un grand désir de paix, jurant par tous les saints qu'ils mettraient tout en œuvre pour que ce fût la « der des der ». On leur en sut un gré, on leur en témoigna une reconnaissance qui n'allaient pas sans une certaine admiration. Dans la joie et dans l'espoir, dans l'enthousiasme, toute une Nation leur fit un accueil affectueux et confiant.

À la veille de cette guerre cependant, ils étaient très discutés. Leurs témoignages étaient abondamment commentés dans des sens divers, et le moins qu'on en puisse dire, c'est que l'opinion n'était pas tendre pour eux, si peu qu'ils s'en soient aperçus ou souciés. Souvent même, elle fut injuste. Si elle faisait le départ entre leurs discours et leurs récits, elle n'en prononçait pas moins, sur les uns et sur les autres, des jugements définitifs qui se rejoignaient dans la désinvolture. Elle ricanait des premiers, qu'il s'agît de l'inévitable radoteur — c'était le mot qu'elle employait — dont les souvenirs embouteillaient toutes les conversations, ou des leaders des associations départementales et nationales, dont la mission semblait être limitée à la revendication dominicale. Sur les seconds, elle était tout aussi catégorique, et il n'était qu'un témoignage qu'elle reconnût : *Le Feu*, de Barbusse. Quand, dans ses rares moments de bienveillance, il lui arriva de faire une exception, ce fut pour Galtier-Boissière et pour Dorgelès, mais à un autre titre : en raison de son pacifisme gouailleur et impénitent pour l'un, de ce qu'elle prit pour du réalisme chez l'autre.

Qui dira les raisons exactes de ce retournement ?

À mon sens, elles s'inscrivent toutes dans le cadre de cette vérité générale : les hommes sont beaucoup plus préoccupés par l'avenir qui les aspire, que par le passé dont ils n'ont plus rien à attendre, et il est impossible de figer la vie des peuples sur un événement aussi extraordinaire soit-il, à plus forte raison sur une guerre, phénomène qui tend à se banaliser et qui se démode, en tous cas, très rapidement dans les caractères qui lui sont propres.

À la veille de 1914, mon grand-père qui n'avait pas encore digéré la guerre de 1870, la racontait à longueur de dimanche, à mon père qui baillait d'ennui. À la veille de 1939, mon père n'avait pas encore fini de raconter la sienne et, pour ne pas être en reste, chaque fois qu'il l'abordait, je ne pouvais m'empêcher de penser que du Guesclin, surgissant parmi nous avec la fierté des exploits qu'il tirait de son arbalète, n'eût pas été plus ridicule.

Ainsi les générations s'opposent-elles dans leurs conceptions. Elles s'opposent aussi dans leurs intérêts. Ceci m'amène à dire, pour le détail, qu'entre les deux guerres, celles qui montaient eurent le sentiment qu'il leur était impossible de tenter le moindre élan vers la réalisation de leur destin, sans se heurter à l'ancien combattant, à ses prétentions, à ses droits préférentiels. On lui avait reconnu « des droits sur nous ». Il en profitait pour en réclamer sans cesse d'autres. Or, il est des droits que même le fait d'avoir souffert une longue guerre et de l'avoir gagnée ne confère pas, notamment celui d'être seul déclaré apte à construire une paix, ou celui, plus modeste, de passer devant le mérite, qu'il s'agisse d'un bureau de tabac, d'un emploi de garde-champêtre ou d'un concours d'agrégation.

Le divorce fut consommé sans espoir de retour, dans les années 30, avec la crise économique. Il s'aggrava, vers 1935, de l'oubli par les uns, de leurs serments du retour, de l'extrême facilité avec laquelle ils acceptèrent l'éventualité d'une nouvelle guerre et de la volonté de paix des autres. C'est encore une loi de l'évolution historique, que les jeunes générations sont pacifistes, que c'est par elles, qu'au long des siècles, l'humanité s'affirmit progressivement dans la recherche de la paix universelle, et que la guerre est toujours, dans une certaine mesure la rançon de la gérontocratie.

Ceci étant avancé avec la réserve qui convient, il semble bien, tout de même, que les anciens combattants aient commis une erreur d'optique doublée d'une faute de psychologie. En tout état de cause, après vingt années d'une agitation tenace et ininterrompue, les problèmes de la guerre et de la paix, n'ayant été qu'à peine effleurés, restaient entiers. Il est une justice, cependant, qu'il leur faut rendre : ils ont raconté leur guerre, telle qu'elle fut. Pas un mot qu'à les lire ou à les entendre, on ne sentit profondément vrai ou pour le moins, vraisemblable. On n'en saurait dire autant des déportés.

Les déportés, eux, revinrent avec la haine et le ressentiment sur la langue ou sous la plume. Ils commirent, certes, la même erreur d'optique, la même faute de psychologie que les anciens combattants. En plus, ils n'étaient pas guéris de la guerre et ils réclamaient vengeance. Souffrant d'un complexe d'infériorité — pour parler à 40 millions d'habitants, ils ne se trouvaient qu'à peine 30 000 et dans quel état ! — pour inspirer plus sûrement la pitié et la reconnaissance, ils se mirent à cultiver l'horreur à plaisir, devant un public qui avait connu Oradour et qui voulait toujours plus de sensationnel.

L'un excitant les autres, ils furent pris comme dans un engrenage et ils en arrivèrent progressivement, à leur insu pour certain, sciemment pour le plus grand nombre, à noircir encore le tableau. Ainsi en avait-il été d'Ulysse qui travaillait dans le merveilleux et qui, au long de son voyage, ajoutait chaque jour une aventure nouvelle à son odyssée, autant pour satisfaire au goût du public de l'époque que pour justifier sa longue absence aux yeux des siens. Mais si Ulysse réussit à créer sa propre légende et à fixer sur elle l'attention de vingt-cinq siècles d'Histoire, il n'est pas exagéré de dire que les déportés échouèrent.

Tout alla bien dans les tout premiers temps de la Libération. On ne pouvait pas, sans courir le risque d'être suspecté, discuter leurs témoignages et, si on l'avait pu, on n'en aurait pas eu le goût. Mais, lentement et comme dans le silence d'une conspiration, la vérité prit sa revanche. Le temps aidant et le retour à la liberté d'expression dans des conditions de plus en plus normales de vie, elle éclata au grand jour. On put écrire, avec la certitude de traduire le malaise commun et de ne pas tromper :

« À beau mentir qui vient de loin... J'ai lu de nombreux récits de déportés : toujours, j'ai senti la réticence ou le coup de pouce. Même David Rousset, par moments, nous égare : il explique trop. » Abbé Marius Perrin, Professeur à la Faculté catholique de Lyon. (*Le Pays Roannais*, 27 octobre 1949)

ou encore :

« *La Dernière Etape* est un film imbécile ou raté »

Robert PERNOT, (*Paroles françaises*, 27 novembre 1949)

toutes choses que personne n'eût jamais osé, même penser du *Feu*, des *Croix de Bois*, de *La Grande Illusion*, de *À l'Ouest rien de nouveau*, ou de *Quatre de l'Infanterie*.

Les anciens combattants mirent quinze ans à perdre leur crédit devant l'opinion : il en fallut moins de quatre aux déportés, cependant mieux armés, pour brûler tous leurs vaisseaux. À cette différence près, leur sort politique fut commun.

Telle est l'importance de la vérité en Histoire.

Je voudrais encore conter une petite anecdote personnelle qui est typique en ce qu'elle dit la valeur toute relative, qu'il faut accorder aux témoignages en général.

La scène se passe devant une cour de Justice, en automne 1945. Une femme est au banc des accusés. La Résistance, qui la soupçonnait de collaboration, n'a pas réussi à l'abattre avant l'arrivée des Américains, mais son mari est tombé sous une rafale de mitraillette, au coin d'une rue sombre, un soir de l'hiver 1944-1945. Je n'ai jamais su ce qu'avait fait le couple, sur lequel j'avais entendu avant mon arrestation, les plus invraisemblables ragots. De retour, pour en avoir le cœur net, je me suis rendu à l'audience.

Dans le dossier il n'y a pas grand-chose. Les témoins n'en sont que plus nombreux et plus impitoyables. Le principal d'entre eux est un déporté, ancien chef de groupe de la Résistance locale — qu'il dit ! Les juges sont visiblement gênés par les accusations qui viennent de la barre et dont la consistance leur paraît très discutable.

L'avocat de la défense cherche une faille dans les dépositions.

Arrive le principal témoin. Il explique que des membres de son groupe ont été dénoncés aux Allemands et que ce ne peut être que par l'accusée et son mari, lesquels vivaient dans leur intimité et connaissaient leurs activités. Il ajoute qu'il a vu lui-même l'accusée en conversation aimable et peut-être galante avec un officier de la Kommandantur qui logeait sur une cour, derrière la boutique de ses parents, qu'ils échangeaient des papiers, etc.

L'Avocat – Vous fréquentiez donc cette boutique ?

Le Temoin – Oui, justement pour surveiller ce commerce.

L'Avocat – Pouvez-vous en faire la description ?

(*Le témoin se prête au jeu de très bonne grâce. Il place le comptoir, les rayons, la fenêtre du fond, dit les dimensions approximatives, etc. toutes choses qui ne soulèvent aucun incident*).

L'Avocat – Par la fenêtre du fond qui donne sur la cour, vous avez donc vu l'accusée et l'officier échanger des papiers.

Le Temoin – Exactement.

L'Avocat – Vous pouvez alors préciser où ils se trouvaient dans la cour et où vous vous trouviez dans la boutique ?

Le Temoin – Les deux complices étaient au pied d'un escalier qui conduit à la chambre de l'officier, l'accusée accoudée à la rampe, son interlocuteur très proche d'elle, ce qui donne à penser...

L'Avocat – Ceci me suffit. (*S'adressant à la Cour et tendant un papier*) : Messieurs, il n'y a aucun endroit d'où l'on puisse voir l'escalier en question : voici un plan des lieux établi par un géomètre-expert.

(*Sensation. Le Président examine le document, le passe à ses assesseurs, reconnaît l'évidence, puis, au témoin*) :

– Vous maintenez votre déposition ?

Le President – C'est-à-dire que... Ce n'est pas moi qui ai vu... C'est un de mes agents qui m'avait fourni un rapport sur ma demande... Je...

Le President (*sec*) – Vous pouvez disposer.

La suite de l'affaire n'a aucune importance puisque le témoin n'a pas été arrêté en pleine audience pour outrage à magistrat ou faux témoignage, et puisque l'accusée, ayant reconnu qu'elle suivait les cours de l'Institut franco-allemand, ce qui avait créé, disait-elle, un certain nombre de relations amicales entre elle et certains officiers de la Kommandantur, fut finalement condamnée à une peine de prison pour un ensemble de circonstances qui ne l'accablaient qu'implicitement.

Mais, si on avait poussé le témoin dans ses derniers retranchements, on se serait probablement aperçu que l'agent auquel il prétendait avoir demandé un rapport était inexistant et que sa déposition n'était qu'un assemblage de ces « on dit » qui empoisonnent l'atmosphère des petites villes où tout le monde se connaît.

Loin de moi l'idée d'assimiler tous les témoignages qui ont paru sur les camps de concentration allemands, à celui-ci. Mon propos vise seulement à établir qu'il y en eût qui n'ont rien à lui envier, même parmi ceux auxquels l'opinion fit la meilleure fortune. Et qu'en dehors de la bonne ou de la mauvaise foi, il y a tant d'impondérables qui influent sur le récitant, qu'il faut toujours se méfier de l'Histoire racontée, particulièrement quand elle l'est à chaud. *Les jours de notre mort*, qui consacrèrent le prestigieux talent de David Rousset, sont, de bout en bout, et pour la plupart des faits auxquels l'auteur se réfère, sinon un rassemblement de « on dit » qui couraient dans tous les camps et qu'on ne pouvait jamais vérifier sur place, du moins, une suite de témoignages de seconde main, juxtaposés — harmonieusement, il faut le reconnaître — dans le dessein de servir une interprétation particulière.

Dans cet ouvrage, où il est question de vérité et non de virtuosité, on n'en trouvera aucun extrait.

Les textes que je cite sont littéralement transcrits. Ils sont, pour la plupart, précédés ou suivis d'un commentaire personnel.

Pour la commodité de la confrontation, j'ai classé leurs auteurs en trois catégories : ceux que rien ne destinait à être des témoins fidèles et que — sans aucune intention péjorative, d'ailleurs, — j'appellerai les témoins mineurs ; les psychologues, victimes d'un penchant un peu trop prononcé pour l'argument subjectif ; et les sociologues ou réputés tels.

En garde jusque contre moi-même, pour n'être point accusé de parler de choses qui se situaient un peu trop à l'écart de ma propre expérience, de tomber dans le défaut que je reproche aux autres et de risquer, à mon tour, quelque entorse aux règles de la probité intellectuelle, j'ai renoncé délibérément à présenter un tableau complet de la littérature concentrationnaire. Il ne s'agit que d'un *Regard*, je le précise encore, et il ne porte que sur des faits ou des arguments que j'ai pu apprécier par moi-même.

Le nombre des auteurs mis en cause est donc forcément limité dans chaque catégorie et pour l'ensemble : trois témoins mineurs (Note de l'auteur : Je prie qu'on ne voie aucune intention maligne d'anticléricalisme par la bande, dans le fait qu'ils soient trois prêtres.) (L'abbé Robert Ploton, Frère Birin, des écoles chrétiennes d'Epernay, l'abbé Jean-Paul Renard), un psychologue (David Rousset), un sociologue (Eugen Kogon). Hors catégorie : Martin-Chauffier. Un bienheureux hasard ayant voulu qu'ils fussent les plus représentatifs, la clarté de l'exposé y gagne et les voies de la reconsidération du problème concentrationnaire n'en sont que mieux indiquées.

Le lecteur sera naturellement tenté de situer ces mises au points dans le grand drame de la déportation, en regard de ses tragiques conséquences d'ensemble, sur le plan humain, et peut-être de conclure que je me suis un peu trop arrêté au détail. Si je relève que les transports de France en Allemagne se faisaient à cent par wagons destinés à recevoir quarante personnes au maximum, et non à cent vingt-cinq comme l'ont prétendu certains, on observera que cela ne modifie pas sensiblement en mieux les conditions générales du voyage. Si je précise qu'un camp portait le nom de Bergen-Belsen et non de Belsen-Bergen, je ne change, à coup sûr, rien au sort de ceux qu'on y internait. Que le mot *Kapo* soit formé à l'aide des initiales de ceux qui composent l'expression allemande *Konzentrationslager Arbeit Polizei*, ou dérive de l'expression italienne *Il Capo*, n'a aucune importance en soi. Et les mauvais traitements, la faim, la torture, etc., qu'ils aient eu lieu dans un camp ou dans un autre, que celui qui les rapporte les ait vus ou non, qu'ils aient été le fait des S.S., directement ou par la personne interposée de détenus triés sur le volet, restent toujours de mauvais traitements.

J'observerai à mon tour qu'un ensemble est composé de détails et qu'une erreur de détail de bonne ou de mauvaise foi, outre qu'elle est de nature à fausser l'interprétation chez le spectateur, l'amène logiquement à douter du tout s'il la décèle. À douter seulement, quand il n'y a qu'une erreur : s'il y en a plusieurs...

On me comprendra mieux si on veut bien se reporter à un fait divers qui défraya la chronique, il y a quelques années. À la veille même de cette guerre, un étudiant étranger, profitant d'un moment d'inattention des gardiens déroba, au Louvre un tableau de Watteau connu sous le nom de *L'Indifférent*. Quelques jours après, il le rapporta ou on le retrouva chez lui, mais il lui avait fait subir une petite modification : importuné par cette main qui s'élevait dans un geste que tous les spécialistes disaient inachevé, soit du fait du Maître lui-même, soit de celui de la déprédation, il l'avait appuyée sur une canne. Cette canne ne changeait rien au personnage. Elle s'harmonisait au contraire merveilleusement avec son allure. Mais elle précisait le sens de son indifférence et modifiait sensiblement l'interprétation qu'on en pouvait donner dans ses causes ou dans son but. Notamment, on pouvait soutenir que cette interprétation eût été tout autre si, au lieu de la canne, on avait mis dans sa main une paire de gants, ou si on en avait négligemment laissé tomber un bouquet de fleurs.

En dépit qu'on ne puisse jurer qu'à l'origine, si la canne n'avait pas existé effectivement sur le tableau, elle n'avait pas été plus que la paire de gants, ou le bouquet de fleurs, dans les intentions de Watteau, on l'effaça et on remit le tableau à sa place. Si on l'avait laissé subsister, personne n'eût jamais remarqué une dissonance, ni dans le tableau lui-même, ni dans l'aspect général des galeries de peinture du Louvre. Mais si, au lieu de se borner à la correction de *L'Indifférent*, notre étudiant s'était avisé de résoudre toutes les énigmes de tous les tableaux, s'il avait placé un loup de velours sur le sourire de *la Joconde*, des hochets dans les mains tendues de tous ces petits Jésus qui reposent, étonnés, sur les genoux et dans les bras de vierges figées, des lunettes à Erasme ; et... si on avait laissé subsister tout cela, on imagine l'aspect qu'eût pris le Louvre !

Les erreurs qu'on peut relever dans les témoignages des déportés sont du même ordre que la canne de l'Indifférent, ou un masque éventuel sur le visage de *la Joconde* : sans modifier sensiblement le tableau des camps, elles ont faussé le sens de l'Histoire. En passant de l'une à l'autre et en les associant, le déporté de bonne foi a la même impression que s'il parcourait les galeries d'un Louvre d'atrocités entièrement revu et corrigé.

Il en sera de même du lecteur s'il veut bien, avant de prononcer son jugement sur chacun des textes cités, se demander, abstraction faite de toutes autres considérations, si son auteur pourrait le maintenir intégralement devant un Tribunal régulièrement constitué et qui serait minutieux par surcroît.

Mâcon, le 15 mai 1950.

# Chapitre II

## Les témoins mineurs

*Ces témoins ne racontant que ce qu'ils ont vu ou prétendent avoir vu, sans commenter beaucoup, la critique ne porte, ici, que sur des détails souvent petits. Le lecteur m'en excusera : les grandes énigmes du problème concentrationnaire ne peuvent être abordées qu'avec les témoins majeurs, mais on ne peut oublier les autres.*

### I – Frère Birin

(De son vrai nom : Alfred UNTEREINER)

Publia un récit chronologique de son passage à Buchenwald et Dora : Titre : *16 mois de bagne*. Paru chez Maillot-Braine à Reims, le 20 juin 1946. Préface d'Émile Bollaert. En prologue, les circonstances qui ont motivé son arrestation et sa déportation. En appendice, un poème en vers libre de l'Abbé Jean-Paul Renard : « *J'ai vu, j'ai vu, et j'ai vécu.* »

Et, en épilogue, deux citations comportant, l'une l'attribution de la Croix de guerre, l'autre la promotion dans l'ordre de la Légion d'honneur ainsi qu'un extrait du discours prononcé par M. Emile Bollaert, alors commissaire de la République à Strasbourg, lors de la remise de cette dernière.

Arrêté en décembre 1943, déporté à Buchenwald le 17 janvier 1944, à Dora le 13 mars suivant. Nous avons fait partie des mêmes convois de déportation et de transport d'un camp à l'autre. Nos numéros matricules se suivaient d'ailleurs de bien près : 43 652 pour lui, 44 364 pour moi.

Nous avons été libérés ensemble. Mais, à l'intérieur du camp, nos destins ont divergé : grâce à la connaissance parfaite de la langue allemande qu'il tenait de son origine alsacienne, il réussit à se faire affecter comme secrétaire de l'Arbeitstatistik[78], poste privilégié par excellence, tandis que je suivais un sort commun que seule la maladie interrompit.

Comme secrétaire à l'Arbeitstatistik, il rendit d'innombrables services à un nombre considérable de détenus et particulièrement aux Français. Son dévouement était sans bornes. Impliqué dans un complot que j'ai toujours cru virtuel, il fut incarcéré dans la prison du camp pendant les quatre ou cinq derniers mois de sa déportation.

Enseigne actuellement — sauf erreur — dans les écoles chrétiennes d'Epernay.

*16 mois de bagne* prétend être une relation fidèle. « Je ne veux cependant relater que ce que j'ai vu », écrit l'auteur (page 38). Peut-être, d'ailleurs, le croit-il très sincèrement.

On en va juger.

*Le départ en Allemagne (de la gare de Compiègne)*

« On nous fit entrer dans un wagon « 8 chevaux 40 hommes » mais au nombre de 125. » (Page 28).

En réalité, au départ du camp de Royallieu, on nous avait rangés en colonne par cinq et par paquets de cent, chaque paquet étant destiné à un wagon. Une quinzaine ou une vingtaine de malades avaient été amenés à la gare en voiture et ils bénéficièrent d'un wagon complet pour eux seuls. Le dernier paquet de la longue colonne qui défila ce matin-là dans les rues de Compiègne, entre des soldats allemands armés jusqu'aux dents était incomplet. Il comprenait une quarantaine de personnes qui furent réparties dans tous les wagons en fin d'embarquement. Nous héritâmes de trois, dans notre wagon, ce qui porta notre nombre à cent trois. Je doute qu'il y ait eu des raisons spéciales pour que le wagon dans lequel se trouvait le Frère Birin héritât de vingt-cinq. De toutes façons, même s'il en avait été ainsi, il eût fallu

---

[78] Statistique du travail (Bureau de la).

présenter honnêtement le fait comme une exception.

### *L'arrivée à Buchenwald*

« Tout arrivant doit passer à la désinfection. Tout d'abord, à la tonte générale, où des barbiers improvisés, ricanants, s'amusent de notre confusion et des entailles dont, par hâte ou maladresse, ils lardent leurs patients. Tel un troupeau de moutons privés de leur toison, les détenus sont précipités pêle-mêle dans un grand bassin d'eau crésylée à forte dose. Maculé de sang, souillé d'immondices, ce bain sert à tout le détachement. Harcelées par des matraques, les têtes sont obligées de plonger sous l'eau. En fin de chaque séance, des noyés sont retirés de cet abject bassin ». (Page 35)

Le lecteur non prévenu pense immanquablement que ces barbiers improvisés qui ricanent et qui lardent sont des S.S., et que les matraques qui harcèlent les têtes sont tenues par les mêmes. Pas du tout, ce sont des détenus, Et, les S.S. étant absents de cette cérémonie qu'ils ne surveillent que de loin, personne ne les oblige à se comporter comme ils le font. Mais la précision est omise et la responsabilité se rejette d'elle-même en *totalité* sur les S.S.

Cette confusion que je ne relèverai plus est entretenue tout au long du livre par le même procédé.

### *Le régime du camp*

« Lever très matinal, nourriture nettement insuffisante pour douze heures de travail : un litre de soupe, deux cents à deux cent cinquante grammes de pain, vingt grammes de margarine » (page 40)

Pourquoi, diable avoir oublié ou négligé de mentionner le demi-litre de café du matin et du soir et la rondelle de saucisson ou la cuillerée de fromage ou de confiture qui accompagnaient régulièrement les vingt grammes de margarine ? Le caractère d'insuffisance de la nourriture quotidienne n'en eût pas été moins bien marqué et l'honnêteté de l'information en eût moins souffert.

« Depuis mars, douze cents Français dont j'étais, furent désignés pour une destination inconnue. Avant le départ, nous reçûmes des habits de forçats, à rayures bleues et blanches : veste et pantalon seulement, qui ne pouvaient nous garantir du froid. » (Page 41)

J'étais de ce convoi. Tout le monde avait, en outre, une capote. Si cet habillement ne pouvait nous garantir du froid, ce n'était pas en raison du nombre des pièces qui le composaient, mais parce que ces pièces étaient en fibranne.

## À Dora

« Le camp de Dora commença à s'installer en novembre 1943 » (page 46)

Le premier convoi y arriva le 28 août 1943, très exactement.

« Là, comme à Buchenwald les S.S. nous attendaient à la descente des wagons. Un chemin sillonné d'ornières pleines d'eau, conduit au camp. Il fut parcouru au pas de course. Les nazis, chaussés de grandes bottes, nous pourchassaient et lâchaient leurs chiens sur nous Cette corrida d'un nouveau genre se ponctuait de nombreux coups de fusils et de hurlements inhumains ». (Pages 43-44)

Je n'ai pas souvenance que des chiens furent lâchés sur nous, ni que des coups de fusils aient été tirés. Par contre, je me souviens très bien que les Kapos et les Lagerschutz[79] qui vinrent nous prendre en compte étaient beaucoup plus agressifs et brutaux que les S.S. qui nous avaient convoyés.

Avant de passer à des erreurs très graves, je voudrais encore en citer deux qui le sont moins, mais qui accusent la légèreté du témoignage, surtout quand on sait que leur auteur était, de par ses fonctions dans le camp, en possession de la situation des effectifs, ce qui lui enlève toute excuse :

« Je ne citerai que ce bon vieux docteur Mathon surnommé papa

---

[79] Chef de Kommandos et policiers, détenus eux-mêmes.

Girard. » (Page 81)

« Pendant dix mois, j'ai toujours porté sur moi la Sainte Réserve. Des prêtres s'exposant constamment à la mort, m'ont sans cesse réapprovisionné. Je dois nommer ici l'Abbé Bourgeois, le R.P. Renard, trappiste, et ce cher Abbé Amyot d'Inville… » (page 87)

D'une part, il y avait à Dora un docteur Mathon et un docteur Girard. Le second était très vieux et c'est lui que nous avions surnommé le bon papa Girard. De l'autre, l'Abbé Bourgeois est mort dans le deuxième mois après son arrivée à Dora, entre le 10 et le 30 avril 1944, avant le départ d'un transport de malades pour lequel il avait été désigné. Il n'a donc pas pu approvisionner Frère Birin pendant dix mois.

On pourrait encore ajouter que si les prêtres étaient maltraités pour les mêmes raisons que les autres déportés et, en sus, en raison de leur appartenance religieuse, ils ne s'exposaient cependant pas à la mort, en conservant par devers eux la Sainte Réserve.

## *Des erreurs graves*

« Les femmes S.S. désignaient aussi leurs victimes et avec plus de cynisme encore que leurs maris. Ce qu'elles désiraient, c'était de belles peaux humaines, artistement tatouées. Pour leur complaire, un rassemblement était ordonné sur la place de l'Appel, la tenue adamique était de rigueur. Puis, ces dames passaient dans les rangs et, comme à l'étalage d'une modiste, faisaient leur choix. » (Pages 73-74)

Il n'est pas exact que ces choses se soient produites à Dora. Il y a eu une affaire d'abat-jour en peau humaine tatouée à Buchenwald. Elle figure au dossier d'Ilse Koch dite *la chienne de Buchenwald*. Et, même à Buchenwald, Frère Birin ne peut avoir assisté au choix des victimes, ainsi que le prétend sa déclaration, déjà citée de la page 38, les faits incriminés étant antérieurs à notre arrivée, — si tant est qu'ils se soient réellement produits.

Il reste qu'il donne à ce choix des victimes un caractère d'habitude et de généralisation, et qu'il en fait une description d'une remarquable précision. Comment ne pas penser que si celui qui a situé le fait à

Buchenwald sur le vu du corps du délit (les abat-jour en question), l'a fait par le même procédé, l'accusation qui pèse sur Ilse Koch à ce propos, est bien fragile ?[80].

Pour en finir avec ce sujet, je précise qu'en février-mars 1944, la rumeur concentrationnaire à Buchenwald accusait les deux Kapos du Steinbruch[81] et du Gärtnerei[82] de ce crime, jadis perpétré par eux avec la complicité de presque tous leurs collègues. Les deux compères avaient, disait-on, industrialisé la mort des détenus tatoués, dont ils vendaient contre de menues faveurs, les peaux à Ilse Koch et à d'autres, par l'intermédiaire du Kapo et du S.S. de service au Krematorium.

Mais, la femme du commandant du camp et les autres femmes d'officiers se promenaient-elles dans le camp, à la recherche de beaux tatouages dont elles désignaient elles-mêmes les propriétaires à la mort ? Organisait-on des appels dans la tenue adamique, pour leur faciliter cette recherche ? Je ne puis ni confirmer ni infirmer. Tout ce que je puis dire, c'est que, contrairement à ce qu'affirme Frère Birin, cela ne s'est jamais produit à Dora, ni à Buchenwald, durant notre internement commun.

« Quand le sabotage semblait certain, la pendaison se faisait plus cruelle. Les suppliciés étaient enlevés de terre par la traction d'un treuil électrique qui les décollait doucement du sol. N'ayant pas subi la secousse fatale qui assomme le patient et souvent lui rompt la nuque, les malheureux passaient par toutes les affres de l'agonie.

D'autres fois, un crochet de boucher était planté sous la mâchoire du condamné qui était suspendu par ce moyen barbare. » (Page 76).

Il est exact qu'à la fin de la guerre, à fin 1944-début 1945, les sabotages étaient devenus si nombreux que les pendaisons se faisaient en groupe. On prit l'habitude d'exécuter au tunnel même, à l'aide d'un palan actionné par un treuil, et non plus seulement sur la place de l'Appel, avec des bois de justice qui ressemblaient à ceux d'un terrain de

---

[80] Si fragile, même que la cour d'Assises d'Augsbourg qui eut à en connaître, ne la retint pas contre l'accusée… faute de preuves ! (Note pour la 2e édition).
[81] La carrière.
[82] Le jardinage.

football. Le 8 mars 1945, dix-neuf patients ont été pendus de cette façon, et le Dimanche des Rameaux, cinquante-sept — le Dimanche des Rameaux, à huit jours de la Libération, alors que nous avions déjà entendu le canon allié tout proche et que l'issue de la guerre ne pouvait plus faire de doute pour les S.S. !

Mais l'histoire du crochet de boucher, qui a été racontée pour Buchenwald, où on a retrouvé l'instrument au four crématoire, a bien des chances d'être fausse en ce qui concerne Dora. En tout cas, je n'en avais jamais entendu parler sur les lieux mêmes et elle ne cadre pas avec les mœurs habituelles du camp.

« Sur l'instigation du fameux *Oberscharführer* Sanders, S.S. avec lequel j'eus affaire, d'autres modes d'exécution furent employés pour les saboteurs.

Les malheureux étaient condamnés à creuser d'étroits fossés, où leurs camarades étaient contraints de les enterrer jusqu'au cou. Ils restaient abandonnés dans cette position pendant un certain temps. Ensuite, un S.S. armé d'une hache à long manche, coupait les têtes.

Mais le sadisme de certains S.S. leur fit trouver un genre de mort plus cruel. Ils ordonnaient aux autres détenus de passer avec des brouettes de sable sur ces pauvres têtes. Je suis encore obsédé par ces regards que, etc. » (page 77)

Ceci non plus, ne s'est jamais produit à Dora. Mais l'histoire m'a été racontée à peu près dans les mêmes termes, au camp même, par des détenus venus en transport de divers camps et qui prétendaient tous avoir assisté à la scène : Mathausen, Birkenau, Flossenburg, Neuengamme, etc. De retour en France, je l'ai retrouvée chez divers auteurs : il n'y avait pas intérêt à la faire figurer, dans un témoignage écrit, au compte d'un camp où elle ne s'est pas produite. Prenant un auteur en flagrant délit d'erreur, l'opinion française en doute pour tous les camps et l'opinion allemande tire argument du mensonge.

### *Le destin des déportés*

« Comme *Geheimnisträger* (porteurs du secret des V1 et V2) nous nous savions condamnés à mort et destinés à être massacrés à l'approche des Alliés. » (Page 97)

Ici, il ne s'agit pas d'un fait, mais d'un argument. Il a été utilisé par tous les auteurs de témoignages, jusques et y compris Léon Blum dans *Le Dernier Mois*. Il a trouvé quelque apparence de justification dans les noyades de la Baltique, des déportés ayant été, peu de temps avant la Libération, chargés sur des bateaux qui prirent la mer et qu'on coula de la rives[83], ainsi que dans une déclaration du docteur S.S. de Dora qui affirma l'existence d'ordres secrets dans ce sens et qui en eut la vie sauve.

Le problème posé est de savoir si les noyades de la Baltique sont un fait isolé dû à des initiatives trop zélées de subalternes en dernière heure, ou si elles faisaient partie d'un plan de massacre général élaboré dans les services du Reichsführer S.S. Himmler, chef du département de la Police. À ma connaissance, il ne semble pas que des textes aient existé en faveur de la seconde hypothèse et l'historien peut soupçonner le docteur S.S. de Dora de n'avoir fait cette déclaration que pour avoir la vie sauve[84].

En tout état de cause, les Geheimnisträger de Dora n'ont pas été massacrés. Le convoi dans lequel se trouvait Léon Blum non plus. On peut toujours dire que s'il en a été ainsi à peu près partout ailleurs que sur la Baltique, c'est uniquement parce que dans la bousculade de la débâcle allemande, les S.S. n'ont eu ni le temps, ni les moyens de mettre leurs sinistres projets à exécution.

Mais le raisonnement est gratuit.

D'autant qu'en ce qui concerne les noyades de la Baltique elles-mêmes, la thèse allemande (cf. note 83) paraît aussi plausible que la thèse

---

[83] Voir Avant-Propos de l'auteur pour la 2e édition, p. 242, thèse de M. Sabille et note 13. Sur les noyades de la Baltique elles-mêmes, la thèse actuellement admise par le monde entier est que *l'Arcona*, navire qui transportait des déportés en Suède a été coulé par les forces aéro-navales alliées qui attaquèrent le convoi sans connaître sa nature. La riposte des batteries côtières allemandes de D.C.A. serait à l'origine de la confusion, les témoins horrifiés ayant cru qu'elles tiraient sur *l'Arcona* alors qu'elles tiraient sur les avions alliés.
[84] Voir note 83.

française, l'accueil que lui a fait le monde entier en fait foi.

## II – Abbé Jean-Paul Renard

Déporté sous le numéro matricule 39.727. A précédé Frère Birin et moi-même de quelques semaines à Buchenwald, puis à Dora où nous l'avons retrouvé.

Publia un recueil de poèmes inspirés d'un mysticisme parfois émouvant, sous le titre *Chaînes et Lumières*. Ces poèmes constituent une suite de réactions spirituelles bien plus qu'un essai de témoignage objectif.

L'un d'eux, cependant, énumère des faits : *J'ai vu, j'ai vu et j'ai vécu...* Frère Birin le publie en appendice de son propre témoignage, ainsi que je le dis par ailleurs.

On y peut lire :

« J'ai vu rentrer aux douches mille et mille personnes sur qui se déversaient, en guise de liquide, des gaz asphyxiants.

J'ai vu piquer au cœur les inaptes au travail ».

En réalité, l'Abbé Jean-Paul Renard n'a rien vu de tout cela, puisque les chambres à gaz n'existaient ni à Buchenwald, ni à Dora. Quant à la piqûre qui ne se pratiquait pas non plus à Dora, elle ne se pratiquait plus à Buchenwald au moment où il y est passé.

Comme je lui en faisais la remarque au début de 1947, il me répondit :

– D'accord, mais ce n'est qu'une tournure littéraire et, puisque ces choses ont quand même existé quelque part, ceci n'a guère d'importance.

Je trouvai le raisonnement délicieux. Sur le moment, je n'osai pas rétorquer que la bataille de Fontenoy était, elle aussi, une réalité historique, mais que ce n'était pas une raison pour dire, même en « tournure littéraire », qu'il y avait assisté. Ni que, si vingt-huit mille rescapés des camps nazis se mettaient à prétendre qu'ils avaient assisté à toutes les horreurs retenues par tous les témoignages, les camps prendraient, aux yeux de l'Histoire, un tout autre aspect que si chacun d'eux se bornait à dire seulement ce qu'il avait vu. Ni non plus qu'il y avait intérêt à ce qu'aucun d'entre nous ne fût pris en flagrant délit de mensonge ou d'exagération.

Par la suite, en juillet 1947, *J'ai vu, j'ai vu et j'ai vécu…* parut dans *Chaînes et Lumières*. J'eus la satisfaction de constater que, si l'auteur avait laissé subsister intégralement son témoignage sur la piqûre, il y avait cependant honnêtement affecté, celui qui concerne les chambres à gaz d'un renvoi qui en reportait la responsabilité sur un autre déporté.

## III – Abbé Robert Ploton

Était curé de la Nativité, à Saint-Etienne. Actuellement curé de Firminy. Déporté à Buchenwald sous le numéro matricule 44.015, en janvier 1944, dans le même convoi que moi. Nous échouâmes ensemble au Block 48, que nous quittâmes, ensemble aussi, pour Dora.

Publia *De Montluc à Dora*, en mars 1946, à St-Etienne, chez Durnas.

Témoignage sans prétention qui tient en 90 pages. L'Abbé Robert Ploton dit les faits simplement, comme il les a vus, sans rien approfondir et souvent sans se contrôler. Manifestement, il est de bonne foi, et s'il pèche, c'est par une prédisposition naturelle au superficiel, aggravée de l'empressement qu'il mit à conter ses souvenirs.

Au moment de la débâcle allemande, il fut dirigé sur Bergen-Belsen : il écrit Belsen-Bergen, tout au long du chapitre qui relate l'événement, ce qui fait qu'on ne peut même pas penser à une erreur typographique.

Au Block 48, à Buchenwald, il a entendu dire que :

« Nous sommes sous les ordres d'un détenu allemand, ex-député communiste au Reichstag » (page 26)

et il l'a admis. En réalité, ce chef de Block, Erich, n'était que le fils d'un député communiste.

Pour ce qui est de la nourriture, c'est dans les mêmes conditions, sans doute, qu'il écrit :

« En principe, le menu quotidien comportait un litre de soupe, 400 grammes d'un pain très dense, 20 grammes de margarine tirée de la houille et un dessert variable : tantôt une cuillerée de confiture, tantôt fromage blanc, ou encore un ersatz de saucisson. » (Pages 63-64)

Tant de gens ont dit que la margarine était tirée de la houille, tant de journaux l'ont écrit sans être démentis, que la question ne se posait plus de l'origine exacte de ce produit. Après tout, Louis Martin-Chauffier a fait mieux qui écrivait :

« Il semble que rien ne leur plaise (aux S.S.) qui ne soit artificiel : et la margarine qu'ils nous distribuaient chichement prenait pour eux toute sa saveur d'être un produit tiré de la houille. (La boîte en carton portait : « Garanti sans matière grasse »). » *L'Homme et la Bête* (page 95)

Si l'Abbé Ploton entreprend de parler de l'écussonnage des détenus, il trouve huit catégories sans se rendre compte qu'il y en a effectivement une trentaine, et qu'il est incomplet.

S'il parle du régime du camp, il écrit :

« Un des moyens les plus efficaces et les plus ignobles de dégradation morale, inspiré des consignes de *Mein Kampf* est de confier à quelques détenus choisis de façon presque exclusive parmi les Allemands, la police du camp. » (Page 28)

car il ne sait pas que ce procédé ignoble est utilisé, précisément parce qu'il est efficace, dans toutes les prisons du monde, et qu'il l'était bien avant que Hitler écrivît *Mein Kampf*[85]. Est-il besoin de rappeler que le *Dante n'avait rien vu*, d'Albert Londres, fixe la part de la France dans son application à ses prisons et à ses bagnes ?

Pour la longueur des appels qui a frappé tous les détenus, voici

---

[85] Voir en Appendice à ce chapitre : « *La discipline à la Maison centrale de Riom* », en 1939, par Pierre Bernard qui y fut interné et *Dans les prisons de la « Libération »*, un témoignage communiqué par A. Paraz.

l'explication qu'il en donne :

« Nous attendons que les chiffres soient vérifiés, besogne laborieuse dont la durée dépend de l'humeur du S.S. *Rapport-Führer* ». (Page 59)

Or, la longueur des appels, si elle dépendait de l'humeur du Rapport-Führer S.S., dépendait aussi des capacités des gens chargés d'établir chaque jour la situation des effectifs. Parmi eux, il y avait les S.S. qui savaient généralement compter, mais il y avait aussi et surtout les détenus illettrés ou quasi, qui n'étaient devenus secrétaires ou comptables à l'Arbeitstatistik que par faveur. Il ne faut pas oublier que l'emploi de chaque détenu dans un camp de concentration était déterminé par son entregent et non par ses capacités. À Dora, comme partout, il se trouvait que les maçons étaient comptables, les comptables maçons ou charpentiers, les charrons médecins ou chirurgiens, et il pouvait même arriver qu'un médecin ou un chirurgien fussent ajusteurs, électriciens ou terrassiers[86].

Pour la piqûre, l'Abbé Robert Ploton se range à l'opinion commune :

« Cependant l'infirmerie avait dû s'étendre et multiplier ses baraques à flanc de colline. Les tuberculeux incurables y terminaient leur pauvre existence sous l'effet d'une piqûre euthanasique. » (Page 67)

ce qui est faux[87].

À ces remarques près, ce témoin improvisé n'est pas obnubilé par la manie d'exagérer. Il est seulement écrasé par une expérience qui le dépasse. Et les inexactitudes dont il s'est rendu coupable ne sont que de moindre grandeur en comparaison de celles de Frère Birin : elles portent beaucoup moins à conséquence aussi.

Le souci de l'objectivité obligeait cependant à les noter.

## APPENDICE AU CHAPITRE II

---

[86] Cf. 1e partie page 130 et ci-dessus.
[87] Voir page 133.

## *La discipline à la Maison Centrale de Riom en 1939*

« Trois éléments notables doivent être retenus quant aux moyens de discipline.

Le premier est l'institution d'une hiérarchie intérieure de prisonniers qui concourent avec les gardiens au maintien du bon ordre. J'ai entendu souvent des Français s'indigner de l'institution, dans les bagnes nazis, de ces auxiliaires bénévoles des gardes-chiourmes : ce sont les mêmes qui ne peuvent admettre que des Allemands ignoraient ce qui se passait sur leur sol, et qui ne savent pas ce qui se passe en France. Aux kapos, aux schreibers, aux vorarbeiters, aux stubendiensts, etc., il y a pourtant des précédents. Les comptables d'atelier, les contremaîtres (encore qu'il en existe aussi de civils), toute l'administration, sont pris parmi les détenus, et jouissent évidemment de certains avantages. Il faut mettre à part les prévôts, explicitement chargés de maintenir l'ordre. Cela va du prévôt du dortoir, qui a près de son lit un bouton d'appel alertant les gardiens lorsqu'il se passe quelque chose d'anormal (fumée, lecture, conversations, etc.), et qui heureusement en use peu — jusqu'au bourreau officiel, le prévôt du Quartier.

Il me faut dire maintenant ce qu'est le Quartier fort : la prison spéciale de l'intérieur de la prison, et en fait le lieu de torture (j'affirme que le mot n'est pas exagéré). Ce deuxième élément de la discipline comporte, comme « l'Enfer » de Dante, des cercles divers. Cela part de la salle de discipline, où en principe, on se contente de faire marcher les condamnés en rond avec de très brèves pauses, à un rythme soutenu par une ration spéciale à l'entraîneur — alors que les diminutions de nourriture sont la règle pour les autres : en fait, les coups pleuvent. J'ai eu la chance d'y échapper moi-même, mais j'affirme avoir vu fréquemment les pauvres bougres revenir de la « Salle » avec des traces apparentes de coups récents. Cela va jusqu'à la cellule — en principe jusqu'à 90 jours consécutifs, pratiquement équivalents à la peine de mort — Avec une gamelle de soupe tous les quatre jours, et des raffinements de cruauté qui répugnent à l'expression. J'affirme en particulier que la torture dite de la « camisole », camisole de force réunissant les bras derrière le dos, et très souvent ramenés ensuite vers le cou a été fréquemment appliquée. J'affirme, pour avoir réuni des témoignages concordants sans nombre que certains gardiens — aidés particulièrement par le prévôt — frappent avec divers instruments, y compris le tisonnier, et parfois jusqu'à ce que mort s'ensuive. J'affirme que les nazis n'ont apporté que des perfectionnements de détail à l'art de tuer lentement les hommes.

Or, et c'est le troisième instrument de la discipline, ces condamnations

« accessoires », qui vont parfois jusqu'à la peine de mort implicite, ne sont pas prononcées par les tribunaux institués par la loi, mais par une juridiction qu'à ma connaissance elle ignore, le Prétoire. C'est un tribunal interne à la prison, présidé par le directeur, lequel est assisté du sous-directeur, (en argot pénitentiaire, le sous-mac) et le gardien-chef faisant fonction de greffier. Pas de plaidoirie, pas de défense, une accusation parfois inintelligible, pas de réponse sinon le rituel « Merci, Monsieur le Directeur » qui suit la condamnation. J'ai pu, pour ma part, m'en tirer toujours avec une simple amende, réduisant seulement le droit d'achat à la cantine ; les ressources sont limitées au salaire, ou plutôt à une part disponible, très faible, et à un secours extérieur extrêmement réduit alors ; en ce temps il n'y avait aucun colis autre que de linge de corps. Mais les condamnations sévères pleuvent, même pour simple inexécution de la tâche imposée. » (Pierre Bernard, Révolution prolétarienne, juin 1949)

### *Dans les prisons de la « libération »*

*« Tous les Français ont voulu ceci, disent nos « patriotes » ».*

Édouard Gentez, imprimeur à Courbevoie, condamné en juillet 46, non comme criminel, mais comme imprimeur, est transféré de Fresnes à Fontevrault en septembre 46. À la suite de coups, de privations et de froid, il a contracté un point de pleurite, ce qui l'a fait rayer de la liste du transfert pour Fontevrault.

Une heure avant le départ, les condamnés de la S.P.A.C. qui étaient sur cette liste en sont rayés sur ordre ; on a encore besoin d'eux. On les remplace et Gentez est parmi les nouveaux inscrits.

Arrivé à la Centrale, deux heures et demie debout en plein soleil, puis huit jours enfermé dans un trou appelé mitard ; après ce délai, Gentez est admis à l'infirmerie où règne en maître un boucher assassin, Ange Soleil, mulâtre qui avait découpé et emmuré sa maîtresse, ce qui le préparait aux fonctions de prévôt-infirmier-docteur de prison, bien plus puissant que le jeune médecin civil, un pommadin, nommé Gaultier ou Gautier.

Soleil admettait à l'infirmerie les malades s'ils partageaient avec lui les deux tiers de leurs colis et renvoyait ceux dont les colis étaient les plus petits, par une règle extrêmement claire et simple.

Gentez, n'ayant ni colis ni mandat, ne peut payer et, malgré la gravité de sa maladie, est muté aux « inoccupés », astreints à trois quarts d'heure de marche rapide, coupée d'un quart d'heure de repos, du matin au soir, tous les jours, y compris le dimanche.

Gentez, trop faible, est dispensé de cette torture, mais n'est pas pour cela autorisé à se coucher ni même à s'asseoir ; il doit rester, durant la marche, debout, immobile, les mains derrière le dos, sans pardessus.

Le froid aggravant sa pleurite, Gentez va chaque semaine à la visite où on lui remet de l'aspirine, de l'huile foie de morue, et où on lui pose des ventouses sans jamais l'admettre à l'infirmerie.

Il se plaint sans cesse au long de la nuit. Les deux docteurs détenus, le chirurgien Perribert et le docteur Lejeune, l'auscultent le samedi matin, lui découvrant une broncho-pneumonie double.

Gentez étant tombé dans la cour, l'infirmier alerté va chercher Ange Soleil qui se met à hurler, le traite de simulateur et le fait jeter au cachot, ainsi que le docteur Perribert, coupable d'avoir ausculté sans autorisation.

Gentez est mis à nu pour la fouille et jeté en cellule par 15· au-dessous de zéro. Il frappe toute la nuit pour appeler, personne ne vient. Le lendemain 14 janvier 1947, on le trouve mort.

On le transporte, enfin, à l'infirmerie où on le déclare mort en cet endroit d'une crise cardiaque. On l'enterre sous un simple numéro : 3479.

Mais il y a un témoin gênant, le fils Gentez que j'ai connu en prison et aux côtés duquel j'ai vécu les péripéties de ce sombre drame. Il obtint une enquête. Celle-ci fut correcte. Ange Soleil fut transféré à Fresnes, mais a été libéré par suite des mesures d'amnistie (sic). Les directeurs Dufour, Vessières et Guillonet ont été déplacés.

André Marie avait promis de ramener la peine du fils Gentez à trois ans, à la suite de cette tragique affaire. Il y a de cela plus de trois ans et, si je suis bien renseigné il est toujours enfermé ». *Signé : Benoît C.*

« Ceci est extrait d'une lettre qui m'est adressée de la prison d'X quelque part en France. (Ma discrétion s'explique par le souci que j'ai de ne pas exposer son auteur à la jurisprudence dont il est question dans le document précédent).

Benoît C. n'a pas lu Valsez, saucisses, qu'il ne connaît pas, mais Vertiges.

Il me renseigne sur la proportion (10%) des assistantes sociales qui glougloutent — point ne le dis pour le leur reprocher — et me narre sans trop s'en plaindre les curieuses manières de certains « messieurs de l'œuvre de Saint-Vincent-de-Paul, aux doigts chargés de chevalières ».

Ce témoignage, venant d'un obsédé du sexe et nullement de la politique, n'en est que plus concluant. » (*Communiqué par Albert Paraz.*)

## *À Poissy*

« En février 1946, le crâne rasé, en sabots et droguet, Henri Béraud se retrouve à l'atelier 14, au second étage de la maison centrale de Poissy. Sous l'œil d'un surveillant qui doit faire respecter « la loi du silence », une loi qui pèse sur la prison nuit et jour, il confectionne des étiquettes avec nœud américain ou fil de fer torsadé, moyennant 0,95 F le mille.

Stupidité pénitentiaire : le chef de la table est un cambrioleur professionnel qui a sous ses ordres outre Béraud, le général Pinsard, un colonel, deux présidents de Cour, un avocat général, le rédacteur en chef du *Journal de Rouen*, un professeur d'université et des journalistes parisiens.

Dans son livre Je sors du bagne, l'un de ses compagnons de détention à Poissy, comme à l'île de Ré, relève les gains du forçat Béraud pendant le mois d'avril 1945 : Main d'œuvre : 15 F. Prélèvement de l'administration pénitentiaire : 12 F. Reste : 3 F. Mise en réserve 1 F 50. Disponible pour le détenu =1 F 50.

Il s'agit d'un travail de plus de sept heures par jour » (*La Bataille*, 21 septembre 1949.)

## *Allemands prisonniers en France*

La Rochelle, 18 octobre 1948. — Instruit de faits scandaleux dont s'était rendu coupable l'ancien officier Max-Georges Roux, 36 ans, qui fut adjoint au commandant du camp de prisonniers allemands de Châtelaillon-Plage, le juge d'instruction de La Rochelle en a saisi le tribunal militaire de Bordeaux où Roux a été transféré. L'ancien officier purge actuellement une peine de 18 mois de prison, qui lui fut infligée en août dernier à La Rochelle, pour abus de confiance et escroqueries au préjudice de diverses associations[88].

---

[88] Actuellement, ce Roux est un haut fonctionnaire de l'Administration dans le Sud-

Infiniment plus graves sont les délits commis par Roux au camp de prisonniers. Il s'agit de crimes authentiques et d'une telle ampleur qu'il apparaît difficile que Roux en porte seul la responsabilité devant les juges. À Châtelaillon, l'ignoble personnage avait fait notamment dévêtir plusieurs P.G. et les avait battus à coups de cravache plombée. Deux des malheureux succombèrent à ces séances de knout.

Un témoignage accablant est celui du médecin allemand Clauss Steen, qui fut interné à Châtelaillon. Interrogé à Kiel, où il habite, M. Steen a déclaré que, de mai à septembre 1945, il avait constaté au camp de P.G. les décès de cinquante de ses compatriotes. Leur mort avait été provoquée par une alimentation insuffisante, par des travaux pénibles et par la crainte perpétuelle dans laquelle les malheureux vivaient d'être torturés.

Le régime alimentaire du camp, qui était placé sous les ordres du commandant Texier, consistait, en effet, en une assiette de soupe claire, avec un peu de pain. Le reste des rations allait au marché noir. Il y eut une période où le pourcentage des dysentériques atteignit 80 p. 100.

Texier et Roux, avec leurs subordonnés, procédaient, en outre, à des fouilles sur leurs prisonniers, leur enlevant tous leurs objets de valeur. On évalue à cent millions le montant des vols et des bénéfices effectués par les gangsters à galons, qui avaient si bien organisé leur affaire que les billets de banque et les bijoux étaient envoyés directement en Belgique, par automobile.

On veut espérer qu'avec Roux les autres coupables seront bientôt incarcérés au fort du Hâ et qu'une sanction exemplaire sera prise contre ces véritables criminels de guerre. (*Les Journaux*, 19 octobre 1948).

---

Est de la France. En récompense de ces hauts faits, sans doute (!).

# Chapitre III

## Louis Martin-Chauffier

Il est intermédiaire entre les témoins mineurs qu'il dépasse en essayant de dominer ou tout au moins d'expliquer doctement les événements qu'il a vécus, et les grands ténors comme David Rousset dont il n'a pas la puissance d'analyse ou comme Eugen Kogon, dont il n'a ni la précision, ni la minutie. À ce titre, et compte tenu de la place qu'il occupe dans la littérature et le journalisme d'après-guerre, il ne pouvait être classé ni dans les premiers, ni dans les seconds. C'est un littérateur de métier.

Il appartient à cette catégorie d'auteurs qu'on dit engagés. Il s'engage, mais il se dégage aussi souvent — pour se réengager, car l'engagement est chez lui une seconde nature. On l'a connu communisant — sur le tard — il est maintenant anticommuniste. Probablement, d'ailleurs, pour les mêmes raisons et dans les mêmes circonstances : la mode.

Il ne pouvait pas ne pas témoigner sur les camps de concentration. D'abord parce que sa raison sociale est d'écrire. Ensuite, parce qu'il avait besoin de se donner à lui-même une explication de l'événement qui l'avait frappé. Il en a fait profiter les autres. Sans doute ne s'est-il pas aperçu qu'il disait comme tout le monde, à la façon de s'exprimer près.

Titre du témoignage : *L'Homme et la Bête*, 1948, chez Gallimard.

Originalité : A vu les boîtes de carton qui contenaient la margarine — tirée de la houille, bien entendu — qu'on nous distribuait, affublées de la mention : « Garanti sans matière grasse » (Page 95, Déjà cité).

Témoignage qui est un long raisonnement par référence à des faits que l'auteur caractérise antérieurement à toute réflexion morale ou autre.

*Type de raisonnement*

Avant d'être déporté à Neuengamme, Louis Martin-Chauffier a séjourné à Compiègne-Royallieu ; il y a connu le capitaine Douce, qui était alors doyen du camp. Voici le jugement qu'il porte sur lui :

« M. le Capitaine Douce, « doyen » du camp et zélé serviteur de ceux qui lui avaient confié cette place de choix, juché sur une table, faisait son compte à haute voix, en fumant sans arrêt des cigarettes qui nous avaient été refusées contre le règlement. » (Page 51)

À Neuengamme, il a connu André qui était un des premiers personnages du camp, fonctionnaire d'autorité choisi par les S.S. parmi les détenus. Voici le portrait qu'il en fait :

« Étroitement surveillé par les S.S., espèce des plus méfiantes, il était, pour pouvoir tenir le rôle qu'il avait choisi, et non sans peine, obtenu de jouer, contraint de parler rude aux détenus, de se montrer brutal en paroles, insensible, inflexible. Il savait que la moindre faiblesse entraînerait une dénonciation et son renvoi immédiat. La plupart se laissaient prendre à ses façons, le croyaient complice des S.S., leur créature, notre ennemi. Comme il était responsable des départs et des attributions de postes, on lui imputait à charge tous ceux qu'il envoyait aux Kommandos, avec une indifférence apparente, sans tenir compte des prières, des plaintes, des récriminations Quand un millier de déportés devaient partir en Kommandos et que 990 seulement étaient enfournés dans des wagons à bestiaux, on ne se représentait pas toutes les ruses qu'avait employées André, tous les risques qu'il avait courus, pour soustraire dix hommes à une mort probable Il se savait généralement détesté ou suspect. Il avait choisi de l'être, préférant le service rendu à l'estime.

Tel que j'ai vu André, il acceptait d'une âme égale la cordialité menaçante des S.S., la servilité complice des Kapos et des chefs de block, l'hostilité de la masse. Je crois qu'il avait surmonté l'humiliation, remplacé sa propre vertu par une sorte de pureté glacée, étrangère à lui-même. Il avait renoncé à son être, en faveur d'un devoir qui, à ses yeux, méritait cette soumission. » (Pages 167-168-169)

Ainsi, de deux hommes qui remplissent les mêmes fonctions, l'un a droit à la sévérité laconique et au mépris de l'auteur, tandis que l'autre bénéficie, non seulement de son indulgence approbative, mais encore de son admiration. Si on approfondit, on apprend, à la lecture de l'ouvrage, que le second a rendu un service appréciable à Martin-Chauffier, dans une circonstance qui mettait sa vie en danger. Je n'ai pas connu le capitaine Douce à Compiègne, mais il est fort probable que, par rapport à André, son seul tort est de n'avoir pas su choisir les gens auxquels il rendait des services — car il avait certainement, lui aussi, ses clients et d'avoir des connaissances littéraires trop limitées pour savoir qu'il y avait, dans son doyenné, un certain nombre de Martin-Chauffier et Martin-Chauffier lui-même.

Il n'est d'ailleurs pas superflu d'ajouter que ce raisonnement postule :

« J'ai toujours admiré, avec un peu d'effroi et quelque répulsion, CEUX qui, pour le service de leur patrie ou d'une cause qu'ils estiment juste, choisissent toutes les conséquences de la duplicité : ou la défiance méprisante de l'adversaire qui les emploie, ou sa confiance S'IL LES abuse ; et le dégoût de ses compagnons de combat, qui voient en LUI un traître ; et la camaraderie abjecte des traîtres authentiques ou des simples vendus qui, LE voyant attaché à la même besogne, LE considèrent comme L'UN des leurs. Il y faut un renoncement à soi-même qui me dépasse, un artifice qui me confond et me rebrousse. »[89](Page 168)

On se demande ce que les avocats de Pétain attendent pour prendre texte de cet argument qui tient toute sa saveur d'être né sous la plume

---

[89] Cette citation n'est pas tronquée, en dépit de la faute de syntaxe qui le pourrait faire croire et que mettent en évidence les mots soulignés. Dans *Le Droit de vivre*, du 15 décembre 1950, M. Martin-Chauffier a prétendu en ces termes que ce texte était correctement écrit : « Inutile d'ajouter que la faute de syntaxe n'existe pas — un mensonge de plus — mais qu'un point et Virgule, glissé par M. Rassinier en place des deux points que j'avais mis peuvent abuser ceux qui ne sont pas très sûrs de leur grammaire ». Car, M. Martin-Chauffier est persuadé qu'un clou chasse l'autre. Et il est trop « sûr de sa grammaire » pour qu'on lui en puisse facilement conter sur les rapports qui existent entre le verbe et son sujet ou le pronom et son antécédent. Moralité : un Monsieur qui sort de l'École des Chartes n'est apparemment pas obligé de savoir ce qu'on exige d'un enfant de dix ans pour l'admettre en 6e. Pas chicanier pour un sou, nous avons rétabli les deux points réclamés par M. Martin-Chauffier et qu'une malencontreuse coquille avait effectivement remplacés par un point et virgule dans la première édition : le lecteur qui verra ce qu'ils changent à l'affaire est prié de nous l'écrire (contre récompense !).

d'un des plus beaux fleurons du crypto-communisme. Si la mode revient au Pétainisme, Martin-Chauffier, en tout cas, pourra en retirer quelque fierté, et peut-être quelque profit.

### *Autre type de raisonnement*

Au camp, l'auteur converse avec un médecin qui lui dit :

« Il y a actuellement dans le camp trois fois plus de malades que je n'en puis accueillir. La guerre sera finie dans cinq ou six mois, au plus tard. Il s'agit pour moi de faire tenir le coup au plus grand nombre possible. J'ai choisi. Vous et d'autres, vous vous remettez lentement. Si je vous renvoie au camp dans cet état et dans cette saison (on était à la fin de décembre), vous serez morts en trois semaines. Je vous garde. Et — écoutez-moi bien — je fais entrer ceux qui ne sont pas très gravement atteints, qu'un séjour au Revier peut sauver. *Ceux qui sont perdus, je les refuse*[90]. Je ne peux pas me payer le luxe de les accueillir pour leur offrir une mort paisible. Ce que j'assure, c'est la garde des vivants. Les autres mourront huit jours plus tôt : de toutes façons, ils seraient morts trop tôt. Tant pis, je ne fais pas de sentiment, je fais de l'efficacité. C'est mon rôle.

Tous mes confrères sont d'accord avec moi, c'est la voie juste… Chaque fois que je refuse l'entrée à un moribond et qu'il me regarde avec stupeur, avec effroi, avec reproche, je voudrais lui expliquer que j'échange sa vie perdue contre une vie peut-être sauvée. Il ne comprendrait pas, etc. » (Page 190)

Sur place, j'avais déjà éprouvé qu'on pouvait entrer au Revier[91] et y être soigné relativement — pour des motifs parmi lesquels la maladie ou sa gravité n'étaient parfois que secondaires : entregent, piston, nécessité politique, etc. Je portais le fait au compte des conditions générales de vie. Si par surcroît, des médecins détenus ont fait le raisonnement que Martin-Chauffier prête à celui-ci, il convient de l'enregistrer comme argument philosophique, et de la faire entrer comme élément causal à côté du « sadisme » des S.S., dans l'explication du nombre des morts. Car, il faut beaucoup de science, d'assurance et aussi de présomption à

---

[90] Souligné dans le texte.
[91] Infirmerie.

un médecin pour déterminer en quelques minutes, qui peut être sauvé et qui ne le peut pas. Et j'ai bien peur que, s'il en a été ainsi, les médecins ayant fait ce premier pas vers une conception nouvelle du comportement dans la profession, ne soient progressivement arrivés à en faire un second, à se demander, non plus qui *peut*, mais qui *doit* être sauvé et qui *ne le doit pas*, et à résoudre ce cas de conscience par référence à des impératifs extra-thérapeutiques.

*Le régime des camps*

« Le traitement que nous infligeaient les S.S. était la mise en œuvre d'un plan concerté en haut lieu. Il pouvait comporter des raffinements, des embellissements, des fioritures, dus à l'initiative, aux fantaisies, aux goûts du chef de camp : le sadisme a des nuances. Le dessein général était déterminé. Avant de nous tuer ou de nous faire mourir, il fallait nous avilir. » (Page 85)

Sous l'occupation, il existait en France une Association des familles de Déportés et d'Internés politiques. Si une famille s'adressait à elle pour avoir des renseignements sur le sort de son déporté, elle recevait, en transmission, un rapport venant de ce « haut lieu » allemand.

Voici ce rapport[92] :

« *Camp de Weimar*. — Le camp est situé à 9 km de Weimar et y est relié par une voie ferrée. Il est à 800 m d'altitude.

Il comporte trois enceintes de barbelés concentriques. Dans la première enceinte, les baraques des prisonniers, entre la première et la deuxième enceinte, les usines et les ateliers où l'on fabrique des accessoires de T.S.F., des pièces de mécanique, etc.

Entre la deuxième et la troisième enceinte s'étend un terrain non bâti que l'on finit de déboiser et où l'on exploite les routes du camp et du petit chemin de fer.

---

[92] À ma connaissance, il n'a été cité que par Jean Puissant dans son livre *La Colline sans oiseaux* (Editions du Rond-Point, 1945), Monographie honnête et minutieuse — le meilleur témoignage sur les camps.

La première enceinte de barbelés est électrifiée et jalonnée de myriades de miradors en haut desquels se trouvent trois hommes armés. Pas de sentinelles à la deuxième et à la troisième enceintes, mais, dans l'enclos des usines, il y a une caserne de S.S. ; ils font, pendant la nuit, des patrouilles avec les chiens, ainsi que dans la troisième enceinte.

Le camp se développe sur 8 km et contient 30.000 internés environ. Au début du régime nazi, des opposants y étaient internés. Sur la population, il y a moitié Français, moitié étrangers, Allemands antinazis, mais qui restent Allemands et qui fournissent la plupart des chefs de block. Il y a aussi des Russes, parmi lesquels des officiers de l'Armée rouge, des Hongrois, des Polonais, des Belges, des Hollandais, etc.

Le règlement du camp est le suivant :

4h30 : Lever, toilette surveillée torse nu, lavage du corps obligatoire.

5h30 : 500 cm3 de potage ou café, avec 450 g de pain (parfois ils ont moins de pain, mais ils ont une ration de pommes de terre de bonne qualité, abondante) ; 30 g de margarine, une rondelle de saucisson ou un morceau de fromage

12 heures : Un café.

18 h 30 : Un litre de bonne soupe épaisse.

Le matin, à 6 heures, départ pour le travail. Le rassemblement se fait par emploi, usine, carrière, bûcheronnage, etc. Dans chaque détachement les hommes se placent par rang de cinq et se tiennent par le bras pour que les rangs soient bien alignés et séparés. Puis l'on part, musique en tête (constituée de 70 à 80 exécutants, des internés en uniforme : pantalon rouge, veste bleue à parements noirs).

L'état sanitaire du camp est très bon. À la tête se trouve le professeur Richet, déporté. Visite médicale chaque jour. Il y a de nombreux médecins, une infirmerie et un hôpital, comme au régiment. Les internés portent le costume des forçats allemands en drap artificiel relativement chaud. Leur linge a été désinfecté à l'arrivée. Ils ont une couverture pour deux hommes.

Il n'y a pas de chapelle au camp. Il y a pourtant de nombreux prêtres parmi les internés, mais qui, en général, ont dissimulé leur qualité. Ces prêtres réunissent les fidèles pour des causeries, récitation de chapelets, etc.

*LOISIRS.* — Liberté complète dans le camp le dimanche après-midi. Cette soirée est agrémentée de représentations données par une troupe théâtrale organisée par les internés. Cinéma, une ou deux fois par semaine (films allemands), T.S.F. dans chaque baraque (communiqués allemands). Beaux concerts donnés par l'orchestre des prisonniers.

Tous les prisonniers sont d'accord pour trouver qu'ils sont mieux à Weimar qu'ils ne l'étaient à Fresnes ou dans les autres prisons françaises.

Nous rappelons aux familles des déportés que le bombardement allié des usines de Weimar, qui a eu lieu vers la fin août, n'a fait aucune victime parmi les déportés du camp.

Nous rappelons aussi que la plupart des trains partis de Compiègne et de Fresnes, en août 1944, étaient dirigés sur Weimar. »

Jean Puissant, qui a cité ce texte, le fait suivre de cette appréciation : monument de fourberie et de mensonges.

Évidemment, il est écrit dans un style bienveillant. On n'y dit pas que, dans les ateliers de Buchenwald, les pièces détachées de mécanique qu'on fabrique sont des armes. On n'y parle pas des pendaisons pour sabotage, des appels et contre-appels, des conditions de travail, des châtiments corporels. On ne précise pas que la liberté du dimanche après-midi est limitée par les aléas de la vie de quartier, ni que si les prêtres réunissent leurs fidèles pour des causeries ou des prières, que l'ambiance pourrait assimiler à des complots, c'est clandestinement et au risque de cruelles tracasseries. On y ment même quand on prétend que les déportés s'y trouvaient mieux que dans les prisons françaises, que le bombardement d'août 1944 n'a fait aucune victime parmi les internés, ou que la plupart des trains partis de Compiègne ou de Fresnes à cette date étaient dirigés sur Weimar.

Mais, tel qu'il est, ce texte est plus près de la vérité que le témoignage de Frère Birin, notamment quant à la nourriture. Et il reste qu'il est un résumé du règlement des camps tel qu'il a été établi dans les sphères dirigeantes du nazisme. Qu'il n'ait pas été appliqué est certain. L'Histoire dira pourquoi. Vraisemblablement elle retiendra la guerre comme cause majeure, le principe de l'administration des camps par des détenus eux-mêmes, et aussi les altérations que, dans une administration hiérarchisée, tous les ordres subissent en descendant du sommet vers la base. Ainsi en est-il, au régiment, des ordres du colonel traduit sur le front des troupes par l'adjudant et dont la responsabilité incombe au caporal quant à l'exécution : tout le monde sait que, dans une caserne, c'est l'adjudant qui est dangereux et non le colonel. Ainsi en est-il en France, des règlements d'administration publique qui concernent les colonies : ils sont rédigés dans un esprit qui concorde avec la peinture de la vie aux colonies que font tous les maîtres de toutes les écoles de village ; ils mettent en évidence, la mission civilisatrice de la France, et il n'en faut pas moins lire Louis-Ferdinand Céline, Julien Blanc, ou Félicien Challaye, pour avoir une idée exacte de la vie que les militaires de notre Empire colonial font aux civils indigènes pour le compte des colons.

Je suis, pour ma part, persuadé que, dans les limites résultant du fait de guerre, rien n'empêchait les détenus qui nous administraient, nous commandaient, nous surveillaient, nous encadraient, de faire de la vie dans un camp de concentration quelque chose qui aurait ressemblé d'assez près au tableau que les Allemands présentaient par personnes interposées, aux familles qui demandaient des renseignements.

### *Mauvais traitements*

« J'ai vu de mes malheureux compagnons, coupables seulement d'avoir les bras débiles, mourir sous les coups que leur prodiguaient les détenus politiques allemands promus contremaîtres et devenus complices de leurs anciens adversaires. » (Page 92)

L'explication suit :

« Ces brutes, en frappant, n'avaient pas d'abord l'intention de tuer ; ils tuaient cependant, dans un accès de joyeuse fureur, les yeux injectés, la face écarlate et la bave aux lèvres, parce qu'ils ne pouvaient s'arrêter : il leur fallait aller jusqu'au bout de leur plaisir. »

Il s'agit d'un fait qui, par extraordinaire, est imputé aux détenus sans aucun faux détour. On ne sait jamais : il est possible qu'il y ait des gens qui tuent « dans un accès de joyeuse fureur » et qui n'ont d'autre but que « d'aller jusqu'au bout de leur plaisir ». Dans le monde, sinon normal, du moins habituel et admis par tradition, il y a des anormaux : il peut bien y en avoir aussi dans un monde où tout est anormal. Mais je suis plutôt porté à croire que si un Kapo, un chef de Block ou un doyen de camp, se laissaient aller jusqu'à cette extrémité, ils obéissaient à des mobiles relevant de complexes plus accessibles : le besoin de vengeance, le souci de plaire aux maîtres qui leur avaient confié un poste de choix, le désir de le garder à n'importe quel prix, etc. J'ajoute même que, s'ils brutalisaient, ils se gardaient généralement de provoquer mort d'homme, ce qui était susceptible de leur attirer des ennuis avec les S.S., du moins à Buchenwald et à Dora.

En dépit de cette explication, il faut faire rémission à Martin-Chauffier d'avoir cité encore deux faits dont le caractère criminel ne peut aucunement être considéré comme résultant de la « mise en œuvre d'un plan concerté en haut-lieu » :

« Chaque semaine, le Kapo du *Revier* passait la visite (il n'y connaissait rien, examinait les feuilles de température dont les marges étaient couvertes d'observations autour d'un diagnostic inquiétant, regardait les malades : si leur tête ne lui revenait pas, il les déclarait sortants, quel que fût leur état. Le médecin essayait de prévenir ou d'incliner sa décision, qu'il était difficile de prévoir, car le Kapo à qui des impressions tenaient lieu de science était en outre lunatique. » (Page 185)

et :

« Le courant d'air polaire, la toilette obligatoire le torse nu, étaient des mesures d'hygiène. Chaque procédé de destruction se couvrait ainsi d'une imposture sanitaire. Celui-ci se révélait des plus efficaces. Tous ceux qui souffraient de quelque mal de poitrine étaient emportés en quelques jours. » (Page 192)

Rien n'obligeait le Kapo à adopter ce comportement, ni les Stubendienst, Kalifaktor et Pflegers[93] du Revier à faire souffler ce courant d'air polaire, ou à faire passer à la toilette, torse nu, eau froide, et sans distinction, les malheureux confiés à leurs soins.

Ils le faisaient cependant, dans le dessein de plaire aux S.S. qui l'ignoraient la plupart du temps, et de conserver une place qui leur sauvait la vie.

On eût aimé que Martin-Chauffier dirigeât son acte d'accusation contre eux avec autant de vigueur que contre les S.S., ou tout au moins partageât équitablement les responsabilités.

---

[93] Hommes de chambrées et infirmiers, détenus.

# Chapitre IV

## Les psychologues

### *David Rousset et L'Univers concentrationnaire*

De tous les témoins, aucun n'atteignit à ce savoir-faire, à cette puissance d'évocation et à cette précision dans la reconstitution de l'atmosphère générale des camps, dont il est le grand ténor reconnu, à l'échelle mondiale. Mais aucun non plus n'a, ni plus, ni mieux romancé. L'Histoire retiendra son nom : j'ai peur que ce soit surtout au titre littéraire. Sur le plan historique proprement dit, l'emballage a fait passer le produit. Il l'a d'ailleurs pressenti et il a pris les devants :

« Il m'est arrivé de rapporter certains faits tels qu'ils étaient connus à Buchenwald, et non comme les présentent les documents publiés ultérieurement.

Des contradictions de détails existent surtout, non seulement entre les témoignages, mais entre les documents. La plupart des textes publiés jusqu'ici ne portent que sur des aspects très extérieurs de la vie des camps, ou sont les apologies qui procèdent par allusions, qui affirment des principes plus qu'elles ne rassemblent des faits. De tels documents sont précieux mais à condition de connaître déjà, intimement ce dont ils parlent ; alors, ils permettent souvent de trouver un chaînon encore inaperçu. Je me suis précisément efforcé de rendre les rapports entre les groupes dans leur complexité réelle et dans leur dynamique. » (*Les Jours de notre Mort*, Annexe page 764)

Ce raisonnement lui a permis de négliger totalement, ou presque, les documents, et, prenant texte du fait que ceux qui concernent les camps de l'Est sont à la fois rares et pauvres, de déclarer que :

« Le recours aux témoignages directs est la seule méthode sérieuse de prospection. » (*Ibid.*)

puis de choisir, entre ces témoignages directs, ceux qui servaient le mieux sa manière de voir du moment,

« Il s'agissait, dans ces conditions, convient-il, d'une tentative hardie — hasardée, dirait-on peut-être — que de vouloir un panorama d'ensemble du monde concentrationnaire. » (*Ibid.*)

On ne saurait mieux le caractériser qu'il ne le fait lui-même. Mais alors, pourquoi avoir présenté les camps dans cette forme qui procède de l'affirmation catégorique ?

L'*Univers concentrationnaire* (Pavois 1946) eut un succès mérité. Dans le concert des témoins mineurs qui hurlaient la vengeance et la mort aux chausses des Allemands vaincus[94] il tentait de reporter les responsabilités sur le nazisme et il marquait un tournant, une orientation nouvelle. La France pacifiste fut reconnaissante à David Rousset d'avoir conclu en ces termes :

« L'existence des camps est un avertissement. La société allemande, en raison à la fois de la puissance de sa structure économique et de l'âpreté de la crise qui l'a défaite, a connu une décomposition encore exceptionnelle dans la conjoncture actuelle du monde. Mais il serait facile de montrer que les traits les plus caractéristiques de la mentalité S.S. et des soubassements sociaux, se retrouvent dans bien d'autres secteurs de la société mondiale. Toutefois, moins accusés et, certes, sans commune mesure avec les développements connus dans le Grand Reich. Mais ce n'est qu'une question de circonstances. Ce serait une duperie, et criminel, que de prétendre qu'il est impossible aux autres peuples de faire une expérience semblable pour des raisons d'opposition de nature. L'Allemagne a interprété avec l'originalité propre à son histoire, la crise qui l'a conduite à l'univers concentrationnaire. Mais l'existence et le mécanisme de cette crise tiennent aux fondements économiques et sociaux du capitalisme et de

---

[94] « Les Français doivent savoir et doivent retenir que les mêmes erreurs amèneront les mêmes horreurs, Ils doivent rester avertis du caractère et des tares de leurs voisins d'outre-Rhin, race de dominateurs, et c'est pourquoi le N° 43.652 a écrit ces lignes, Français, soyez vigilants et n'oubliez jamais. » (Frère Birin, *16 mois de bagne*, page 117). Par ailleurs, « le boche » avait refleuri sur toutes les lèvres, avec la hargne qui s'attache au mot, quand on le prononce bien.

l'impérialisme. Sous une figuration nouvelle, des effets analogues peuvent demain encore apparaître[95]. Il s'agit en conséquence d'une bataille très précise à mener. » (Page 187)

*Les Jours de notre Mort* (1947), qui reprennent les données de *L'Univers concentrationnaire* et les poussent dans les derniers retranchements de la spéculation, sont assez éloignés de cette profession de foi que, par ailleurs, *Le Pitre ne rit pas* (1948) oublie totalement. D'où il faut conclure que David Rousset a évolué sous le couvert de se préciser, ce qui a fait que son œuvre a fini par prendre un caractère beaucoup plus anti-allemand qu'anti-nazi, aux yeux du public. Cette évolution fut d'autant plus remarquée que nuancée de certaines faiblesses pour le bolchevisme, à son point de départ, elle a trouvé, sur le tard, sa conclusion dans un antibolchevisme dont il serait aventuré de dire qu'il ne muerait point en russophobie pure et simple, si la crise mondiale se précipitait au point de se résoudre dans la guerre.

L'originalité donc, de *L'Univers concentrationnaire* a été de distinguer entre l'Allemagne et le nazisme dans l'établissement des responsabilités. Elle s'est doublée d'une théorie qui fit sensation en ce qu'elle justifiait le comportement des détenus chargés de la direction des affaires du camp, par la nécessité de conserver, pour l'après-guerre, l'élite des révolutionnaires avant tout[96]. Martin-Chauffier justifiant le médecin qui veut sauver le plus grand nombre possible de détenus en faisant porter ses efforts sur certains malades d'abord, David Rousset justifiant la politique qui veut sauver la qualité et non le nombre, mais une qualité définie en fonction de certains impératifs extra-humanitaires, cela fait beaucoup d'arguments, et non des moindres, qui s'acharnent sur la

---

[95] La preuve. — « *Alors que plusieurs centaines de milliers de « personnes déplacées » adultes ont réussi à quitter les camps et à partir pour les deux Amériques, des milliers d'enfants sont restés, avec les vieillards, sous le contrôle de l'I.R.O., dans les sinistres baraquements d'Allemagne, d'Autriche et d'Italie. Mais l'organisation internationale des réfugiés cessera définitivement ses travaux dans quelques mois et on se demande quel sera le sort de ces orphelins deux fois abandonnés.*
*Leur situation est d'ores et déjà tragique, car, dans certains camps, ils ne recevaient, pour toute alimentation, que la valeur de trois cents à quatre cents calories par jour, et personne ne sait si cette ration insuffisante pourra être maintenue. La mortalité, dans de telles conditions, exerce des ravages terribles.* » (*La Bataille, 9 mai 1950*). Le journal précise qu'ils sont 13 millions à vivre ainsi, dans une Europe débarrassée de Hitler, de Mussolini et de toute prépondérance fasciste avouée. Je demande qu'on enquête sur les traitements auxquels les soumettent leurs gardiens. – P.R.
[96] Cette théorie est encore plus nettement affirmée, dans *Les jours de notre Mort.*

masse anonyme des concentrationnaires. Et si, à propos de l'un et l'autre cas, on parle un jour d'imposture philosophique, il n'y aura là rien d'étonnant. Les esprits malins pourront même ajouter que David Rousset a probablement été sauvé de la mort par le kapo communiste allemand Emile Künder, qui le considérait comme appartenant à cette élite révolutionnaire, qui lui témoigna une grande amitié à ce titre et qui le renie aujourd'hui.

Ceci dit sans préjudice de quelques autres réserves.

*Le postulat de la théorie*

« Il est normal, lorsque toutes les forces vives d'une classe sont l'enjeu de la bataille la plus totalitaire encore inventée, que les adversaires soient mis dans l'impossibilité de nuire et, si nécessaire, exterminés. » (Page 107)

Il est inattaquable. Sa conclusion, énoncée sans transition, l'est beaucoup moins :

« Le but des camps est bien la destruction physique. » (*Ibid.*)

On ne peut pas ne pas remarquer que, dans le postulat lui-même, la destruction physique est subordonnée à la nécessité et non décrétée par principe : envisagée seulement dans les cas où la mesure d'internement ne suffirait pas à mettre l'individu hors d'état de nuire.

Après un enjambement ou une déduction cavalière de cette taille, il n'y a pas de raison de s'arrêter, et on peut écrire :

« L'ordre porte la marque du maître. Le commandant du camp ignore tout. Le Block-führer[97] ignore tout. Le Lagerältester[98] ignore tout. Les exécuteurs ignorent tout. Mais l'ordre indique la mort et le genre de mort et la durée qu'il faut mettre à faire mourir. Et dans ce désert d'ignorance, c'est suffisant. » (Page 100)

ce qui est une façon, à la fois de corser le tableau, de reporter la

---

[97] Responsable S.S. de la vie d'un Block.
[98] Doyen du camp, détenu choisi par les S.S.

responsabilité sur le « haut-lieu » de Martin-Chauffier, et de permettre de conclure à un plan pré- établi de systématisation de l'horreur, qui se justifie par une philosophie.

« L'ennemi, dans la philosophie S.S., est la puissance du mal intellectuellement et physiquement exprimée. Le communiste, le socialiste, le libéral allemand, les révolutionnaires, les résistants étrangers sont les figurations actives du mal. Mais l'existence objective de certaines races : les Juifs, les Polonais, les Russes, est l'expression statique du mal. Il n'est pas nécessaire à un Juif, à un Polonais, à un Russe, d'agir contre le national-socialisme : ils sont, de naissance, par prédestination, des hérétiques non assimilables, voués au feu apocalyptique. La mort n'a donc pas de sens complet. L'expiation seule peut être satisfaisante, apaisante pour les seigneurs. Les camps de concentration sont l'étonnante et complexe machine de l'expiation. Ceux qui doivent mourir vont à la mort avec leur lenteur calculée pour que leur déchéance physique et morale, réalisée par degrés, les rende enfin conscients qu'ils sont des maudits, des expressions du mal, et non des hommes. Et le prêtre justicier éprouve une sorte de plaisir secret, de volupté intime, à ruiner les corps. » (Pages 108-109)

Par quoi on voit que, partant des camps de concentration entendus comme moyens de mettre les opposants hors d'état de nuire, on peut aisément en faire des instruments d'extermination par principe et broder à l'infini sur le but de cette extermination. À partir du moment où on en vient là, ce n'est plus qu'une question d'aptitude aux constructions de l'esprit, et de virtuosité. Mais l'effort littéraire qui produit de si heureux effets de sadisme est parfaitement inutile et point n'est besoin d'avoir vécu l'événement pour le dépeindre ainsi : il n'était que de se reporter à Torquemada et de recopier les thèses de l'Inquisition.

Je ne m'arrête pas à la première partie de l'explication qui assimile les Russes et les Polonais aux Juifs dans l'esprit des dirigeants nazis : la fantaisie saute aux yeux.

### *Le travail*

« Le travail est entendu moyen de châtiment. Les concentrationnaire-

main- d'œuvre sont d'intérêt second, préoccupation étrangère à la nature intime de l'univers concentrationnaire. Psychologiquement, elle se raccroche par ce sadisme de contraindre les détenus à consolider les instruments de leur asservissement.

C'est en raison d'accidents historiques que les camps sont devenus aussi des entreprises de travaux publics. L'extension de la guerre à l'échelle mondiale exigeant un emploi total de tout et de tous, des boiteux, des sourds, des aveugles et des P.G., les S.S. embrigadèrent à coups de fouet dans les tâches les plus destructives, la meute aveugle des concentrationnaires Le travail des concentrationnaires n'avait pas pour fin essentielle la réalisation des tâches précises, mais le maintien des « détenus protégés »1 dans la contrainte la plus étroite, la plus avilissante. » (Pages 110-111-112)

Si on a décidé que le but des camps était d'exterminer, il est bien évident que le travail n'entre plus que comme un élément négligeable en lui-même dans la théorie de la mystique exterminatrice. Eugen Kogon, dont il est question au chapitre suivant, partant du même principe quoiqu'avec beaucoup moins de raffinement dans la forme, écrit à ce propos dans *l'Enfer organisé* :

« …On décida que les camps auraient un but secondaire, un peu plus réaliste, un peu plus pratique et plus immédiat : grâce à eux, on allait réunir et utiliser une main- d'œuvre composée d'esclaves, appartenant à la S.S. et qui, aussi longtemps qu'on leur permettrait de vivre, ne devraient vivre que pour servir leurs maîtres. Mais, ce que l'on a appelé les buts secondaires (effrayer la population, utilisation de la main-d'œuvre d'esclaves, maintien des camps comme lieu d'entraînement et terrain d'expérimentation pour la S.S.), ces buts étaient venus peu à peu au premier plan, pour ce qui est des véritables raisons d'envoi dans les camps, jusqu'au jour où, la guerre déchaînée par Hitler, envisagée et préparée par lui et la S.S., d'une façon toujours plus systématique, provoqua l'énorme développement des camps. » (Pages 27-28)

De la juxtaposition de ces deux textes, il ressort que, pour le premier, c'est l'accident historique de la guerre, et encore, seulement au moment de son extension à l'échelle mondiale, qui a fait passer l'utilisation des détenus comme main-d'œuvre, au premier plan dans les buts des camps, tandis que pour le second, ce résultat était atteint avant la guerre, celle-ci n'ayant fait que lui donner plus d'importance.

J'opte pour le second : la division des camps en Konzentrationslager[99], Arbeitslager[100] et Straflager[101] était un fait accompli au moment de la déclaration de guerre. L'opération d'internement, avant et pendant la guerre, se faisait en deux temps : on concentrait les impétrants sur un camp prévu ou organisé pour le travail, et qui jouait en sus le rôle de gare de triage ; de là, on les dirigeait sur les autres, selon les besoins du travail. Il y avait un troisième temps pour les délinquants en cours d'internement : l'envoi en punitions dans un camp généralement en construction, qui était considéré comme camp de représailles, mais qui, au moment de son achèvement, devenait à son tour un camp ordinaire.

J'ajoute qu'à mon sens le travail a toujours été prévu. Ceci fait partie du code international de répression : dans tous les pays du monde, l'État fait gagner leur vie et suer des bénéfices à ceux qu'il emprisonne, à quelques exceptions près (régime politique dans les nations démocratiques, déportés d'honneur dans des régimes de dictature). Le contraire ne se conçoit pas : une société qui prendrait en charge ceux qui enfreignent ses lois et la sapent dans ses fondements, est un non-sens. Seules les conditions du travail varient selon qu'on est en liberté ou interné — et la marge des bénéfices à réaliser.

Pour l'Allemagne, il s'est produit ce cas particulier qu'il a fallu construire les camps du premier au dernier et que la guerre est survenue par surcroît. Pendant toute la période de construction, on a pu croire qu'ils avaient pour but uniquement de faire mourir : on a continué pendant la guerre et il est bien porté de le croire encore après. L'escroquerie est d'autant moins évidente que la guerre ayant rendu nécessaire un toujours plus grand nombre de camps, la période de construction ne s'est jamais achevée et que les deux circonstances, en se superposant dans leurs effets, ont permis d'entretenir la confusion, à bon escient dans les apparences.

---

[99] Camp de concentration.
[100] Camp de travail.
[101] Camp de punition (travail et conditions d'existence plus durs).

## *La Häftlingführung*[102]

On sait que les S.S. ont délégué à des détenus la direction et l'administration des camps. Il y a donc des Kapos (chefs des Kommandos), des Blockältester (chefs des Blocks), des Lagerschutz (policiers), des Lagerältester (doyens ou chefs de camps), etc., toute une bureaucratie concentrationnaire qui exerce en fait toute l'autorité dans le camp. C'est encore une règle qui fait partie du code de la répression dans tous les pays du monde. Si les détenus auxquels échoient tous ces postes avaient la moindre notion de solidarité, le moindre esprit de classe, cette disposition interviendrait partout comme un facteur d'allégement de la peine pour l'ensemble. Malheureusement, il n'en est jamais ainsi nulle part : en prenant possession du poste qu'on lui confie, partout, le détenu désigné change de mentalité et de clan. C'est un phénomène trop connu pour qu'on y insiste et trop général pour qu'on l'impute seulement aux Allemands ou aux nazis. L'erreur de David Rousset a été de croire, en tout cas, de faire croire qu'il pouvait en être autrement dans un camp de concentration, et qu'en fait il en avait été autrement — que les détenus politiques étaient d'une essence supérieure au commun des hommes et que les impératifs auxquels ils obéissaient étaient plus nobles que les lois de la lutte individuelle pour la vie.

Ceci l'a conduit à poser en principe que la bureaucratie concentrationnaire ne pouvant sauver le nombre eut le mérite de sauver la qualité au maximum :

« Avec la collaboration étroite d'un Kapo, on pouvait créer des conditions bien meilleures de vie, même dans l'Enfer... » (Page 166, en renvoi)

Mais il ne dit pas comment on pouvait obtenir la collaboration étroite d'un Kapo. Ni que cette collaboration ne dépassait jamais que par exception, ce Kapo fût- il un politique, le stade des rapports individuels du praticien au client. Ni non plus que, par voie de conséquence, elle ne put bénéficier qu'à un nombre infime de détenus.

---

[102] Direction du camp par les concentrationnaires eux-mêmes, la self-bureaucratie (Voir page 44).

Tout s'enchaîne :

« La détention de ces postes est donc d'un intérêt capital, et la vie et la mort de bien des hommes en dépend. » (Page 134)

Puis ceux qui les détiennent s'organisent, puis les meilleurs de ceux qui s'organisent sont les communistes, puis ils montent de véritables complots politiques contre les S.S., puis ils dressent des programmes d'action pour après la guerre. Voici, pêle-mêle :

« À Buchenwald, le comité central secret de la fraction communiste groupait des Allemands, des Tchèques, un Russe et un Français. » (Page 166)

Dès 1944, ils se préoccupaient des conditions qui seraient créées par la liquidation de la guerre. Ils avaient une grosse crainte que les S.S. ne les tuent tous auparavant. Et ce n'était pas une crainte imaginaire. » (Page 170)

À Buchenwald, en dehors de l'organisation communiste qui atteint là, sans doute, un degré de perfection et d'efficience unique dans les annales des camps, il y eut des réunions plus ou moins régulières entre des éléments politiques allant des socialistes à l'extrême-droite, et qui aboutirent à la mise en forme d'un programme d'action commune pour le retour en France. » (Pages 80-81)

Tout cela est logique : c'est le fait qui sert de point de départ, qui est discutable.

Il y eut, certes, dans tous les camps des rapprochements de détenus, des constitutions discrètes de groupe : par affinités et pour supporter mieux le sort commun (dans la masse) par intérêt, pour conquérir le pouvoir, pour le conserver ou pour mieux l'exercer (dans la *Häftlingsführung*).

À la libération, corroborés en cela par David Rousset, les communistes ont pu faire croire que le ciment de leur association était leur doctrine à laquelle ils avaient conformé leurs actes. En réalité, ce ciment était le profit matériel qu'en pouvaient retirer ceux qui en faisaient partie, quant à la nourriture et à la sauvegarde de la vie. Dans les deux camps que j'ai connus, l'opinion générale était que, politique ou non, communiste ou pas, tout « Comité » avait d'abord le caractère d'une association de voleurs de nourriture, sous quelque forme que ce soit. Rien ne venait infirmer cette opinion. Tout, au contraire, était à son appui : les groupuscules de communistes ou de politiques s'affrontant ; les modifications dans la composition de celui d'entre eux qui détenait le pouvoir, et intervenaient toujours à la suite de différends sur la répartition et le partage des pillages ; la distribution des postes de commande qui suivait le même processus, etc., etc.

Pendant les quelques semaines que j'ai passées à Buchenwald au Block 48, sur la suggestion du chef de Block ou avec son autorisation, un groupe de détenus nouveaux arrivants, avait décidé de prendre en main le moral de la masse. Peu à peu il avait acquis une certaine autorité et, en particulier, les relations entre le chef de Block et nous avaient fini par ne plus se faire que par son intermédiaire. Il réglementait la vie au Block, organisait des conférences, désignait des corvées, répartissait la nourriture, etc. C'était pitié de voir le concert de flagorneries en tous genres qui montait de ceux qui en faisaient partie, vers le chef de Block omnipotent. Un jour, le principal animateur de ce groupe fut pris par quelqu'un de la masse en train de partager avec un autre des pommes de terre qu'il avait dérobées sur la ration commune.

Eugen Kogon raconte que les Français de Buchenwald, qui étaient seuls à recevoir des colis de la Croix-Rouge, avaient décidé de les partager équitablement avec le camp tout entier :

« Lorsque nos camarades français se déclarèrent prêts à en distribuer une bonne partie au camp tout entier, cet acte de solidarité fut accueilli avec reconnaissance. Mais la répartition fut organisée de façon scandaleuse pendant des semaines : il n'y avait, en effet, qu'un seul paquet par groupe de dix Français, tandis que leurs compatriotes chargés de la distribution, ayant à leur tête le chef du groupe communiste français dans le camp[103], réservaient pour eux des monceaux de colis, ou les utilisaient en faveur de leurs amis de

---

[103] Cette qualité lui avait été accordée par la Clique régnante. Il s'agit de Marcel Paul (Voir pages 46 et 17).

marque. » (*L'Enfer organisé*, page 120)

David Rousset perçoit d'ailleurs un côté malfaisant de cet état de choses, s'il n'en fait pas une cause dirimante ou capitale de l'horreur, lorsqu'il écrit :

« La bureaucratie ne sert pas seulement à la gestion des camps : elle est, par ses sommets, tout embrayée dans les trafics S.S. Berlin envoie des caisses de cigarettes et de tabac pour payer les hommes. Des camions de nourriture arrivent dans les camps. On doit payer toutes les semaines les détenus ; on les paiera tous les quinze jours, ou tous les mois ; on diminuera le nombre de cigarettes, on établira des listes de mauvais travailleurs qui ne recevront rien. Les hommes crèveront de ne pas fumer. Qu'importe ? Les cigarettes passeront au marché noir... De la viande ? Du beurre ? Du sucre ? Du miel ? Des conserves ? Une plus forte proportion de choux rouges, de betteraves, de rutabagas assaisonnés d'un peu de carottes, cela suffira bien. C'est même de la bonté pure... Du lait ? Beaucoup d'eau blanchie, ce sera parfait. Et tout le reste : viande, beurre, sucre, miel, conserves, lait, pommes de terre, sur le marché pour les civils allemands qui paient et sont de corrects citoyens. Les gens de Berlin seront satisfaits d'apprendre que tout est bien arrivé. Il suffit que les registres soient en ordre et la comptabilité vérifiable... De la farine ? Mais comment donc, on diminuera les rations de pain. Sans faire semblant. Les parts seront un peu moins bien coupées. Les registres ne s'occupent pas de ces choses. Et les maîtres S.S. seront en excellents termes avec les commerçants de l'endroit. » (Pages 145-146-147)

Voilà démentie, au moins en ce qui concerne la nourriture, la légende qui veut qu'un plan ait été établi en « haut-lieu » pour affamer les détenus. Berlin envoie tout ce qu'il faut pour nous servir les rations prévues, conformément à ce qu'on écrit aux familles, mais à son insu, on ne nous le distribue pas[104]. Et qui vole ? Les détenus chargés de la

---

[104] Le même phénomène a été mis en évidence par le procès récemment intenté à l'« Œuvre des mères et des enfants », de Versailles, dont l'animatrice était la générale Pallu. L'instruction de l'affaire a révélé que :
« *Les enfants étaient mal vêtus, laissés dans une saleté repoussante, dans une salle où grouillait la vermine. Les paillasses étaient pourries par les excréments, l'urine ; les vers parfois y grouillaient. Il y avait un seul drap, une couverture. Tous les cabinets étaient bouchés. Les enfants faisaient où ils se trouvaient. Ils étaient pleins de gourme, de poux.* »

distribution. David Rousset nous dit que c'est sur ordre des S.S. auxquels ils remettent le produit du vol : non, ils volent pour eux d'abord, se gobergent de tout sous nos yeux et paient tribut aux S.S. pour acheter leur complicité.

Ainsi donc, ces fameux comités révolutionnaires, de défense des intérêts du camp ou de préparation de plans politiques pour l'après-guerre, se réduisent à cela et ont pu néanmoins abuser l'opinion à ce point. Je laisse à d'autres le soin de rechercher les raisons pour lesquelles il en a été ainsi. Je me permettrai cependant d'ajouter encore que ceux qui avaient réussi à les constituer, à en faire partie ou à leur assurer l'autorité qu'ils eurent dans tous les camps, entretenaient l'esprit de flagornerie dont ils se rendaient eux-mêmes coupables vis-à-vis des S.S. À propos des conférences organisées au Block 48 et auxquelles il est fait allusion ci-dessus, David Rousset raconte encore :

« J'organisai donc une première conférence ; un Stubendienst russe, de vingt-deux ou vingt-trois ans, ouvrier de l'Usine Marty, à Léningrad, nous exposa longuement la condition ouvrière en U.R.S.S. La

---

*Voilà pour le décor. Là, 13 enfants sont morts de faim. Pourtant, l'œuvre de la générale reconnue d'utilité publique, recevait, outre les rations normales, des attributions supplémentaires. De tout cela, les enfants ne voyaient rien : le lait était coupé d'eau par moitié, les matières grasses utilisées pour la nourriture du personnel, le sucre sur-rationné.*
*– Les enfants en avaient trop, a dit une surveillante.*
*La générale se faisait livrer un litre et demi de lait par jour, du chocolat, du riz, de la viande — et de premier choix. La directrice, petite femme brune, envoyait à sa famille des colis de « vingt kilos » sur ses réserves personnelles.*
*Tout ce monde était bien nourri et ne s'étonnait pas de cette nourriture de choix à l'époque du rutabaga quotidien.*
*Et les enfants ? Oh ! c'était si facile. Ils ne réclamaient rien*
*Il n'y avait donc pas de médecin ? Mais si. Ils se contentaient peut-être d'une visite hâtive...*
*– Ce cas de rougeole ? dit le Dr Dupont. Il était courant. Je l'ai soigné normalement. (Sur une paillasse pourrie, avec une seule couverture ! Alors il y a eu broncho-pneumonie et mort).*
*Le substitut interroge l'autre médecin, le Dr Vaslin :*
*– Vous êtes donc accouru lorsqu'on vous a fait connaître que le jeune Dagorgne était transporté à l'hôpital où il est mort le surlendemain ?*
*– Je ne pouvais pas. C'était l'heure de mon déjeuner Je veux dire de « ma consultation ». (Le Populaire, 16 mai 1950).*
*Cette page est digne des meilleurs récits des camps de concentration. Le drame s'est passé en France et l'opinion n'en a rien su, ni non plus l'administration dont relevait l'« Œuvre des mères et des enfants » ; les enfants y mouraient comme des concentrationnaires, dans les mêmes conditions et pour les mêmes raisons... dans un pays démocratique, cependant !*

discussion qui suivit dura deux après-midi. La seconde conférence fut faite par un kolkhozien, sur l'organisation agricole soviétique. Je fis moi- même, un peu plus tard, une causerie sur l'Union Soviétique, de la Révolution à la Guerre. » (Page 77)

J'ai assisté à cette conférence : c'était un chef-d'œuvre de bolchevikophilie, assez inattendu si on connaissait les activités trotskystes antérieures de David Rousset. Mais Erich, notre chef de Block, était communiste et il avait un grand crédit auprès du « noyau » qui exerçait l'influence prépondérante dans la Häftlingsführung du moment : il était habile d'attirer son attention et de la prévenir pour le jour où il aurait des faveurs à distribuer.

« Trois mois après, poursuit Rousset, je n'aurais certainement pas recommencé cette tentative. La corde était au bout. Mais, à l'époque, nous étions, tous encore très ignorants. Erich, notre chef de block, grommela mais ne s'opposa pas à l'affaire. » (Page 77)

Bien sûr. Au surplus, trois mois après, c'était du Kapo Emil Künder qu'il fallait faire le siège, le temps des conférences était passé, la parole était aux colis venus de France. Si j'ai bien compris *Les Jours de notre Mort*, Rousset en usa et je suis loin de le lui reprocher : je ne dois, moi-même, qu'à ceux que j'ai reçu d'être revenu et je n'en ai jamais fait mystère[105].

On peut soutenir, et peut-être on le fera, qu'il n'était pas capital d'établir, fût- ce au moyen de textes empruntés à ceux qui tiennent le fait pour négligeable, ou qui le justifient, que la *Häftlingsführung* nous a fait subir un traitement plus horrible encore que celui qui avait été prévu pour nous dans les sphères dirigeantes du nazisme et que rien ne l'y obligeait. J'observerai alors qu'il m'a paru indispensable de fixer exactement les causes de l'horreur dans tous leurs aspects, ne serait-ce que pour ramener à sa juste valeur l'argument subjectif dont on fit un si abondant usage, et pour orienter un peu plus vers la nature même des choses, les investigations du lecteur dans l'esprit duquel ce problème n'est qu'imparfaitement ou incomplètement résolu.

---

[105] Voir première partie, chap. IV.

## *L'objectivité*

« Birkenau, la plus grande cité de la mort. Les sélections à l'arrivée : les décors de la civilisation montés comme des caricatures pour duper et asservir. Les sélections régulières dans le camp, tous les dimanches. La lente attente des destructions inévitables au Block 7. Le Sonderkommando[106] totalement isolé du monde, condamné à vivre toutes les secondes de son éternité avec les corps torturés et brûlés. La terreur brise si décisivement les nerfs que les agonies connaissent toutes les humiliations, toutes les trahisons. Et lorsque, inéluctablement, les puissantes portes de la chambre à gaz se ferment, tous se précipitent, s'écrasant dans la folie de vivre encore, si bien que, les battants ouverts, les cadavres s'effondrent, inextricablement mêlés en cascades sur les rails. » (Page 51)

Dans un panorama d'ensemble comme *Les Jours de notre Mort*, romancé et, par surcroît, reconstitué à l'aide de moyens dont l'auteur a lui-même et quoiqu'à son insu, avoué l'ingénuité (cf. ci-dessus), ce passage ne choquerait pas. Dans *L'Univers concentrationnaire* qui a, par tant de côtés, le caractère d'un récit vécu, il paraît déplacé. David Rousset n'a, en effet, jamais assisté à ce supplice dont il donne une description à la fois si précise et si saisissante.

Il est encore trop tôt pour prononcer un jugement définitif sur les chambres à gaz : les documents sont rares, et ceux qui existent, imprécis, incomplets ou tronqués, ne sont pas exempts de suspicion. Je suis persuadé, pour ma part, qu'un examen sérieux de la question avec les matériaux qu'on ne manquera pas de découvrir si la bonne foi préside aux recherches, ouvrira des horizons nouveaux en ce qui les concerne. Alors, on sera étonné par le nombre des gens qui en ont parlé et par les termes dans lesquels ils en ont parlé. De tous les témoins, Eugen Kogon est celui qui s'est penché sur l'affaire avec le plus de sérieux et dont le témoignage revêt à mes yeux le plus d'intérêt. Dans *L'Enfer organisé* (déjà cité), il écrit :

« Un très petit nombre de camps avaient leurs propres chambres à

---

[106] Kommando particulier, affecté au crématoire.

gaz. » (Page 154)

Et, exposant le mécanisme de l'opération, il poursuit :

« En 1941, Berlin envoya dans les camps les premiers ordres[107] pour la formation des transports spéciaux d'extermination par les gaz. On choisit en premier lieu les détenus de droit commun, des détenus condamnés pour attentat aux mœurs et certains politiques mal vus de la S.S. Ces transports partaient vers une destination inconnue. Dans le cas de Buchenwald, on voyait revenir, dès le lendemain, les vêtements, y compris le contenu des poches, les dentiers, etc. Par un sous-officier d'escorte[108], On apprit que ces transports étaient arrivés à Pirna et à Hohenstein et que les hommes qui les composaient avaient été soumis aux essais d'un nouveau gaz et avaient péri…

Au cours de l'hiver 1942-43, on avait examiné tous les Juifs au point de vue de leur capacité de travail. À la place des transports mentionnés ci-dessus, ce furent alors les Juifs invalides qui, en quatre groupes de 90 hommes, prirent le même chemin, mais aboutirent à Bernburg, près de Kothen. Le médecin-chef de la maison de santé de l'endroit, un certain Docteur Eberl, était l'instrument docile de la S.S. Dans les dossiers de la S.S., cette opération porta la référence « 14 F. 13 »[109]. Elle semble avoir été menée simultanément avec l'anéantissement de tous les malades des maisons de santé, qui se généralisait peu à peu en Allemagne sous le National-Socialisme. » (Pages 225-226)

Ayant affirmé le fait sous cette forme qui laisse peser le doute, quant aux ordres d'utilisation des chambres à gaz, en particulier en ce sens qu'elle ne procède que par référence à des documents dont on peut se demander s'ils existent, Eugen Kogon en cite cependant deux autres, sans doute parce qu'ils lui ont paru plus probants :

« Nous avons pu conserver le double des lettres échangées entre le Docteur Hoven (de Buchenwald) et cette étonnante maison de santé :

---

[107] A-t-on retrouvé ces ordres? Si oui, pourquoi ne pas les publier ? Si non, aucun historien n'acceptera jamais qu'on en fît état.
[108] Si son nom était publié, on pourrait peut-être l'interroger.
[109] Indiquée, mais non publiée

Weimar-Buchenwald, 2-2-1942.

K. L. Buchenwald Le médecin du camp.

Objet : Juifs inaptes au travail dans le camp de concentration de Buchenwald

Références : Conversation personnelle

Pièces jointes : 2 À la Maison de Santé

Bernburg a. d. Saale Boîte postale 263

Me référant à notre conversation personnelle, je vous remets ci-joint, en double exemplaire et à toutes fins utiles, la liste des Juifs malades et inaptes au travail, se trouvant dans le camp de Buchenwald.

Le Médecin de Buchenwald,

Signé : HOVEN,

S.S. Obersturmsführer d. R. »

On remarquera que les deux pièces annoncées comme devant faire partie de l'envoi, ne sont pas publiées.

Voici le second document :

« Bernburg, le 5 mars 1942.

Maison de Santé Bernburg

Réf. Z. Be. gs. pt.

Monsieur le Commandant du camp de Concentration de Buchenwald par Weimar.

Référence : Notre lettre du 3 mars 1942.

Objet : 36 détenus, 12e liste du 2 février 1942.

« Par notre lettre du 3 courant, nous vous demandions de mettre à notre disposition les 36 derniers détenus, à l'occasion du dernier transport, le 18 mars 1942.

Par suite de l'absence de notre Médecin-chef qui doit procéder à l'examen médical de ces détenus, nous vous demandons de ne pas nous les envoyer le 18 mars 1942, mais de les joindre au transport du 11 mars 1942, avec leurs dossiers qui vous seront retournés le 11 mars 1942.

Heil Hitler !

Signé : GODENSCHWEIG. »

On conviendra qu'il faut singulièrement solliciter les textes pour déduire, de cet échange de correspondance, qu'il était relatif à une opération d'extermination par le moyen des chambres à gaz. Même si on le complète par un rapport que le Docteur Hoven adressait, dans le même temps, à un de ses chefs hiérarchiques, et qui disait ceci, d'après Eugen Kogon :

« Les obligations des médecins contractants et les négociations avec les services d'inhumation, ont souvent amené des difficultés insurmontables. C'est pourquoi je me mets aussitôt en liaison avec le docteur Infried Eberl, médecin-chef de la Maison de Santé de Bernburg-sur-Saale, boîte postale 252, téléphone 3 169. C'est le même médecin qui a exécuté l'opération « 14 F. 13 ». Le docteur Eberl a fait preuve d'une extrême compréhension et d'une grande amabilité. Tous les corps des détenus décédés à Schoneberg-Wernigerode seront transportés chez le docteur Eberl à Bernburg, et seront incinérés, même sans bulletin de décès. » (Page 227)

Eugen Kogon fait aussi état des chambres à gaz de Birkenau (Auschwitz). Il raconte comment on procédait à l'extermination par ce moyen, d'après le témoignage :

« d'un jeune Juif de Brno, Janda Weiss, qui appartenait, en 1944, au Sonderkommando (du crématoire et des chambres à gaz) dont proviennent les détails suivants, d'ailleurs confirmés par d'autres personnes. » (Page 155)

À ma connaissance, ce Janda Weiss est le seul personnage de toute la littérature concentrationnaire dont on dise qu'il a assisté au supplice et dont on donne l'adresse exacte. Et il n'y a qu'Eugen Kogon qui ait profité de ses déclarations. Étant donné l'importance historique et morale de l'utilisation des chambres à gaz comme instrument de répression, peut-être aurait-on pu prendre des dispositions[110] qui eussent permis au public de connaître sa déposition, autrement que par personnes interposées, tout en l'étendant à des dimensions un peu plus grandes que celles d'un paragraphe amené par incidence, dans un témoignage d'ensemble.

Une opération qui était pratiquée périodiquement dans tous les camps sous le nom de « Selektion » n'a pas peu contribué à répandre dans le public une opinion qui a fini par gagner sa faveur, quant au nombre des chambres à gaz et à celui de leurs victimes.

Un beau jour, les services sanitaires du camp recevaient l'ordre de dresser la liste de tous les malades considérés comme inaptes au travail pour un temps relativement long ou définitivement et de les rassembler dans un Block spécial. Puis, des camions arrivaient — ou une rame de wagons — on les embarquait et ils partaient pour une destination inconnue. La rumeur concentrationnaire voulait qu'ils fussent dirigés tout droit sur des chambres à gaz et, par une sorte de dérision cruelle, on appelait les rassemblements pratiqués dans ces occasions, des *Himmelskommandos*, ce qui signifiait qu'ils étaient composés de gens en partance pour le ciel. Naturellement, tous les malades cherchaient à y échapper.

J'ai vu pratiquer deux ou trois « Selektion » à Dora : j'ai même échappé de justesse à l'une d'entre elles. Dora était un petit camp. Si le nombre des malades inaptes y fut toujours supérieur aux moyens dont on disposait pour les soigner, il n'atteignit qu'en de très rares occasions des proportions susceptibles de gêner le travail ou d'embouteiller l'administration.

---

[110] Par un singulier hasard, il se trouve en zone russe ! ...

À Birkenau, dont parle David Rousset dans l'extrait qui fait l'objet de cette mise au point, c'était différent. Le camp était très grand : une fourmilière humaine. Le nombre des inaptes était considérable. Les « Selektion », au lieu de se faire par la voie bureaucratique et par le canal des services sanitaires, comme à Dora, se décidaient sur le moment, quand les camions ou la rame de wagons arrivaient. Elles étaient nombreuses au point de se répéter à une cadence voisine d'une par semaine et elles se pratiquaient sur la mine. Entre les S.S. et la bureaucratie concentrationnaire d'une part, et la masse des détenus qui cherchaient à leur échapper de l'autre, on pouvait donc assister à de véritables scènes de chasse à l'homme dans une atmosphère d'affolement général. Après chaque « Selektion », ceux qui restaient avaient le sentiment d'avoir échappé provisoirement à la chambre à gaz.

Mais rien ne prouve irréfutablement que tous les inaptes ou réputés tels, ainsi recrutés, soit par le procédé de Dora, soit par celui de Birkenau, étaient dirigés sur des chambres à gaz. À ce sujet, je veux rapporter un fait personnel. Dans l'opération de « Selektion » à laquelle j'ai échappé à Dora, un de mes camarades n'eut pas la même chance que moi. Je le vis partir, et je le plaignis. En 1946, je croyais encore qu'il était mort asphyxié avec tout le convoi dont il faisait partie. En septembre de la même année, je le vis avec étonnement se présenter chez moi pour m'inviter à je ne sais plus quelle manifestation officielle. Comme je lui disais le sentiment dans lequel j'avais vécu en ce qui le concernait, il me raconta que le convoi en question avait été dirigé, non sur une chambre à gaz, mais sur Bergen-Belsen dont la mission était, paraît-il, plus particulièrement alors, de recevoir en convalescence[111] les déportés de tous les camps. On peut vérifier : il s'agit de M. Mullin, employé à la gare de Besançon. À Buchenwald, d'ailleurs, j'avais déjà rencontré, au Block 48, un Tchèque qui était revenu de Birkenau dans les mêmes conditions.

Mon opinion sur les chambres à gaz ? Il y en eut : pas tant qu'on le croit. Des exterminations par ce moyen, il y en eut aussi : pas tant qu'on

---

[111] En fait, après un voyage effectué dans des conditions épouvantables, il était arrivé dans un Bergen-Belsen sur lequel convergeaient, venant de toute l'Allemagne, des convois d'inaptes, qu'on ne savait ni où loger, ni comment nourrir, ce qui avait le don d'exciter les S.S. et les matraques des Kapos Il y vécut des jours horribles et fut finalement remis dans le circuit du travail.

l'a dit. Le nombre, bien sûr n'enlève rien à la nature de l'horreur, mais le fait qu'il s'agisse d'une mesure édictée par un État au nom d'une philosophie ou d'une doctrine, y ajouterait singulièrement. Faut-il admettre qu'il en a été ainsi ? C'est possible, mais ce n'est pas certain. La relation de cause à effet entre l'existence des chambres à gaz et les exterminations n'est pas établie indiscutablement par les textes que publie Eugen Kogon[112] et j'ai peur que ceux auxquels il se réfère sans les citer ne l'établissent que moins encore. Je le répète : l'argument qui joua le plus grand rôle dans cette affaire semble être l'opération « Selektion » dont il n'est pas un déporté qui ne puisse parler en témoin sous une forme ou sous une autre et qui ne le fasse en fonction, principalement, de tout ce qu'il en a redouté sur le moment. Les archives du National-Socialisme ne sont pas encore complètement dépouillées. On ne peut avancer avec certitude qu'on y découvrira des documents de nature à infirmer la thèse admise : ce serait tomber dans l'excès contraire. Mais si, un jour, elles laissaient échapper un ou plusieurs textes ordonnant la construction des chambres à gaz à tout autre dessein que celui d'exterminer — on ne sait jamais, avec ce terrible génie scientifique des Allemands — il faudrait bien admettre que l'utilisation qui en a été faite dans certains cas, relève d'un ou deux fous parmi les S.S., et d'une ou deux bureaucraties concentrationnaires pour leur complaire, ou vice-versa, par une ou deux bureaucraties concentrationnaires, avec la complicité, achetée ou non, d'un ou deux S.S. particulièrement sadiques.

Dans l'état actuel de l'archéologie des camps[113], rien ne permet d'attendre ou d'espérer semblable découverte, mais rien non plus ne permet de l'exclure. Un fait symptomatique, en tout cas, n'a été que très peu souligné : dans les rares camps où on a retrouvé des chambres à gaz, elles étaient annexées aux blocks sanitaires de la désinfection et des douches qui comportaient des installations d'eau, plutôt qu'aux fours

---

[112] Elle ne l'a pas été davantage par les témoignages produits à la barre du Tribunal de Nuremberg.
[113] Deux autres textes sont cités par David Rousset dans *Le Pitre ne rit pas*. Ce premier est une déposition d'un certain Arthur Grosch à Nuremberg : il est relatif à la construction des chambres à gaz et non à leur utilisation. Le second, relatif à des voitures automobiles munies d'un dispositif asphyxiant, qui auraient été utilisées en Russie, porte la signature d'un sous-lieutenant et il est adressé à un lieutenant. Ni l'un ni l'autre ne permet d'accuser les dirigeants du régime nazi d'avoir ordonné des exterminations par les gaz. On les trouvera tous les deux en appendice à ce chapitre.

crématoires, et les gaz utilisés étaient des émanations de sels prussiques, produits qui entrent dans la composition des matières colorantes, notamment du bleu, dont l'Allemagne en guerre fit un si abondant usage.

Bien entendu, ceci n'est qu'une supposition. Mais, dans l'Histoire comme dans les sciences, la plupart des découvertes n'ont-elles pas pris leur départ, sinon dans la supposition, du moins dans un doute stimulateur ?

Si on objecte qu'il n'y a aucun intérêt à procéder de cette manière avec le National-Socialisme dont les méfaits sont par ailleurs solidement établis, on me permettra de prétendre qu'il n'y en a pas davantage à étayer une doctrine ou une interprétation peut-être vraie, sur des faits incertains ou faux. Tous les grands principes de la Démocratie meurent, non pas de leur contenu, mais de trop prêter le flanc par des détails qu'on croit aussi insignifiants dans leur portée que dans leur substance, et les dictatures ne triomphent généralement que dans la mesure où on brandit contre elles des arguments mal étudiés. À ce propos, David Rousset cite un fait qui illustre magistralement cette manière de voir :

« Je parlais avec un médecin allemand Ce n'était visiblement pas un nazi. Il était repu de la guerre et ignorait où se trouvaient sa femme et ses quatre enfants. Dresde, qui était sa ville, avait été cruellement bombardée. « Voyons, me dit-il, a-t-on fait la guerre pour Dantzig ? » Je lui répondis que non. « Alors, voyez-vous, la politique de Hitler dans les camps de concentration a été affreuse (je saluai) ; mais, pour tout le reste, il avait raison. » (Page 176)

Ainsi donc, par ce tout petit détail, parce qu'on avait cru malin de déclarer qu'on partait en guerre pour Dantzig et que cela s'était révélé faux, ce médecin jugeait de toute la politique de Hitler et l'approuvait. Je me demande avec effroi ce qu'il doit en penser, maintenant qu'il a lu David Rousset.

*Tradutore, traditore*

Ceci est sans grande importance :

« L'expression *Kapo* est vraisemblablement d'origine italienne et signifie la tête : deux autres explications possibles : *Kapo*, abréviation de *Kaporal*, ou venant de la contraction de l'expression *Kamerad Polizei*, employée dans les premiers mois de Buchenwald. » (Page 131)

Eugen Kogon est plus affirmatif :

« *Kapo :* de l'italien *Il capo*, la tête, le chef » (*L'Enfer organisé*, page 59)

Je suggère une autre explication qui fait dériver le mot de l'expression *K*onzentrationslager *A*rbeit *P*olizei, dont elle rassemble les initiales, comme Schupo dérive de *Schu*tz *Po*lizei et Gestapo de *Ge*heim *Sta*at *Po*lizei. L'empressement de David Rousset et d'Eugen Kogon à interpréter plutôt qu'à analyser au fond, ne leur a pas permis d'y penser.

## Appendice au Chapitre IV

*Déclaration sous la foi du serment*

Je soussigné Wolfgang Grosch, atteste et déclare ce qui suit :

« En ce qui concerne la construction des chambres à gaz et des fours crématoires, elle eut lieu sous la responsabilité du groupe de fonction C, après que le groupe de fonction D en eût fait la commande. La voie hiérarchique était la suivante : le groupe de fonction D se mettait en rapport avec le groupe de fonction C. Le bureau C.I. établissait les plans pour ces installations, dans la mesure où il s'agissait des constructions proprement dites, les transmettait alors au bureau C. III qui s'occupait de l'aspect mécanique de ces constructions, comme par exemple la désaération des chambres à gaz, ou l'appareillage pour le gazage. Le bureau C. III confiait alors ces plans à une entreprise privée, qui devait livrer les machines spéciales ou les fours crématoires. Toujours par la voie hiérarchique, le bureau C. III avisait le bureau C. IV, lequel transmettait la commande par le truchement de l'inspection des constructions Ouest, Nord, Sud et Est, aux directions centrales des constructions. La direction centrale des constructions transmettait alors l'ordre de construction aux directions respectives de constructions des camps de concentration, lesquelles faisaient exécuter les constructions proprement dites par les détenus que le bureau du groupe D. III mettait à leur disposition. Le groupe de fonction D. donnait au groupe de fonction C. les ordres et les instructions concernant les dimensions des constructions et leur but. Au fond, c'était le groupe de fonction D. qui donnait les commandes pour les chambres à gaz et les fours crématoires. Signé : Wolfgang Grosch. » *(D'après David Rousset, Le Pitre ne rit pas)*

Cette déposition a été faite au Tribunal de Nuremberg. S'il n'est pas exclusivement de son fait, le charabia dans lequel elle est rédigée semble avoir été scrupuleusement respecté par le traducteur, visiblement pour entretenir la confusion.

Il ne peut cependant pas échapper au lecteur :

1° qu'il n'est question que de la *construction* des chambres à gaz, et non de leur *destination* et de leur *utilisation* ;

2° que le témoin renvoie à des faits dont il serait facile d'établir la matérialité et à des « instructions » qu'on pourrait publier et que, cependant, on semble soigneusement éviter de le faire, notamment en ce qui concerne le but des chambres à gaz, auquel il est fait allusion ;

3° que de l'ensemble des constructions pour les camps, dont l'étude et la réalisation était confiée au groupe de fonction D (Blocks d'habitation, infirmeries, cuisines, ateliers, usines, etc.), les chambres à gaz et les fours crématoires ont été isolés et singulièrement rapprochés dans le but de mieux frapper une opinion qui accepte facilement que les fours crématoires lui soient présentés comme des instruments de torture spécialement inventés pour les camps de concentration parce qu'elle ne sait pas que la pratique de la crémation est d'un usage courant — aussi courant que l'inhumation — dans toute l'Allemagne.

Pour toutes ces raisons, aucun historien n'acceptera jamais cette déposition dans son intégralité.

### *Le rapport d'un sous-lieutenant à un lieutenant*

« N° du secteur postal : 32.704.

501.P.S.

B.N. 40/42

Kiew, le 16 avril 1942.

(Affaire secrète du Reich)

Au S.S. Oberturmführer Rauff,

Berlin, Prinz Albrechts, 8.

La révision des voitures des groupes D. et du groupe C. est complètement terminée. Alors que les voitures de la première série peuvent être utilisées, même par mauvais temps (il faut cependant qu'il ne le soit pas trop), les voitures de la deuxième série (Saurer) s'embourbent complètement par *temps de pluie*[114]. Lorsque, par exemple, il a plu, ne fût-ce qu'une demi-heure, la voiture est inutilisable, elle glisse tout simplement. Il n'est possible de s'en servir que par temps tout à fait sec. La seule question qui se pose est celle de savoir si l'on peut se servir de la voiture sur le lieu même de l'exécution lorsqu'elle est arrêtée. Il faut, tout d'abord, conduire la voiture jusqu'à l'endroit en question, ce qui n'est possible que s'il fait beau.

Le lieu de l'exécution se trouve en général éloigné de 10 à 15 km des routes principales, et est déjà choisi, peu accessible. Il l'est complètement lorsque le temps est humide ou pluvieux. Si l'on conduit les personnes à pied ou en voiture sur le lieu de l'exécution, elles se rendent compte aussitôt de ce qui se passe et deviennent inquiètes, chose qu'il convient d'éviter autant que possible. Il ne reste que la seule solution qui consiste à les charger dans des camions sur le lieu du rassemblement et de les mener alors au lieu de l'exécution.

J'ai fait maquiller la voiture du groupe D en roulotte, et à cette fin, j'ai fait fixer de chaque côté des petites voitures une petite fenêtre, telles qu'on les voit souvent à nos maisons de paysans à la campagne, et deux de ces petites fenêtres de chaque côté des grandes voitures. Ces voitures se sont fait remarquer si vite qu'elles reçurent le surnom de « voitures de la mort ». Non seulement les autorités, mais encore la population civile, les désignaient par ce sobriquet dès qu'elles faisaient leur apparition. À mon avis, même ce maquillage ne saurait longtemps les préserver d'être reconnues.

Les freins de la voiture Saurer que je conduisis de Simféropol à Taganrog, se révélèrent défectueux en route. Le S.K. de Marioupol constata que le manche du frein est combiné à huile et à compression. La persuasion et la corruption du H.K. P. réussirent à elles deux à faire confectionner une forme d'après laquelle on a pu couler deux manches. Lorsque j'arrivai quelques jours plus tard à Stalino et Gerlowka, les conducteurs des voitures se plaignaient de la même *défectuosité*[115]. Après une entrevue avec les commandants de ces kommandos, je me rendis derechef à Marioupol pour faire faire deux autres manches pour

---

[114] Souligné dans le texte.
[115] Souligné dans le texte.

chacune de ces voitures. Aux termes de notre accord, deux manches seront coulés pour chaque voiture et six autres resteront en réserve à Marioupol pour le groupe D., et six autres encore seront envoyés au S.S. Unterstumführer Ernt pour les voitures du groupe C. Pour les groupes B. et A., les manches pourraient nous parvenir de Berlin, car leur transport de Marioupol vers le Nord est trop compliqué et prendrait trop de temps. De petites défectuosités aux voitures sont réparées par des techniciens des kommandos ou des groupes, dans leur propre atelier.

Le terrain cahoteux et la condition à peine concevable des chemins et des routes, usent peu à peu les points de suture et les endroits imperméabilisés. On me demanda s'il fallait alors faire effectuer la réparation à Berlin. Mais cette opération coûterait trop cher et demanderait beaucoup trop d'essence. Afin d'éviter ces dépenses, je donnai l'ordre d'effectuer sur place de petites soudures et au cas où cela s'avérerait impossible, de télégraphier aussitôt à Berlin, en disant que la voiture P.O.L. n°… était hors de service. De plus, j'ordonnai d'éloigner tous les hommes au moment des gazages, afin de ne pas exposer leur santé par les émanations éventuelles de ces gaz. Je voudrais, à cette occasion, faire encore l'observation suivante : plusieurs kommandos font décharger les voitures par leurs propres hommes, après le gazage. J'ai attiré l'attention du S.K. en question sur les dommages, tant moraux que physiques, qu'encourent ces hommes, sinon tout de suite, du moins un peu plus tard. Les hommes se plaignaient à moi de maux de tête après chaque chargement. On ne peut pourtant pas modifier l'ordonnance[116] parce que l'on craint que les détenus[117] employés à ce travail ne puissent choisir un moment favorable pour prendre la fuite. Pour protéger les hommes contre cet inconvénient, je vous prie de promulguer des ordonnances en conséquence.

Le gazage n'est pas effectué comme il se devrait. Afin d'en terminer au plus tôt avec cette action, les chauffeurs appuient toujours à fond sur l'accélérateur[118]. Cette mesure étouffe les personnes à exécuter, au lieu de les tuer en les endormant. Mes directives sont d'ouvrir les manettes

---

[116] Il est curieux qu'on ait retrouvé ce rapport de sous-lieutenant, et pas l'ordonnance à laquelle il se rapporte, — du moins qu'on publie l'un et pas l'autre.
[117] Quels détenus ?
[118] Le gazage se faisait donc par les vapeurs de carburant : la parole est aux techniciens.

de telle sorte que la mort soit plus rapide et plus paisible pour les intéressés. Ils n'ont plus ces visages défigurés et ne laissent plus d'éliminations, comme on a pu les constater jusqu'ici.

À ce jour, je me rends sur les lieux de stationnement du groupe B., et des nouvelles éventuelles peuvent m'atteindre là-bas.

Signé : Dr BECKER.

S.S. Untersturmführer. » (D'après David Rousset, Le Pitre ne rit pas)

Ce rapport vient à l'appui d'une affirmation d'Eugen Kogon qui écrit dans son Enfer organisé :

« …elle (la S.S.) utilisait aussi les chambres à gaz ambulantes : c'était des autos qui, du dehors, ressemblaient à des voitures cellulaires, et qui, à l'intérieur, avaient reçu l'aménagement adéquat. Dans ces voitures, l'asphyxie par les gaz ne semble pas avoir été très rapide, car elles roulaient d'habitude assez longtemps avant de s'arrêter et de décharger les cadavres. » (Page 154)

Eugen Kogon, qui ne dit pas si on a retrouvé de ces voitures de la mort, ne cite pas non plus ce rapport.

Quoi qu'il en soit, il faut féliciter le traducteur qui, s'il n'a pas réussi à combler certaines lacunes et à satisfaire certaines curiosités, a du moins donné à la forme une extraordinaire physionomie latine dans l'expression de la pensée.

Et il faut remarquer :

1° qu'il est plus facile aux chercheurs actuels de documents d'en retrouver sur ce qui se passait à Marioupol que sur ce qui se passait à Dachau ;

2° que, négligeant une ordonnance émanant d'un ministre, on met en évidence la simple lettre relative *à la question d'un sous-lieutenant à son lieutenant* ;

3° que si on a retrouvé un texte, il ne semble pas qu'on ait retrouvé des voitures, - du moins que si on en a retrouvé, l'événement n'a fait que très peu de bruit.

# CHAPITRE V

## LES SOCIOLOGUES

### EUGEN KOGON ET L'ENFER ORGANISÉ[119]

Je ne connais pas Eugen Kogon. Tout ce que je sais de lui, je l'ai appris, lors de la publication de son ouvrage, par ce qu'il dit lui-même de lui, et par les comptes rendus de presse. Sous réserves : journaliste autrichien, de type chrétien social ou chrétien progressiste, arrêté en conséquence de l'Anchluss, déporté à Buchenwald. Présenté au public français comme sociologue.

*L'Enfer organisé* est le témoignage le mieux achalandé et il est écrit dans la forme. Il porte sur une quantité considérable de faits, pour la plupart vécus. S'il n'est exempt, ni de certaines naïvetés, ni de certaines exagérations, il est faux surtout dans l'explication et dans l'interprétation. Cela tient, d'une part, à la façon de rapporter de l'auteur qui procède « en esprit politique » (Avant-propos, page 14), de l'autre à ce qu'il a voulu justifier le comportement de la bureaucratie concentrationnaire, d'une manière plus catégorique encore et plus précise que David Rousset.

Pour le reste, Eugen Kogon expose les événements, dit-il, « sans ménagements en homme et en chrétien » (Avant-propos, page 14), sans aucune intention d'écrire « une histoire des camps de concentration allemands » et « pas davantage une compilation de toutes les horreurs commises, mais une œuvre essentiellement sociologique, dont le contenu humain, politique et moral, d'authenticité établie, possède une valeur d'exemple. » (Introduction, page 20)

L'intention était bonne.

Il se croyait qualifié pour cette mission, et peut-être l'était-il. Il se

---

[119] *La Jeune Parque*, novembre 1947.

présente comme :

« Ayant au moins cinq ans de captivité, venu d'en bas dans les conditions les plus pénibles et, peu à peu parvenu à une position qui lui avait permis d'y voir clair et d'exercer une influence, n'ayant jamais appartenu à la classe des vedettes du camp, n'étant souillé par aucune infamie dans son comportement de détenu. » (Page 20)

Dans la pratique, après avoir été affecté pendant un an au Kommando de l'*Effektenkammer* (atelier de coupe de vêtements), emploi privilégié, il était devenu secrétaire du S.S. Médecin-chef du camp, Docteur Ding-Schuller, emploi plus privilégié encore. À ce dernier titre, il eut à connaître dans le détail toutes les intrigues du camp pendant les deux dernières années de son internement.

Après avoir lu, j'ai refermé le livre. Puis je l'ai rouvert. Et, sous la reprise du titre en page de garde, j'ai écrit en sous-titre : ou *Plaidoyer pro domo*.

## LE DÉTENU EUGEN KOGON

À Buchenwald, il y avait une « Section pour l'étude du typhus et des virus ». Elle occupait les Blocks 46 et 50. Le responsable en était le S.S. Médecin-chef de camp, Docteur Ding-Schuller.

Voici comment elle fonctionnait :

« Dans le Block 46 du camp de Buchenwald — qui était d'ailleurs un modèle de propreté apparente et qui était fort bien aménagé — on ne pratiquait pas seulement des expériences sur des hommes, mais on isolait également tous les typhiques qui avaient été contaminés dans le camp par la voie naturelle, ou qui avaient été amenés dans le camp alors qu'ils étaient déjà atteints. On les y guérissait, dans la mesure où ils résistaient à cette terrible maladie. La direction du Block avait été confiée côté détenus à Arthur Dietzch, qui avait acquis des connaissances médicales seulement par la pratique[120]. Dietzch était un

---

[120] Pendant ce temps, le Docteur Seguin ne put jamais se faire prendre en considération ès- qualité, par la *Häftlingsfürung*. Le Dr Seguin est le Dr X... de la page 63 : il est mort de n'avoir jamais été reconnu comme médecin par les communistes qui l'avaient envoyé au *Steinbruch* (Carrière).

communiste qui était prisonnier politique depuis près de vingt ans[121]. C'était un être très endurci qui naturellement était l'une des personnes les plus haïes et les plus redoutées du camp de Buchenwald[122].

Comme la direction S.S. du camp et les sous-officiers avaient une crainte insurmontable de la contagion et qu'ils pensaient que l'on pouvait aussi contracter le typhus par simple contact, par l'air, par une toux de malade, etc., ils ne pénétraient jamais dans le Block 46 Les détenus profitaient de cela, en collaboration avec le Kapo Dietzch : la direction illégale du camp s'en servait, d'une part pour se débarrasser des personnes qui collaboraient avec la S.S. contre les détenus (ou qui semblaient collaborer, ou tout simplement qui étaient impopulaires)[123], d'autre part, pour cacher dans le Block 46, certains prisonniers politiques d'importance dont la vie était menacée, ce qui était parfois très difficile et très dangereux pour Dietzch, car il n'avait comme domestiques et infirmiers que des verts (Page 162)

Dans le Block 50, on préparait du vaccin contre le typhus exanthématique, avec des poumons de souris et de lapins, selon le procédé du professeur Giroud (de Paris). Ce service fut fondé en août 1943. Les meilleurs spécialistes du camp, médecins, bactériologues, sérologues, chimistes, furent choisis pour cette tâche, etc. » (Page 163)

Et voici comment Eugen Kogon fut affecté à son poste.

« Une habile politique des détenus eut pour but, dès le début, d'amener dans ce Kommando les camarades de toutes nationalités, dont la vie était menacée, car la S.S. éprouvait autant de crainte respectueuse devant ce Block que devant le Block 46. Aussi bien par le capitaine S.S. Dr Ding Schuller, que par les détenus, et pour différentes raisons, cette crainte fétichiste de la S.S. fut entretenue (par exemple en plaçant des écriteaux sur la clôture de barbelés qui isolait le Block). Des candidats

---

[121] Le National-Socialisme l'avait pris en compte à la République de Weimar, par conséquent. Ce trait ne manque pas d'humour en ce qu'il caractérise un but commun aux deux régimes.
[122] Il ne semble pas avoir rencontré un Martin-Chauffier.
[123] Ou plus simplement encore, qui la gênaient, qui menaçaient d'accéder à des postes importants. L'argument de collaboration avec la S.S. est d'ailleurs sans valeur : cette « direction illégale » (sic) collaborait ouvertement avec les S.S., ainsi qu'il sera démontré par ailleurs.

à la mort, tels que le physicien hollandais Van Lingen, l'architecte Harry Pieck et d'autres Néerlandais, le médecin polonais Dr Marian Ciepielowski (chef de production dans ce service), le professeur Dr Balachowsky, de l'Institut Pasteur de Paris, l'auteur de cet ouvrage, en sa qualité de publiciste autrichien, et sept camarades juifs, trouvaient un asile dans ce Block, avec l'approbation du Dr Ding-Schuller. » (Page 163)

Il faut admettre qu'Eugen Kogon avait donné des gages sérieux au noyau « communiste » qui exerçait la prépondérance dans le camp — contre d'autres agglomérats verts, politiques, voire *communistes !* — pour obtenir d'être désigné par lui à ce poste de confiance. Et il faut retenir ce « avec l'approbation du Docteur Ding-Schuller ».

Voici maintenant ce qu'il pouvait se permettre à ce poste :

« À la suite de requêtes que, chaque fois, je suggérais, rédigeais et soumettais à la signature, ils furent protégés contre de soudaines rafles, transports d'extermination, etc. » (Page 163)

Ou encore :

« Pendant les deux dernières années que j'ai passées en qualité de secrétaire du médecin, j'ai rédigé, avec l'aide de spécialiste du Block 50, au moins une demi-douzaine de communications médicales signées du Dr Schuller, sur le typhus exanthématique Je ne mentionnerai qu'en passant le fait que j'étais également chargé d'une partie de sa correspondance privée, y compris lettres d'amour et de condoléances. Souvent, il ne lisait même plus les réponses, il me jetait les lettres après les avoir ouvertes, et il me disait : « Réglez donc cela, Kogon. Vous saurez bien ce qu'il faut répondre. C'est quelque veuve qui cherche une consolation. » » (Page 270)

Et il pouvait déclarer :

« J'avais dans ma main le Dr Ding-Schuller. » (Page 218)

à tel point que d'être « en mauvais termes avec le Kapo du Block 46 » ne le dérangeait même pas.

Il ressort de tout ceci qu'ayant su s'attirer les grâces de l'équipe influente dans la Häftlingsführung, il avait, en même temps, su s'attirer celles d'une des plus hautes autorités S.S. du camp. Tous ceux qui ont vécu dans un camp de concentration conviendront qu'un pareil résultat n'était guère susceptible d'être obtenu sans quelques entorses aux règles de la morale habituelle hors des camps.

## LA MÉTHODE

« Pour dissiper certaines craintes et montrer que ce rapport (c'est ainsi qu'il désigne son *Enfer organisé*) ne risquait pas de se transformer en acte d'accusation contre certains détenus qui avaient occupé une position dominante, je le lus, au début du mois de mai 1945, dès qu'il eût été couché sur le papier, et alors qu'il ne manquait que les deux derniers chapitres sur un total de douze, à un groupe de quinze personnes, qui avaient appartenu à la direction clandestine[124] du camp, ou qui représentaient certains groupement politiques de détenus. Ces personnes en approuvèrent l'exactitude et l'objectivité.

Avaient assisté à cette lecture :

1. Walter Bartel, communiste de Berlin, président du comité international du camp.

2. Heinz Baumeister, social-démocrate, de Dortmund qui, pendant des années, avait appartenu au Secrétariat de Buchenwald ; deuxième secrétaire du Block 50.

3. Ernst Busse, communiste, de Solingen, Kapo de l'infirmerie des détenus.

4. Boris Banilenko, chef des jeunesses communistes en Ukraine, membre du comité russe.

5. Hans Eiden, communiste, de Trèves, premier doyen du camp.

---

[124] Eugen Kogon emploie tantôt le mot « illégale », tantôt le mot « clandestine » pour caractériser la Häftlingsführung. En réalité il n'y avait rien, ni de moins illégal, ni de moins clandestin.

6. Baptiste Feilen, communiste, d'Aix-la-Chapelle, Kapo du lavoir.

7. Franz Hackel, indépendant de gauche de Prague. Un de nos amis, sans fonction dans le camp.

8. Stephan Heymann, communiste, de Manheim, membre du bureau d'informations du camp.

9. Werner Hilpert, centriste de Leipzig, membre du comité international du camp.

10. Otto Harn, communiste de Vienne, membre du comité autrichien.

11. A. Kaltschin, prisonnier de guerre russe, membre du comité russe.

12. Otto Kipp, communiste de Dresde, Kapo suppléant de l'infirmerie des détenus.

13. Ferdinand Römhild, communiste de Francfort-sur-le-Main, premier secrétaire de l'infirmerie des détenus.

14. Ernst Thappe, social-démocrate, chef du comité allemand.

15. Walter Wolff, communiste, chef du Bureau d'informations du camp. » (Pages 20-21)

À elle seule, cette déclaration, en quelque sorte liminaire, suffit à rendre tout le témoignage suspect :

« Pour dissiper certaines craintes et montrer que ce rapport ne risquait pas de se transformer en acte d'accusation contre certains détenus qui avaient occupé une position dominante dans le camp. »

Eugen Kogon a donc évité de rapporter tout ce qui pouvait accuser la *Häftlingsführung*, ne retenant de griefs que contre les S.S. : aucun historien n'acceptera jamais cela. Par contre, on est fondé de croire qu'agissant ainsi, il a payé une dette de reconnaissance envers ceux qui lui avaient procuré un emploi de tout repos dans le camp et avec lesquels il a des intérêts communs à défendre devant l'opinion.

Par surcroît, les quinze personnes citées qui ont décidé de son « exactitude et de son objectivité » sont sujettes à caution. Elles sont toutes communistes ou communisantes (même celles qui figurent sous la rubrique social-démocrate, indépendant ou centriste) et si, par hasard, il y avait une exception, elle ne pourrait résulter que du fait d'un obligé. Enfin, elles constituent un tableau des plus hauts personnages de la bureaucratie concentrationnaire de Buchenwald : doyen de camps, Kapos, etc.

Je tiens pour insignifiants ou fantaisistes les titres de président ou de membre du comité de ceci ou de cela, dont elles sont affublées : elles se les sont elles-mêmes, entre-décernées au moment de la libération du camp par les Américains, voire postérieurement. Et je ne m'arrête pas à la notion de « comité » qui est introduite dans le débat dont j'ai déjà fait justice par ailleurs : ils ont dit cela et ils ont réussi à le faire admettre en invoquant des motifs très nobles[125].

À mon sens, ces quinze personnes ont été très heureuses de trouver en Eugen Kogon une plume habile pour les décharger de toute responsabilité, aux yeux de la postérité.

## LA HÄFTLINGFÜHRUNG

« Ses tâches étaient les suivantes : maintenir l'ordre dans le camp, veiller à la discipline pour éviter l'intervention S.S., etc. Pendant la nuit — ce qui permettait de supprimer les patrouilles des S.S. dans le camp — leur tâche était d'accueillir les nouveaux arrivants, ce qui, peu à peu évita les brutales chicanes des S.S. C'était une tâche difficile et ingrate. La garde du camp de Buchenwald frappait rarement, bien qu'il y eût souvent de brutales empoignades. Les nouveaux arrivants, qui venaient d'autres camps, étaient effrayés tout d'abord quand ils étaient reçus par les gens de la garde du camp de Buchenwald, mais ils savaient toujours apprécier, ensuite, cet accueil plus doux qu'ailleurs. Il y avait certes toujours tel ou tel membre de la garde du camp qui, d'après sa façon de s'exprimer, pouvait passer pour un S.S. manqué. Mais cela importait peu. Seul le but comptait : MAINTENIR UN NOYAU DE PRISONNIERS CONTRE LA S.S. Si la garde du camp n'avait pas fait

---

[125] Cf. la partie, pp. 110 et 111.

régner une impeccable apparence d'ordre, face à la S.S., que ne serait-il pas advenu du camp tout entier, et des milliers de prisonniers, lors des opérations punitives et last not least, dans les derniers jours avant la libération ? » (Page 62)

Si je ne m'en rapporte qu'à mon expérience personnelle quant à l'accueil qui fut fait à mon convoi dans deux camps différents, il ne m'est pas possible de convenir qu'il fut meilleur à Buchenwald qu'à Dora, bien au contraire. Mais je dois reconnaître que les conditions générales de vie à Buchenwald et à Dora n'étaient pas comparables : le premier était un sanatorium par rapport au second, En déduire que cela tenait à une différence de composition, d'essence et de convictions politiques ou philosophiques entre les deux Häftlingsführung serait une erreur : si on les avait interverties en bloc, le résultat eût été le même. Dans l'un et l'autre cas, leur comportement était commandé par les conditions générales d'existence et il ne les commandait pas.

À l'époque dont parle Eugen Kogon, Buchenwald était au terme de son évolution. Tout y était achevé ou presque : les services étaient en place, un ordre était au point. Les S.S. eux-mêmes, moins exposés aux tracasseries que le désordre traîne derrière lui, insérés dans un programme régulier et quasi sans aléas, y avaient les nerfs beaucoup moins à fleur de peau. À Dora, au contraire, le camp était en pleine construction, il fallait tout créer et tout mettre en place avec les moyens limités d'un pays en guerre. Le désordre était à l'état naturel. Tout s'y heurtait. Les S.S. étaient inabordables et la Häftlingsführung ne sachant quoi inventer pour leur complaire, dépassait souvent leurs désirs. Seulement, à Buchenwald, les exactions d'un Kapo ou d'un doyen de camp, identiques dans leurs mobiles et dans leurs buts, étaient moins sensibles dans leur portée, parce que, dans un état des lieux en tous points meilleur, elles n'entraînaient pas des conséquences aussi graves pour la masse des détenus.

Il convient d'ajouter comme preuve supplémentaire, voire superfétatoire, qu'en automne 1944, le camp de Dora était à son tour à peu près au point, et la Häftlingsführung n'ayant en rien modifié son comportement, les conditions matérielles et morales d'existence pouvaient soutenir la comparaison avec Buchenwald. À ce moment, la fin de la guerre se précipita, les bombardements limitèrent les possibilités de ravitaillement, l'avance des Alliés sur les deux fronts augmenta la population de celle des camps évacués de l'Est et de l'Ouest, et tout fut remis en question.

Il reste le raisonnement selon lequel il était important, pour maintenir un noyau contre la S.S., de se substituer à elle : tout le camp était naturellement contre la S.S. et je ne comprends pas. On pourrait soutenir, qu'il eut été préférable de maintenir en vie tout le monde contre la S.S., et non seulement un noyau à ses ordres, ne serait-ce que pour lui susciter des difficultés supplémentaires Au lieu de cela, on a employé un moyen qui, s'il a sauvé ce précieux noyau, a fait mourir la masse. Parce que comme le reconnaît Eugen Kogon, après David Rousset, l'urbanité n'était pas seule à intervenir dans le débat :

« En fait, les détenus n'ont jamais reçu les faibles rations qui leur étaient destinées en principe. Tout d'abord, la S.S. prenait ce qui lui plaisait. Puis les détenus qui travaillaient dans le magasin à vivres et dans les cuisines « se débrouillaient » pour prélever amplement leur part. Puis les chefs de chambrée en détournaient une bonne quantité pour eux et pour leurs amis. Le reste allait aux misérables détenus ordinaires. » (Page 107)

Il y a lieu de préciser que tout ce qui détenait une parcelle d'autorité dans le camp était par-là même, placé pour « prélever » : le doyen de camp qui délivrait globalement les rations, le Kapo ou le chef de Block qui se servaient copieusement en premier lieu, le chef d'équipe ou l'homme de chambrée qui coupaient le pain ou mettaient la soupe dans les écuelles, le policier, le secrétaire, etc. Il est curieux que Kogon ne le mentionne pas.

Tous ces gens se gobergeaient littéralement des produits de leurs vols, et promenaient dans le camp des mines florissantes. Aucun scrupule ne les arrêtait :

« Pour l'infirmerie des détenus, il y avait dans les camps une nourriture spéciale pour les malades, ce qu'on appelait la diète. Elle était très recherchée comme supplément et sa plus grande part était détournée au profit des personnalités du camp : Doyens de Blocks, Kapos, etc. Dans chaque camp, on pouvait TROUVER DES COMMUNISTES

OU DES CRIMINELS QUI, PENDANT DES ANNÉES, RECEVAIENT, EN PLUS DE LEURS AUTRES AVANTAGES, LES SUPPLÉMENTS POUR MALADES. C'était surtout une affaire de relations avec la cuisine des malades composée exclusivement de gens appartenant à la catégorie de détenus qui dominaient le camp, ou une affaire d'échange de bons services : les Kapos de l'atelier de couture, de la cordonnerie, du magasin d'habillement, du magasin à outils, etc., livraient, en échange de cette nourriture, ce que leur demandaient les autres. Dans le camp de Buchenwald, de 1939 à 1941, près de quarante mille œufs ont été ainsi détournés, à l'intérieur même du camp. » (Pages 110- 111-112)

Pendant ce temps, les malades de l'infirmerie mouraient d'être privés de cette nourriture spéciale que la S.S. leur destinait. Expliquant le mécanisme du vol, Kogon en fait un simple aspect du « système D », indistinctement employé par tous les détenus qui se trouvaient sur le circuit alimentaire. C'est à la fois, une inexactitude et un acte de bienveillance à l'égard de la Häftlingsführung.

Le travailleur d'un Kommando quelconque ne pouvait pas voler : le Kapo et le Vorarbeiter, prêts à le dénoncer, le surveillaient étroitement. Tout au plus pouvait-il se risquer, la distribution des rations étant faite, à prendre quelque chose à un de ses compagnons d'infortune. Mais le Kapo et le Vorarbeiter pouvaient de concert prélever sur l'ensemble des rations, avant la distribution, et ils le faisaient cyniquement. Impunément aussi parce qu'il était impossible de les dénoncer autrement que par la voie hiérarchique, c'est-à-dire en passant par eu. Ils volaient pour eux-mêmes, pour leurs amis, pour les fonctionnaires d'autorité desquels ils tenaient leur poste et aux échelons supérieurs de la hiérarchie, pour les S.S. dont ils tenaient à s'assurer ou à conserver la protection.

Pour ce qui est de la diète des malades, le Kapo de l'infirmerie — celui qui a sanctionné l'exactitude et l'objectivité du témoignage de Kogon ! — en prélevait une importante quantité à l'intention de ses collègues et des communistes accrédités[126]. Pendant mon séjour à Buchenwald, tous les matins il fit tenir une quantité de lait, voisine d'un litre, et

---

[126] Il est bien des communistes qui ne l'étaient pas, — ceux qui étaient, avant tout, d'honnêtes gens. Ils étaient perdus dans la masse et suivaient le sort commun.

incidemment, quelques autres friandises, à Erich, chef du Block 48. Si on reporte cette opération à l'échelle du camp, on peut déjà mesurer la quantité de lait dont les malades de l'infirmerie étaient ainsi privés. En comparaison, les petits chapardages sur le circuit étaient insignifiants.

Ainsi donc, qu'il s'agisse du menu ordinaire ou de la diète, malade ou non, les détenus avaient, pour mourir de faim, deux raisons qui s'ajoutaient : les prélèvements des S.S.[127] et ceux de la *Häftlingsführung*. Ils avaient aussi deux raisons de recevoir des coups, et d'être malmenés en général. Dans ces conditions, il était peu de détenus qui ne préférassent avoir affaire directement au S.S. : le Kapo qui volait plus que de mesure, frappait aussi plus fort pour plaire aux S.S., et il était rare qu'une simple réprimande d'un S.S. n'entraînât, de surcroît, une volée de coups du Kapo.

## Les arguments

Les arguments qui justifient la pratique du sauvetage d'un noyau, avant tout et à tout prix, ne sont pas plus probants que les faits.

« Que ne serait-il pas advenu du camp tout entier, surtout au moment de la Libération ? » (Op. Cit., page 273)

commence par se demander Kogon avec effroi. De ce qui précède, il ressort déjà que le camp tout entier n'aurait eu qu'une raison de moins de « crever » à ce rythme. Il ne suffit pas d'ajouter :

« C'est ainsi que les premiers chars américains, venant du Nord-Ouest, trouvèrent Buchenwald libéré » (Page 304)

et d'en faire rejaillir le mérite sur la Häftlingsführung, pour que ce soit vrai. À ce compte, on pourrait aussi dire qu'ils sont entrés dans une France libérée, et ce serait ridicule. La vérité, c'est que les S.S. ont fui devant l'avance américaine et que, tentant d'emmener avec eux le plus possible de détenus, ils ont lancé la Häftlingsführung, gummi à la main,

---

[127] Il y a lieu de remarquer que les S.S. ne prélevaient généralement pas eux-mêmes ou très timidement : *ils laissaient* prélever pour leur compte et ils étaient ainsi, mieux servis.

à la chasse à l'homme dans le camp.

Grâce à cela, l'opération s'est faite dans un minimum de désordre. Et si, par un miraculeux hasard, l'offensive des Américains avait été stoppée devant le camp, au point qu'une contre-offensive allemande vigoureusement menée ait pu décider de l'issue de la guerre dans un autre sens, le raisonnement offrait un avantage certain qui transparaît dans ces lignes :

« Les Directions S.S. des camps n'étaient pas capables d'exercer sur des dizaines de milliers de détenus un contrôle autrement qu'extérieur et sporadique. » (Page 275)

Autrement dit, dans une Allemagne victorieuse, chacun des fonctionnaires d'autorité du camp eût pu exciper de sa contribution personnelle au maintien de l'ordre, de son dévouement, etc., pour obtenir sa libération.

Et le texte qu'on vient de lire eût pu paraître sans qu'une virgule y soit changée.

« Par un combat incessant, il fallait briser et rendre inopérante la méthode de la S.S. qui mélangeait les diverses catégories de détenus, entretenait les oppositions naturelles et en provoquait d'artificielles. Les raisons de cela étaient claires chez les rouges. Chez les verts, ce n'était nullement des raisons politiques ; ils voulaient pouvoir donner libre cours à leurs pratiques habituelles : corruption, chantage et recherche des avantages matériels. Tout contrôle leur était insupportable, en particulier un contrôle venant de l'intérieur du camp même. » (Page 278)

Il est bien évident que n'importe quelle méthode de la S.S. ne pouvait que devenir inopérante, à partir du moment où, pratiquée par d'autres dans le même but, elle s'appliquait au même objet dans la même forme. Mieux : elle était inutile. La S.S. n'avait plus besoin de frapper puisque ceux auxquels elle avait délégué ses pouvoirs frappaient mieux ; ni de voler, puisqu'ils volaient mieux et que le bénéfice était le même quand il n'était pas plus substantiel ; ni de faire mourir à petit feu pour faire respecter l'ordre, puisqu'on s'y employait à sa place et que l'ordre n'en était que plus rutilant.

Par ailleurs, je n'ai jamais observé que l'intervention de la bureaucratie concentrationnaire ait effacé les oppositions naturelles, ni que les diverses catégories de détenus aient été moins mélangées qu'il en était décidé par la S.S.

Les méthodes employées, on en conviendra, n'étaient pas propres à obtenir ce résultat. Et le but poursuivi — avoué — n'était pas celui-là : diviser pour régner, ce principe qui vaut pour tout pouvoir désireux de tenir, valait autant pour la Häftlingsführung que pour les S.S. Dans la pratique, tandis que les seconds opposaient indistinctement la masse des détenus à ceux qu'ils avaient choisis pour les gouverner, la première jouait de la nuance politique, de la nature du délit et de la sélection d'un noyau d'une certaine qualité.

Ce qui est amusant — à distance ! — dans cette thèse, c'est la distinction qu'elle fait entre les rouges et les verts au pouvoir, accusant ces derniers de corruption, de chantage et de recherche des avantages matériels : que faisaient donc les rouges qui ne fût pas tout cela ? Et, pour le détenu ordinaire, quelle était la différence, s'il lui était impossible de la mesurer à un résultat ?

Dans un monde byzantinisé par des décennies d'un enseignement petit-bourgeois, la juxtaposition des propositions abstraites prend plus d'importance que l'impitoyable enchaînement des faits. Une morale qui, pour établir un contraste entre le délit de droit commun et le délit politique, a besoin de supposer une différence d'essence entre les coupables, ne prépare pas à retenir une identité des mobiles du comportement chez les uns et chez les autres, en quelque circonstance que ce soit. Elle pousse à négliger trop l'influence du milieu et, dans un milieu qui met quotidiennement la vie en danger, les réactions des individus les plus désintéressés et les plus irréprochables, si on les y transplante.

C'est ce qui s'est produit dans les camps de concentration : les nécessités de la lutte pour la vie, les appétits plus ou moins avouables, ont pris le pas sur tous les principes moraux. À la base, il y avait le désir de vivre ou de survivre. Chez les moins scrupuleux, il s'est accompagné du besoin de voler de la nourriture, puis de s'associer pour mieux voler. Les plus habiles à s'associer pour se mieux nourrir — les politiques puisqu'en l'occurrence l'opération requérait plus d'adresse que de force — ont été les plus forts pour conquérir le pouvoir, parce que les mieux nourris. Et ils ont été les plus forts aussi pour le conserver parce qu'intellectuellement les plus habiles. Mais, aucun principe moral, au sens où nous l'entendons dans le monde non concentrationnaire, n'est intervenu dans cet enchaînement de faits, autrement que par son absence.

Après cela, on peut écrire :

« Dans chaque camp, les détenus politiques s'efforcèrent de prendre en mains l'appareil administratif interne ou, le cas échéant, luttèrent pour le conserver. Ceci afin de se défendre par tous les moyens contre la S.S., non seulement pour mener le dur combat pour la vie, mais aussi pour aider, dans la mesure du possible, à la désagrégation et à l'écrasement du système. Dans plus d'un camp, les chefs des détenus politiques ont accompli, pendant des années, un travail dans ce genre, avec une admirable persévérance et un mépris complet de la mort. » (Page 275)

Mais ce n'est qu'un quitus dont la forme, pour laudative qu'elle soit, ne réussit pas à masquer qu'il assimile tous les détenus politiques — mêmes ceux qui n'ont jamais cherché à exercer aucune autorité sur leurs compagnons d'infortune — au moins scrupuleux d'entre eux. Ni l'aveu : *Se défendre par tous les moyens.*

Par tous les moyens, voici ce que cela pouvait signifier :

« Quand la S.S. demandait aux politiques qu'ils fissent une sélection des détenus « inaptes à vivre »[128] pour les tuer, et qu'un refus eût pu signifier la fin du pouvoir des rouges et le retour des verts, alors, il fallait être prêt à se charger de cette faute. On n'avait que le choix entre une participation active à cette sélection ou un retrait probable des responsabilités dans le camp, ce qui, après toutes les expériences déjà faites, pouvait avoir des conséquences encore pires. Plus la conscience était accessible, plus cette décision était dure à prendre. Comme il fallait la prendre et sans tarder, il valait mieux la confier à des tempéraments

---

[128] Entre guillemets dans le texte.

robustes, afin que nous ne fussions pas tous transformés en martyrs. »
(Page 327)

J'ai déjà observé qu'il ne s'agissait pas de sélectionner les inaptes *à vivre*, mais les inaptes *au travail*. La nuance est sensible. Si on veut la négliger à tout prix, je professe qu'il valait mieux « risquer un retrait probable[129] des responsabilités dans le camp », que de charger sa conscience de cette « participation active », toujours zélée dans la pratique. Les verts seraient revenus au pouvoir ? Et après ? D'abord, ils n'étaient pas de taille à le conserver. Ensuite, dans ce cas précis, ils n'auraient pas fait plus de zèle, au regard de la masse. Ils n'auraient pas désigné un plus grand nombre d'inaptes et ils n'auraient pas tenu moins compte de la qualité car, dans ces sélections, les rouges ne se souciaient pas plus que les verts de la couleur politique, si la Häftlingsführung n'y était pas intéressée par quelqu'un des siens.

Dès lors, et si c'était pour se charger de la même faute, aux yeux de la morale, pourquoi prendre le pouvoir aux verts ou vouloir le conserver contre eux ? Il est possible que, les verts étant au pouvoir, les inaptes ainsi sélectionnés, à quelques unités près, n'eussent pas été les mêmes. Mais rien n'était changé quant au nombre, lequel était déterminé par la statistique générale du travail et d'après la possibilité matérielle, pour le camp, de supporter un nombre plus ou moins grand de non-travailleurs. Eugen Kogon lui-même n'eût peut-être pas eu la latitude de devenir ou de rester le secrétaire familier du S.S. Médecin-capitaine Docteur Ding-Schuller, et, rejeté dans la masse, à force d'y être frappé et d'y avoir faim, peut-être fût-il lui aussi tombé au nombre de ces inaptes. Vraisemblablement, il en eût été de même des quinze autres qui ont donné l'absolution à son témoignage. Alors, serait survenue la plus impensable des catastrophes : il n'aurait pu se produire que :

« Nous ne fussions pas tous transformés en martyrs, mais puissions continuer à vivre comme témoins. » (Déjà cité.)

Comme si, au regard de l'Histoire, il importait que Kogon et son équipe fussent témoins plutôt que d'autres — que Michelin de Clermont-Ferrand, que François de Tessan, que le Docteur Seguin, que Crémieux, que Desnos, etc. car, ce *nous* et ce *tous* ne s'appliquent, bien entendu,

---

[129] Probable, seulement — je souligne.

qu'aux privilégiés de la Häftlingsführung et non à tous les politiques qui constituaient, en dépit qu'on en ait, la plus grande partie de la masse. Pas un instant il n'est venu à l'idée de l'auteur qu'en se contentant de moins manger et de moins frapper, la bureaucratie concentrationnaire eût pu sauver la presque totalité des détenus, qu'il n'y aurait, aujourd'hui, que des avantages à ce qu'ils fussent, eux aussi témoins.

Qu'un homme aussi averti et qui affiche par ailleurs une certaine culture, ait pu en arriver à d'aussi misérables conclusions, il faut en voir la cause dans le fait qu'il a voulu juger les individus et les événements du monde concentrationnaire avec des unités de mesure qui lui sont extérieures. Nous commettons la même erreur lorsque nous voulons apprécier tout ce qui se passe en Russie ou en Chine, avec des règles de morale qui sont propres au monde occidental, et les Russes comme les Chinois nous le rendent. Ici et là, il s'est créé un Ordre et sa pratique a donné naissance à un type d'homme dont les conceptions de la vie sociale et du comportement individuel sont différentes, voire opposées.

De même dans les camps de concentration : dix années de pratique ont suffi pour créer un Ordre en fonction duquel tout doit être jugé, et principalement en tenant compte que cet Ordre avait donné naissance à un nouveau type d'homme intermédiaire entre le détenu de droit commun et le détenu politique. La caractéristique de ce nouveau type d'homme résulte du fait que le premier a dévoyé le second et l'a rendu à peu près semblable à lui-même, sans trop laisser entamer sa conscience, au niveau de laquelle le camp était adapté par ceux qui l'avaient conçu. C'est le camp qui a imprimé un sens aux réactions de tous les détenus, verts ou rouges, et non l'inverse.

En regard de cette constatation et dans la mesure où on voudra bien admettre qu'elle n'est pas une construction de l'esprit, les règles de la morale en cours dans le monde non-concentrationnaire peuvent intervenir pour pardonner, en aucun cas pour justifier.

## Le comportement de la S.S.

Je rapproche deux affirmations :

« Des détenus qui maltraitaient leurs camarades, ou même les frappaient jusqu'à la mort, n'étaient évidemment jamais punis par la S.S. et devaient être abattus par la justice des détenus. » (Page 98)

« Un matin, on trouva un détenu pendu dans un Block. On ouvrit une enquête et l'on s'aperçut que le « pendu » était mort après avoir été horriblement frappé et piétiné, et que l'homme de chambrée, dirigé par le doyen de Block Osterloh[130] l'avait ensuite pendu pour simuler un suicide. La victime avait protesté contre un détournement de pain par l'homme de chambrée. La direction du camp S.S. *parvint*[131] à étouffer l'affaire et elle replaça le meurtrier à son poste, de sorte que rien ne changea. » (Page 50)

Il est exact que la direction du camp S.S. n'intervenait généralement pas dans les discussions qui opposaient les détenus les uns aux autres, et qu'il était vain d'attendre d'elle une quelconque décision de justice. Il n'en pouvait être autrement :

« Elle ignorait ce qui se passait réellement derrière les barbelés. » (Page 275)

La *Häftlingsführung*, en effet, multipliait les efforts pour qu'elle l'ignorât. S'érigeant en véritable « justice des détenus », profitant de ce qu'aucun appel ne pouvait être interjeté contre ses décisions pour prendre les plus invraisemblables, elle n'avait jamais recours aux S.S. que pour renforcer son autorité si elle la sentait faiblir. Pour le reste, elle n'aimait pas les voir intervenir, redoutant à la fois qu'ils fussent moins sévères, ce qui eût mis son autorité en discussion dans la masse, et leurs appréciations quant à son aptitude à gouverner, ce qui eût posé le problème de son renvoi dans le rang et de son remplacement. Pratiquement, tout cela se résolvait dans un compromis, la Häftlingsführung « évitant les histoires » en les empêchant de traverser l'écran qu'elle constituait, la S.S. ne cherchant pas à savoir sous réserve que l'ordre régnât et qu'il fût inattaquable.

Dans le cas précis, qui est rapporté, si le chef de Block Osterloh avait été un rouge, rien ne serait arrivé aux oreilles de la S.S. autrement que

---

[130] Un vert, et c'est pourquoi l'incident est relaté comme ayant « une valeur d'exemple ».
[131] Souligné par nous.

dans la version du suicide de la victime, ce qui ne souffrait pas de difficultés. Mais il était un vert et il représentait une des dernières parcelles du pouvoir que sa catégorie détenait dans le camp : les rouges l'ont dénoncé dans l'espoir de l'éliminer. La S.S. n'a pas tranché dans le sens de leur désir. Ainsi le voulait l'Ordre : un chef de Block, même coupable, ne pouvait être ni suspecté, ni puni que par l'autorité supérieure, en aucun cas sur plainte ou sur réaction de la masse. Qu'il fût vert ou rouge, il en eût été ainsi.

On peut renverser les termes de la proposition, transformer l'accusé en victime et la victime en meurtrier : dans ce cas la *Häftlingsführung* elle-même eût fait ce raisonnement. Sans se soucier de la couleur d'Osterloh, elle se fût considérée comme atteinte ou menacée dans ses prérogatives et elle eût signalé à la S.S. en demandant un châtiment exemplaire — à moins, ce qui est plus probable, qu'elle n'eût d'abord appliqué le châtiment et, seulement ensuite, demandé à la S.S. d'entériner. Dans la première éventualité, la S.S. transmettait à l'échelon supérieur et attendait la décision : je passe sur les coups venant de partout qui accompagnaient le meurtrier au Bunker[132]. Dans la seconde, elle homologuait l'attitude de la Häftlingsführung, précisément pour éviter des demandes d'explications, de justification, etc. et des ennuis de toutes sortes de la part de cet échelon supérieur. Dans les deux, rien qui ne fût compatible avec l'Ordre, même revu et corrigé sur place, dans le sens de la facilité.

Dans l'affaire Osterloh à laquelle les rouges avaient imprudemment donné le caractère d'un débat de conscience dans lequel l'honnêteté battait l'Ordre en brèche, Berlin eut à intervenir et suscita tant de difficultés que, de l'aveu, du témoin, la direction S.S. de Buchenwald ne put que *parvenir* à étouffer l'affaire. Aussi, d'une manière générale, les directions S.S. n'aimaient pas lui en référer. Elles en redoutaient des lenteurs, des curiosités, voire des scrupules qui pouvaient prendre des allures de tracasseries, à la clé desquelles il y avait l'envoi dans une autre formation, ce qui, en temps de guerre, était gros de conséquences. Tenant Berlin dans une ignorance presque totale, ne l'informant que de

---

[132] La prison intérieure du camp. Si on en croit Kogon. « Ce ne fut pas la S.S., mais le premier Doyen du camp Richter qui l'inventa » (p. 174), alors que la S.S. n'y pensait même pas.

ce qu'elles ne pouvaient lui cacher[133], elles réglaient sur place au maximum.

Si on en doute, voici un autre texte :

« Des visites de S.S. avaient fréquemment lieu dans les camps. À cette occasion, la direction S.S. appliquait une étonnante méthode : d'une part, elle dissimulait tous les à-côtés ; de l'autre, elle organisait de véritables exhibitions. Tous les dispositifs qui pouvaient faire deviner que l'on torturait les détenus étaient passés sous silence par les guides, et on les cachait. C'est ainsi que le fameux chevalet qui se trouvait sur la place d'Appel était dissimulé dans une baraque d'habitation jusqu'au départ des visiteurs. Une fois, semble-t-il, on oublia de prendre ces mesures de prudence : un visiteur ayant demandé quel était cet instrument, l'un des chefs de camp répondit que c'était un modèle de menuiserie servant à fabriquer des formes spéciales. Les potences et les pieux auxquels on pendait les détenus étaient également rangés chaque fois. Les visiteurs étaient conduits dans des « exploitations modèles » ; infirmerie, cinéma, cuisine, bibliothèque, magasins, blanchisserie et section d'agriculture. S'ils entraient vraiment dans un block d'habitation, c'était le block où habitaient « en détachement », coiffeurs et domestiques des S.S. et quelques détenus privilégiés, blocks qui, pour cette raison, n'étaient jamais surpeuplés et étaient toujours propres. Dans le potager, ainsi que dans l'atelier de sculpture, les visiteurs S.S. recevaient des cadeaux comme souvenirs. » (Page 258)

Ceci pour Buchenwald. Si on veut savoir quels étaient ces visiteurs,

---

[133] Au lecteur qui trouverait ce point de vue un peu aventuré, je me permets me rappeler mon renvoi de la page 163. En France, le Ministère de la Justice et celui de l'Éducation nationale ignorent à peu près tout de ce qui se passe dans les prisons et maisons dites de redressement : les règles pratiques de la discipline y sont généralement en flagrant délit constant de violation des instructions officielles et personne n'en connaît qu'à l'occasion de scandales périodiques. Dans tous les pays du monde, il en est ainsi : il y a un « univers » des délinquants qui vit en marge de l'autre, en position de relégation et dans lequel le chaouch est roi. Aux confins de cet « univers » se situent les peuples coloniaux à propos desquels les ministères des colonies et de la guerre dont ils dépendent, ignorent tout aussi totalement le comportement de leurs adjudants qu'ils abreuvent cependant de circulaires humanitaires.

voici :

« Il y avait des visites collectives et des visites particulières. Ces dernières étaient particulièrement fréquentes en période de vacances, quand les officiers S.S. montraient le camp à leurs amis ou parents. Ceux-ci étaient également, pour la plupart, des S.S. ou des chefs de la S.A., parfois aussi des officiers de la Wehrmacht ou de la police. Les visites collectives étaient de différentes sortes. On voyait fréquemment venir des promotions de policiers ou de gendarmes d'un centre de formation voisin, ou des promotions d'aspirants

S.S. Après le début de la guerre, les visites d'officiers de l'armée n'étaient pas rares, en particulier d'officiers-aviateurs. De temps à autre, on voyait également des civils. On vit arriver une fois à Buchenwald des délégations de jeunesses des pays fascistes qui s'étaient rendues à Weimar pour quelque « congrès culturel ». Des groupes de jeunesses hitlériennes venaient aussi dans le camp. Des visiteurs de marque, tels que le gauteiter Sauckel, le préfet de police Hennicke de Weimar, le prince de Waldeck Pyrmont, le comte Ciano, ministre des Affaires étrangères d'Italie, des commandants de circonscription militaire, le Docteur Conti, et autres visiteurs de cette qualité, restaient le plus souvent jusqu'à l'appel du soir. » (Page 257)

Ainsi donc, on cachait soigneusement les traces ou les preuves de sévices, non seulement au commun des visiteurs étrangers ou autres, mais encore aux plus hautes personnalités de la S.S. et du IIIe Reich. J'imagine que si ces personnalités s'étaient présentées à Dachau et à Birkenau on leur eût fourni, sur les chambres à gaz, des explications aussi pertinentes que sur le « chevalet » de Buchenwald. Et je pose la question : Comment peut-on affirmer après cela que toutes les horreurs dont les camps ont été le théâtre faisaient partie d'un plan concerté « en haut lieu » ?

Dans la mesure où, en dépit de tout ce qu'on lui cachait, Berlin décelait quelque chose d'insolite dans l'administration des camps, des rappels à l'ordre étaient adressés aux directions S.S.

L'un d'entre eux, émanant du chef de Section D, stipulait en date du 4 avril 1942 :

« Le chef *Reichsführer* S.S. et chef de la police allemande, a ordonné que lors de ses ordres de bastonnade (aussi bien chez les hommes que chez les femmes en détention préventive) il convient, au cas où le mot « aggravé » serait ajouté, d'appliquer la peine sur le postérieur mis à nu. Dans tous les autres cas, on en restera à la méthode en usage jusqu'à présent, conformément aux instructions antérieures du *Reichführer* S.S. »

Eugen Kogon, qui cite cette circulaire, ajoute :

« En principe, avant d'appliquer la bastonnade, la direction du camp devait demander l'approbation de Berlin et le médecin du camp devait certifier au S.S. W.V.H. que le détenu était en bonne santé. Mais cela fut l'usage pendant longtemps dans tous les camps, jusqu'à la fin dans un grand nombre d'entre eux, de commencer par envoyer le détenu « au chevalet » et de lui distribuer autant de coups qu'on jugeait bon. Puis, après avoir reçu l'approbation de Berlin, on recommençait, mais cette fois officiellement. » (Page 99)

Il va sans dire que la bastonnade était presque toujours appliquée sur le postérieur mis à nu et que c'est pour lutter contre cet abus et non pour aggraver la peine, que la circulaire en question fut envoyée dans tous les camps.

On peut certes s'étonner et trouver barbare que la bastonnade ait fait partie des châtiments prévus. Mais ceci est une autre histoire : dans un pays comme l'Allemagne où, jusqu'à la fin de la guerre 1914-1918, elle était prévue pour tout le monde, au titre de châtiment le plus bénin, sous le nom de « Schlague », il n'est pas tellement surprenant qu'elle ait été maintenue par le National-Socialisme pour les délinquants majeurs, surtout si on tient compte que la République de Weimar ne s'en est pas autrement émue. Il l'est plus, que dans un pays comme la France, où des monceaux de circulaires ont confirmé sa suppression depuis un siècle, des millions de nègres continuent à y être exposés et la subissent effectivement, « le postérieur mis à nu », puisqu'ils ont, par surcroît, la malchance de vivre dans des régions de la Terre où ils n'auraient besoin de s'habiller que pour cette raison.

Une autre circulaire datée du 28 décembre 1942, émanant de l'office central S.S. de gestion économique (enregistrée dans le livre des plis secrets sous le n° 66/42. Références D/III/14h/82.42. Lg/Wy et portant la signature du général Kludre, de la S.S. et de la Waffen S.S.), dit :

« …Les médecins des camps doivent surveiller davantage qu'ils ne l'ont fait jusqu'à présent, la nourriture des détenus et, en accord avec les administrations, ils doivent soumettre au commandant du camp leurs propositions d'amélioration. Celles-ci ne doivent toutefois pas rester sur le papier, mais être régulièrement contrôlées par les médecins des camps.

…Il faut que le chiffre de mortalité soit notablement diminué dans chaque camp, car le nombre des détenus doit être ramené au niveau exigé par le Reichführer S.S. Les premiers médecins du camp doivent tout mettre en œuvre pour arriver à cela. Le meilleur médecin dans un camp de concentration n'est pas celui qui croit utile de se faire remarquer par une dureté déplacée, mais celui qui maintient au plus haut degré possible la capacité de travail sur chaque chantier, en surveillant la santé des ouvriers et en procédant à des mutations. » (Pages 111 et 141, cité en deux fois)

Il est peut-être d'autres documents qui viendraient à l'appui de la thèse que je soutiens : ils dorment encore dans les archives allemandes ou, s'ils sont déjà mis au jour, ceux qui ont eu la chance de les compulser ne les ont pas rendus publics. La méthode qu'on emploie pour effectuer ce travail est étonnante. Exemple : sous le titre *Le Pitre ne rit pas*, David Rousset a publié un recueil de documents relatifs aux atrocités allemandes dans tous les domaines ; il est muet sur la seconde des deux circulaires précitées parce qu'elle détruit en grande partie son argumentation ; et s'il cite la première, il en dénature complètement le sens[134]. À cet égard, s'il y a lieu de se méfier des explications et interprétations d'Eugen Kogon, il faut se féliciter qu'il ait été assez

---

[134] David Rousset a également fait état d'une ordonnance du IIIe Reich sur la protection des grenouilles, et il en a rapproché le texte de l'impensable régime imposé aux concentrationnaires. Est-il besoin de remarquer que la France républicaine possède, elle, des recueils entiers de textes légiférant sur la protection des grenouilles, des poissons, etc. tous les ans répercutés à tous les échos par toutes les Préfectures ? Et qu'on en pourrait tirer d'heureux effets de plume, si on les rapprochait de ceux qui concernent l'enfance malheureuse, ou le sort des peuples coloniaux, voire le régime pénitentiaire ?

objectif — fût-ce à son insu — pour soulever le voile.

## Le personnel sanitaire

« Dans les premières années, le personnel sanitaire n'avait aucune compétence. Mais il acquit peu à peu une grande expérience pratique. Le premier Kapo de l'infirmerie de Buchenwald était, de son métier, imprimeur ; son successeur Walter Kramer était une forte et courageuse personnalité, très travailleur et ayant le sens de l'organisation. Avec le temps il devint un remarquable spécialiste pour les blessures et pour les opérations. Par sa position le Kapo de l'infirmerie exerçait dans tous les camps une influence considérable sur les conditions générales d'existence. AUSSI LES DÉTENUS[135] NE POUSSÈRENT-ILS JAMAIS UN SPÉCIALISTE À CETTE PLACE, BIEN QUE CELA EUT ÉTÉ POSSIBLE EN DE NOMBREUX CAMPS, MAIS UNE PERSONNE QUI FUT ENTIÈREMENT DEVOUÉE À LA COUCHE RÉGNANTE dans le camp. Lorsque, par exemple, en novembre 1941, le Kapo Kramer et son plus proche collaborateur Peix furent fusillés par la S.S., la direction de l'infirmerie ne passa pas à un médecin, mais elle fut confiée, au contraire à l'ancien député communiste au Reichstag, Ernst Busse qui avec son adjoint Otto Kipp, de Dresde, s'attacha au côté purement administratif[136] de ce service dont l'activité ne cessait de croître, et participa grandement à la stabilisation grandissante des conditions d'existence. Un spécialiste, placé à la tête de ce service, aurait sans aucun doute mené le camp à une catastrophe car il n'aurait jamais pu être capable de dominer toutes les intrigues compliquées et allant fort loin, dont l'issue était bien souvent mortelle. » (Page 135)

On frémit à la pensée que semblable raisonnement ait pu être produit sans sourciller, par son auteur, et répandu dans le public sans soulever d'irrésistibles mouvements de protestations indignées. Pour en bien saisir toute l'horreur, il importe de savoir qu'à son tour le Kapo choisissait ses collaborateurs en fonction d'impératifs qui n'avaient, eux non plus, rien de commun avec la compétence. Et de réaliser que ces

---

[135] Cette généralisation est abusive : il s'agit seulement de ceux qui s'étaient improvisés leurs chefs à la faveur de l'autorité qu'ils détenaient des S.S...
[136] Tous les détenus de Buchenwald peuvent témoigner que son point de vue était prédominant en matière sanitaire et médicale.

soi-disant « chefs des détenus », exposant des milliers de malheureux à la maladie, en les frappant et en leur volant leur nourriture, les faisaient soigner, en fin de circuit, sans que la S.S. les y obligeât, par des gens qui étaient absolument incompétents.

Le drame commençait à la porte de l'infirmerie :

« Quand le malade y était enfin arrivé, il lui fallait d'abord faire la queue dehors par n'importe quel temps et avec des chaussures nettoyées. Comme il n'était pas possible d'examiner tous les malades, et comme il se trouvait d'ailleurs parmi eux toujours des détenus qui n'avaient que le désir compréhensible en soi de fuir le travail, un robuste portier détenu procédait à la première sélection radicale des malades. » (Page 130)

Le Kapo, choisi parce qu'il était communiste, choisissait un portier, non parce qu'il était capable de discerner les malades des autres ou, entre les malades, ceux qui l'étaient le plus de ceux qui l'étaient le moins, mais parce qu'il était robuste et pouvait administrer de solides raclées. Il va sans dire qu'il l'entretenait en forme par des soupes supplémentaires. Les raisons qui présidaient au choix des infirmiers, si elles n'étaient pas de même nature, étaient d'aussi noble inspiration. S'il y eut des médecins sur le tard, dans les infirmeries des camps, c'est que les S.S. l'imposèrent. Encore fallut-il qu'ils vinssent, eux-mêmes, les séparer de la masse, à l'arrivée des convois. Je passe sur les humiliations, voire les mesures de rétorsion, dont ces médecins furent victimes, chaque fois qu'ils opposèrent les impératifs de la conscience professionnelle aux nécessités de la politique et de l'intrigue.

Eugen Kogon voit des avantages au procédé : le Kapo Kramer était devenu « un remarquable spécialiste pour les blessures et pour les opérations » et ajoute-t-il :

« Un bon ami à moi, Willi Jellineck, était pâtissier à Vienne. À Buchenwald, il était croque-mort, c'est-à-dire un zéro dans la hiérarchie du camp. En sa qualité de Juif, jeune, de haute taille et d'une force peu ordinaire, il avait peu de chances de survivre au temps de Koch. Et pourtant qu'est-il devenu ? Notre meilleur expert de tuberculose, un remarquable praticien qui a porté secours à maints camarades et, en plus, un bactériologue du Block 50 » (Page 324)

Je veux bien Je veux bien faire abstraction de l'utilisation et du sort des médecins de métier que la *Häftingsführung* jugea, individuellement et collectivement, moins intéressants que MM. Kramer et Jellineck. Je veux bien, de même faire abstraction aussi du nombre de morts qui ont payé la remarquable performance de ces derniers. Mais, s'il est admis que ces considérations sont négligeables, il n'y a plus de raison de ne pas étendre cette expérience au monde non-concentrationnaire et de ne pas la généraliser. On peut, en tout tranquillité, prendre tout de suite deux décrets : le premier supprimerait toutes les Facultés de médecine et les remplacerait par des centres d'apprentissage des métiers de pâtissier et de tourneur sur métaux ; le second enverrait dans les entreprises de travaux publics, tous les médecins qui encombrent les hôpitaux ou qui tiennent cabinet pour les remplacer par des pâtissiers ou des tourneurs sur métaux communistes ou communisants.

Je ne doute pas que ces derniers s'en tireraient honorablement : au lieu de leur faire grief des morts en tous genres qu'ils provoqueraient, on mettrait à leur crédit le doigté avec lequel ils triompheraient dans toutes les intrigues de la vie politique. C'est une manière de voir.

## DÉVOUEMENT

« Dès le début, les détenus appartenant au personnel des services dentaires ont cherché à aider autant que possible leurs camarades. Dans tous les centres dentaires, ils travaillaient clandestinement en encourant de graves risques et d'une façon qu'on a peine à imaginer. On fabriqua des dentiers, des appareils de prothèse, des bridges, pour des détenus auxquels les S.S. avaient brisé les dents, ou qui les avaient perdues en raison des conditions générales de vie. » (Page 131)

C'est exact. Mais les « camarades » aidés étaient toujours les mêmes : un Kapo, un chef de Block, un doyen de camp, un secrétaire, etc. Ceux de la masse qui avaient perdu leurs dents pour les raisons indiquées sont morts sans en avoir récupéré d'artificielles, ou ont dû attendre la libération pour être soignés.

La clandestinité de ce travail était d'ailleurs bien particulière et comportait l'accord préalable de la S.S. :

« Au cours de l'hiver 1939-1940, on parvint à créer une salle d'opération clandestine grâce à l'étroite collaboration d'une série de Kommandos, et à l'accord tacite du S.S. docteur Blies. » (Page 132)

On mesurera sa portée et ses conséquences si on tient compte que les installations dentaires et chirurgicales étaient prévues à l'intention de tous les détenus de tous les camps. Et que grâce à la complicité de certains S.S. bien placés, elles ont pu être détournées de leur but au profit de la seule *Häftlingsführung*. Mon opinion est que, si ceux qui procédaient à ce détournement « encouraient de graves risques », il n'y a là rien que de très juste vu d'en bas.

Eugen Kogon sent de lui-même la fragilité de ce raisonnement :

« La dernière année, l'administration interne de Buchenwald était si solidement organisée que la S.S. n'avait plus le droit de regard sur certaines questions intérieures fort importantes. Fatiguée, la S.S. était maintenant habituée à « laisser aller les choses » et, en gros, elle laissait faire les politiques.

Certes, c'était toujours la couche dirigeante, qui s'identifiait plus ou moins[137] avec les forces antifascistes actives, qui profitait le plus de cet état de choses : la masse des détenus ne bénéficiait qu'à l'occasion, et indirectement, d'avantages généraux, le plus souvent, en ce sens qu'on n'avait plus à redouter l'intervention de la S.S. lorsque la direction des détenus avait pris, de sa propre autorité, des mesures dans l'intérêt de tous. » (Page 284)

On peut évidemment traduire que si, « en gros, la S.S. laissait faire les politiques » et « aller les choses », c'est parce qu'elle était « fatiguée » ou « habituée » : c'est encore une manière de voir Je n'en reste pas moins persuadé que c'est parce que les politiques lui avaient donné de nombreuses et sensibles preuves de leur dévouement au maintien de l'ordre, de quoi elle avait déduit qu'elle pouvait leur faire confiance en un très grand nombre de cas.

---

[137] Délicieux euphémisme.

Quant aux « mesures prises dans l'intérêt de tous », elles évitaient peut-être l'intervention de la S.S., mais c'est précisément dans ce singulier « avantage » que résidaient les causes de toutes les catastrophes qui s'abattaient sur la masse : il vaut mieux être traité par Dieu que par ses saints. En outre, si le pouvoir se consolide dans la mesure où il réussit à diviser les oppositions possibles, réciproquement, il s'affaiblit des dissensions entre ceux qui le partagent : sous cet angle, une S.S. pratiquant un contrôle constant et méticuleux sur tout ce qui se passait dans le camp, eût substitué la méfiance à l'esprit de connivence, dans tous les rapports qu'elle entretenait avec la *Häftlingsführung*. De cela, elle ne voulait pas, on le conçoit aisément. Mais l'autre n'en voulait pas davantage : elle avait délibérément franchi le Rubicon et, à une situation qui l'eût assimilée au commun des concentrationnaires, elle préférait, quelle qu'en fût la rançon collective, la possibilité de pratiquer une flagornerie dont les menus bénéfices lui sauvaient la vie, en s'ajoutant les uns aux autres.

## CINÉMA, SPORTS

« Une ou deux fois par semaine, avec parfois d'assez longues interruptions, le cinéma présentait des films divertissants et des documentaires. Étant données les affreuses conditions d'existence qui régnaient dans les camps, plus d'un camarade n'arrivait pas à se résoudre à aller au cinéma. » (Page 128)

« Chose étrange, il y avait dans les camps quelque chose qui ressemblait à du sport. Pourtant les conditions de vie ne s'y prêtaient pas particulièrement. Mais il y avait cependant des jeunes gens qui croyaient encore avoir des forces à dépenser et ils réussirent à obtenir de la S.S. l'autorisation de jouer au football.

Et les faibles qui pouvaient tout juste marcher, ces hommes décharnés, épuisés, à demi-morts sur leurs jambes tremblantes, les affamés assistaient avec plaisir à ce spectacle !.. » (Pages 124-125)

Ces faibles, ces affamés, ces demi-morts dont Eugen Kogon se rend compte qu'ils assistaient avec plaisir quoique *debout*, à une partie de football, sont les mêmes dont il pense qu'étant données les affreuses conditions d'existence, ils n'avaient pas le cœur d'aller au cinéma où l'on était assis.

La réalité, c'est qu'ils n'allaient pas au cinéma parce que, chaque fois qu'il y avait séance, toutes les places étaient retenues par les gens de la *Häftlingsführung*. Pour le football, c'était différent : le terrain était en plein air, exposé à la vue de tout le monde, et le camp était grand. Tout le monde pouvait y assister. Encore fallait-il que quelque Kapo ne s'avisât pas de faire irruption dans la foule des assistants et, matraque à la main, de refouler tous ces malheureux vers les Blocks, sous prétexte qu'ils feraient mieux de profiter de leur après-midi du dimanche pour se reposer !

Quant aux jeunes gens qui croyaient avoir des forces à dépenser et qui constituaient les équipes de football, il s'agissait des gens de la *Häftlingsführung* ou de leurs protégés : ils s'empiffraient de la nourriture volée à ceux qui les regardaient, ils ne travaillaient pas et ils étaient en pleine forme.

## LA MAISON DE TOLÉRANCE

« Le bordel était connu sous la pudique appellation de *Sonderbau*[138]. Pour les gens qui n'avaient pas de hautes relations, le temps de visite était fixé à 20 minutes De la part de la S.S., le but de cette entreprise était de corrompre les politiques La direction illégale du camp avait donné la consigne de ne pas s'y rendre. Dans l'ensemble, les politiques ont suivi la consigne, si bien que l'intention de la S.S. fut déjouée. » (Pages 170-171)

Comme le cinéma, le bordel n'était accessible qu'aux gens de la *Häftlingsführung*, les seuls d'ailleurs qui fussent en état de lui trouver quelque utilité. Personne ne s'en est jamais plaint et toutes les discussions qui pourraient s'instituer autour de cette réalisation n'ont aucun intérêt. Je veux cependant remarquer que :

« Des détenus sans moralité, et parmi eux un assez grand nombre de politiques, ont noué d'affreuses liaisons après l'arrivée des enfants. »

---

[138] Maison spéciale.

(Page 236)

Mon opinion est que les politiques en question eussent mieux fait d'aller au bordel puisqu'on leur en offrait la possibilité. Le raisonnement qui consiste à les louer d'avoir décliné l'offre sous prétexte de ne pas se laisser corrompre (!..) devient une monstrueuse imposture à partir du moment où il comporte la corruption des enfants. J'ajoute que c'est justement pour enlever toute excuse et toute justification à cette corruption des enfants que la S.S. avait prévu le bordel dans tous les camps.

## MOUCHARDAGE

« Les directions S.S. plaçaient des espions dans les camps pour être informées des événements internes La S.S. n'obtenait de résultats qu'avec des espions choisis dans le camp même : droits communs, asociaux et parfois aussi politiques » (Page 276)

« Il était très rare que la Gestapo choisît dans les camps, des détenus pour en faire des espions et des mouchards. La Gestapo a probablement fait de si mauvaises expériences avec des tentatives de ce genre, qu'elle n'a heureusement employé ce moyen que dans des cas très rares. » (Page 255)

Il paraît assez surprenant qu'un procédé qui donnait des résultats quand il était employé par la S.S., pût échouer au service de la Gestapo. En fait, il est pourtant exact que la Gestapo n'y eut qu'exceptionnellement recours : elle n'en avait pas besoin. Tout concentrationnaire qui détenait une parcelle de pouvoir ou un emploi par faveur, était plus ou moins un mouchard qui renseignait la S.S. directement ou par personne interposée : quand la Gestapo voulait un renseignement, il lui suffisait de le demander à la S.S...

Examinés à la loupe, les camps étaient pris dans les mailles d'un vaste réseau de mouchards. Dans la masse, il y avait les petits, les margoulins du métier qui renseignaient les gens de la *Häftlingsführung* par servilité congénitale, pour une soupe, un morceau de pain, un bâton de margarine, etc., ou même inconsciemment. Pour grands qu'ils aient été, leurs méfaits ne sont pas encore entrés dans l'Histoire, faute d'historiens. Au-dessus d'eux, il y avait toute la *Häftlingsführung* qui mouchardait la masse à la S.S. quand besoin était. Enfin la *Häftlingsführung* était composée de gens qui se mouchardaient entre eux.

Dans ces conditions, la délation prenait souvent de singuliers aspects :

« Wolf (ancien officier S.S. homosexuel, doyen de camp en 1942) se mit à dénoncer pour le compte de ses amis polonais (il était l'amant d'un Polonais) d'autres camarades. Dans un cas même, il fut assez insensé pour proférer des menaces. Il savait qu'un communiste allemand de Magdebourg devait être libéré. Lorsqu'il lui dit qu'il saurait bien empêcher sa libération, en le signalant pour activité politique dans le camp, on lui répondit que la S.S. apprendrait ses pratiques pédérastiques. La querelle s'envenima au point que la direction illégale du camp devança l'action des fascistes polonais en les livrant à la S.S. » (Page 280)

Autrement dit, la dénonciation qui était une ignominie quand elle était pratiquée par les verts, devenait une vertu, même à titre préventif, quand elle était pratiquée par les rouges. Heureux rouges qui peuvent s'en tirer en collant l'étiquette « Fasciste » sur le front de leurs victimes !

Voici mieux :

« À Buchenwald, en 1941, le cas le plus fameux et le plus sinistre de dénonciations volontaires[139] a été celui de l'émigré russe blanc Grogorij Kushnir-Kushnarev, qui prétendait être un ancien général tzariste, et qui, pendant des mois, gagna la confiance de nombreux milieux, puis se mit à livrer au couteau des S.S. toutes sortes de camarades, en particulier des prisonniers russes. Cet agent de la Gestapo, responsable de la mort de centaines de détenus, osait aussi dénoncer, de la manière la plus infâme[140] tous ceux avec lesquels il était entré en conflit, même pour des raisons secondaires Pendant longtemps il ne fut pas possible de le surprendre seul pour l'abattre, car la S.S. veillait tout particulièrement sur lui. Finalement, elle fit de lui le directeur, en fait,

---

[139] Car cette philosophie admet sans doute une dénonciation... involontaire ! Comme on le voit, les portes de sortie ne manquent pas !
[140] Car il y a encore des manières de dénoncer qui le sont moins, ou qui ne le sont pas, évidemment !...

du secrétariat des détenus. Une fois à ce poste, il ne se contenta pas de provoquer la chute de tous ceux qui ne lui plaisaient pas, mais il entrava l'utilisation en faveur des détenus des services de l'organisation autonome des détenus. Enfin, dans les premiers jours de 1942, il se sentit malade et fut assez stupide pour se rendre à l'infirmerie. Il se livra ainsi à ses adversaires. Avec l'autorisation du S.S. Docteur Hoven, qui avait été longuement travaillé dans cette affaire et était aux côtés des politiques, on déclara aussitôt que Kushnir était contagieux, on l'isola, et quelques heures plus tard, on le tua par une injection de poison. » (Page 276)

Le dénommé Grogorij Kushnir-Kushnarev était probablement coupable de tout ce dont on l'accuse, mais tous ceux qui ont gravi les échelons de la hiérarchie concentrationnaire et occupé le même poste, avant ou après lui, se sont comportés de même façon et ont la conscience chargée des mêmes crimes. Celui-ci n'avait pas l'approbation d'Eugen Kogon Quoi qu'il en soit, il est difficile d'admettre que la S.S. ait pris gratuitement une part aussi active à son élimination, en la personne du S.S. Docteur Hoven.

Eugen Kogon ajoute :

« Je me souviens encore du soupir de soulagement qui passa à travers le camp, lorsque avec la rapidité de l'éclair, la nouvelle se répandit que Kushnir était mort à l'infirmerie. »

Le clan dont faisait partie le témoin poussa sans doute un soupir de soulagement, et cela se conçoit puisque cette mort signifiait son avènement au pouvoir. Mais le soupir fut seulement de satisfaction dans le reste du camp où la mort par voie d'exécution de n'importe quel membre influent de la *Häftlingsführung* était toujours accueillie avec quelque espoir de voir s'améliorer enfin le sort commun. Au bout de quelque temps, on s'apercevait que rien n'était changé et, jusqu'à l'exécution suivante, il était indifférent à tout le monde d'être sacrifié sur l'autel de la vérité ou sur celui du mensonge, confondus dans l'horreur.

## TRANSPORTS

« On sait que, dans les camps, le bureau de la statistique du travail, composé de détenus, régissait l'utilisation de la main-d'œuvre sous le contrôle et les instructions du chef de la main-d'œuvre et du service du travail. Avec les années, la S.S. fut débordée par les énormes demandes. À Buchenwald, le capitaine S.S. Schwartz n'essaya qu'une fois de former lui-même un transport de mille détenus. Après avoir fait séjourner presque tout le camp une demi-journée sur la pace d'Appel pour passer les hommes en revue, il parvint à rassembler 600 hommes. Mais les gens examinés qui avaient dû sortir du rang filèrent dans d'autres directions, et nul ne resta aux mains de Schwartz. » (Page 286)

À mon sens, il n'y avait aucun inconvénient à ce que l'expérience Schwartz se répétât chaque fois qu'il était question d'organiser un transport vers quelque lieu de travail : si les S.S. n'avaient jamais pu y arriver, il n'en eût que mieux valu. Mais :

« À partir de ce moment, le chef de la main-d'œuvre abandonna aux détenus de la statistique du travail toutes les questions de la répartition du travail. » (*Ibid.*)

Et après avoir été sélectionné sur la place d'Appel, il ne fut plus possible de « filer dans toutes les directions » comme avec Schwartz : gummi à la main, tous les Kapos, tous les chefs de Blocks, tous les Lagerschutz[141], etc., dressaient un barrage menaçant contre toute tentative de fuite. Auprès d'eux, le S.S. Schwartz paraissait débonnaire. Ils étaient communistes, anti-fascistes, anti-hitlériens, etc., mais ils ne pouvaient tolérer que quelqu'un troublât l'ordre hitlérien des opérations ou tentât d'amoindrir l'effort de guerre du IIIe Reich en cherchant à lui échapper. En revanche, ils avaient le droit de désigner les détenus qui feraient partie des transports et ils en dressaient les listes avec un zèle qui était au-dessus de tout éloge : voir précédemment.

## TABLEAU

« Une possibilité résultant du « pouvoir obtenu par la corruption » était l'enrichissement d'un homme ou de plusieurs aux dépens des autres. Cela prit parfois des proportions honteuses dans les camps, même dans

---

[141] Policiers détenus.

ceux où les politiques étaient au pouvoir. Plus d'un qui profitait de sa position a mené une vie de prince, tandis que ses camarades mouraient par centaines. Quand les caisses de vivres destinées au camp, avec de la graisse, des saucissons, des conserves, de la farine et du sucre, étaient passées en fraude hors du camp par des S.S. complices, pour être envoyées aux familles des détenus en question, on ne peut certes pas dire que cela était justifié. Mais le plus exaspérant, c'était, à une époque où les S.S. territoriaux ne portaient déjà plus les hautes bottes, mais de simples souliers de l'armée, lorsque des membres de la mince couche de « caïds » se promenaient fièrement avec des vêtements à la mode et taillés sur mesure, comme des gandins, et certains même, tirant un petit chien au bout de sa laisse ! Cela dans un chaos de misère, de saleté, de maladie, de famine et de mort ! Dans ce cas « l'instinct de conservation » dépassait toute limite raisonnable et aboutissait à un pharisaïsme certes ridicule, mais dur comme pierre, et qui s'accommodait bien mal avec les idéaux sociaux et politiques proclamés en même temps par ces personnes. » (Page 287)

Il en était ainsi dans tous les camps. À l'indulgence et à certaines réticences près, on ne saurait exposer mieux, ni en moins de mots, toutes les raisons de l'horreur : l'instinct de conservation. Et tous ses moyens : la corruption.

Si on peut arrêter là le commentaire de ce tableau, on en peut aussi prendre texte pour préciser que l'instinct de conservation, thème fort ancien, est bien autre chose et tout autre chose que ce qu'une morale puérile enseigne. Du farouche Guitton qui, dans la Rochelle assiégée par Richelieu, se faisait des saignées pour nourrir son fils de son sang cuit, à Saturne qui dévorait ses enfants à leur naissance, pour échapper à la mort dont le Titan le menaçait, il est susceptible des réactions humaines les plus variées. Dans une société qui assure d'entrée, la vie à tous les individus, on peut croire qu'il y a plus de Guitton que de Saturne : le comportement individuel ne permet en rien, sinon par l'exception d'affirmer le contraire. Mais ce comportement n'est qu'un vernis qu'un rien érafle et il suffit de le gratter un peu : que les conditions sociales changent brutalement et la nature humaine apparaît avec tout le prix qu'elle attache à la vie.

Par la voix de tous les enfants de France, le bon sens populaire clame à tous les échos qu'*Il était un petit navire* et se console dans la mesure où il croit diminuer l'horreur de la situation en affirmant que, pour savoir qui sera mangé, *On tira-t-à la courte paille*, plutôt que de laisser la décision à une conjuration, ou de la prendre « démocratiquement » en assemblée générale. Mais il n'en fut pas moins indigné lorsqu'il apprit qu'à l'expérience le petit navire était devenu l'avion, échoué dans les glaces polaires du Général italien Nobile et que celui-ci avait pu être accusé de n'avoir survécu jusqu'à l'arrivée de l'expédition de secours qui repéra l'épave, que parce qu'il avait mangé un ou plusieurs de ses camarades. S'il ne réagit pas violemment contre les récits des camps de concentration, c'est parce qu'il n'en ressort pas clairement que la bureaucratie concentrationnaire utilisant tous les moyens de la corruption, gardant pour elle toutes les courtes pailles et faisant procéder au tirage par les S.S., a mangé la masse des détenus.

Avant cette guerre, j'ai moi-même connu beaucoup de gens qui « aimaient mieux mourir debout que vivre à genoux ». Sans doute étaient-ils sincères mais, dans les camps, ils ont vécu à plat-ventre et certains d'entre eux ont commis les pires forfaits. Rendus à la vie civile et à la vie tout court, inconscients de la défaite qu'ils ont subie, dans l'exemple qu'ils ont eux-mêmes donné, ils sont toujours aussi intransigeants sur le précepte, ils tiennent toujours les mêmes discours et ils sont prêts à recommencer avec le bolchevik ce qu'ils ont fait avec le nazi.

En réalité, on sent très bien qu'en dehors de l'instinct de conservation qui a joué à tous les échelons, aussi bien chez le simple détenu devant le bureaucrate, que chez le bureaucrate devant le S.S., de même que chez le S.S. devant ses supérieurs, il n'est pas d'explication valable aux événements du monde concentrationnaire. On le sent très bien, mais on ne veut pas l'admettre. Alors, on a recours à la psychanalyse : les médecins de Molière, déjà, parlaient à leurs malades un latin qu'ils ne connaissaient pas mieux que leur métier, et déjà ils avaient l'assentiment résigné de l'opinion.

## Appréciations

« Les événements dans les camps de concentration sont pleins de singularités psychologiques, aussi bien du côté S.S. que des détenus. En général, les réactions des prisonniers paraissent plus compréhensibles que celles de leurs oppresseurs. En effet, les premières restaient dans le domaine de l'humain, tandis que les autres étaient marquées par l'inhumain. » (Page 305)

À mon sens, il serait plus juste de dire que les réactions des uns et des autres étaient toutes du domaine de l'humain, au sens biologique du mot, et qu'en ce qui concerne plus particulièrement la *Häftlingsführung* et la S.S., elles étaient toutes marquées par l'inhumain, au sens moral.

Plus loin, Eugen Kogon précise :

« Ceux qui se sont le moins transformés dans les camps sont les asociaux et les criminels professionnels. La raison doit en être recherchée dans le parallélisme entre leur structure psychique et sociale, et celle de la S.S. » (Page 320)

Peut-être. Mais il faut aussi convenir que le milieu concentrationnaire, s'il n'était pas de nature à faire naître la mentalité d'un politique chez un asocial ou un criminel professionnel, fournissait par contre de multiples raisons à un politique de se transformer en coquin. Ce phénomène n'est pas particulier au camp de concentration : il est d'observation constante dans toutes les maisons de redressement et dans toutes les prisons où l'on pervertit, sous prétexte de régénérer.

La théorie des refoulements du Pr Freud explique très bien tout cela et il serait puéril d'insister. Celle de la valeur de l'exemple n'y contredit pas : dans tous ces établissements, la mentalité d'ensemble résultant d'une pratique systématique de la contrainte, a tendance à se modeler sur le niveau le plus bas, généralement représenté par le gardien, trait d'union entre tous les détenus. Il n'y a pas de quoi s'étonner : le milieu social dans lequel nous vivons et qui rejette le concept concentrationnaire avec tant de vertueuse indignation tout en le pratiquant à des degrés divers, a bien permis au politique devenu voyou de faire — momentanément je l'espère — figure de héros !

C'est sans doute parce qu'il a pressenti le reproche dans cet ordre d'idées qu'Eugen Kogon prenant les devants, a écrit dans son Avant-propos :

« C'était un monde en soi, un État en soi, un ordre sans droit dans lequel on jetait un être humain qui, à partir de ce moment, en utilisant ses vertus et ses vices - plus de vices que de vertus ! — ne combattait plus que pour sauver sa misérable existence. Luttait-il contre la S.S. ? Certes non ! Il lui fallait lutter autant, sinon plus, contre ses compagnons de captivité[142].

Des dizaines de milliers de survivants que le régime de terreur exercé par d'arrogants compagnons de captivité a peut-être fait souffrir davantage encore que les infamies de la S.S. me sauront gré d'avoir également mis en lumière un autre aspect des camps, de n'avoir pas craint de dévoiler le rôle joué dans divers camps par certains types politiques qui, aujourd'hui, font grand bruit de leur antifascisme intransigeant. Je sais que certains de mes camarades ont désespéré en voyant que l'injustice et la brutalité étaient parées, après cela, de l'auréole de l'héroïsme par de braves gens qui ne se doutaient de rien. Ces profiteurs des camps ne sortiront pas grandis de mon étude ; elle offre les moyens de faire pâlir ces gloires usurpées. Dans quel camp étais-tu ? Dans quel Kommando ? Quelle fonction exerçais-tu ? À quel parti appartenais-tu ? etc. » (Page 17)

Le moins que l'on puisse dire, c'est que le témoin n'a pas tenu sa promesse : on chercherait en vain, dans tout son ouvrage, un type politique précis, mis en cause. Par contre, d'un bout à l'autre, il plaide pour le parti communiste, soit indirectement, soit expressément :

« Ce mur élastique dressé contre la S.S. Ce furent les communistes allemands qui fournirent les meilleurs moyens de réaliser cette tâche.

Les éléments antifascistes, c'est-à-dire, en premier lieu, les communistes ». (Page 286)

Etc., et pour la bureaucratie concentrationnaire par voie de conséquence, puisque ceux qui se disaient communistes pouvaient seuls prétendre à y entrer et à y demeurer. Dans une certaine mesure il plaide aussi pour lui et je doute fort qu'après avoir refermé le livre, le lecteur le moins averti n'ait pas une irrésistible envie de lui appliquer la

---

[142] Généralisation abusive : contre ceux qui exerçaient le pouvoir pour le compte de la S.S. en se méfiant des autres.

méthode qu'il conseille : quelles fonctions exerçais-tu ?

La conclusion de tout cela ? Voici :

« …Les récits des camps de concentration éveillent généralement, tout au plus, l'étonnement ou un hochement de tête ; c'est à peine s'ils deviennent une chose touchant la compréhension et, en aucun cas, ils ne bouleversent le cœur. » (Page 347)

Évidemment, mais à qui la faute ? Dans l'ivresse de la libération, exhalant un ressentiment accumulé pendant les longues années de l'occupation, l'opinion a tout admis. Les rapports sociaux se normalisant progressivement et l'atmosphère s'assainissant, il est devenu de plus en plus difficile de la subjuguer. Aujourd'hui, les récits des camps de concentration lui paraissent tous, beaucoup plus des justifications que des témoignages. Elle se demande comment elle a pu se prendre au piège et, pour un peu, elle ferait passer tout le monde au banc des accusés.

## NOTA BENE

J'ai passé sous silence un certain nombre d'histoires invraisemblables et tous les artifices de style.

Au nombre des premières, il faut faire figurer la plus grande partie de ce qui concerne l'écoute des radios étrangères : je n'ai jamais cru qu'il fût possible de monter et d'utiliser un poste clandestin à l'intérieur d'un camp de concentration. Si la voix de l'Amérique, de l'Angleterre ou de la France libre y pénétrèrent parfois, ce fut avec l'assentiment de la S.S., et seuls un très petit nombre de détenus privilégiés en purent profiter dans des circonstances qui relèvent exclusivement du hasard. Ainsi, cela m'est personnellement arrivé à Dora pendant la courte période durant laquelle j'ai occupé les nobles fonctions de Schwung (ordonnance) auprès de l'*Oberscharführer* (adjudant, je crois) commandant le *Hundesstaffel* (compagnie ou section des chiens).

Mon travail consistait à entretenir en état de propreté tout un Block de S.S. plus ou moins gradés, à cirer leurs bottes, à faire leurs lits, à nettoyer leurs gamelles, etc., toutes choses que je faisais le plus humblement et le plus consciencieusement du monde. Dans chacune des pièces de ce Block, il y avait un poste de T.S.F. : pour tout l'or du monde, jamais je ne me serais permis de tourner le bouton, même quand j'avais la certitude absolue d'être parfaitement seul. Par contre, vers huit heures du matin, quand tous ses subordonnés étaient partis pour le travail, il est arrivé deux ou trois fois à mon Oberscharführer de m'appeler dans sa chambre, de brancher le poste sur la B.B.C. en français et de me demander de lui traduire ce que j'entendais en sourdine.

Le soir, de retour au camp, je le communiquais à voix basse à mes amis Delarbre (de Belfort) et Bourguet (du Creusot) en leur recommandant bien, ou de le garder pour eux, ou de ne le transmettre qu'à des camarades très sûrs, et encore, dans une forme assez étudiée pour ne pas attirer l'attention et pour ne pas permettre de remonter aux sources.

Il ne nous est rien arrivé[143]. Mais, dans le même temps, il y eut dans le camp une affaire d'écoute de radios étrangères à laquelle, je crois, fut mêlé Debeaumarché. Je n'ai jamais su de quoi il s'agissait exactement : un des membres de ce groupe m'avait abordé un jour en me racontant qu'il y avait un poste clandestin dans le camp, qu'un mouvement politique y recevait des ordres des Anglais, etc., et il avait corroboré ses dires en me donnant des nouvelles que j'avais entendues le matin même ou la veille chez mon Oberscharführer. J'avais avoué mon scepticisme en des termes tels qu'il ne me considéra plus que comme quelqu'un dont il fallait se méfier. Bien m'en prit : quelques jours après, il y eut des arrestations massives dans le camp, dont l'intéressé et Debeaumarché lui-même. Tout cela se termina par quelques pendaisons. Vraisemblablement, il s'agissait, à l'origine, d'un détenu dans mon cas qui avait trop parlé et dont les propos s'étaient imprudemment répercutés jusqu'au Sicherheitsdienst (service de la police secrète des S.S.) en passant par un mouchard de la *Häfttingsführung*.

Quand Eugen Kogon écrit :

« J'ai passé bien des nuits avec quelques rares initiés devant un poste à 5 lampes que j'avais pris au S.S. Docteur Ding-Schuller « pour le faire

---

[143] Nous n'avions pas constitué un « comité » et, ni l'un ni l'autre nous ne disions à tout venant que nous étions en relations avec les Alliés

réparer dans le camp ». J'écoutais la voix de l'Amérique en Europe ainsi que le *Soldatsender*[144] et je sténographiais les nouvelles d'importance. » (Page 283)

Je le crois volontiers. Encore que je sois plus enclin à penser qu'il a surtout écouté les émissions en question en compagnie du Docteur Ding-Schuller[145]. Mais, tout le reste n'est qu'une façon de corser le tableau, d'une part pour faire croire à un comportement révolutionnaire de ceux qui détenaient le pouvoir, de l'autre pour mieux excuser leurs monstrueuses exactions.

Quant aux artifices de style, j'ai négligé aussi des affirmations comme :

« Que l'on se rappelle les prestations de serment des aspirants S.S., à minuit, dans la cathédrale de Brunschwig. Là, devant les ossements de Henri 1er, l'unique empereur allemand qu'il appréciât, Himmler aimait à développer la mystique de la « Communauté des conjurés ». *Puis il se rendait ensuite, sous le gai soleil, dans quelque camp de concentration, pour voir fouetter*[146] *en série* les prisonniers politiques. » (Page 24)

ou comme :

« Mme Koch, qui avait été auparavant sténotypiste dans une fabrique de cigarettes, prenait parfois des bains dans une baignoire emplie de madère. » (Page 266)

qui fourmillent à propos de tous les grands personnages du régime nazi

---

[144] Poste américain de langue allemande.
[145] Dans sa thèse *Croix Gammée contre Caducée*, le Dr François Bayle rapporte ce curieux témoignage de Kogon à Nuremberg : Ding Schuller, Médecin chef de camp à Buchenwald lui aurait demandé de s'occuper de sa femme et de ses enfants, en cas de défaite de l'Allemagne (! ...). Si cette demande comportait une contrepartie semblable — ce que Kogon ne dirait pas de toutes manières ! — la situation privilégiée de ce singulier détenu s'expliquerait par un contrat de collaboration dont l'inspiration et les buts seraient beaucoup moins nobles qu'il n'a jusqu'ici, été convenu de l'admettre. Spéculer sur cette hypothèse serait aventureux ; bornons-nous donc à enregistrer que la collaboration Kogon — S.S. fût, de son aveu même, effective, amicale et souvent intime. Le prix que l'a payée la masse des détenus est évidemment une autre histoire. Car il y avait aussi une collaboration Kogon – P.C.
[146] Si on cachait le chevalet de Buchenwald au Préfet de police de Weimar, il n'est guère probable qu'on le montrait à son ministre !

et qui produisent d'heureux effets de sadisme. Elles me paraissent relever du même état d'esprit qui poussa *Le Rire* à publier en septembre 1914, une photographie de l'enfant aux mains coupées, *Le Matin*, du 15 avril 1916, à présenter comme un paranoïaque cancéreux, ayant tout au plus quelques mois de vie devant lui, l'empereur Guillaume II qui finit ses jours quelque vingt années plus tard dans une retraite dorée du côté de Hammerongen, et Henri Desgranges dans L'Auto, en septembre 1939, à « faire la nique » à un Goering manquant de savon noir pour se laver. La banalité du procédé n'a d'égales que la crédulité populaire et l'imperturbabilité avec laquelle ceux qui l'emploient se répètent à propos de tous les ennemis, dans toutes les guerres.

# CONCLUSION

D'autres après moi se pencheront sur la littérature concentrationnaire : cela ne fait aucun doute. Peut-être s'engageront-ils dans la même voie et, poussant l'investigation, se borneront-ils à étoffer l'argumentation. Peut-être adopteront-ils une autre classification et une autre méthode. Peut-être accorderont-ils plus d'importance au côté purement littéraire. Peut-être même quelque nouveau Norton, s'inspirant de ce que fit l'autre à propos de la littérature de guerre, au lendemain de 1914-1918, présentera-t-il un jour une « somme » critique à tous égards et sous tous les aspects, de tout ce qui a été écrit sur les camps de concentration, peut-être.

Mon ambition n'ayant été que d'ouvrir la voie à un examen critique, mon effort ne pouvait que se limiter à certaines observations essentielles, et il se devait de porter, en tout premier lieu, sur le point de départ du débat, c'est-à-dire sur la matérialité des faits. S'il ne fait état que de quelques cas types, que j'ai la faiblesse de croire judicieusement choisis, il n'embrasse pas moins toute la vie concentrationnaire à travers ses points sensibles, et il n'en permet pas moins, non plus, au lecteur de se faire une opinion sur tout ce qu'il a pu lire ou lira sur le sujet. À ce titre, son but est atteint.

Par ricochets, il en peut atteindre d'autres.

Un livre vient de paraître qui ne s'insère pas directement dans l'actualité et auquel la critique n'a en conséquence pas cru devoir s'attarder outre mesure : *Ghetto à l'Est*. Son auteur, Marc Dvorjetski, survivant d'un certain nombre de massacres, traîne derrière lui un passé qu'il sent d'autant plus lourd que sa conscience lui demande sans cesse : « Allons, parle : comment es-tu resté vivant quand des millions d'êtres sont morts ? » La conscience des témoins des camps de concentration ne semble pas avoir de ces exigences et ne leur pose pas de questions aussi indiscrètes. Mais on n'échappe pas facilement à une question qui est dans la nature des choses, et si la conscience individuelle ne la fait pas monter d'elle-même sur les lèvres des intéressés sous la forme d'un reproche, il y a le public qui est là, qui n'a que de rares moments de bienveillance et qui la pose dans celle d'une interrogation directe : « Allons, parle : comment peux-tu être encore vivant ?... » On m'excusera si j'ai l'impression d'avoir apporté la réponse.

Tout s'enchaîne : une question en appelle une autre, et quand le public commence à en poser un *comment*, toujours amène un *pourquoi* quand il ne le suit pas et, en l'occurrence, celui-ci se présente tout naturellement : pourquoi certains déportés ont-ils donné un tour si discutable à leurs dépositions ? Ici, la réponse est plus délicate : pour faire le départ entre ceux qui ont été dominés, voire écrasés, par l'expérience qu'ils ont vécue, et ceux qui ont obéi à des mobiles politiques ou personnels, il faudrait psychanalyser — puisqu'on a prononcé le mot — tout le monde, et encore, ne devrait-on confier ce travail qu'à des spécialistes éprouvés.

On peut affirmer cependant que les communistes y avaient un indiscutable intérêt de parti : dès lors, qu'un cataclysme social fond sur l'humanité, si les communistes sont ceux qui réagissent le plus noblement, le plus intelligemment et le plus efficacement, le bénéfice de l'exemple se reporte sur l'organisation et la doctrine qu'elle affiche. Ils y avaient aussi un intérêt politique, à l'échelle mondiale : en rivant l'opinion sur les camps hitlériens, ils lui faisaient oublier les camps russes. Ils y avaient enfin un intérêt personnel : en prenant d'assaut la barre des témoins et en criant très fort, ils évitaient le banc des accusés.

Là comme partout, ils ont donné l'exemple d'une solidarité indissociable et le monde civilisé a pu fonder toute une politique à l'égard de l'Allemagne sur des conclusions qu'il tirait de renseignements fournis par de vulgaires gardes-chiourmes. Il ne demandait d'ailleurs pas mieux, à l'époque le monde civilisé : en même temps, il pouvait présenter ses propres chiourmes comme des modèles d'humanité

Pour les non-communistes, c'est différent, et je ne voudrais pas me prononcer à la légère. Aux côtés de ceux qui n'ont pas réalisé leur aventure, il y a ceux qui ont réellement cru à la moralité des communistes, ceux qui ont rêvé une entente possible avec la Russie des Soviets pour l'établissement d'une paix mondiale, fraternelle et juste dans la liberté, ceux qui ont payé une dette de reconnaissance, ceux qui ont suivi le vent de la saison et dit certaines choses parce que c'était la mode, etc., etc. Il y a ceux aussi qui ont pensé que le communisme submergeait l'Europe et qui, l'ayant vu à l'œuvre dans les camps de concentration, ont jugé prudent de prendre quelques assurances sur l'avenir.

L'Histoire, une fois de plus, s'est moquée des petites impostures à l'échelle de l'imagination humaine. Elle a suivi son cours, et maintenant, il faut s'y adapter. Les revirements ne sont pas faciles et ce ne sera pas le moindre travail.

Il reste à fixer l'importance des faits dans leur matérialité et à juger de l'opportunité de cet ouvrage. Dans un article[147] qui fit sensation[148], Jean-Paul Sartre et Merleau-Ponty ont pu écrire :

« À lire les témoignages d'anciens détenus, on ne trouve pas dans les camps soviétiques le sadisme, la religion de la mort, le nihilisme qui — paradoxalement joints à des intérêts précis et tantôt d'accord, tantôt en lutte avec eux — ont fini par produire les camps d'extermination nazis. »

Si on accepte la version officialisée par une unanimité complice dans les témoignages sur les camps allemands, il faut convenir que Sartre et Merleau ont raison contre David Rousset. On voit alors où cela peut conduire, aussi bien dans l'appréciation du régime russe que dans l'examen du problème concentrationnaire en soi. Ceci ne veut pas dire que, si on ne l'accepte pas, on donne par-là même raison à David Rousset : le propre des faits discutables dans leur contenu est, précisément, qu'ils ne sont pas susceptibles d'interprétations valables.

La meilleure conclusion que je pouvais donner à cet ouvrage c'est l'aperçu d'ensemble que m'avait suggéré à l'époque la confrontation des points de vue de David Rousset et de Jean-Paul Sartre et Merleau-Ponty, avec ma propre expérience[149] et que voici :

---

[147] *Les Jours de notre Vie* — « Les Temps modernes » — (janvier 1950).
[148] Au café de Flore (Note d'Albert Paraz).
[149] Sous le titre « Des raisons de la philosophie aux impératifs du sens commun », cet aperçu d'ensemble avait été adressé aux *Temps modernes*, en réponse à l'article de Sartre et Merleau-Ponty, et il n'avait naturellement pas été publié. Communiqué au *Libertaire*,

On peut opposer à David Rousset les arguments concrets de la raison pratique. Ils sont très accessibles car ils se résolvent dans l'affirmation que son *Appel* n'a de valeur particulière, ni par son origine, ni par son contenu, ni par les voies qu'il emprunte, ni par les gens auxquels il s'adresse, ni par le but qu'il poursuit, ni surtout par ce qu'on en peut espérer ou redouter selon l'angle sous lequel on se place. De fait, aucun des secteurs de l'opinion ne s'y est trompé : l'entreprise tourne court, et, deux mois[150] après sa mise sur pied, ne garde plus de faveur que celle du *Figaro littéraire*[151], c'est-à-dire l'audience de 100 000 lecteurs dont j'imagine que quelques-uns sont passablement désabusés.

Si on a recours à la raison pure, et si on soulève l'objection philosophique ou doctrinale, on tombe dans la rhétorique et on devient très vulnérable. La rhétorique a facilement tendance au sophisme, à la ratiocination, voire à la divagation. Ses coquetteries pour séduisantes qu'elles soient, toujours discutables, sont rarement convaincantes. Et ses abstractions exclusivement spéculatives tombent d'autant moins sous le sens qu'elles procèdent de méthodes plus rigoureuses.

Aussi, les raisons de sens commun sont-elles d'un autre poids que celles de la Scholastique, bien que de moindre valeur dans l'absolu ou l'intrinsèque.

L'irruption tapageuse de David Rousset sur le devant de la scène avec son « Au secours des déportés soviétiques », titré sur huit colonnes en première page du *Figaro littéraire*, a d'étranges résonances. Sa forme est celle de tous les ralliements guerriers : au secours de la Pologne martyre, au secours des Sudètes, au secours du peuple allemand opprimé (1939), au secours de la malheureuse Serbie (1914), etc. On pourrait remonter jusqu'à la première croisade que Pierre l'Ermite prêcha dans les mêmes termes en prenant le tombeau du Christ comme thème central. Étant donné le nombre des concentrationnaires dans le monde, en Grèce, en Espagne, en France — les États-Unis en sont-ils exempts ? La double forfaiture est éclatante et les esprits avertis ne se sont pas fait faute de

---

il l'a été dans le n° du 9 février et *La Révolution prolétarienne* en a donné de larges extraits.
[150] Écrit le 10 janvier 1950.
[151] Depuis, *Le Figaro littéraire* à son tour, a mis une sourdine. En définitive, le seul bénéfice de l'opération semble bien être La Légion d'honneur attribuée à David Rousset — au titre militaire, s'il vous plaît !

le remarquer. Il suffisait de la souligner pour les autres.

Saisir l'occasion pour poser le problème du travail forcé partout et notamment dans les colonies, c'est élargir le débat, ce qui ne peut, évidemment, être dommageable, bien au contraire. Discuter de tout le système russe ou de tout le système américain, c'est déjà le faire dévier. Aller jusqu'aux différences qui les opposent, aux rapports qu'ils entretiennent et à l'injustice sociale en général, c'est le transposer sur un autre terrain, et rien n'empêche plus, désormais, qu'il aille se perdre, comme l'eau dans le sable, dans des dissertations sans fin sur la troisième guerre mondiale ou sur les classes de voyageurs en chemin de fer. Par quoi il semble démontré que si le sujet ne souffre aucune localisation géographique, il en est une au moins qui s'impose : celle qui en fait exclusivement une affaire de déportations, de camps de concentration et de travail forcé.

Dans le cadre de ces considérations qui situent à leurs deux extrêmes, les limites de la controverse, il n'est peut-être pas indifférent de s'arrêter, avant toute chose, aux aspects de la riposte qui consolident la position de David Rousset au lieu de l'affaiblir.

Sans aucun doute, la psychose créée en France depuis la libération, par certains récits discutables en ce qu'ils sont, pour la plupart, des interprétations bien plus que des témoignages, permet-elle d'écrire à peu près impunément :

« à lire les témoignages d'anciens détenus, on ne trouve pas dans les camps soviétiques le sadisme, etc., etc.[152] »

Mais elle n'assure la tranquillité de la conscience qu'à ceux dont l'attitude est généralement antérieure à toute réflexion et qui n'ont, par surcroît, vécu ni l'une, ni l'autre des deux expériences. D'une part, il ne peut échapper qu'en France et dans le monde occidental, les rescapés des camps soviétiques sont beaucoup moins nombreux que ceux des camps nazis, et que si on ne peut pas dire de leurs témoignages qu'ils sont, *a priori*, inspirés d'une meilleure foi ou d'un sentiment plus acceptable de l'objectivité, il n'est cependant pas niable qu'ils voient le jour en des temps plus sains. De l'autre, tous les concentrationnaires

---

[152] Sartre et Merleau-Ponty, op. cit. à la note 2.

qui ont vécu dans la promiscuité des Russes en Allemagne, ont rapporté la conviction que ces gens avaient une longue pratique de la vie des camps.

Pour ma part, je me suis trouvé, seize mois durant, au milieu de quelques milliers d'Ukrainiens, au camp de concentration de Dora : leur comportement affirmait qu'ils n'avaient, dans leur très grande majorité, que changé de camp et, dans leurs discours, ils ne cachaient pas que le traitement était le même dans l'un et l'autre cas. Dirai-je que le livre de Margarete Buber-Neuman, récemment publié, ne s'inscrit pas en faux contre cette observation personnelle ? Pour ce qui est du reste, il faut laisser à l'Histoire le soin de dire comment les camps allemands, conçus, eux aussi, selon « les formules d'un socialisme édénique » sont devenus en fait — mais en fait seulement — des camps d'extermination.

La réalité sur ce point, c'est que le camp de concentration est un instrument d'État dans tous les régimes où l'exercice de la répression garantit celui de l'autorité. Entre les différents camps, il n'y a, d'un pays à l'autre, que des différences de *nuance* qui s'expliquent par les circonstances — mais non *d'essence*. En Russie, ils ressemblent trait pour trait à ce qu'ils étaient dans l'Allemagne hitlérienne et vraisemblablement à ce qu'ils sont en Grèce, parce que, indépendamment des similitudes possibles ou non de régime, dans les trois cas, l'État est aux prises avec des difficultés d'égale grandeur : la guerre pour l'Allemagne, l'exploitation du sixième du globe avec des moyens de fortune pour la Russie, la guerre civile pour la Grèce.

Si la France en vient, économiquement, au même point que l'Allemagne de 1939, ou que la Russie et la Grèce d'aujourd'hui — ce qui n'est pas exclu — Carrère, La Noé, La Vierge, etc., ressembleront, eux aussi, et trait pour trait, à Buchenwald, Karaganda et Makronissos : il n'est d'ailleurs pas prouvé que la nuance soit plus qu'à peine sensible, aujourd'hui déjà[153].

---

[153] Surtout si on prend pour unité de mesure son comportement dans ses colonies où, depuis les derniers événements d'Indochine et d'Afrique du Nord, personne n'est plus assez téméraire pour oser affirmer que sa police et son armée s'y conduisent très différemment de la façon dont la police et l'armée allemande se conduisaient en

L'erreur appelle l'erreur et prolifère par l'artifice dans un raisonnement vicié à la base par une première affirmation gratuite. Du particulier, on passe au général et de l'examen de l'effet, à celui de la cause. Ainsi est-il naturel qu'on en vienne à écrire, à propos du système russe :

« Quelle que soit la nature de la présente société soviétique, l'U.R.S.S. se trouve grosso modo située, dans l'équilibre des forces, du côté de celles qui luttent contre les formes d'exploitation de nous connues. »

Ou encore :

« Le fascisme est une angoisse devant le bolchevisme dont il reprend la forme extérieure pour en détruire plus sûrement le contenu : la Stimmung internationaliste et prolétarienne. Si l'on en conclut que le communisme est le fascisme, on comble, après coup, le vœu du fascisme qui a toujours été de masquer la crise capitaliste et l'inspiration humaine du marxisme. »

Ou enfin :

« Cela signifie que nous n'avons rien de commun avec un nazi et que nous avons les mêmes valeurs qu'un communiste. »

La première objection est sans valeur. Une importante partie de l'opinion la renversant dans ses termes avant la lettre, pensait déjà que :

« Quelle que soit la nature de la société américaine, les E.-U. se trouvent grosso modo situés, dans l'équilibre des forces, du côté de celles qui luttent contre les formes d'exploitation de nous inconnues. »

Et, pour se justifier ajoutait :

« …en se comportant de telle sorte que les autres soient de moins en moins sensibles. »

On voit le danger : s'il est admis que les formes d'exploitation « *de nous inconnues* » sont plus meurtrières et plus nombreuses que celles qui

---

France, à l'endroit des résistants dans les plus terribles années de l'occupation. (Note de l'auteur pour la 2e édition et les suivantes)

jouissent du privilège d'être « *de nous connues* », s'il peut être prouvé que les premières sont en progression constante et les secondes en régression ou simplement à un niveau constant, il faut convenir que cette importante fraction de l'opinion est abondamment pourvue dans le domaine de la justification morale. Elle l'est d'autant mieux qu'elle ne fait qu'emprunter ses moyens à l'un des signataires de l'objection, M. Merleau- Ponty, lequel écrivait, dans sa thèse sur l'Humanisme et la terreur, ceci ou à peu près, que je cite de mémoire :

« Ce qui peut servir de critère dans l'appréciation d'un régime sur le plan de l'Humanisme, ce n'est pas la terreur, ou sa manifestation, la violence, mais le fait que l'une et l'autre soient en progression et appelées à durer ou, au contraire, en régression et appelées à disparaître d'elles-mêmes. »

Pourquoi ce qui est vrai de la terreur et de la violence ne le serait-il pas des camps qui ne sont qu'un de leurs résultats, mais qui font, par leur nombre, la preuve de plus ou moins de terreur et de plus ou moins de violence ? Et, dès lors, pourquoi ce distinguo en faveur de la Russie ? Ceci pour permettre de mesurer combien il eût été, à la fois plus prudent et plus conforme à la tradition socialiste, de prendre l'avantage sur David Rousset en se déclarant contre toutes les formes d'exploitation, qu'elles soient *connues* ou *inconnues* de nous.

La seconde objection, introduite dans la forme du syllogisme parfait, procède de la confusion des termes : « Le fascisme est une angoisse devant le *bolchevisme* », dit la majeure, — « Si l'on en déduit que le fascisme est le *communisme* » poursuit la mineure. Sous la plume d'un rhéteur de second ordre, l'astuce provoquerait tout au plus un haussement d'épaules. Quand on la trouve sous celles de M. Merleau-Ponty et de J.-P. Sartre, on ne peut pas s'empêcher de penser aux règles impératives de la probité et à l'entorse qui leur est faite[154].

C'est le bolchevisme que ses contempteurs identifient au fascisme, et non le communisme. Encore ne le font-ils que dans ses effets, et prennent-ils la précaution de définir le fascisme par des caractères qui en font autre chose, et bien plus qu'une « angoisse » devant le

---

[154] Pas si on lit *L'Agité du Bocal* (Note d'Albert Paraz.)

bolchevisme.

Ceci veut dire que si on rétablit les deux propositions sur le plan de la propriété des termes, la conclusion s'écarte d'elle-même et que, dès lors, il ne reste plus du syllogisme que la perfection de sa forme. Si l'on veut à toutes forces bâtir un syllogisme sur le thème, le seul qui soit valable est celui-ci :

« 1. – Le fascisme et le bolchevisme sont une angoisse devant le communisme (ou le socialisme dont ils reprennent les formes extérieures — Hitler ne parlait-il pas de national-socialisme et Staline ne continue-t-il pas à parler de Socialisme dans un seul pays ? — pour en détruire plus sûrement le contenu : la *Stimmung* internationaliste et prolétarienne.

2. – Si l'on en conclut que le fascisme et le bolchevisme sont le communisme (ou le socialisme).

3. – On comble après coup le vœu du fascisme et du bolchevisme qui est de masquer la crise capitaliste et l'inspiration humaine du marxisme. »

Lequel, si on voulait réfuter l'identification du fascisme et du bolchevisme qu'il pose apparemment en principe, en appellerait aux choses fort substantielles que, prenant d'autres unités de mesures, James Burnham en dit dans *L'Ère des Organisateurs* (chez Calmann-Lévy, collection « La Liberté de l'Esprit » p. 189 et suivantes).

Je ne dirai rien de la troisième objection qui pèche vraisemblablement par la même confusion des termes, à moins que ses auteurs ne précisent après coup que c'est : « nous avons les mêmes valeurs qu'*un bolcheviste* » qu'ils ont voulu dire. Je ne dirai rien non plus de cette affirmation étrangement mêlée au débat et selon laquelle le communisme chinois serait « seul capable de faire sortir la Chine du chaos et de la misère pittoresque où le capitalisme étranger l'a laissée. » Ni de la souscription ouverte par *Le Monde* « pour qu'il ne fût pas dit qu'il était insensible à la misère », d'un ouvrier communiste, ni de l'électrification en U.R.S.S., ni des conversations fructueuses qu'on peut avoir avec les ouvriers martiniquais, ni au fait, pourquoi pas des Pyramides d'Egypte ou de la gravitation universelle ?

À insister trop, on finirait par tomber dans la recherche de la meilleure diversion et par céder à la tentation d'écrire une nouvelle *Misère de la Philosophie* adaptée aux circonstances.

Il reste le drame de l'opinion radicale qui ne trouve la possibilité de s'intéresser au problème concentrationnaire, par le truchement de cette controverse, qu'en participant à la préparation idéologique de la troisième guerre mondiale, si elle suit l'un, ou de revenir au bolchevisme par le biais d'un alignement de sophismes, si elle suit les autres.

*Le Figaro littéraire* et David Rousset s'étant mis en position d'infériorité en tirant les premiers, offraient par surcroît une excellente occasion de la rallier. Mais il n'y avait quelque chance de succès qu'en demeurant sur le terrain qu'ils avaient choisi, à savoir : le prétexte et les mobiles.

Le prétexte est une niaiserie. D'une part, le Kremlin n'acceptera jamais qu'aucune commission d'enquête sur le travail forcé circule librement en territoire soviétique. De l'autre, aucune aide sérieuse ne peut être apportée aux concentrationnaires russes tant que subsiste le régime stalinien. Or, je ne fonde mon espoir de le voir disparaître que sur trois éventualités : ou bien il s'écroulera de lui-même (ceci s'est déjà vu dans l'Histoire : la Grèce antique était morte avant que d'être conquise par les Romains), ou bien il sombrera dans une révolution intérieure, ou bien, enfin, il sera anéanti dans une guerre. La Russie étant en plein essor industriel et semblant limiter avec une grande maîtrise ses ambitions à ses moyens, les deux premières sont irrémédiablement exclues pour une très longue période et il ne reste que la troisième : très peu pour moi, je sors d'en prendre, et l'expérience qu'on se vante d'avoir si bien réussie contre Hitler, me suffit.

Le fait que David Rousset étende depuis peu — et notamment depuis un récent déjeuner à lui offert par la presse anglo-américaine — la mission d'investigation des enquêteurs « à tous les pays où des camps de concentration peuvent se trouver », ne change rien ni au caractère, ni au sens de l'affaire : il y a le titre qui reste sur le lieu du crime : « Au secours des déportés soviétiques ». Par ailleurs, ni la Grèce, ni l'Espagne — ni même la France ! — n'accepteront qu'on vienne « espionner » chez elles sous couvert d'enquêtes sur le travail forcé. Il faudrait que l'initiative parte de l'O.N.U. et soit appuyée par des menaces d'exclusion pour ceux qui ne voudraient pas se soumettre, ce qui n'est pas concevable, car il ne resterait plus personne, hormis peut-être la Suisse qui n'en fait pas partie.

Tout ceci est d'ailleurs bien regrettable, car on ne saura jamais à quelle place et sur quelle surface *Le Figaro littéraire* aurait rendu compte des travaux de la Commission d'enquête visant les autres pays que la Russie.

On ne peut discerner clairement les mobiles si on ne sait pas que *Le Figaro littéraire* est le journal dans lequel Claude Mauriac, rendant compte d'une pièce de théâtre, écrivait il y a quelque temps :

« La torture, l'occupation, les déportations, sont encore trop proches de nous pour que nous puissions en parler sur le ton de l'objectivité. » (Octobre 1949)

Ce qui, traduit en clair, signifie : on en peut dire tout ce qu'on veut, s'ils sont russes, un peu moins (maintenant !) s'ils sont allemands, et rien du tout s'ils sont grecs, espagnols ou français.

On ne le peut guère mieux si on n'a pas une idée d'ensemble sur l'œuvre de David Rousset. Dans *L'Univers concentrationnaire*, il présenta les camps comme relevant d'un problème de régime et on lui fit un succès mérité. Depuis, dans *Les Jours de notre Mort* et de nombreux autres écrits épars, il s'attacha surtout à mettre en évidence et à louer le comportement des détenus communistes, articulant des faits non contrôlés, et qui n'ont pu trouver dans le public cet immense crédit qu'en raison du trouble et de la confusion nés de la guerre. Une fois, il s'est risqué dans le document pur, au moyen de son recueil, *Le Pitre ne rit pas*, qui met en cause l'Allemagne seule. Il ne pouvait cependant pas ignorer les camps russes dont on dit que des documents traduits du russe étaient en vente en librairie dans les années 1935-1936, et dont par ailleurs l'existence n'a pu manquer de lui être révélée aux temps plus lointains encore où il militait dans les rangs du Trotskysme. De propos délibéré, donc, il a très efficacement contribué à créer, sur le plan intérieur, cette atmosphère. « Embrassons-nous, Folleville », qui a permis aux bolchevistes dont les méfaits en Russie étaient estompés ou passés sous silence, de se hisser au pouvoir en France. Sur le plan extérieur, il a surtout creusé un peu plus encore le fossé entre la France et l'Allemagne.

Découvrant les camps russes dans la facture que l'on sait, il ne fait que suivre le mouvement de translation latérale qui est la caractéristique essentielle de la politique gouvernementale, depuis le départ de l'équipe Thorez. Son attitude d'aujourd'hui est la suite logique de celle d'hier et il était naturel qu'ayant fourni un argument au tripartisme bolchevisant, il fournisse aux Anglo-Américains la base idéologique indispensable à une bonne préparation à la guerre. Il ne l'était pas moins que *Le Figaro littéraire* et David Rousset ne finissent par se rencontrer. Il suffit de remarquer que l'un portant l'autre, leur intervention concertée venant après les témoignages authentiques de Victor Serge, Margaret Neuman, Guy Vinatrel, *Mon ami Vassia*, etc., ne verse rien au débat, n'apporte rien de neuf qu'une fois de plus un témoignage sur des événements non vécus, et ne fait qu'enregistrer la faillite d'une politique au profit d'une autre qui fera immanquablement faillite, sinon à nos yeux, du moins devant l'Histoire.

À ces éléments de suspicion qui relèvent, le premier du machiavélisme d'un journal, le second de l'aptitude d'un homme à modeler son comportement sur les désirs des maîtres du moment dans les différents univers qui le comptent tour à tour au nombre de leurs sujets, s'ajoutent ceux qui ressortissent à l'expérience. En 1939, et dans les années qui précédèrent, on a mis de même façon les exactions de l'Allemagne hitlérienne en évidence. Dans la presse, il n'était plus question que d'elles. Tout le reste, on l'oubliait : personne ne se doutait qu'on préparait idéologiquement la guerre pour laquelle on se croyait matériellement prêt.

Effectivement, on fit la guerre.

Aujourd'hui, dans toute la presse, il n'est question que des exactions de la Russie soviétique sur le plan de l'Humanisme et exclusivement de celles de la Russie soviétique. On en oublie tout le reste et principalement les problèmes posés par la pratique extensible à l'infini du camp de concentration comme moyen de gouvernement. Les mêmes causes produisant les mêmes effets.

L'opinion radicale, désabusée par à peu près tout ce qu'on lui a dit des camps allemands, par la forme dans laquelle, de part et d'autre, on lui présente les camps russes, et par le silence qu'on fait sur les autres, pressent toutes ces choses et semble attendre qu'en les lui faisant toucher du doigt, on lui tienne le langage de l'objectivité.

Or, en la matière, le langage de l'objectivité n'a besoin, ni de beaucoup de précautions, ni de beaucoup de mots. Le cas des camps de concentration, du travail forcé et de la déportation, ne peut être examiné que sur le plan humain et dans le cadre de la définition des rapports de l'État et de l'individu. Dans tous les pays, les camps existent en puissance ou sont là qui changent de clientèle au hasard des circonstances et au gré des événements. Tous les hommes en sont menacés partout, et, pour ceux qui y sont présentement enfermés il n'y a de chances d'en sortir que dans la mesure où ceux qui n'y sont pas sont destinés à y entrer.

C'est contre cette menace qu'il faut s'insurger et c'est le camp lui-même, en soi, qu'il faut viser, indépendamment de l'endroit où il se trouve, des fins auxquelles il est utilisé et des régimes qui l'emploient. De la même façon, que contre la prison ou la peine de mort. Tout particularisme, toute action qui désigne à la vindicte une nation plutôt qu'une autre, qui tolère le camp dans certains cas, explicitement ou par omission calculée ou non, affaiblit la lutte individuelle ou collective pour la liberté, la détourne de son sens et nous éloigne du but au lieu de nous en rapprocher.

Sous cet angle, on mesurera un jour le tort qui fut fait à la cause des Droits de l'Homme quand la IVe République admit que les collaborateurs, ou réputés tels, fussent parqués dans des camps, comme le furent les non-conformistes de 1939 et les résistants de l'occupation.

Pour tenir ce langage, il faut évidemment se soucier assez peu d'être classé dans le clan des anti-staliniens ou des anti-américains et il faut avoir assez d'empire sur soi-même pour séparer dans son esprit, aussi bien le régime soviétique de la notion de socialisme, que le régime américain de celle de démocratie : qu'un des deux régimes soit moins mauvais que l'autre est indiscutable mais prouve seulement que l'effort à fournir sera moins grand d'un côté que de l'autre du rideau de fer Et ce n'est pas une fidélité d'anciens déportés, laquelle ne peut que placer l'opinion devant le choix à faire entre deux positions anti ou entre deux positions pro, qu'il faut invoquer ici : c'est la fidélité d'une élite à sa tradition qui est de se définir elle-même à travers sa propre mission, et non d'accomplir celle des autres.

Mâcon, 15 mai 1950.

# FIN

# ULYSSE TRAHI PAR LES SIENS

# INTRODUCTION

À une époque où la littérature et le journalisme sont devenus le monopole des ratés du bac et des métiers académiques et où, par voie de conséquence, on compte sur les doigts d'une seule main les écrits qui survivent à la période de leur lancement publicitaire, il est évidemment peu commun qu'après plus de dix ans *Le Mensonge d'Ulysse* soit encore d'actualité.

À la vérité, je n'y suis pour rien : ce sont les circonstances, — les mêmes d'ailleurs qui, voici plus de dix ans, m'avaient décidé à écrire ce livre. À l'époque, la littérature concentrationnaire était à son apogée. Dans les milieux que je fréquentais, tout le monde était conquis. En apparence, du moins. En fait, je ne mis pas longtemps à m'apercevoir que, dans leur for intérieur, beaucoup de gens se posaient des questions sur les véritables buts de l'entreprise. Sous couvert de discréditer le nazisme, tous ces plumitifs ne se proposaient-ils pas, tout simplement, de creuser un insondable fossé entre la France et l'Allemagne en discréditant à jamais le peuple allemand ? L'un d'eux, un curé, avait même avoué crûment une haine peu banale[155]. Dès lors, il ne pouvait échapper que c'était singulièrement compromettre l'avenir de l'Europe et faire le jeu du communisme. D'autant qu'au surplus, à gratter un peu le vernis, on ne pouvait non plus ne pas s'apercevoir que tout en prenant la précaution de déclarer qu'ils n'étaient pas communistes, tous ces enragés ne manquaient jamais de proclamer hautement que les communistes étaient de grands bonshommes, qu'il n'y avait qu'eux qui... que... etc.

Je ne sais pas pourquoi, chaque fois que ces soupçons et ces appréhensions étaient formulés devant moi, j'avais l'impression qu'on me regardait avec insistance comme si on attendait quelque chose de

---

[155] « Les Français doivent savoir et doivent retenir que les mêmes erreurs ramènent les mêmes horreurs. Ils doivent rester avertis du caractère et des tares de leurs voisins d'Outre-Rhin, race de dominateurs et c'est pourquoi le n° 43.652 a écrit ces lignes. Français soyez vigilants et n'oubliez jamais ! » (16 mois de bagne) du Frère Birin des Écoles chrétiennes d'Épernay, (de son vrai nom Alfred Unterreiner). Cette excitation à la haine, on la retrouve, quoique le plus souvent dans une forme plus adroite, dans tous les livres qui ont été publiés sur les camps de concentration allemands

moi. Bien sûr, je faisais les correctifs qui me paraissaient nécessaires, mais, je le jure, j'étais depuis longtemps fixé sur les tribulations de la vérité historique et je n'avais pas l'intention de descendre dans l'arène. J'y suis descendu, pourtant. Au bahut, c'était déjà comme ça : si la soupe était mauvaise, c'était moi qu'on désignait pour l'aller dire à qui de droit et ça se terminait généralement par une colle. Plus tard, à la caserne, il n'y avait toujours que moi et c'était plus grave : la salle de police. On sait que pour *Le Mensonge d'Ulysse*, m'étant décidé à l'écrire un jour que je m'y étais irrésistiblement senti tenu par les termes dans lesquels, en ma présence et comme s'adressant plus particulièrement à moi, le colonel Rémy avait exprimé, devant un cercle d'amis, son dégoût pour toutes les complaisances dont bénéficiait le communisme, ça s'est terminé en cassation. Il faudra que je me regarde attentivement dans une glace : je dois avoir une gueule de boue émissaire...

Ce qui est sûr c'est que cette affaire était depuis longtemps classée dans mon esprit. J'avais gagné mon procès, on avait dû tirer quatre éditions successives de l'ouvrage et j'étais loin de penser à une cinquième. Il y avait bien mon éditeur qui, depuis deux ou trois ans, me disait de temps à autre, qu'il recevait toujours des commandes mais chaque fois, nous tombions d'accord que le nombre n'en était pas suffisant pour justifier commercialement une nouvelle édition. N'étant ni l'un, ni l'autre, des marchands de papier, nous ne pensions pas aux ressources de la publicité. Et surtout, nous avions d'autres soucis.

Un jour, il nous a bien fallu nous rendre à l'évidence : comme le fleuve de Jaurès qui reste fidèle à sa source en allant vers la mer, les circonstances avaient évolué à notre insu dans un sens fidèle à leurs origines. Nous avions, certes, bien vu qu'en dix ans l'Europe était devenue une nécessité pour tous les hommes de l'Occident, jusques et y compris ses plus farouches adversaires. Nous nous y attendions même, car cela, nous l'avions prévu. Il ne nous avait pas davantage échappé, ni que l'Amérique n'accepterait l'Europe qu'à la condition d'en être sacrée métropole économique, ni qu'en aucun cas la Russie ne pourrait l'accepter, ni enfin que sa seule chance de l'empêcher était d'en isoler l'Allemagne. Et quel meilleur moyen d'en isoler l'Allemagne que de ressusciter les vieilles haines franco- allemandes en partant en guerre contre le militarisme allemand et le nazisme tout aussi inexistants l'un que l'autre avec des arguments puisés dans la littérature concentrationnaire ? Au moment de l'arrestation d'Eichmann, ce fut du délire : ainsi que le déclara le 20 juin 1960, à un envoyé du Monde, une haute personnalité allemande (dont le nom n'a pas été révélé) le monde entier se vit offrir de nouveau « tous les jours, au petit déjeuner du matin, six millions — quand ce n'était pas neuf ! — de juifs exterminés dans les chambres à gaz ». Et ça l'agaçait, le monde entier : d'une part, à tort ou à raison, il avait maintenant des doutes aussi bien quant au chiffre qu'au moyen ; de l'autre il ne lui plaisait guère qu'un problème pour lui — à tort ou à raison aussi — exclusivement européen, se transformât ainsi en problème à peu près exclusivement israélien.

Les Allemands qu'on se mit à arrêter par paquets de cent ou de mille voulurent éditer *Le Mensonge d'Ulysse* à titre de contre-poison. Par réaction contre les entreprises du résistantialisme international les Américains du Nord voulurent l'éditer en anglais et ceux du Sud en demandèrent une édition en espagnol. Sur ces entrefaites, un certain Benartsky écrivit dans *Le Monde* que j'étais « un auteur bien connu pour mes sympathies hitlériennes[156] » et il n'en fallut pas plus pour qu'on voulût à nouveau se renseigner sur ce qu'avait bien pu écrire ce curieux bonhomme dont on avait tout oublié sauf son passé de résistant et de militant puis de député socialiste : les commandes se mirent à affluer en nombre suffisant pour justifier une cinquième édition.

Et voilà.

Mais ici se posait un problème délicat : d'une part, il n'était pas possible, après plus de dix ans, de republier *Le Mensonge d'Ulysse* sans tenir compte

---

[156] Naturellement, j'écrivis au Monde, mais, non moins naturellement, tout en reconnaissant que mes qualités de résistant et mon socialisme étaient de bon aloi, *Le Monde* ne publia de ma réponse que ce qui ne dérangeait pas les raisonnements de son rédacteur. Et il précisa que ce qui m'était reproché, c'était ma « collaboration avec un éditeur qui avait été jadis officier S.S. ». J'envoyai donc une seconde rectification pour dire, d'une part que cela était faux — parce que c'était faux, — de l'autre que, même si c'était vrai, il s'agissait non d'une collaboration, mais relations d'auteur à éditeur, du même genre que celles de M. Mendès-France avec son éditeur dont on sait — et là, c'est indiscutable ! — qu'il fut, sous l'occupation, celui de tous les auteurs du Pétainisme. Bien entendu, cette nouvelle rectification ne fut pas publiée. Ces méthodes me paraissant porter préjudice beaucoup plus à ceux qui les emploient qu'à ceux qui en sont victimes, je n'insistai pas.

des documents rendus publics depuis ; de l'autre, en faire état, c'était le transformer en un autre livre qui ne serait plus protégé par l'immunité qui couvre la chose jugée et s'exposer à un nouveau procès... que, à moins de faire jouer contre nous ce pouvoir discrétionnaire dont le gouvernement use si généreusement contre la presse, nous eussions gagné comme l'autre, mais à quoi bon se compliquer la vie ?

Nous avons donc décidé de publier en cinquième édition *Le Mensonge d'Ulysse* tel qu'en lui-même l'Éternité ne le changera jamais puis, à part, ce petit livre exclusivement consacré aux documents qui ont été rendus publics au cours de ces dix dernières années.

Ai-je besoin de préciser qu'ils confirment au-delà de tout espoir toutes les thèses que j'ai soutenues ? Si on le jugeait nécessaire, il me suffirait de dire que dans cette cinquième édition du *Mensonge d'Ulysse* mise en vente en même temps qu'*Ulysse trahi par les siens* aucune autre modification n'a été apportée à la version originale que le... point-virgule — c'était une coquille visible — si bruyamment réclamé par M. Louis Martin-Chauffier.

On ne manquera pas de remarquer que si les circonstances me servent, elles servent aussi le lecteur : s'il possède déjà *Le Mensonge d'Ulysse*, il s'en tirera au moindre prix.

Amateurs de reliure, ne pas se presser : tous les documents qui concernent cette affaire n'ont pas encore été rendus publics et il y aura sûrement au moins une autre suite.

Dans le même format bien sûr.

Le 1er septembre 1960.

P. R.

# Chapitre I

## « Le commandant d'Auschwitz parle… » de Rudolf Höss[157]

Dès que, les hostilités ayant à peine pris fin, l'existence des camps allemands de concentration fut révélée au monde — en même temps, d'ailleurs, qu'au peuple allemand — ce ne fut qu'un cri : on n'avait jamais vu cela et il fallait un génie aussi démoniaque que celui de l'Allemagne pour l'inventer. Personne ne remarqua sur le moment que ceux qui criaient le plus fort étaient les communistes. Et, comme les communistes ajoutaient qu'ils s'y étaient le mieux conduits, que grâce à eux beaucoup de gens voués à l'extermination avaient été sauvés d'une mort affreuse à quelques esprits près, tout le monde leur emboîta le pas et les crut d'autant plus facilement qu'ils avaient trouvé deux écrivains de talent sinon d'une indiscutable probité pour les cautionner : David Rousset en France et Eugène Kogon en Allemagne.

Le temps aidant, si les choses ne rentrèrent pas tout à fait dans l'ordre normal, la vérité sortit peu à peu du puits.

Les historiens, un moment étonnés, par la version communiste et qui n'avaient cependant rien osé dire, les communistes étant au pouvoir dans la plupart des pays de l'Europe occidentale, commencèrent à écrire que l'Allemagne n'avait pas inventé les camps de concentration, que les Anglais les avaient utilisés contre les Boers en Afrique à la fin du siècle dernier, que les Français y avaient parqué les Espagnols en 1938, que les Russes s'en servaient depuis 1927 et qu'ils y gardaient jusqu'à 20 millions de personnes, etc. Bref, que tous les pays du monde avaient, à une période ou à une autre de leur histoire, utilisé cette institution et que, chaque fois, on avait pu y constater les mêmes horreurs que dans les camps de concentration allemands, quelle que

---

[157] Repris d'une publication allemande, ce texte a été publié en France par *Défense de l'Occident*.

soit la forme du gouvernement.

À mes yeux, la manœuvre des communistes était claire : en mettant l'accent sur les camps allemands ils pensaient faire diversion et détourner l'attention du monde des vingt millions de personnes qu'ils gardaient dans leurs propres camps et auxquels ils imposaient des conditions de vie dont les témoignages aujourd'hui publiés de quelques rescapés (Margareth Buber-Neuman, notamment) ont amplement prouvé qu'elles étaient pires encore que celles que nous avions connues dans les camps allemands. En outre, cultivant l'horreur en s'appuyant sur David Rousset et Eugène Kogon, les communistes, dont le thème central était :

« N'oubliez jamais cela »[158], voulaient maintenir les puissances occidentales en état de division et, plus particulièrement, empêcher tout rapprochement entre la France et l'Allemagne, piliers de l'union occidentale.

Aujourd'hui seulement, on s'aperçoit que, sur ce dernier point, ils ont atteint leur but et on commence à comprendre que leur thèse sur les camps de concentration ne les a pas peu aidés. Pour ce qui est de l'horreur inhérente aux camps de concentration, dans quelque pays et sous quelque gouvernement que ce soit, c'est *Ma France* elle-même qui en apporte le témoignage le plus probant : en juillet 1959, alors qu'il faisait un reportage en Algérie, le journaliste français Pierre Macaigne du *Figaro* a eu l'occasion de visiter le camp de concentration de Bessombourg, où il a vu des milliers de personnes dans le même état de santé qui était le nôtre quand nous sommes sortis des camps allemands. Le rapport de la Croix-Rouge internationale publié en 1959 atteste d'autre part qu'en Algérie, il y a « plus de cent camps » comme celui-là, en tout 1 500 000 personnes détenues, soit le 1/6 de la population...

Ce point étant établi, il n'est pas indifférent d'entrer dans le détail et de donner quelques exemples de « vérités » révélées par les communistes et admises hier par une opinion crédule dont on peut dire aujourd'hui qu'elles étaient des mensonges éhontés.

---

[158] Voir note 157.

Car les communistes n'ont pas désarmé : la culture de l'horreur — d'une horreur à laquelle ils ont leur bonne part puisqu'ils administraient eux-mêmes les camps allemands de concentration et y avaient la haute main sur tout — ayant si admirablement servi leurs desseins politiques, ils essaient de l'entretenir en publiant de temps à autre ce qu'ils appellent dans un délicieux euphémisme, un témoignage. On sait, certes, que venant de l'autre côté du Rideau de fer, tous ces « témoignages » sont suspects d'avoir été fabriqués pour les besoins de la cause, mais la propagande communiste est si bien faite, ils sont traduits dans toutes les langues et si abondamment répandus en Europe occidentale, que les esprits non avertis qui sont, malgré tout, le plus grand nombre, peuvent se laisser abuser et que, même si ce travail est fastidieux, il devient nécessaire de les examiner à la loupe pour mettre l'escroquerie en évidence. En 1953, nous avons eu « *S.S. Obersturmfürer Dr Mengele* » par le Dr communiste Hongrois Niyzli Miklos et, aujourd'hui « *Der Kommandant von Auschwitz spricht...* » qui prétend être une confession rédigée en prison par Rudolph Höss, dans les derniers jours qui ont précédé sa pendaison, à Cracovie, le 1er avril 1947.

Ces deux « témoignages » concernent Auschwitz-Birkenau et ils ont été publiés pour prouver que la plupart des concentrationnaires et plus particulièrement les juifs avaient été systématiquement exterminés par le moyen des chambres à gaz. Je ne suis pas fâché de les pouvoir confronter aujourd'hui : la contradiction du premier par le second confirme au-delà de tout espoir la thèse que, sur ce sujet, je soutiens dans « *Le Mensonge d'Ulysse* ».

De 1947 à 1953, j'ai dit et redit dans la presse française qu'aucun déporté vivant ne pouvait avoir vu des chambres à gaz en action et chaque fois qu'on m'en a signalé un qui acceptait la confrontation, je l'ai pris en flagrant délit de mensonge et publiquement obligé à convenir qu'effectivement, il n'avait rien vu de ce qu'il racontait. Le dernier en date a été le curé J.-P. Renard (dont il est question dans « *Le Mensonge d'Ulysse* » p. 153) qui avait réussi à faire croire à toute la France qu'il avait vu asphyxier des milliers et des milliers de personnes à Buchenwald et à Dora où... il n'y avait pas de chambres à gaz !

Mon opinion finissant à la longue par s'imposer, on a commencé à me sortir des déportés de l'autre côté du rideau de fer avec lesquels la confrontation était, naturellement, impossible et qui, déclarant avoir assisté au supplice, le décrivaient minutieusement.

Le premier a été le docteur communiste hongrois Miklos, ancien détenu d'Auschwitz-Birkenau où il contrôlait, dit-il, le Kommando des fours crématoires et des chambres à gaz.

Celui-là croyait sans doute m'embarrasser en me parlant d'Auschwitz, camp où je n'avais pas été interné et sur lequel je n'étais moralement pas autorisé à porter témoignage. Il ignorait seulement que l'histoire étant un peu mon métier, je pouvais être assez familier avec le document historique pour en accepter ou refuser l'authenticité à simple lecture. Dans son cas, ce sont les chiffres qu'il produisait qui firent éclater l'imposture : 25 000 personnes par jour pendant près de cinq années, je n'eus aucune peine à démontrer que cela faisait 45 millions et que 4 fours crématoires de chacun 15 cornues, même à 3 cadavres par cornue, avaient besoin de plus de 10 ans pour brûler tout cela.

Il en convint et m'écrivit qu'il se contentait de 2 500 000 cadavres dont tous n'étaient pas juifs et dont tous n'avaient pas péri par le moyen de la chambre à gaz.

Mais il maintenait tout le reste. Je jugeai inutile de continuer la controverse avec un tel individu.

Dans le livre que les communistes polonais (par les soins de qui il a été publié et distribué dans le monde en cinq langues) présentent comme une confession de Rudolph Höss Lagerkommandant d'Auschwitz de mai 1940 à novembre, 1943, je lis :

« Au cours du printemps de 1942 DES CENTAINES d'êtres humains ont trouvé la mort dans les chambres à gaz » (p. 178 de l'édition française).

Des centaines en trois mois... Nous sommes loin des 25 000 par jour — soit 2 millions en trois mois — du communiste Miklos ! Il ne nous reste qu'à attendre le prochain « témoin » qui passera peut-être des centaines à zéro... ce qui serait exagéré dans l'autre sens.

Le Rudolph Höss des communistes polonais n'est d'ailleurs pas très en accord avec lui-même car, quelques pages plus loin, il écrit :

« Le chiffre maximum de gazés et d'incinérés en 24 heures s'est élevé un peu au- delà de 9 000 pour toutes les installations… » (p. 236).

Enfin, un autre chiffre qu'il donne prête à méditation :

« Vers la fin de 1942 (les fours crématoires n'ayant pas encore fonctionné parce que pas construits[159]), TOUTES les fosses du camp furent nettoyées. Le nombre des cadavres qui y avaient été enterrés s'élevait à 107000. »[160]

De quoi on peut inférer qu'en trois années (1939-1942) il était mort 107 000 personnes à Auschwitz, soit moins de 100 par jour ! À ce rythme, nous sommes loin des 2 500 000 de Miklos pour toute la guerre et surtout des 9 000 par jour !

Veut-on d'autres sujets d'étonnements ? Alors, voici trois propositions sur lesquelles le lecteur pourra méditer à loisir :

1. « Pour autant que je me souvienne, les convois qui arrivaient à Auschwitz ne comportaient jamais plus de 1 000 personnes » (p. 229).

2. « À la suite de retards dans les communications il nous arrivait cinq convois par jour au lieu des trois attendus » (p. 236).

---

[159] Ceci prouve au moins qu'à la fin de 1942, les fours crématoires n'étaient pas construits à Auschwitz-Birkenau et donc, les chambres à gaz non plus, car il serait bien étonnant qu'on les ait construites avant les fours dont les « témoins » sont unanimes à dire qu'elles étaient inséparables, ce qui est logique: les Allemands ne se seraient sûrement jamais lancés dans cette production industrielle de cadavres sans s'être donné, en même temps que le moyen de les produire, celui de les incinérer. Or, Kogon, Miklos et David Rousset nous disent qu'elles étaient « prêtes à fonctionner dès le printemps de 1942 » et Hoess qui le prétend aussi (p. 171) nous dit plus loin (p. 172) qu'« au printemps et en été 1942, il a fallu utiliser une morgue pour les premières exterminations » parce qu'elles ne l'étaient pas !

[160] Dans ce chiffre, précise plus loin Rudolph Hoess, sont compris non seulement les convois de juifs gazés depuis le début jusqu'au moment où l'on procéda aux incinérations, mais aussi les cadavres de tous les détenus morts au camp d'Auschwitz-Birkenau pendant cette période (p. 231).

3. « Pour l'extermination des juifs hongrois, les arrivages des convois se succédaient à raison de 15 000 personnes par jour » (p. 239).

D'où il appert que : 1 000 x 5 = 15 000

Pour terminer sur ce point, on me permettra de citer encore ceci qu'on peut lire p. 245 :

« Comme je l'ai déjà dit, les crématoires I et II pouvaient incinérer environ 2 000 CORPS en 24 heures[161] : il n'était pas possible de faire plus si on voulait éviter les dégâts.

Les installations III et IV devaient incinérer 1 500 CADAVRES en 24 heures. Mais, pour autant que je sache, ces chiffres n'ont jamais été atteints. »[162]

Comment ne pas déduire de ces contradictions flagrantes qu'il s'agit là d'un document falsifié après coup, hâtivement et par des illettrés ?

Cette fabrication après coup se devinait d'ailleurs déjà, rien qu'à la présentation du livre : écrit au crayon et précieusement conservé dans les archives du musée d'Auschwitz où, à moins d'être un communiste reconnu, personne ne peut aller contrôler ; portant la date de février-mars 1947, connu depuis cette date et publié seulement en 1958 ; attribué à un mort qui, de toutes façons, ne peut pas protester contre les déclarations qui portent sa signature, etc. tout cela en dit, à soi seul, trop long.

Ces contradictions chiffrées ne sont d'ailleurs pas les seules anomalies de ce témoignage, dont le moins que l'on puisse dire est qu'il est... singulièrement tardif.

Parmi ces autres anomalies, la première qui vient à l'esprit est celle qui

---

[161] Il y avait 4 fours crématoires à Auschwitz-Birkenau et non 46 comme il est écrit aujourd'hui encore dans tous les journaux.
[162] Or, dans son livre « *S.S. Obersturmführer Dr Mengele* », le communiste hongrois Dr Niyzli Miklos qui prétend avoir appartenu au kommando d'extermination et, à ce titre avoir été témoin, nous dit que 25 000 cadavres étaient incinérés chaque jour...

relève des ordres d'extermination d'origine gouvernementale.

D'un de ces ordres, j'ai déjà fait justice : celui de faire sauter tous les camps de concentration à l'approche des troupes alliées et d'y exterminer ainsi tous leurs occupants, gardiens compris. On sait aujourd'hui que cet ordre reçu par tout le monde, brandi contre les accusés du procès de Nuremberg et abondamment commenté par les Rousset, sous-Rousset et autres Kogon n'a jamais été donné et n'est qu'une invention du sinistre médecin-chef S.S. du *Revier* de Dora, le Dr Plazza, pour s'attirer la bienveillance des alliés et sauver sa peau[163]. (Voir « *Le Mensonge d'Ulysse* », p. 24)

En dépit que les intentions de ceux qui ont publié « *Der Lagerkommandant von Auschwitz spricht...* » n'aient pas été de démontrer qu'il en a été de même des ordres d'extermination par les gaz, j'ai bien peur qu'en définitive ce soit ce but qu'ils aient atteint.

D'abord, il est explicitement reconnu dans ce livre que la première utilisation du gaz pour tuer des détenus a été perpétrée sans ordre aucun, avec un gaz de fortune et alors que parmi les responsables du camp, du haut en bas de l'échelle hiérarchique, personne ne s'y attendait :

« Pendant l'un de mes voyages d'affaires (1942) mon suppléant, le Schutzhaftlager Fritzsch[164]. Il fit usage des gaz contre un lot de fonctionnaires politiques de l'armée rouge. Il employa en l'occurrence la préparation de cyanure (cyclon B) qu'il avait sous la main parce qu'on l'utilisait constamment au bureau comme insecticide. Il m'en informa dès mon retour » (p.172).

Ainsi, sur l'initiative fortuite d'un subalterne, serait née une méthode qui aurait été utilisée en grand contre les juifs.

À plusieurs reprises, dans le corps de l'ouvrage, Rudolf Höss dit (ou on

---

[163] Dans le livre de Höss il est dit que « Himmler avait personnellement donné l'ordre d'évacuer les camps dès janvier 1945 » (p. 203) et qu'en cas d'impossibilité d'atteindre l'étape fixée, les convois devaient être remis au Volksturm des localités où ils étaient arrêtés » (p. 204).
[164] Acquitté à Nürnberg, dit Höss

lui fait dire) que les plus hautes instances gouvernementales du IIIe Reich et particulièrement Himmler, lui ont verbalement réitéré les ordres d'exterminer les Juifs par les gaz, mais :

« On n'a jamais pu obtenir sur ce sujet une décision claire et nette d'Himmler » (p. 233).

Et, alors qu'il était, lui Höss pour la gazéification en grand :

« J'ai souvent traité de cette question dans mes rapports mais je ne pouvais rien contre la pression d'Himmler qui voulait toujours avoir plus de détenus pour l'armement (p. 189) et donc s'y opposait. »

De toutes façons, on ne voit pas bien comment Himmler aurait pu avoir toujours plus de détenus pour l'armement » en en faisant exterminer toujours de plus en plus par les gaz.

Il faut au surplus noter que, Himmler ayant verbalement demandé à Höss de construire des chambres à gaz à Auschwitz (en été 1941), Höss lui « soumit un plan détaillé des installations projetées » à propos duquel il déclara : « Je n'ai jamais reçu de réponse ou de décision à ce sujet » (page 227). Les chambres à gaz ont cependant été construites parce que, dit Höss, « par la suite, Eichmann (un sous-ordre[165] de Himmler) me dit en passant — donc verbalement : tout est verbal, dans cette affaire ! — que le Reichsführer était d'accord » (p. 227).

Himmler n'aurait alors jamais donné l'ordre de construire ces chambres à gaz — l'aveu est de taille ! — dont il aurait réclamé qu'elles anéantissent à la fois beaucoup et le moins possible de monde.

À la page 191, on peut encore lire :

« Les détenus spéciaux (c'est-à-dire les Juifs) soumis à sa compétence

---

[165] Ce sous-ordre occupait le poste de chef de la section A. IV B. 4 (affaires juives) de la *Gestapo*. A ce titre, il avait la responsabilité de la déportation des juifs. Récemment arrêté par les services secrets israéliens, il est le seul détenteur vivant du secret des chambres à gaz. D'où l'importance de son arrestation du point de vue de la vérité historique. D'où l'importance aussi qu'il y aurait pour l'histoire à ce qu'il parle librement et non sous la menace d'une sanction.

(de Himmler) devaient être traités avec tous les égards... On ne pouvait pas se passer de cette main-d'œuvre massive et, en particulier, dans les industries d'armement. »

Allez vous y reconnaître !

Les choses ne deviennent pas plus claires si on se penche sur la façon d'exterminer. On a vu plus haut que le gaz employé était un insecticide, le cyclon B, qui fut utilisé, nous dit Höss, dans toutes les asphyxies postérieures à celles des fonctionnaires politiques de l'Armée rouge dont il est question ci-dessus : il est pour le moins bizarre que, pour l'exécution d'un tel ordre, même verbalement donné, on n'ait pas prévu un gaz spécial autre qu'un insecticide.

Quoi qu'il en soit, voici ce qu'est le cyclon B :

« Le cyclon B se présente sous la forme de cailloux bleus, livrés en boîte, d'où le gaz se dégage[166] sous les jets de vapeur d'eau. » (P. 228).

---

[166] « On pouvait se servir des chambres de déshabillage et des chambres à gaz pour les douches », lit-on un peu plus loin (p. 236). S'il est vrai, comme il est dit page 227 que « jamais Himmler n'a donné l'ordre de construire des chambres à gaz », ne serait-ce pas plutôt que les salles de douches « auraient » été utilisées comme chambres à gaz ? — On remarquera que, pour la première fois dans la littérature concentrationnaire, les chambres à gaz sont officiellement présentées sous un aspect qui les fait étrangement ressembler à des salles de douches. Pour la première fois aussi, le gaz utilisé est minutieusement défini et il s'agit d'un gaz dont l'utilisation n'est possible que si les chambres à gaz sont équipées comme des salles de douches. Il a fallu douze années pour avoir ces précisions que ni David Rousset, ni Eugène Kogon, ni le communiste hongrois Niyzli Miklos n'avaient jamais données. Encore douze années et, peut-être aura-t-on des témoignages enfin et en tous points cohérents. Il suffit seulement que dans les « ateliers » où ils corrigent l'histoire à longueur de journée, les Russes se décident à ne plus employer que du personnel qualifié pour la fabrication des faux historiques. Il faut d'ailleurs reconnaître qu'ils sont en progrès surtout si l'on tient compte qu'en janvier 1947, ils avaient réussi à faire accepter comme authentique par le Tribunal de Nüremberg jugeant les médecins, le document P.S. 1553 - R.F. 350 (remis au tribunal par un parent d'un témoin qui avait eu la sagesse de se suicider aussitôt après l'avoir rédigé et qui fut publié dans le n· 2 de la revue « Dreimonatliche Hefte neuere Geschichte » en 1953, puis dans le journal suédois Dagens Nyheter le 16 juillet 1953) selon lequel les juifs étaient asphyxiés « par groupes de 750 à 800 » dans des CHAMBRES à gaz qui avaient « 25 m2 de surface de base et 1 m. 80 de hauteur ». Quant au gaz employé, il s'agissait alors du « gaz d'échappement

Son maniement est si dangereux que, lorsqu'on l'utilise dans une pièce, avant d'y pénétrer à nouveau, « IL FAUT L'AÉRER PENDANT DEUX JOURS » (p. 229) mais la gazéification des juifs « dure en moyenne une demi-heure » (p. 174) après quoi « on ouvre les portes et le Sonderkommando commence AUSSITÔT son travail de déblaiement des cadavres » (p. 230) ... « traînant les cadavres en mangeant et en fumant » (p. 180) sans qu'il arrive jamais le moindre accident. Mieux : pour la première extermination, on la fit dans une morgue et, pour y faire pénétrer le gaz, « tandis qu'on déchargeait les camions (de futures victimes) on perça rapidement plusieurs trous dans les parois de pierre et de béton de la morgue » (page 172). Il n'est pas dit comment on fit arriver la vapeur d'eau nécessaire, ni comment on reboucha les trous après introduction des cailloux bleus : hâtivement aussi, sans doute, et avec de vieux chiffons...

Non vraiment, tout cela n'est pas sérieux : « le roman chez la concierge » et c'est ce roman qu'on nous présente comme un document !

Dans ce tissu de contradictions naïvement étalées, on ne peut pas tout citer : le volume comprend 247 pages et il en faudrait au moins autant pour tout réfuter. Force était donc de se limiter à l'essentiel et l'essentiel était ce qui concerne les chambres à gaz, la plus irritante question de toutes celles qui touchent au problème des camps de concentration en Allemagne. Les contradictions que j'ai relevées me semblent d'ailleurs suffisantes pour prouver que ce nouveau témoignage ne pouvait, pas plus que celui du communiste hongrois Miklos, être l'œuvre de quelqu'un qui a vu. Très probablement, Rudolf Höss ayant écrit sa confession en attendant la mort, les communistes polonais y ont introduit, de-ci, de-là, et assez maladroitement, la thèse bolchevique sur les événements qui sont réputés s'être passés au camp d'Auschwitz de 1940 à 1943, c'est-à-dire durant le temps qu'il en a été le Lagerkommandant. C'est, en tout cas, la seule explication possible, à la fois du temps qu'ils ont mis à publier ce témoignage — 12 ans ! — et

---

d'un moteur Diesel » et, comprimés dans ces chambres, précisait encore le témoin, les 750 à 800 personnes mettaient « trois heures pour mourir, chronomètre en main ». De quoi faire frémir les historiens de l'avenir, quand ils se pencheront sur les étranges « documents » que le Tribunal de Nüremberg a pris au sérieux.

de son incohérence.

J'en veux cependant retenir deux toutes petites phrases encore :

« Fin novembre 1940, je fus convoqué pour la première fois chez le Reichsführer et je reçus l'ordre de procéder à un agrandissement de l'ensemble du territoire du camp... Il s'agissait de la construction de Birkenau (Auschwitz II) qui devait être suivi de l'aménagement de l'ensemble des Kommandos de Monowitz pour l'I.G. Farben (Auschwitz III). La construction d'Auschwitz IV a été interrompue par la défaite hitlérienne (p. 121). »

À ma connaissance, c'est la première fois encore que la littérature concentrationnaire convient que, comme elle le fit pour toutes ses autres industries, l'Allemagne en guerre avait aussi projeté d'installer dans les camps l'I.G. Farben, industrie dans laquelle les chambres à gaz sont indispensables.

Pour la fabrication des couleurs et d'un certain nombre de produits chimiques, non pour l'extermination des concentrationnaires.

C'est ce que j'ai dit dans *Le Mensonge d'Ulysse* bien avant que cet aveu ne soit rendu public.

Mais les asphyxies de concentrationnaires ?

Nous sommes déjà en possession d'un élément certain :

Au lendemain de la guerre, on a publié dans tous les journaux du monde la photographie d'un poteau indicateur portant l'inscription suivante : « *Vorsicht ! Gas ! Gefahr !* » (Attention ! Gaz ! Danger !). Cet appel à l'attention concernait la chambre à gaz du camp de Dachau dont on disait à l'époque qu'elle avait asphyxié des dizaines de milliers de concentrationnaires.

De passage à Munich, j'ai voulu en avoir le cœur net et je me suis fait conduire sur les lieux : le poteau indicateur a disparu, la chambre peut contenir une cinquantaine de personnes debout et serrées les unes contre les autres, à la façon des sardines dans une boîte.

À la porte du camp, un gardien explique aux visiteurs que « dans toutes les librairies de Munich on vend une histoire du camp de Dachau dam laquelle il est dit que cette chambre à gaz n'a jamais fonctionné pour la simple raison qu'elle n'a été achevée qu'après la guerre par les S.S. qui ont pris la suite des concentrationnaires dans ce camp. »

C'est exact, j'ai vérifié... Je dois d'ailleurs reconnaître qu'à partir de 1948, on a déjà pu lire cela dans la presse française, mais en tout petits caractères et dans les coins perdus des journaux — qui passent inaperçus du plus grand nombre de leurs lecteurs, — tant et si bien qu'aujourd'hui encore la plupart des gens sont toujours persuadés que « des dizaines de milliers de personnes ont été asphyxiées à Dachau ». S'il en est de même des 4 chambres à gaz d'Auschwitz-Birkenau[167]... Et pourquoi n'en serait-il pas de même ? On sait en effet qu'en novembre 1944, à l'approche des troupes russes qui libérèrent le camp le 22 janvier 1945, « les Allemands firent démolir les fours crématoires et sauter les chambres à gaz » (*Exodus*, de Léon Uris, page 219 de l'édition française, *Der SS Staat* de Kogon qui situe l'événement en septembre 1944, *Histoire de Joël Brand* de Weisberg, etc.) dont tant de touristes — qui ont tous beaucoup d'entregent dans le monde communiste ! — prétendent toujours qu'ils y sont allés en pèlerinage depuis la fin de la guerre et les ont visitées.

Je note encore qu'après avoir prétendu qu'il y en avait eu dans tous les camps, on ne parle plus que des exterminations qui ont eu lieu à Auschwitz, en zone russe en utilisant des documents que personne — sauf les communistes ! — ne peut contrôler et que ceux qui continuent à en écrire sont, comme par hasard, seulement des ressortissants de la

---

[167] Depuis que ceci a été écrit, j'ai visité Mauthausen on m'y a montré une chambre à gaz... Je le dis tout net prétendre que des dizaines de milliers de personnes ont été gazées là est une abominable gredinerie. Le présentateur m'a expliqué que « tout était en état sauf le tuyau d'arrivée du gaz qui a été débranché »: celui-là ne savait pas que dans la thèse officielle, le gaz n'arrivait pas « par tuyau » dans les chambres à gaz mais y était produit par « des tablettes de cyclon B, qu'on y jetait et qui se désagrégeaient au contact de la vapeur d'eau » (Voir ci-dessus). Ce même présentateur, d'ailleurs, m'a en outre informé, avec des trémolos dans la voix que « la princesse Maffalda, fille du roi d'Italie, était morte au Bordel de Mauthausen des suites des effroyables tortures qu'elle y avait subies ». Or, la princesse Maffalda est morte le 24 août 1944, au Bordel de Buchenwald où elle avait été transportée après avoir été horriblement mutilée au cours du bombardement de Buchenwald par les avions anglo- américains. Tels sont les « historiens » d'aujourd'hui !

zone russe dont les affirmations sont invérifiables. Ce qui est déjà certain, c'est que les « témoignages » écrits qu'ils nous envoient, premièrement se contredisent entre eux (Hoess en contradiction avec Miklos et même avec E. Kogon et D. Rousset) et, secondement, sont pleins d'invraisemblances, se contredisent eux-mêmes d'une page à l'autre, ainsi qu'il est prouvé dans cet article.

Or, on ne peut pas fonder une vérité historique sur des « témoignages » à la fois si incohérents et si divergents.

J'ajouterais bien qu'en plus de ses propres contradictions et de celles qu'il apporte à ceux qui ont été publiés avant lui, le témoignage « attribué » à Rudolf Hoess sur le camp d'Auschwitz-Birkenau, est rédigé dans un style qui le fait étrangement ressembler aux confessions publiques des accusés des célèbres procès de Moscou que personne n'a pris au sérieux en Europe occidentale.

Mais à quoi bon ?

Là-dessus, en publiant son célèbre livre « *Le Zéro et l'infini* », Arthur Koestler — qu'on me passe la référence a tout dit.

20 octobre 1959.

P. R.

# Chapitre II

## Les chambres à gaz : 6 000 000 de gazés, ou ?

Ce qu'il faut dire d'abord, c'est que la question a beaucoup évolué depuis la date à laquelle j'ai écrit *Le Mensonge d'Ulysse*. C'était en 1949-50. Sur la foi de n'importe quel récit, de n'importe quel déporté, tous les journaux plaçaient des chambres à gaz et des exterminations massives au petit bonheur la chance, n'importe où et presque dans tous les camps. Presque tous les déportés en avaient vu, — de leurs yeux vu. Et tout le monde les croyait encore.

Malgré Eugène Kogon d'ailleurs qui, dans son livre « *L'enfer organisé* », avait écrit en 1945 : « ...dans les rares camps où il y en eut... »

Comme il n'avait pas dit lesquels, chacun en plaçait où il voulait et il finissait par y en avoir partout.

En France, j'ai détruit la légende de celle de Buchenwald et de celle de Dachau. Je cherche à savoir aujourd'hui ce qu'il en fut exactement de celles — car on parle de quatre — d'Auschwitz, les seules dont on écrive encore.

Mais commençons par le commencement.

Aujourd'hui, malgré l'interdiction qui leur en avait été faite, beaucoup des Avocats des accusés de Nuremberg ont rendu publics les documents qui leur avaient servi à présenter la défense de leurs clients et dont les copies étaient restées dans leurs dossiers. En 1949-50, il n'en était pas de même.

J'en avais été réduit à traiter du problème des chambres à gaz en prenant le maximum de précautions de style et dans une forme aussi dubitative que possible.

À l'époque, on ne pouvait encore que subodorer l'imposture et je n'avais que des soupçons.

Dans la suite, tout ce qui a été publié est venu confirmer tous ces soupçons et le plus souvent par l'absurde.

En 1958, il y eut *Der Lagerkommandant*[168] *von Auschwitz Spricht* ... : on a lu ce que j'en pensais au chapitre précédent.

En 1953, il y avait déjà eu *S.S. Obersturmführer Dr Mengele*, du Dr communiste hongrois Nyiszli Miklos, et je n'avais pu en dire ce que j'en pensais que dans la quatrième édition du *Mensonge d'Ulysse*.

L'imposture, cette fois, sautait aux yeux et, d'ailleurs, l'auteur en a, en partie, convenu (voir page 16).

On peut maintenant comparer la description des chambres à gaz et des exterminations que daine ce Dr Nyiszli Miklos avec celle qui est donnée dans le chapitre précédent par le livre attribué à Rudolf Hoess. Quelle foi accorder à deux témoins d'un même événement qui se contredisent à ce point ? Et où est la vérité ?

Mais on a lu au passage que M. Eugène Kogon fixait la mise en état de fonctionner des chambres à gaz « en mars 1942 » : or, « en mars 1942 », Hoess nous dit à la fois que les chambres à gaz ont fonctionné (p. 174) et qu'au cours de l'été, comma elles n'étaient pas construites, il avait fallu utiliser le Block 11, puis la morgue, pour procéder à des exterminations par les gaz (p. 229). Et, bien avant la publication de « son » livre, nous savions déjà que les fours crématoires d'Auschwitz ont seulement « été commandés le 3 août 1942 à la Maison Topf und Soehne d'Erfurt par ordre n° 11450/42/BI/H » : comment, alors, ces chambres à gaz ont-elles pu fonctionner avant que les fours crématoires aient été construits ? Surtout si elles sont présentées comme y ayant été annexées ? C'est la question que je posais déjà dans mon étude critique de ce livre.

Enfin, dans cette étude critique, j'ai signalé deux livres dans lesquels il est dit que « les Allemands ont fait sauter les chambres à gaz d'Auschwitz à l'approche des troupes russes en novembre 1944 » : *Histoire de Joel Brand*, de Weisberg et *Exodus* de Léon Uris.

---

[168] Lagerkommandant.

Eugène Kogon, lui au moins, avait réservé l'avenir en nous disant « qu'à partir de septembre 1944, des ordres avaient interdit de les utiliser ». Et quand on réussissait à se rendre à Auschwitz en touriste, on pouvait penser qu'on y visitait des chambres à gaz authentiques.

Avec Weisberg et Uris, tout s'effondre. Comme pour Dachau.

Il reste un argument : « la solution finale » du problème juif.

La « solution finale » du problème juif n'est pas une expression proprement allemande. Depuis des siècles et des siècles — exactement depuis Titus et la Diaspora — elle a été employée par tous les faiseurs de systèmes sociaux et tous les gouvernements du monde méditerranéen d'abord, de l'Europe septentrionale puis méridionale ensuite. En France, la Révolution de 1789, puis Napoléon III la rendirent célèbre qui crurent l'avoir trouvée sous la forme d'un statut équitable pour tous les ressortissants juifs vivant sur le territoire national. Au lendemain de l'autre guerre, avec la Déclaration Balfour, elle prit à l'échelle mondiale le sens de « la reconstitution d'un foyer national juif » que l'Angleterre s'engageait à favoriser en Palestine. Avec l'avènement du national-socialisme en Allemagne, elle prit celui de l'extermination massive des juifs européens par le moyen des chambres à gaz.

Cette interprétation est-elle correcte ?

Au procès de Nuremberg, on la brandit comme une accusation contre tous les dignitaires du régime qui avaient participé de près ou de loin à la déportation des juifs dans les camps de concentration par application de la « Solution finale » et tous furent unanimes à répondre que « lorsqu'on parlait de la solution finale du problème juif, ils ne soupçonnaient pas que cela voulait dire les chambres à gaz ». Sous la foi du serment, des témoins vinrent affirmer à la barre (surtout au procès des médecins) qu'ils avaient reçu — verbalement il est vrai — des ordres d'y procéder et on les crut. En ce temps-là, on trouvait des témoins pour affirmer n'importe quoi pourvu que ce fût dans le sens de la vérité du moment des vainqueurs. L'un d'entre eux ne vint-il pas authentifier l'ordre « de faire sauter tous les camps à l'approche des alliés, gardiens compris », dont il fut prouvé par la suite (Déclaration de

Jacques Sabille, dans *Le Figaro littéraire* en 1951 et livre de Joseph Kessel, *Les Mains du Miracle*) que grâce à Kersten, médecin de Himmler, cet ordre n'avait jamais été donné ? Un autre ne vint-il pas dire que l'artillerie allemande avait reçu l'ordre de couler trois bateaux chargés de déportés (dont l'Arcona) qui, dans la mer Baltique, se dirigeaient vers la Suède et dont on a su depuis qu'ils avaient été coulés par l'aviation alliée à la suite d'une méprise ?

Si l'on est aujourd'hui revenu des ordres de faire sauter les camps à l'approche des alliés, de tirer sur les bateaux chargés de déportés de la Baltique et de bien d'autres encore, c'est que, non seulement il n'y avait pas de textes pour les soutenir, mais encore que des textes sont venus prouver sans discussion possible qu'il n'y en avait pas. Pour soutenir les ordres d'extermination des Juifs par les gaz, il n'y avait pas davantage de textes : on a prétendu qu'il y en avait, on le prétend encore, on en a cité, on en cite encore.

Que disent ces textes ?

Le plus précis d'entre eux — le seul, d'ailleurs, qui soit encore cité — est extrait d'un document dit « Protocole de Wannsee » qui rassemble, dans une forme où seuls les esprits avertis et les spécialistes peuvent distinguer le commentaire et le texte authentique, les rapports présentés et les décisions prises au cours d'une réunion interministérielle qui eut lieu le 20 janvier 1942 et à laquelle assistaient les secrétaires et les grands commis de tous les ministères du IIIe Reich.

Voici ce texte dans la traduction qui en a été donnée en France par le centre de documentation juive :

« [...] Dans le cadre de la solution finale du problème, les Juifs seront transférés sous bonne escorte dans les territoires de l'Est et y seront affectés au service du travail. Formés en grandes colonies de travail, hommes d'un côté, femmes de l'autre, seront amenés dans ces territoires : il va sans dire qu'une grande partie d'entre eux s'éliminera par décroissance naturelle [...] Le résidu qui subsisterait en fin de compte et qu'il faut considérer comme la partie la plus résistante — devra être traité en conséquence. En effet, l'expérience de l'Histoire a montré qu'une fois libérée, cette élite naturelle porte en germe les éléments d'une nouvelle renaissance juive. »

Même texte extrait du « Protocole... » en langue allemande :

« ... *Unter entsprechender Leitung sollen im Zuge der Endlösung die Juden in geeigneter Weise im Osten zum Arbeitseinsatz kommen. In grossen sen Arbeitskolonnen, unter Trennung der Geschlechter, Kerden[169] die arbeitsfaehigen Juden strassenbauend in diese Gebiete geführt, wobei zweifellos ein Gressteil[170] durch natürliche Verminderung ausfallen wird. Der allfällig endlich verbleibende Restbestand wird, da es sich bei diesem zweifellos um den widerstandsfaehigsten Teil handelt, entsprechend behandelt Kerden[171] müssen, die[172] dieser, eine natürliche Auslese dars tellend, bei Freilassung als Keimzelle eines neuen jüdischen Autbaues anzusprechen ist.* »

Il est visible à l'œil nu que les deux parties de ce texte, celle que j'ai soulignée et celle qui la précède, ne sont pas rédigées dans le même style et la première conclusion qui s'impose est : ou bien elles ne sont pas du même auteur, ou bien elles n'ont pas été rédigées au même moment, ou bien elles ne figurent pas dans le même « document ». La première est, en effet, rédigée dans le style de la décision, la seconde dans celui de l'appréciation, c'est-à-dire du commentaire.

C'est sur ce texte qu'on s'est appuyé pour accepter comme vrais les témoignages des gens qui ont déclaré à Nuremberg et ailleurs qu'ils avaient assisté à des exterminations par les gaz ou qu'ils avaient reçu l'ordre d'y procéder.

Sur le moment, dans le désarroi des esprits qui a immédiatement suivi la fin des hostilités, l'effet politique recherché s'est produit. À la longue, on est bien obligé de convenir que si des personnalités de la République fédérale allemande qui ont joué un rôle important sous Hitler — des juges par exemple ou de grands commis — disent encore que « lorsqu'on parlait de la solution finale du problème juif, elles ne soupçonnaient pas que cela voulait dire les chambres à gaz » même

---

[169] Werden.
[170] Grossteil.
[171] Werden.
[172] da.

après lecture de ce texte, elles ne le pouvaient pas soupçonner.

Historiquement, tout semble se réduire à ceci qui a été admirablement, quoique insidieusement résumé par l'écrivain juif américain, Léon Uris, dans *Exodus* :

« En mars 1941, dix-huit mois après l'invasion de la Pologne, Adolph Hitler choisit la « solution finale » du problème juif. Fait significatif il précisa ses instructions sous forme *d'ordre verbal*[173].

... Six semaines plus tard, Heydrich, grand maître des organismes de sécurité, réunit un certain nombre de dignitaires nazis en *conférence secrète*[174] afin de leur faire part des décisions du Führer... (p. 192 de l'édition française). Eichmann, Himmler, Streicher et une dizaine de seigneurs de moindre importance se mirent au travail pour édifier un plan aussi vaste que remarquable... » (p. 193).

Les ordres de Hitler sont verbaux... Un an après, la réunion ministérielle connue sous le nom de Protocole de Wannsee a lieu pour décider et, dans ce qui a été publié de ce qu'on y a dit et décidé, on cherche depuis vingt ans des textes susceptibles de permettre d'affirmer que là et ce jour-là sont nées les chambres à gaz.

On en a trouvé un : on a vu ce qu'il valait.

Au Procès de Nuremberg, ai-je dit souvent, on a cependant trouvé beaucoup de témoins pour confirmer que « la solution finale du problème juif » c'était « l'extermination par le moyen des chambres à gaz ». Je m'en voudrais d'infliger au lecteur, un recensement complet de tous ces témoins et de leurs dires. Un seul suffira pour démontrer le mécanisme de cette extrapolation : le plus important de tous l'Hauptsturmführer (capitaine, je crois) Dieter von Wisliceny adjoint direct d'Adolf Eichmann, chef du bureau chargé de « la solution finale » au stade de l'exécution.

Ce Dieter von Wisliceny fut interrogé à Nuremberg le 3 janvier 1946 par le lieutenant-colonel Broockhart et voici le passage principal de cet

---

[173] Souligné par l'auteur.
[174] Idem.

interrogatoire :

Lieutenant-colonel Broockhart. – Dans vos relations officielles avec la section IV. A.[175] (dont le chef était Eichmann) avez-vous eu connaissance d'un ordre prescrivant l'extermination de tous les juifs ?

Wisliceny. – Oui, c'est d'Eichmann que j'ai appris pour la première fois l'existence d'un tel ordre, au cours de l'été 1942. [...] Je lui demandai qui avait donné cet ordre ; il me déclara que c'était un ordre de Himmler. Je le priai alors de me montrer cet ordre, car je ne pouvais pas croire qu'il existât réellement par écrit. [...] Eichmann me dit qu'il pouvait me montrer cet ordre écrit, si cela pouvait tranquilliser ma conscience. De son coffre il sortit un petit dossier qu'il feuilleta et Il me montra une lettre de Himmler adressée au chef de la Sipo et du S.P.[176].

L'essentiel de cette lettre était à peu près le suivant :

– Le Führer avait ordonné la solution définitive du problème juif.
– L'exécution de cette solution dite définitive était confiée au chef de la Sipo et du S. D. et à l'inspecteur des camps de concentration. Tous les Juifs en mesure de travailler, du sexe féminin ou masculin, devaient provisoirement être employés à travailler dans les camps de concentration. Cette lettre était signée de Himmler en personne. Il n'y avait aucune erreur possible, car je connaissais parfaitement la signature de Himmler.

Dans cette lettre, il n'est pas question d'extermination, ni de chambre à gaz. L'interrogatoire se poursuit donc car, naturellement, on n'a pas retrouvé la lettre.

Lieut-Col. Broockhart. – L'ordre portait-il une indication quelconque en vue de la conservation du secret[177] ?

---

[175] Section IV B 4.
[176] S.D.
[177] On se demande de quel secret il peut bien être question, les autorités nazies ayant clamé sur tous les toits dès septembre 1939 que les juifs seraient mis en camp de concentration et y travailleraient jusqu'à la fin de la guerre !

Wisliceny. – Il portait l'indication « très secret ». [...]

Lieut-Col. Broockhart. – Avez-vous posé une question sur la signification des mots « solution définitive » employés dans cet ordre ?

Wisliceny. – Eichmann finit par m'expliquer ce qu'on entendait par-là. Il me dit que l'expression « solution définitive » cachait l'extermination biologique et totale des juifs dans les territoires de l'Est.

Wisliceny savait Eichmann avait réussi à échapper à la police alliée et qu'il ne sortirait pas de sa cachette pour lui venir donner le démenti. Pourquoi se gêner, alors ? Il convient de dire qu'il y eut pas mal de Wisliceny au Procès de Nuremberg... Celui-ci qui pensait se sauver en reconnaissant le crime et en le, reportant sur un autre n'en fut pas moins pendu, mais le procédé réussit à quelques-uns d'entre eux.

Ainsi est née la thèse de l'extermination. Dans les premiers temps qui suivirent la fin de la guerre, on commença d'abord par parler de « la solution finale » en affectant l'expression d'un renvoi en bas de page où il était expliqué qu'il s'agissait de l'extermination dans la chambre à gaz. Car, on avait aussi trouvé des témoins de ce genre d'extermination qui en rapportaient la preuve « d'après des personnes dignes de foi, mortes ou disparues ».

C'est seulement en 1954, au moment où parut le livre du communiste hongrois Nyiszli Miklos[178] qu'on s'aperçut que son témoignage ne concordait pas avec ceux qu'avaient recueillis Eugen Kogon et David Rousset, auprès de gens eux aussi « dignes de foi » mais qu'on ne retrouva jamais. Avec « *Le Commandant d'Auschwitz parle...* » de Rudolf Hoess, paru en 1958, ce fut la débâcle de la thèse car il donnait lui aussi, une version du crime, en contradiction totale avec celles de tous ceux qui l'avaient précédé dans cette voie.

Pour ce qui est du témoignage de Wisliceny, clef de voûte de tous ceux qui ont suivi, on a vu à quel point il fallait solliciter les textes pour conclure à une extermination par les chambres à gaz.

Mais le Lieut-Col. Broockhart a encore demandé autre chose à

---

[178] Miklos.

Wisliceny :

Lieut-Col. Broockhart. – Savez-vous si cet ordre continua à être observé par les services d'Eichmann ?

Wisliceny. – Oui.

Lieut-Col. Broockhart. – Pendant combien de temps ?

Wisliceny. – Cet ordre resta valable jusqu'en octobre 1944. À ce moment-là, Himmler donna un contrordre interdisant l'extermination des juifs.

Ainsi donc, voilà une lettre d'Himmler dont Wisliceny prend connaissance en été 1942 sans autre précision sur la date, ce qui permet de penser qu'elle est antérieure. Non seulement on n'a jamais retrouvé cette lettre, mais on lui fait dire ce que de toute évidence elle ne dit pas et, pour couronner le tout, on précise que ce qu'elle ne dit pas a fait l'objet d'un contrordre en octobre 1944. Naturellement, on n'a jamais non plus retrouvé ce contrordre...

Par contre, on sait aujourd'hui qu'au cours d'une visite qu'il fit à Auschwitz en mars 1941, Himmler fit part au Commandant du camp de sa décision de le transformer en une puissante centrale d'armement occupant dans ses ateliers tous les détenus juifs ou non aptes au travail et que cette décision fit l'objet d'une lettre à Pohl en date du 5 octobre 1941[179].

Et on ne voit pas comment il est possible de faire concorder les instructions données par Himmler à Pohl en octobre 1941 et celles que, selon le témoignage de Wisliceny, il aurait dans le même temps ou à peu près données directement à Eichmann.

Qu'était-ce alors que cette célèbre « solution finale du problème juif » ? On ne le sait pas bien.

---

[179] D'après M. Michel Borwicz, dans une étude parue dans la Revue d'Histoire de la deuxième Guerre Mondiale, oct. 1956, p. 59. L'existence et le contenu de cette lettre ont été confirmées par M. Joseph Billig, dans le Figaro du 14 oct. 1960.

Dans les années 1934-35 Julius Streicher en parlait déjà dans ses écrits. Divers journalistes allemands lui faisaient écho qui suggéraient le regroupement des Juifs dans une colonie française, l'Afrique occidentale, par exemple, puisque les Anglais n'en voulaient pas en Palestine. Dans le même temps, la droite factieuse française se plaignait dans tous ses journaux qu'il soit impossible à quelque gouvernement que ce soit de mettre Madagascar en valeur, donc de garder l'île dans l'empire colonial, si on ne se résolvait pas à en faire aire une colonie de peuplement[180].

Le national-socialisme sauta sur l'occasion : pourquoi n'y regrouperait-on pas les Juifs dont les Allemands ne voulaient plus ? Mais la France n'en voulait pas plus que l'Angleterre...

À la déclaration de guerre, aucune solution n'avait été trouvée au plan mondial. Que s'est-il passé jusque-là ?

Ici encore, il faut interroger les textes. En voici donc deux :

« Avant la guerre, Eichmann (qui dirigeait à Berlin la section principale IV-B[181] du Service central de sécurité chargée de la question juive) avait pratiqué l'émigration massive des Juifs !... En les faisant émigrer, il croyait épurer l'Allemagne tout en portant la peste juive dans les pays ennemis. Il avait eu des pourparlers avec les chefs sionistes pour accélérer les départs massifs vers la Palestine. »[182]

« Il vous intéressera donc de savoir qu'au cours du dernier trimestre, j'ai mis à exécution une idée dont nous nous étions entretenus un jour.

Deux trains ont transporté en Suisse 2 700 hommes, femmes et enfants juifs. Ainsi a été reprise la méthode que mes collaborateurs et moi-même avions appliquée pendant de longues années, jusqu'à ce que la guerre et la folie qu'elle a déchaînée dans le monde en aient rendu la pratique tique impossible. Vous savez bien que de 1936 à 1940, d'accord avec les organisations juives américaines, j'avais créé une

---

[180] Voir les Mémoires d'un Français rebelle du commandant français Loustaunau Lacau.
[181] Section IV B 4.
[182] Histoire de Joel Brand, p. 93, de l'écrivain juif A. Weisberg.

société d'émigration dune *bienfaisante activité*[183] »[184]

En Allemand

« *Es wird Sie interessieren, das ich im Laufe des letzten vierteljahrs einen Gedaukers, über den wir ein mal sprechen, zur Verwirklichung gebracht habe. Es wurden naemlich in zwei zügen rund 2 700 judische Maenner, Frauen, Frauen und Kinder in die Schweiz verbracht. Es ist dies praktisch die Fortsetzung des weges gewesen, den meine Mitarbeiter und ich lange Jahre hindurch konsequent verfolgten, bis der Krieg und die mit ihm einsetzende Unvernunft in der Welt seine Durch : führung un moeglich machten. Sie wissen ja, dass ich un den Jahren 1936, 37, 38, 39 und 40 zusammen mit jüdischen amerikanischen vereinigungen eine Auswander organisation ins Leben gerufen habe, die sehr segenreich gewirkt hat.* »

De ces deux textes qui se confirment l'un par l'autre et dont l'un au moins ne peut être suspect, il résulte indiscutablement qu'il y a eu une émigration massive des Juifs menacés par le national-socialisme et organisée par le national-socialisme lui-même. Il semble bien, même, que si cette émigration n'a pas été aussi massive qu'elle l'aurait pu, on le doit surtout à la mauvaise volonté des autres pays qui refusaient d'accueillir les Juifs dont l'Allemagne ne voulait plus. Il n'est que de lire le *Livre Blanc* anglais, publié en 1939, après l'annexion de l'Autriche et alors que le *Foreign Office* sentait menacée d'invasion la Pologne où il y avait 3 100 000 Juifs : il était dit que « la puissance mandataire en Palestine n'y accepterait plus, en tout et pour tout que 75 000 immigrants ». En France, chaque fois qu'un juif réussissait à y arriver, il se sentait si mal accueilli qu'il se dirigeait sur l'Italie et, de 1935 à 1940, l'Italie où finissait par converger tous les, Juifs qui fuyaient le national-socialisme en empruntant la route de l'Ouest, fut le théâtre d'un véritable marché noir de places sur des bateaux à destination de la Palestine, dont la plupart étaient fantaisistes.

Si on en croit le *Bericht (1942-1945) des Komittee für Rettung der ungarischen Juden* du Dr Reszo Kasztner que *l'Histoire de Joel Brand* de A. Weisberg ne fait que reprendre dans l'essentiel, cette émigration a continué, sous une autre forme pendant toute la durée de la guerre.

---

[183] Souligné par l'auteur.
[184] Heinrich Himmler (Lettre au Dr Kersten, 21 mars 1945).

Dans le premier de ces deux ouvrages, on peut en effet lire, à la première page :

« *Bis zum 19 März 1944 galt unsere Arbeit hauptsächlich der Rettung und Betreuung, Polnischer, slovakischer, jugolslawischer Flüchtlinge. Mit der deutschen Besetzung Ungars erstreckten sich unsere Anstrengungen auf die Verteidigung der ungarischen Juden... Die Besetzung brachte das Todesurteil für die nahezu 800 000 Seelen Zälhende ungarische Judenheit.* »

En français :

« Jusqu'au 19 mars 1944, notre activité principale consista dans l'assistance et la protection des réfugiés polonais, slovaques et yougoslaves. Avec l'occupation allemande de la Hongrie, nos efforts se sont concentrés sur la protection des juifs hongrois... L'occupation provoqua la condamnation d'à peu près 800 000 personnes dont la plupart appartenaient à la communauté juive. »

Un peu plus loin, (p. 8 de son rapport) il parle même des « 1 500 000 juifs hongrois »[185] qui « entre le 15 mai et le début de juillet 1944 avaient été déportés sur la ligne Karchau-Oderberg »...

Or, dans la Hongrie vieux pays de tradition chrétienne de temps immémorial vouée au culte de la couronne de Saint-Étienne, les Juifs étaient si peu nombreux avant l'avènement du national-socialisme en Europe que, comme on le verra dans un instant, elle ne figurait même pas dans les statistiques publiées par les Juifs avant la guerre. Voici alors que, jusqu'au 19 mars 1944, la Hongrie n'est pas occupée par les troupes allemandes et que le 19 mars 1944, 800 000 juifs, et même 1 500 000[186] nous dit le Dr Kaztner, s'y retrouvent : venant de Pologne, de Slovaquie et de Jougoslavie, précise-t-il dans la première phrase tout en les baptisant hongrois dans les suivantes... Voici maintenant ce qu'on peut lire dans l'*Histoire de Joel Brand* d'A. Weisberg, sur ce sujet :

« Dans leur hâte à se débarrasser des Juifs, il importait peu aux Allemands qu'ils disparaissent à l'étranger ou dans les fours

---

[185] 500 000 au lieu de 1500 000 : corrigé par l'auteur sur son exemplaire personnel.
[186] cf. note précédente.

crématoires... Les passeports étrangers constituaient la plus sûre protection... En quelques semaines, il y eut plus de ressortissants de la République de San Salvador que de tous les autres pays réunis... À la suite d'une intervention du pape et du président Roosevelt, les gouvernements suédois et suisse délivrèrent des milliers de passeports et nous en ajoutâmes trente à quarante mille faux. Les possesseurs de ce viatique étaient immunisés contre la déportation. » (Pp. 55-56 de l'édition française)

Immunisés contre la déportation, les détenteurs de ces passeports purent, après avoir gagné la Hongrie où on les leur distribuait et où on continua de les leur distribuer sous l'occupation allemande après le 19-3-1944, être acheminés sur Constanza d'où ils étaient embarqués pour la Palestine et d'où étant donné l'hostilité anglaise, « ils étaient pour la plupart dirigés sur les Etats-Unis », nous dit encore A. Weisberg (p. 93).

Jusqu'au 19 mars 1944, l'émigration des Juifs qui avaient réussi à fuir leur pays d'origine avant son occupation par les troupes allemandes et à gagner la Hongrie se fit par Constanza sous les auspices de la Waada de Budapest. Après le 19 mars 1944, les Allemands ayant occupé aussi la Hongrie, elle se fit dans des conditions plus difficiles, les Allemands la trouvant trop lente ayant décidé d'envoyer dans les camps de concentration aussi les juifs qui se trouvaient sur le territoire hongrois et que la Waada ne réussissait pas à envoyer à Constanza au rythme compatible avec leurs exigences. Il y eut alors des contacts puis des marchandages sur lesquels toute la lumière n'a pas encore été faite, entre les services allemands chargés du problème juif en Hongrie dirigés par Eichmann, Krumey, Becher, etc., et les membres du Comité directeur de la Waada. Parti en Israël en 1947, le Président de la Waada, le Dr Katzner y fut accusé par ses coreligionnaires d'avoir collaboré avec le national-socialisme en Hongrie : un grand procès où il figurait l'accusé pour ce « crime » s'ouvrit à Jérusalem en 1955, il y présenta le rapport connu sous le nom de *Bericht (1942-45) des Komittee zur Rettung der Ungarischen Juden* de Budapest qu'il avait rédigé en Suisse en 1945-46, dont il avait déposé l'original devant le Tribunal de Nuremberg et dans lequel un certain nombre d'accusés trouvèrent des arguments à décharge et furent acquittés (Becher, Krumey ...). Un jour, au cours du procès, il fut abattu par un fanatique israélien à sa sortie du tribunal : condamné *post mortem*, il fut réhabilité en Israël même, le 16-1- 1958 seulement, à la suite d'un procès en révision de la première sentence.

Son rapport dont j'ai eu entre les mains un exemplaire dactylographié de sa propre main puis ronéotypé à un nombre extrêmement limité d'exemplaires porte la mention « confidentiel » sur la couverture. Il n'a jamais été publié que par bribes soigneusement choisies par le centre mondial de documentation juive : bien que le Dr Katzner y parle en de nombreux endroits « des moulins d'Auschwitz » (expression attribuée à Eichmann) et des chambres à gaz, sa publication intégrale — si un jour on y procède — établira elle aussi, par de nombreux détails que, pour la plupart, l'auteur a donnés sans se rendre compte de leur importance, « la solution finale du problème juif » n'a guère de rapport avec l'interprétation qui en a été donnée et, jusqu'ici, communément admise.

Si, maintenant, on examine les statistiques produites quant au nombre des victimes des exterminations par le gaz, on ne peut manquer d'être frappé par certaines anomalies dont le moins qu'on puisse dire est qu'elles invitent à beaucoup de circonspection. Ici, je ne veux pas parler des statistiques des petits ratés du journalisme ou des politiciens, mais de celles seulement dont le caractère officiel ou le sérieux ne peuvent pas être discutés pour les comparer avec celles qui ont été produites par le centre de documentation juive.

Voici d'abord celle qui a été produite par le centre de documentation juive et qui met en regard dans les pays qui ont été occupés par l'Allemagne pendant la dernière guerre, la population juive avant l'accession de Hitler au pouvoir, et, par pays, le nombre des morts et des disparus[187] :

|  | Population avant Hitler | Restent en 1946 | Morts et disparus en 1946 |
|---|---|---|---|
| France | 300 000 | 120 000 | 180 000 |
| Belgique | 90 000 | 40 000 | 50 000 |
| Hollande | 150 000 | 90 000 | 60 000 |
| Danemark | 7 000 | 500 | 6 500 |

---

[187] Les points d'interrogation, que le Centre de documentation juive a laissé subsister dans cette statistique, expliquent que le total de la 31 colonne ne soit pas la différence des deux autres.

| | | | |
|---|---|---|---|
| Norvège | 1 500 | 900 | 600 |
| Estonie | 5 000 | 4 000 | 1 000 |
| Lettonie | 95 000 | 85 000 | 10 0000 |
| Lituanie | 150 000 | 135 000 | 15 000 |
| Pologne | 3 300 000 | 2 800 000 | 500 000 |
| Allemagne | 210 000 | 170 000 | 40 000 |
| Tchécoslovaquie | 315 000 | 260.000 | 55 000 |
| Autriche | 60 000 | 40 000 | 20 000 |
| Hongrie | 404 000 | 200 000 | 204 000 |
| Yougoslavie | 75 000 | 55 000 | 20 000 |
| Roumanie | 850 000 | 425 000 | 425 000 |
| Italie | 57 000 | 15 000 | 42 000 |
| U.R.S.S. | 2 100 000 | 1 500 000 | 600 000 |
| Bulgarie | 50 000 | ? | ? |
| Macédoine | ? | ? | 7 000 |
| Grèce | 75 000 | 60 000 | 15 000 |
| **Totaux** | 8 294 500 | 6 000 400 | 2 251 100 |

Avant la guerre, un statisticien juif de réputation mondiale avait travaillé de longues années sur la population juive dans le monde et, tout en précisant que ses chiffres étaient approximatifs, l'avait classée par professions et par pays. De ses travaux, un journal publié à New York, le *Menorah Journal*, avait tiré dans son n° 2 de l'année 1932, les chiffres qu'on lira ci-dessous, reproduits en France dans *Le Crapouillot*, numéro de septembre 1936.

I. - Par professions :

| | | | |
|---|---|---|---|
| Commerce | 6 100 000 | soit | 38,6% |
| Industrie et artisanat | 5 750 000 | soit | 36,4% |
| Professions libérales | 1 000 000 | soit | 6,3% |
| Agriculture | 625 000 | soit | 4% |
| Domestiques | 325 000 | soit | 2% |
| Rentiers | 2 000 000 | soit | 12% |
| Totaux | 15 800 000 environ | | 100% |

II.- Par pays :

| | |
|---|---|
| Etats-Unis : | 4 500 000 |
| Pologne : | 3 100 000 |
| Russie : | 3 000 000 |
| Roumanie : | 900 000 |
| Allemagne : | 500 000 |
| Angleterre : | 330 000 |
| France : | 250 000 |
| Palestine : | 250 000 |
| Argentine : | 1 240 000 |
| Autriche : | 230 000 |
| Canada : | 170 000 |
| Lituanie : | 160 000 |
| Pays-Bas : | 120 000 |
| Maroc Français : | 120 000 |
| Irak : | 100 000 |
| Reste du monde[188] : | 1 830 000 |

---

[188] Ces autres pays étaient classés en trois catégories :
1° Pays comptant entre 50 000 et 100 000 juifs : Lettonie, Grèce. Yougoslavie, Belgique, Italie, Turquie, Bulgarie, Algérie, Afrique du Sud. Tunisie, Égypte.
2° Pays comptant entre 10 000 et 50 000 juifs : Suisse, Brésil, Mexique, Uruguay, Perse, Syrie, Yemen, Inde, Afghanistan, Chine, Maroc Espagnol, Tripolitaine,

Total :     15 800 000

7 à 8 pour mille de la population mondiale d'alors, précise M. A. Ruppin, dont 11 500 000 environ sont inscrits sur les registres des synagogues, dit l'écrivain juif, Arthur Koestler.

Ces chiffres coïncident avec ceux qui ont été publiés dans le « World Almanac 1947 » de « l'American Jewish Committee » : 15 688 259 juifs dans le monde entier, en 1938, dit cet almanach.

Pour l'Europe occupée par les troupes allemandes de 1939 à 1945, voici donc ce que, d'après les travaux d'Arthur Ruppin, la population juive aurait été par pays en 1932

Pologne :     3 100 000

Russie :     3 000 000

Roumanie :     900 000

Allemagne :     500 000

France :     250 000

Autriche :     230 000

Lituanie :     160 000

Pays-Bas :     120 000

Lettonie + Grèce + Yougoslavie + Belgique + Italie + Bulgarie

---

Australie.
3° Pays comptant moins de 10 000 juifs : Dantzig, Suède, Danemark, Estonie, Irlande, Espagne, Rhodes, Memel, Portugal, Norvège, Finlande, Cuba, Chili, Japon, Singapour, Nouvelle- Zélande.
On remarquera que ni la Hongrie (404 000 dans la statistique du centre de documentation juive) ni la Tchécoslovaquie (315 000) ne sont citées, ni la Macédoine.

= 420 000[189]

Danemark + Estonie + Norvège + Finlande = 30 000[190]

Total :           8 710 000

Comparés aux chiffres d'Arthur Ruppin de l'*American Jewish Committee* et du *Menorah Journal*, ceux du centre de documentation juive appellent les remarques suivantes :

1. Pour les pays d'Europe occupés par les troupes allemandes de 1939 à 1945, le Centre de documentation juive trouve une population juive de 8 294 500 personnes et Arthur Ruppin 8 710 000, Russie comprise dans les deux cas. Les deux chiffres sont sensiblement les mêmes : pour éviter toute discussion, les calculs seront cependant faits en fonction de l'un et de l'autre.

2. En ce qui concerne la Russie, les chiffres produits dans les trois colonnes par le centre de documentation juive sont manifestement faux dans la première et dans la troisième : d'accord en cela avec tous les historiens et statisticiens du monde, Arthur Ruppin évaluait la population juive de ce pays à 3 000 000 avant Hitler et, pour ce qui est de ceux qui restent, tous ceux qui depuis dix ans ont accusé le régime bolchevique d'antisémitisme, l'ont évaluée autour de deux millions[191]

---

[189] Figurent dans les pays comptant entre 50 et 100 000 juifs, comptés à une moyenne de 70 000.
[190] Figurent dans les pays comptant moins de 10 000 juifs.
[191] 2 500 000 a dit l'American Jewish Committee, le 31 déc. 1951 et c'est aussi l'opinion du Rabin Joseph Miller dans la revue U.S. « Look » du 27 décembre 1956. Le Centre de documentation juive qui n'en a trouvé que 600 000 (étant donné le secret des statistiques soviétiques, on se demande d'ailleurs comment) n'a pas tenu compte du fait qu'au moment de l'annexion de la Bessarabie, de la Bukovine et des États Baltes, les juifs de ces pays tombèrent sous le contrôle russe, qu'au moment de l'avance des troupes allemandes en Pologne, la plupart s'enfuirent du côté russe et que, pendant la campagne de Russie, « grâce à l'évacuation, dit le journaliste juif David Bergelson, dans le journal moscovite l'Unité du 5-12-1942, la majorité des juifs d'Ukraine, de Russie blanche, de Lituanie et de Lettonie (80 %) a été évacuée avant l'arrivée des Allemands, c'est-à-dire sauvée... Il y eut un moment, dit encore David Bergelson où en pleine ne guerre, la population juive atteignit les 5 millions en Russie... » Ils ne sont pas encore tous rentrés dans leurs pays d'origine. Beaucoup sont partis en Asie Centrale, a déclaré le Joint Distribution Committee en juin 1942,

après la guerre, en Russie même, et à 1 200 000 en Russie asiatique au lieu des 300 000 qui ressortent des statistiques d'A. Ruppin pour les années 30.

Et voici déjà entre 2 200 000 et 2 300 000 ressortissants juifs qui, ayant fui devant l'avance des troupes allemandes, n'auraient pas été exterminés dans les, chambres à gaz.

3. J'ai dit ce qu'il fallait penser des chiffres du centre de documentation juive pour ce qui est de la Hongrie et de la Tchécoslovaquie.

C'est ici qu'intervient l'argument le plus terrible contre la statistique du centre de documentation juive : le mouvement d'émigration de la population juive européenne de 1933 à 1945.

Il est par exemple admis par tous les statisticiens du monde que la population juive des États-Unis qui se situait aux environs de 4 500 000 personnes, avant Hitler, était passée à près de 6 000 000 en 1946 ; que, dans le même temps, celle de la Palestine était passée de 250 000 à près de 1 000 000 ; que celle de l'Amérique du Sud avait augmenté de près de 700 000 (voir statistique qui suit), de 200 000 celle de l'Afrique du Sud et de 200 000 celle de l'Afrique du Nord. Voici donc encore un minimum de 3 000 000 à 3 300 000, en gros, qui, de toute évidence ne sont ni morts, ni disparus.

En tout, avec la Russie et la Russie asiatique, environ 5 500 000.

Ce nombre des morts et disparus se trouverait donc ramené à 6 000 000 - 5 500 000 = 500 000 ou environ 1 million si l'on prend pour base la statistique d'Arthur Ruppin[192].

---

d'autres ont réussi à gagner les États-Unis d'Amérique latine, Israël, etc. Depuis la fin de la guerre la Russie ne les laisse quitter les territoires sous son contrôle que clandestinement : on apprend de temps à autre que des convois de quelques centaines ou de quelques dizaines réintègrent la Pologne, la Roumanie, la Tchécoslovaquie, la Bulgarie, etc. De toutes façons, il n'y a pas de raisons de suspecter les chiffres antérieurement donnés par les juifs eux-mêmes.

[192] Une institutrice allemande qui avait fait état de mon livre et de ma tournée de conférences dans une réunion pédagogique, ayant eu quelques « ennuis », s'est adressée au Pr Freiherr de Richtoffen pour lui demander ce qu'il pensait des chiffres

Et c'est déjà un chiffre.

Si ce total obtenu par déduction rigoureuse est exact, pour qui connaît tant soit peu ce que fut la vie concentrationnaire, il n'est pas besoin des chambres à gaz pour l'expliquer : à Buchenwald où il n'y avait pas de chambre à gaz, 25 % des internés sont morts.

Je le répète, la grande erreur du Centre de documentation juive est de n'avoir absolument pas voulu tenir compte du mouvement d'émigration juive entre 1933 et 1945. Les rares statisticiens qui en ont fait état se sont, jusqu'ici régulièrement fait traiter d'antisémites ou de fascistes : l'argument est trop facile et, qu'on n'en doute pas, la postérité ne s'en satisfera pas.

Cette erreur n'est d'ailleurs pas dépourvue d'une certitude et macabre fantaisie. Exemple : en Hongrie, nous dit le Centre de Documentation Juive, il y avait 404 000 juifs avant Hitler ; le Dr Kasztner prétend que 434 000 ont été déportés ; l'ingénieur Biss, qu'il a évité la déportation à 300 000 d'entre eux (*Terre retrouvée*, 1er juillet 1960) ; et, quand le Centre de documentation compte les survivants il en trouve 200 000.

Cette mathématique a décidément des vertus singulières ! Mais je veux être objectif jusqu'à la dernière limite...

Une statistique établie à la date du 31 décembre 1951 par le journaliste allemand Erwin F. Neubert dans la revue *Der Weg*, à l'aide d'informations publiées en 1949 par l'*American Jewish Comittee* dans le *New York Times* et diverses autres publications juives comme l'*Aufbau*, *Unité dans la dispersion*, etc... donne du nombre des victimes juives du

---

que je citais d'après le Pr Listojwski. Elle en a reçu la réponse suivante: « Le nombre donné par M. Listojewski des juifs exterminés (il s'agissait de 600 000 N.D. l'auteur) est sûrement trop bas, bien qu'il l'ait, sans aucun doute, avancé de très bonne foi ». Il y a sur la responsabilité allemande « un document de Himmler qui n'est ni douteux, ni falsifié et qui fait état de 3 500 000 ! Mais si 6 000 000 n'ont sûrement pas été atteints, le chiffre de 4 100 000 peut être retenu. C'est l'opinion du patriote et très sérieux Archiviste d'État de Gottingen. Le Dr Hans Günther Seraphin, dont le point de vue sur l'anéantissement des juifs figure dans le « Grand Brokhaus », source à laquelle je vous conseille de vous reporter. »
Cette lettre prouve que, dans l'Université allemande, il y a déjà des gens qui pensent que le chiffre de 6 millions est faux et c'est un résultat encourageant.

national-socialisme un chiffre du même ordre de grandeur par simple comparaison avec les chiffres du *Menorah Journal* et de Arthur Ruppin. Voici cette statistique :

Europe

| | |
|---|---|
| Grande-Bretagne : | 450 000 |
| France : | 350 000 |
| Italie : | 75 000 |
| Allemagne et Autriche : | 56 000 |
| Belgique et Hollande : | 55 000 |
| Scandinavie : | 23 000 |
| Suisse : | 22 000 |
| U.R.S.S. (Asie y comprise) : | 2 500 000 |
| Pologne : | 500 000 |
| Roumanie : | 350 000 |
| Hongrie : | 170 000 |
| Tchécoslovaquie : | 17 000 |
| Yougoslavie, Grèce : | 25 000 |
| Bulgarie : | 8 000 |
| Autres pays d'Europe : | 8 000 |
| **Total :** | **4 608 000** |
| Amérique : | |
| U.S.A. : | 7 200 000 |
| Canada : | 250 000 |
| Amérique latine : | 900 000 |
| **Total :** | **8 350 000** |
| Asie : | |
| Israël : | 1 300 000 |
| Perse, Afghanistan : | 120 000 |
| Pays de la Ligue arabe : | 35 000 |
| Indes : | 25 000 |
| Chine, Japon : | 5 000 |
| Autres pays d'Asie : | 10 000 |

| | | |
|---|---|---|
| Australie et Nouvelle-Zélande | : | 60 000 |
| Afrique | | |
| Afrique du Nord : | | 430 000 |
| Abyssinie : | | 15 000 |
| Colonies : | | 5 000 |
| Afrique du Sud : | | 350 000 |

Récapitulation :

| | |
|---|---|
| Europe : | 4 608 000 |
| Asie : | 1 495 000 |
| Amérique : | 8 350 000 |
| Afrique : | 800 000 |
| **Total :** | **15 313 000** |

Comparée à celle d'Arthur Ruppin, cette statistique rend en outre compte de l'émigration des juifs d'Europe, notamment vers les États-Unis, l'Amérique latine et Israël, de 1933 à 1951.

Il ne s'agit, bien sûr, que d'une statistique de journaliste et je ne la reprends ici que, parce que me paraissant contenir une vérité d'ensemble, si elle contient aussi des erreurs elles ne peuvent être que de détail et très minces.

On remarquera que je n'ai pas eu recours à l'argument biologique dont la valeur n'est cependant pas niable ainsi qu'en témoigne une dernière statistique : le 28 février 1948, un autre spécialiste des questions de population, M. Hanson W. Baldwin, écrivait dans le « *New York Times* » qu'il y avait, à l'époque, entre 15 600 000 et 18 700 000[193] juifs dans le monde, c'est-à-dire autant qu'en avaient dénombré A. Ruppin et le « *Menorah Journal* » en 1932 et « l'*American Jewish Committee* » en 1938. Si l'on admet que 6 000 000 d'entre eux ont été exterminés entre 1933 et

---

[193] 17 800 000, non 18 700 000 : erreur typographique corrigée par l'auteur sur son exemplaire.

1945, il faut aussi admettre... que la population juive du monde double presque tous les trois ans !

Et qui le prétendra ?

La dernière question qui se pose est la suivante : Comment a-t-on pu en venir à évaluer à 6 000 000 le nombre des juifs exterminés par les nazis ?

La réponse est simple : par le même procédé au moyen duquel on a authentifié les chambres à gaz. Et, ici encore, c'est au dénommé Dieter von Wisliceny qu'on a eu recours en tout premier lieu. Dans cette affaire, le Lieut-Col. Broockhart qui l'interrogeait paraît d'ailleurs avoir été, lui aussi, un homme de la meilleure volonté. Voici la partie de l'interrogatoire (du 3 janvier 1946) relative à cette question d'après les documents publiés après le procès de Nuremberg :

Lieut-Col. Broockhart. – Dans vos conférences avec les autres spécialistes du problème juif et Eichmann, avez-vous eu connaissance ou avez-vous été informé du nombre total des Juifs tués en application de ce programme ?

Wisliceny. – Eichmann lui-même parlait toujours de quatre et même de cinq millions de Juifs. D'après mon évaluation personnelle, quatre millions ont dû être atteints par la solution définitive[194]. En fait, combien ont eu la vie sauve, je ne suis pas en mesure de le dire.

Lieut-Col. Broockhart. – Quand avez-vous vu Eichmann pour la dernière fois ? Wisliceny. – Fin février 1945, j'ai vu Eichmann pour la dernière fois à Berlin.

Il disait à ce moment que si la guerre était perdue, il se suiciderait.

Lieut-Col. Broockhart. – A-t-il dit quelque chose à ce moment-là sur le nombre de Juifs qui avaient été exterminés ?

Wisliceny. – Oui, et il en a parlé d'une façon particulièrement cynique.

---

[194] Au passage, on notera l'euphémisme « atteints par la solution définitive », et non « exterminés ».

Il disait qu'il sauterait en riant dans sa tombe, car l'impression d'avoir cinq millions de personnes sur la conscience serait pour lui la source d'une extraordinaire satisfaction.

À partir de cette déclaration, on chercha d'autres témoins et, à ma connaissance, on n'en trouva qu'un seul : le Dr Wilhelm Hoettl, chef de Bataillon dans la S.S. et rapporteur en même temps que chef de bureau-adjoint à la section VI de l'office central de Sécurité du Reich. Voici ce que ce témoin déclara devant le Tribunal de Nuremberg :

« En avril 1944, j'ai eu un entretien avec le S.S. Obersturmbannführer Adolf Eichmann que je connaissais depuis 1938. Cet entretien eut lieu dans mon appartement à Budapest. [...] Il savait qu'il était considéré par les Nations-Unies comme l'un des principaux criminels de guerre, puisqu'il avait des milliers de vies juives sur la conscience. Je lui demandai combien il y en avait, et il me répondit que, bien que le nombre fût un grand secret, il me le dirait, parce qu'en ma qualité d'historien, je devais y être intéressé [...]. En raison des renseignements qu'il possédait, il était arrivé à la conclusion suivante : dans les différents camps d'extermination environ 4 millions de Juifs avaient été tués alors que 2 millions avaient trouvé la mort d'une autre manière. »

Pour donner plus de poids à son témoignage, ce Dr Hoettl, ajouta qu'Eichmann ayant envoyé à Himmler un rapport concluant à ce chiffre encore une pièce qu'on n'a pas retrouvée ! Himmler n'en avait pas été satisfait parce que « à son avis le nombre de juifs tués devait être supérieur à six millions ».

Tels sont, tout le monde en est d'accord, les deux seuls témoignages sur lesquels s'appuient — en les ignorant, d'ailleurs — les bataillons de journalistes qui ont accrédité dans le monde cette thèse des 6 millions. Ils sont du type « on m'a dit ». En l'occurrence, « on » c'est Eichmann. Étant donné le cas de leurs auteurs, il n'y a aucune chance qu'aucun historien les prenne jamais au sérieux. Le Tribunal de Nuremberg s'en est cependant satisfait. Eichmann ayant été arrêté depuis nous nous trouvons donc devant l'alternative suivante : ou bien il niera et on pourra dire que cela va de soi puisqu'il joue sa vie, ou bien il en conviendra et ce qu'on pourra dire c'est que, tel est son système de défense — le même que celui des accusés des procès de Moscou —

pour essayer d'obtenir la clémence du tribunal. Par quoi l'on voit que le seul moyen d'obtenir la vérité de la bouche du seul homme vivant qui la connaisse, serait de le placer dans des conditions telles qu'il ne parle pas sous la menace d'une sanction. Comme on ne le fera pas, il s'agit là d'un débat destiné à durer un certain temps encore entre les partisans des six millions et ceux qui n'admettront pas ce chiffre : tant qu'on n'aura pas rendu public un document indiscutable sur cette affaire — j'ai peine à croire qu'un tel document n'existe pas — la vie politique en sera empoisonnée dans le monde entier.

On a vu que j'étais de ceux qui ne croient ni que six millions de juifs soient morts du nazisme, ni qu'ils en soient morts dans des chambres à gaz. Ma conviction se fonde sur les statistiques et les documents produits par les tenants mêmes des six millions et sur les faiblesses de leurs raisonnements.

L'homme qui, à ma connaissance, déploya le plus d'efforts pour démontrer l'authenticité de ce chiffre est un certain L. Poliakov. Ses conclusions sur le nombre total des victimes juives des persécutions raciales pendant la dernière guerre mondiale, ont été publiées dans la *Revue d'histoire de la deuxième guerre mondiale* (n° 24, octobre 1956, p. 88). Elles méritent qu'on s'y arrête.

Tout d'abord, ce L. Poliakov indique ses sources : les témoignages en question de Wisliceny et Hoettl, dont il convient qu'ils ont les seuls. Beau joueur, il ajoute même :

« Il serait donc possible d'objecter qu'un chiffre si imparfaitement étayé doit être considéré comme suspect. »

On ne le lui fait pas dire…

Mais il ne croit pas qu'il le soit parce qu'il a trouvé un texte qui, à ses yeux, le corrobore : un rapport adressé à Himmler en date du 17 avril 1943 par un certain Korherr, Chef de l'inspection statistique du IIIe Reich et portant sur l'état de la question au 31 décembre 1942.

Voici la conclusion de ce rapport.

La décroissance du judaïsme en Europe devrait déjà s'élever, par conséquent à 4 millions de têtes. Des colonies importantes ne devraient plus exister sur le continent (à côté de la Russie avec quelque 4 millions) qu'en Hongrie (750 000), Roumanie (300 000) et peut-être aussi en France. Si l'on tient compte de l'émigration juive, de l'excédent de la mortalité, ainsi que, d'autre part, des inévitables erreurs dues à la fluctuation de la population juive on devrait évaluer à 4 millions 1/2 la décroissance de la population juive en Europe entre 1937 et 1943. Ce chiffre n'englobe que partiellement les décès des juifs dans les régions occupées de l'Est, tandis que les décès survenus dans le restant de la Russie n'y sont pas compris du tout. Il faut y ajouter les émigrations des Juifs soit en Russie vers sa partie asiatique, soit dans les pays d'Europe non soumis à l'influence allemande, pers l'outre-Mer.

Au total, depuis 1933, c'est-à-dire au cours de la première décennie du pouvoir national socialiste, le judaïsme européen a perdu à peu près la moitié de ses effectifs. À peu près la moitié de cette perte, c'est-à-dire un quart de la population juive totale de 1937, a probablement afflué dans les autres continents.

Cette conclusion se déduit de longues colonnes de chiffres dont je fais grâce au lecteur et qui établissent que l'autre moitié a été « évacuée » dans les camps de concentration. Pour tout homme de bon sens et malgré les imperfections d'une traduction qui fait apparaître une contradiction[195] entre la troisième phrase et la dernière, elle signifie qu'à la date du 31 décembre 1942, 4 millions de ressortissants juifs ont, soit émigré hors des pays occupés par l'Allemagne, soit été envoyés dans des camps de concentration et qu'il y faut ajouter 500 000 morts dues soit à la mortalité naturelle, soit à la guerre.

En prétendant que les mots ou expressions « évacuation... émigration... décroissance du judaïsme européen » signifient « extermination ».

---

[195] Dans ce rapport, il est dit, trois pages avant, que « Le bureau statistique du Reich indiquait pour 1937, le chiffre de 17 millions pour la population juive totale du monde » : Un quart, cela donne 4 250 000 et si ce quart représente la moitié de la perte du judaïsme européen, cette perte peut être à son tour évaluée à 8 500 000. Or, Korherr ne parle que de 4 millions 1/2. D'autre part, la perte évaluée à 8.500.000 et définie comme étant « la moitié des effectifs du judaïsme européen », cela signifierait qu'il y avait 17 millions de Juifs en Europe en 1937. D'où il appert, ou que le rapport a été rédigé par un fou, ou qu'il y a là un visible tripatouillage de texte.

Poliakov conclut que « si à la date du 31 décembre 1942, 4 millions de Juifs avaient déjà été exterminés minés... sur la seule foi de ce document, on peut dire avec une quasi-certitude que le nombre total des Juifs exterminés (jusqu'en 1945) devait être compris entre 5 et 7 millions, 6 millions demeurent le chiffre le plus probable ».

Et voilà : il suffisait d'y penser...

Mais M. Poliakov ne s'en tient pas là : il a une deuxième méthode d'évaluation. Voici en quoi elle consiste :

« La deuxième méthode, appliquée par les spécialistes de la démographie juive, et, en particulier, par l'économiste et statisticien de New York, M. Jacob Lechtinsky, nous dit-il, consiste à comparer les données respectives sur la population juive des différents pays *européens*[196] avant la guerre et après la guerre. C'est de cette manière que certaines organisations juives internationales, telles que le Congrès, Juif mondial, sont arrivées, en 1945, au chiffre, toujours le même, de 6 millions. »

Ce à quoi il suffisait de penser ici, c'est qu'il n'y avait pas lieu de faire le même travail pour les, pays non européens où la population juive a augmenté dans les proportions indiquées par les statistiques que j'ai produites.

M. Poliakov y a pensé.

C'est un homme ingénieux... mais seulement dans son village.

On m'assure que M. Poliakov est maître de recherches au Centre national de la recherche scientifique. C'est possible. Mais, si c'est vrai, on les choisit, dans cette maison !

Je conviens volontiers qu'au plan de la morale cette discussion sur les moyens du crime et le nombre des victimes est sans prolongements possibles : que ce soit dans les chambres à gaz, par la corde, sous la hache ou le fouet, il suffit qu'un seul Juif ait été condamné à mort parce

---

[196] C'est moi qui souligne : européens seulement. P.R.

qu'il était Juif pour que le crime soit établi. Le nombre des victimes et les moyens du crime n'entrent pas dans sa définition : ils n'en définissent que le degré d'horreur et, s'il heurte la sensibilité populaire, le degré d'horreur est un élément d'appréciation des juristes qui le lient abusivement au degré de responsabilité non pour définir le crime mais les circonstances aggravantes ou atténuantes au moment de l'application de la peine. Il n'appartient pas à la morale mais à la mode et varie avec l'époque et le lieu. Les circonstances atténuantes ou aggravantes n'appartiennent d'ailleurs pas non plus à la morale et, limité à la personne du criminel, le degré de responsabilité ne peut entrer dans son domaine que par les conditions dans lesquelles le crime a été commis. Encore ceci ne vaut-il que dans le cadre de la morale traditionnelle : au siècle dernier, le philosophe français Georges Goyau[197] au point une Morale sans obligation ni sanction qui est à coup sûr celle de l'avenir et, en tout cas, la mienne.

Ayant ainsi précisé à quel point cette discussion était sans objet dans mon esprit au plan de la matérialité du crime, je n'en suis que plus à l'aise pour dire qu'il n'en est de même ni au plan de l'histoire, ni à celui de la sociologie, ni même à celui du sens commun dont on a trop souvent le tort de croire qu'il est négligeable.

L'histoire est le livre de bord de l'humanité. À ce titre elle est un inventaire et un inventaire doit être exact. Dresser celui de toutes les actions des hommes est la mission des historiens et cette mission se limite à cela. Ils ne se préoccupent en conséquence d'aucun des impératifs de la morale à l'exception d'un seul : la recherche de la vérité. À plus forte raison sont-ils totalement étrangers à ceux de la politique et c'est ce qui explique le souci de l'objectivité qui a présidé à tout ce que j'ai écrit sur la déportation.

La sociologie, elle, a besoin de savoir s'il s'agit ou non d'un génocide — l'histoire aussi, d'ailleurs, mais c'est seulement pour l'enregistrer — et c'est pourquoi cette discussion s'impose à elle en fonction du nombre des victimes et des moyens du crime.

Quant au sens commun, on me permettra de quitter le plan de l'histoire, de la morale et de la sociologie, et de descendre dans la psychologie des

---

[197] J.-M. Guyau : corrigé par l'auteur sur son exemplaire.

foules à partir de la réponse qu'une personnalité allemande dont le nom n'est pas cité, fit le 5 juin dernier à l'envoyé spécial du *Monde* chargé d'une enquête en Allemagne sur l'effet qu'y avait produit l'arrestation d'Adolf Eichmann par les services secrets israéliens :

« Les Allemands ne veulent pas qu'on leur serve à chaque petit déjeuner quelques milliers de Juifs exterminés dans les camps de concentration. Ils ne veulent plus entendre parler de tout cela. »

La personnalité allemande en question est bien modeste : depuis quinze ans ce n'est pas seulement « quelques milliers de juifs exterminés dans les, camps de concentration » qu'on sert « tous les matins au petit déjeuner » du monde entier mais 6 millions et parfois 9 millions[198] comme ce fut le cas en France au moment de la sortie du film *Nacht und Nebel*.

Et il n'y a pas que les Allemands qui soient fatigués : le monde entier l'est. Il en est même agacé car il sait que ce n'est pas vrai et, chaque fois qu'il trouve ce chiffre dans son journal habituel, la réaction du monde entier est automatiquement :

« Ces Juifs, tout de même... » souligné par le sourire de mépris ou d'indignation qui est de rigueur.

C'est ainsi qu'en l'an de grâce 1960, l'antisémitisme naît dans l'opinion publique et l'on sait que, parce qu'il tourne très facilement au racisme, l'antisémitisme est depuis des siècles un des pires fléaux de l'humanité. Or, tant qu'on prétendra faire admettre à l'opinion que 6 000 000 de Juifs ont été exterminés dans les chambres à gaz, il n'y aura aucune chance d'empêcher que, périodiquement, des vagues d'antisémitisme ne déferlent sur le monde. Tout se passe donc comme si ceux qui se retranchent irréductiblement sur ces chiffres et leur font une publicité si tapageuse n'avaient d'autre souci que de provoquer ou d'entretenir des campagnes antisémites et le sens commun commande de les dénoncer impitoyablement comme les plus dangereux fourriers du racisme.

Où le sens commun rejoint tout de même les impératifs de la morale,

---

[198] Michel Duran, Le Canard enchaîné du 27-1-1960.

c'est si l'on sait que ce chiffre de 6 000 000 de Juifs exterminés dans les chambres à gaz est entré en ligne de compte dans le calcul du montant des réparations que l'Allemagne a été condamnée à payer à l'État d'Israël et là, on peut au moins s'étonner que le gouvernement allemand ne se soit pas montré plus soucieux de le vérifier, ne serait-ce que pour enlever un argument aux agitateurs antisémites.

Pour conclure sur le tout, je dirai seulement que je ne me fais aucune illusion : le vieux socialiste que je suis sera une fois de plus accusé d'avoir cherché à minimiser les crimes du nazisme et, parce qu'il discute une affirmation sans référence sérieuse des autorités juives, d'antisémitisme, voire de racisme. On ne manquera même peut-être pas d'ajouter que mes écrits servent une politique à jamais condamnée par les principes fondamentaux de l'humanisme traditionnel. Aucun de mes détracteurs ne verra jamais que, dans la forme même qui leur a été donnée, les accusations portées contre le nazisme, non seulement en font le jeu dans la mesure où elles ne correspondent pas à la vérité, mais encore retombent en définitive sur le peuple allemand. Aucun ne verra non plus que, dans ces conditions, ce que je défends c'est le peuple allemand, non le nazisme dont, par corollaire, seule la vérité pure et simple — ça suffit déjà, bon Dieu ! — peut empêcher la renaissance. Et tous continueront à défendre cette infamie cautionnée par la littérature concentrationnaire qui consiste, par exemple, à inscrire sur tous les monuments érigés à la mémoire de la résistance dans toute la France, cette phrase odieuse : « Aux victimes de la barbarie allemande » non, ce qui serait seul raisonnable : « Aux victimes de la barbarie guerrière ».

Je m'en ferai une raison : c'est le lot des chercheurs de vérités que d'être suspectés d'arrière-pensées et il y aura toujours au moins un imbécile pour demander au pape la condamnation de Galilée.

Il me sera d'ailleurs toujours facile de répondre que cette politique effectivement condamnée par les principes fondamentaux de l'humanisme traditionnel ne trouve plus aujourd'hui de raisons de renaître et de prospérer que dans les exagérations outrancières de beaucoup trop de gens dont l'unique mobile est le ressentiment ou la vengeance et dont, par voie de conséquence, la politique n'est pas beaucoup meilleure.

Après quoi il me suffira de citer Socrate qui jamais ne se préoccupa de savoir si sa philosophie servait ou non la politique des Trente Tyrans.

Le 20 août 1960.

# Chapitre III

Texte de la Conférence faite par l'auteur dans quatorze villes allemandes et à Vienne (Autriche) du 21 mars au 10 avril 1960, et annoncée sous le titre :

## « VÉRITÉ HISTORIQUE OU VÉRITÉ POLITIQUE ? »[199]

Mesdames et Messieurs,

Mon imparfaite connaissance de la langue allemande fait que je dois d'abord vous demander de bien vouloir m'excuser si je commets quelques fautes de syntaxe ou de prononciation et, si vous avez quelques questions à me poser après cette conférence, de bien vouloir aussi, parler lentement.

Mon souci étant seulement que nous nous comprenions, je n'ai rien d'autre à vous demander et, sans autre forme de procès, je me permets d'entrer directement dans le débat.

C'est un débat délicat. Sur son objet, il y a une opinion mondiale qui est seulement politique mais qui est présentée comme une vérité historique. Et puis, il y a la vérité historique. Le malheur veut — hélas ! — que vérité politique et vérité historique soient très loin de concorder et qu'il y ait toujours quelque risque à le prétendre.

Je n'ai pas besoin de préciser que ce qui m'intéresse, c'est seulement la vérité historique. Que je comprenne la vérité politique est hors de question : après la guerre, après toutes les guerres, la vérité est celle des vainqueurs et elle est toujours politique. Mais je ne suis pas un politicien et, encore moins un vainqueur. Nous allons donc essayer de nous élever ensemble au plan de l'Histoire et de chercher ensemble, sans passion,

---

[199] Texte de la conférence faite en Allemagne et en Autriche au printemps de 1960 [et qui provoqua la déclaration fracassante de Broszat dans Die Zeit, au mois d'août suivant]

dans le langage des universitaires, cette vérité qui traverse les siècles en restant éternellement semblable à elle-même.

Et d'abord, dans cette affaire, peut-on déjà parler de vérité historique ?

Sur les camps de concentration allemands, on a dit ou laissé entendre trois choses :

1. Les Allemands les ont inventés : ce n'est pas vrai.

2. Dans ces camps il y eut des atrocités comme jamais l'histoire du monde n'en avait connu jusqu'ici : ce n'est pas vrai.

3. De ces horreurs, le peuple allemand est responsable : ce n'est pas vrai.

Sur le premier point, il serait pour moi trop facile de vous dire qu'en Russie depuis 1937[200], des camps de concentration ont été construits et que la France de 1938 n'a pas reculé devant l'institution. Je préfère vous dire tout simplement qu'arrivant à Dora en 1943, j'y fus accueilli dans un block par ces mots :

– Ah ! les Français, vous allez enfin savoir ce que c'est qu'un camp de concentration ... Ne vous inquiétez pas, on va vous l'apprendre.

C'étaient des Espagnols qui n'avaient pas oublié les camps dans lesquels M. Daladier les avait fait interner.[201]

Sur les camps russes, on sait aujourd'hui qu'ils étaient encore plus terribles que les camps allemands et cela plus particulièrement depuis

---

[200] 1927 : corrigé par l'auteur.
[201] Les témoignages sur l'afflux de réfugiés espagnols et leur regroupement dans des camps sont très rares. Nous signalons à nos lecteurs l'existence d'un passage sur la vie dans ces camps, au chapitre XV du roman de Nancy Mitford, *The Pursuit of Love*, 1945 (traduction française sous le titre *La Poursuite de l'amour*, 10/18, 1994). L'auteur, une aristocrate anglaise qui a vécu une bonne partie de sa vie adulte en France, a écrit plusieurs romans fort spirituels et très bien vus sur la vie en France et en Angleterre entre 1920 et 1960. L'héroïne du roman cité se trouve, par hasard, engagée dans une action charitable dans les camps de réfugiés catalans en 1939. L'historien ne doit mépriser aucune source.

la publication du livre de Margareth Buber-Neuman qui avait connu les deux. On sait aussi qu'en Algérie, la France a construit des camps dont, si on a lu les rapports de la Croix Rouge Internationale, il serait bien aventureux de dire qu'ils sont beaucoup meilleurs que les camps allemands.

C'est qu'il s'agit là non pas seulement d'un problème actuel, mais d'une tradition historique que je ne saurais mieux caractériser qu'en citant ici ce que me disait un jour à Buchenwald un grand bourgeois de Prague :

« Les camps — Les Lager, comme il disait — sont un phénomène historique et social par lequel passent tous les peuples arrivant à la notion de Nation et d'État On en a connu dans l'Antiquité, au Moyen Age, dans les Temps modernes : pourquoi voudriez-vous que l'Époque contemporaine fit exception ? Bien avant Jésus-Christ, les Égyptiens ne trouvaient que ce moyen de rendre les Juifs inoffensifs à leur prospérité, et Babylone ne connut son apogée merveilleuse que grâce aux concentrationnaires. Les Anglais eux-mêmes y eurent recours avec les malheureux Boers, après Napoléon qui inventa Lambessa. Actuellement, il y en a en Russie qui n'ont rien à envier à ceux des Allemands ; il y en a en a en Espagne, en Italie et même en France: vous rencontrerez ici des Espagnols et vous verrez ce qu'ils vous diront, par exemple du camp de Gurs, en France, où on les parqua au lendemain du triomphe de Franco. »

Je vous ai déjà dit comment j'avais été accueilli à Dora par les Espagnols en question. Pour le reste, vous pourrez lire dans mon livre, si vous n'avez déjà lu, que chez tous les peuples les camps de concentration, chaque fois qu'il y en a eu, ont été semblables à ce que nous avons connu en Allemagne et précisément parce que partout c'était le même mécanisme.

Et quel était ce mécanisme ?

En France, pendant l'occupation, il y avait une organisation des familles de déportés. Quand une famille s'adressait à cette organisation pour avoir des renseignements sur le sort de son ou de ses déportés, elle recevait, retransmis des autorités allemandes, le communiqué suivant :

« *Camp de Weimar*. – Le camp est situé à 9 km de Weimar et y est relié par une voie ferrée. Il est à 800 m. d'altitude.

Il comporte trois enceintes de barbelés concentriques. Dans la première enceinte, les baraques des prisonniers, entre la première et la deuxième enceinte, les usines et les ateliers où l'on fabrique des accessoires de T.S.F., des pièces de mécanique, etc.

Entre la deuxième et la troisième enceinte s'étend un terrain non bâti que l'on finit de déboiser et où l'on exploite les routes du camp et du petit chemin de fer.

La première enceinte de barbelés est électrifiée et jalonnée de myriades de miradors en haut desquels se trouvent trois hommes armés. Pas de sentinelles à la deuxième et à la troisième enceinte, mais, dans l'enclos des usines, il y a une caserne de S.S. ; ils font, pendant la nuit, des patrouilles avec les chiens, ainsi que dans la troisième enceinte.

Le camp se développe sur 8 km et contient 30 000 internés environ. Au début du régime nazi, des opposants y étaient internés. Sur la population, il y a moitié Français, moitié étrangers, Allemands antinazis, mais qui restent Allemands et qui fournissent la plupart des chefs de Block. Il y a aussi des Russes, parmi lesquels des officiers de l'Armée rouge, des Hongrois, des Polonais, des Belges, des Hollandais, etc.

Le règlement du camp est le suivant :

4 h 30 : Lever, toilette surveillée torse nu, lavage du corps obligatoire.

5 h 30 : 500 cm3 de potage ou café, avec 450 gr. de pain (parfois ils ont moins de pain, mais ils ont une ration de pommes de terre de bonne qualité, abondante) ; 30 gr. de margarine, une rondelle de saucisson ou un morceau de fromage.

12 heures : Un café.

18 h 30 : Un litre de bonne soupe épaisse.

Le matin, à 6 heures, départ pour le travail. Le rassemblement se fait par emploi, usine, carrière, bûcheronnage, etc... Dans chaque détachement, les hommes se placent par rang de cinq et se tiennent par le bras pour que les rangs soient bien alignés et séparés. Puis l'on part, musique en tête (constituée de 70 à 80 exécutants, des internés en uniforme : pantalon rouge, veste bleue à parements noirs.)

L'état sanitaire du camp est très bon. À la tête se trouve le professeur Richet, déporté. Visite médicale chaque jour. Il y a de nombreux médecins, une infirmerie et un hôpital, comme au régiment. Les internés portent le costume des forçats allemands en drap artificiel relativement chaud. Leur linge a été désinfecté à l'arrivée. Ils ont une couverture pour deux hommes.

Il n'y a pas de chapelle au camp. Il y a pourtant de nombreux prêtres parmi les internés, mais qui, en général, ont dissimulé leur qualité. Ces prêtres réunissent les fidèles pour des causeries, récitation de chapelets, etc.

*Loisirs.* – Liberté complète dans le camp le dimanche après-midi. Cette soirée est agrémentée de représentations données par une troupe théâtrale organisée par les internés. Cinéma, une ou deux fois par semaine (films allemands), T.S.F. dans chaque baraque (communiqués allemands). Beaux concerts donnés par l'orchestre des prisonniers.

Tous les prisonniers sont d'accord pour trouver qu'ils sont mieux à Weimar qu'ils ne l'étaient à Fresnes ou dans les autres prisons françaises.

Nous rappelons aux familles des déportés que le bombardement allié des usines de Weimar, qui a eu lieu vers la fin d'août, n'a fait aucune victime parmi les déportés du camp.

Nous rappelons aussi que la plupart des trains partis de Compiègne et de Fresnes en août 1944 étaient dirigés sur Weimar. »

Devant le Tribunal de Nuremberg beaucoup d'accusés ont cité ce texte. Il est clair qu'il contenait la théorie et il serait vain de soutenir que, dans la pratique, notre vie pouvait être comparée à la description somme toute assez sympathique et rassurante qu'en donne ce communiqué :

dans la pratique c'était horrible...

Mais, dans le monde entier la théorie est toujours une chose et la pratique toujours une autre. Pour rendre sensible la différence qu'en l'occurrence il existait entre l'une et l'autre, je ne saurais mieux faire, que de risquer une comparaison : c'est un peu l'histoire de l'éclipse de lune qu'on raconte sûrement aussi dans les casernes allemandes. Le colonel dit un jour au commandant qu'il y aurait lieu de faire observer à toutes les recrues une éclipse de lune qui aura lieu le soir même à 23 heures. Le commandant transmet au capitaine qui transmet au lieutenant et, finalement l'affaire arrive aux soldats par les caporaux, dans la forme suivante : « Par ordre du Colonel, une éclipse de lune aura lieu ce soir à 23 heures. Tous ceux qui n'y participeront pas auront quatre jours ! »

Ainsi en fut-il des camps de concentration : en France, le gouvernement Daladier qui avait construit des camps pour les Espagnols, les avait dotés d'une réglementation que devaient surveiller des gendarmes dont les possibilités étaient intellectuellement — et humainement ! — très limitées. En Allemagne, il en fut de même à cette aggravation près que les soldats et les policiers étaient doublés par des détenus pris parmi nous. Ces détenus — pris parmi nous, je le répète — furent un de nos plus grands malheurs. Ils constituaient un appareil : la *Häftlingsführung* dont je vous parlerai plus longuement dans quelques instants.

En Russie (Karaganda) nous dit Margareth Buber-Neuman, il en était de même. Et de même en Italie (Lipari) sous Mussolini. De même encore en Grèce (Makronissos), en France dans les camps pour collaborateurs (Carrère, la Noë, etc.), en Algérie, etc. Car, c'est une vérité qui ne paraît plus guère contestable que, dans tous les pays où il y en eut, les camps de concentration sont ce qu'ils sont, quelles que soient les formes de gouvernement.

Pourquoi alors l'Allemagne serait-elle seule accusée ? Là est la question, la plus grave question de notre temps. Avant d'y répondre, je voudrais d'abord traiter du deuxième point de ma conférence : le problème des atrocités et de ceux qui en sont responsables.

Les atrocités et ceux qui en sont responsables sont évidemment inséparables. Peut-être d'ailleurs vous étonnerai-je : ces atrocités, je renonce, en effet, à la fois à vous en donner une liste et à vous les décrire. Sur le sujet, vous n'avez déjà que trop entendu. L'atrocité ne prouve d'ailleurs rien, en histoire, ni contre celui qui la commet, ni en faveur de celui qui la subit ; nous n'avons que trop d'exemples d'un monde où la victime du jour est le bourreau du lendemain vice-versa. Il me suffira donc de vous dire que les camps de concentration étaient un univers d'horreurs. Et si quelque chose devait être ajouté, ce serait ceci malgré cela, à peu près tous ceux qui en ont parlé ont encore forcé la dose et surtout les explications qu'ils en ont données n'ont pas grand-chose de commun avec la vérité.

On doit ici compter avec le complexe du *Mensonge d'Ulysse* qui est celui de tous les hommes, par conséquent de tous les internés. L'humanité a besoin de merveilleux dans le mauvais comme dans le bon, dans le laid comme dans le beau. Chacun espère et veut sortir de l'aventure avec l'auréole du saint, du héros ou du martyr, et chacun ajoute à sa propre odyssée sans se rendre compte que la réalité se suffit déjà amplement à elle-même.

Avec les mensonges d'Ulysse, on a fait jadis un chef-d'œuvre de poésie qui a séduit l'humanité et passé les siècles. Avec ceux des déportés, on a aujourd'hui bâti une politique. Et c'est la différence.

Au regard de l'Histoire qui comprend aussi la statistique, l'importance des responsabilités varie selon qu'il y a eu 4 ou 48 fours crématoires à Auschwitz, 2 500 000 victimes ainsi que le prétend un livre récemment paru et attribué au commandant du camp, ou 6 millions comme on l'admet généralement, ou 9 millions comme le disent encore quelques journaux, ou 45 millions comme l'a écrit le communiste hongrois Niyzsli Miklos.

En matière de chiffres, les « témoins » ont dit et écrit les choses les plus invraisemblables. En matière de mise en œuvre des moyens de conduire à la mort aussi. La littérature concentrationnaire dans son ensemble offre l'aspect d'un rassemblement de ragots contradictoires. Mais nous sommes ici pour rechercher une vérité non pour discuter sans fin d'un roman écrit chez la portière.

De toutes façons, une chose est sûre — de ces horreurs et atrocités, le peuple allemand est irresponsable, totalement irresponsable. On lui a fait deux reproches : il s'était prononcé en faveur du nazisme et jamais, n'avait protesté. Sur le premier on sait que, jamais un peuple ne choisit son gouvernement : dans tous les pays du monde, l'opinion publique est faite par les journaux et les journaux — comme la radio — appartiennent à ceux qui possèdent l'argent. Dans ces conditions, un choix électoral est très facilement et toujours une imposture et une falsification. Sur le deuxième reproche, il est notoire que jamais le peuple allemand n'a su ce qui se passait dans les camps : les S.S. qui veillaient à la porte en ignoraient eux-mêmes la plus grande partie !

Il n'est d'ailleurs que de citer l'exemple des camps actuels : le peuple français, lui aussi, ignore ce qui se passe dans les camps algériens...

Ce qui est indiscutable au plan des responsabilités, c'est que les gouvernements allemands de ces temps-là ont les leurs. Personne jamais n'a songé à prétendre le contraire. Depuis 1933, le gouvernement nazi avait construit et utilisé les camps.

Mais, dans la période contemporaine, quel gouvernement de quelque forme et de quelque politique qu'il se réclame est à l'abri de ce reproche ? Et pour prétendre à s'ériger en juge, il est clair qu'y aurait seulement droit un gouvernement qui n'aurait jamais eu recours à ce moyen. Il y aurait alors beaucoup d'accusés et peu d'accusateurs...

Pourquoi, maintenant, les camps sont-ils si horribles dans tous les pays ? Les camps allemands nous fournissent la réponse et pour bien comprendre, on doit d'abord savoir comment ils étaient administrés. Voici donc : sous les regards de la S.S. les camps étaient administrés par les internés eux-mêmes et ceci explique tout. La véritable administration était le *Häftlingsführung*. Cette administration était toute-puissante, elle s'appuyait sur la S.S. qui, toujours, lui apportait sa caution et son aide. Le Dr Eugen Kogon, le plus important et le plus complet de tous les témoins, dit lui-même dans son livre, *L'Enfer organisé* :

« Ses tâches étaient les suivantes: maintenir l'ordre dans le camp, veiller à la discipline pour éviter l'intervention S.S. etc. » (p. 62).

« Les Directions S.S. des camps n'étaient pas capables d'exercer sur des dizaines de milliers de détenus un contrôle autrement qu'extérieur et sporadique. » (Page 275).

Et il donne un exemple :

« On sait que, dans les camps, le bureau de la statistique du travail, composé de détenus, régissait l'utilisation de la main-d'œuvre sous le contrôle et les instructions du chef de la main-d'œuvre et du service du travail. Avec les années, la S.S. fut débordée par les énormes demandes. À Buchenwald, le capitaine S.S. Shwartz n'essaya qu'une fois de former lui-même un transport de mille détenus. Après avoir fait séjourner presque tout le camp une demi-journée sur la place d'Appel pour passer les hommes en revue, il parvint à rassembler 600 hommes. Mais les gens examinés qui avaient dû sortir du rang filèrent tout simplement dans d'autres directions, et nul ne resta aux mains de Shwartz... » (Page 286.)

À mon sens, il n'y avait aucun inconvénient à ce que l'expérience Schwartz se répétât chaque fois qu'il était question d'organiser un transport vers quelque lieu de travail : si les S.S. n'avaient jamais pu y arriver, il n'en eût que mieux valu. Mais :

« À partir de ce moment, le chef de la main d'œuvre abandonna aux détenus de la statistique du travail toutes les questions de la répartition, du travail. » (Ibid.)

Et, après avoir été sélectionné sur la place d'Appel, il ne fut plus possible de « filer dans toutes les directions » comme avec Schwartz : gummi à la main, tous les Kapos, tous les chefs de Block, tous les Lagerschutz, etc. dressaient un barrage menaçant contre toute tentative de fuite. Auprès d'eux, le S.S. Schwartz paraissait débonnaire. Ils étaient communistes, anti-fascistes, anti-hitlériens, etc. mais ils ne pouvaient tolérer que quelqu'un troublât l'ordre hitlérien des opérations ou tentât d'amoindrir l'effort de guerre du IIIe Reich en cherchant à lui échapper.

Il est, en effet, reconnu par tout le monde aujourd'hui que les déportés qui faisaient partie de cette bureaucratie étaient les moins honnêtes et les moins scrupuleux. Pour tout dire, dans un monde où toutes les races et tous les types sociaux étaient rassemblés, ils étaient la lie de la population.

Et que s'est-il passé sous leur autorité ?

C'est encore Eugène Kogon qui nous renseigne :

« En fait les détenus n'ont jamais reçu les faibles rations qui leur étaient destinées en principe. Tout d'abord, la S.S. prenait ce qui lui plaisait puis les détenus qui travaillaient dans le magasin à vivres et dans les cuisines « se débrouillaient » pour prélever amplement leur part. Puis les chefs de chambrée en détournaient une bonne quantité pour eux et pour leurs amis. Le reste allait aux misérables détenus ordinaires. » (Page 107)

Il y a lieu de, préciser que tout ce qui détenait une parcelle d'autorité dans le camp était par là même, placé pour « prélever » : le doyen de camp qui délivrait globalement les rations, le Kapo ou le chef de Block qui se servaient copieusement en premier lieu, le chef d'équipe ou l'homme de chambre qui coupaient le pain ou mettaient la soupe dans les écuelles, le policier, le secrétaire, etc. Il est curieux que Kogon ne le mentionne qu'à peine.

Tous ces gens se gobergeaient littéralement des produits de leurs vols, et promenaient dans le camp des mines florissantes. Aucun scrupule ne les arrêtait :

« Pour l'infirmerie des détenus, il y avait dans les camps une nourriture spéciale pour les malades, ce qu'on appelait la diète. Elle était très recherchée comme supplément et sa plus grande part était détournée au profit des personnalités du camp: Doyens de Blocks, Kapos, etc. Dans chaque camp, on pouvait trouver des communistes ou des criminels qui, pendant des années, recevaient, en plus de leurs avantages, les suppléments pour malades. C'était surtout une affaire de relations avec la cuisine des malades composée exclusivement de gens appartenant à la catégorie de détenus qui dominaient le camp, ou une affaire d'échange de bons services : les Kapos de l'atelier de couture, de la cordonnerie, du magasin d'habillement du magasin à outils, etc. livraient, en échange de cette nourriture, ce que leur demandait les autres. Dans le camp de Buchenwald, de 1939 à 1941, près de quarante mille œufs ont été ainsi détournés, à l'intérieur même du camp. » (Pages 110-111-112.)

Pendant ce temps, les malades de l'infirmerie mouraient d'être privés de cette nourriture spéciale que la S.S. leur destinait. Expliquant le mécanisme du vol, Kogon en fait un simple aspect du « système D », indistinctement employé par tous les détenus qui se trouvaient sur le circuit alimentaire. C'est, à la fois, une inexactitude et un acte de bienveillance à l'égard de la *Häftlingsführung*.

Le drame commençait à la porte de l'infirmerie.

« Quand le malade y était enfin arrivé, il lui fallait d'abord faire la queue dehors par n'importe quel temps et avec des chaussures nettoyées. Comme il n'était pas possible d'examiner tous les malades, et comme il se trouvait d'ailleurs parmi eux toujours des détenus qui n'avaient que le désir compréhensible en soi de fuir le travail, un robuste portier détenu procédait à la première sélection radicale des malades. » (Page 130.)

Le Kapo, choisi parce qu'il était communiste, choisissait un portier, non parce qu'il était capable de discerner les malades des autres ou, entre les malades, ceux qui l'étaient le plus de ceux qui l'étaient le moins, mais parce qu'il était robuste et pouvait administrer de solides raclées. Il va sans dire qu'il l'entretenait en forme par des soupes supplémentaires.

Pour ce qui est des S.S. voici ce que dit E. Kogon :

« Ils ignoraient ce qui se passait réellement derrière les barbelés. » (P. 275)

« La dernière année, l'administration interne de Buchenwald était si solidement organisée que la S.S. n'avait plus le droit de regard sur certaines questions intérieures fort importantes. Fatiguée, la S.S. était maintenant habituée à « laisser aller les choses » et, en gros, elle laissait faire les politiques. » (P. 284)

Mon opinion d'ensemble est donc la suivante qu'on trouvera d'ailleurs dans mon livre : parce que, nous ayant volés sans vergogne sur le chapitre de la nourriture et de l'habillement, malmenés, brutalisés, frappés à un point qu'on ne saurait dire et qui a fait mourir 82 % — disent les statistiques — d'entre nous, les survivants de la bureaucratie concentrationnaire ont vu dans les chambres à gaz l'unique et providentiel moyen d'expliquer tous ces cadavres en se disculpant.

Cette thèse a été confirmée de façon éclatante le 22 juillet 1953, à la tribune du Conseil de la République par M. de Chevigny, sénateur d'un département de l'Est, lequel, ex-déporté de Buchenwald, a révélé que

« les Allemands avaient laissé les détenus faire leur propre police et que pour accomplir les exécutions hâtives — sans chambres à gaz ! — on trouvait toujours des amateurs passionnés. Tous ou presque tous ces acharnés de justice ont été pris plus tard en flagrant délit »,

ajoutait le sénateur (J.O. du 23 juillet 1953 – Débats parlementaires).

Prétendre tout cela — qui est aujourd'hui l'opinion de beaucoup de bons esprits — est-ce minimiser les responsabilités de la S.S. et du nazisme ? Cette accusation grossière tombe d'elle-même à partir du moment où l'on commence par dire qu'on lui doit la création de certains camps et où l'on continue en précisant que tout se faisait sous leurs yeux, bien qu'ils les fermassent. Mais comment passer sous silence les responsabilités propres à la *Häftlingsführung* ? Ce serait cependant n'être pas complet que de ne pas ajouter que le principal responsable c'est la guerre et que les responsabilités de la guerre sont, au-delà des problèmes de partis politiques ou de gouvernements, des problèmes de régime : deux guerres ont apporté les camps en Allemagne comme la guerre d'Algérie les apporte aujourd'hui en France... avec leur cortège habituel d'horreurs et d'atrocités.

C'est cela dont Eugen Kogon ne veut absolument pas convenir : pour lui le responsable de l'atrocité dans la guerre, c'est toujours le soldat, non le régime. Mais on voit bien que c'est une prise de position exclusivement politique, lorsqu'il nous dit que seul le but comptait : maintenir un noyau de prisonniers contre la S.S.

« Si la garde du camp, dit-il, n'avait pas fait régner une impeccable apparence d'ordre, face à la S.S., que ne serait-il pas advenu du camp tout entier, et des milliers de prisonniers, lors des arrivées et des départs en groupe, lors des opérations punitives et « *last not least* », dans les derniers jours avant la libération ? » (Page 62)

S'il n'en avait pas été ainsi, il n'aurait pu se produire que :

« NOUS ne fussions pas TOUS transformés en martyrs, mais puissions continuer à vivre comme témoins. » (Page 62)

Comme si, au regard de l'histoire, il importait que Kogon et son équipe fussent témoins plutôt que d'autres, que Michelin de Clermont-Ferrand, que François de Tessan, que le Dr Seguin, que Crémieux, que Desnos, etc. car, ce nous et ce tous ne s'appliquaient, bien entendu, qu'aux privilégiés de la *Häftlingsführung* et non à tous les politiques qui constituaient, en dépit qu'on en ait, la plus grande partie de la masse. Pas un instant, il n'est à l'idée de l'auteur qu'en se contentant de moins manger et de moins frapper, la bureaucratie concentrationnaire eût pu sauver la presque totalité des détenus, et qu'il n'y aurait, aujourd'hui, que des avantages à ce qu'ils fussent, eux aussi, témoins.

La conséquence de la méthode, c'est qu'à quelques exceptions près, seulement les communistes furent sauvés. Eugen Kogon, lui, a réalisé ce tour de force d'être sauvé par les efforts conjugués de la S.S. et des communistes ! Car, à Buchenwald, c'était quelqu'un que M. Kogon. Il pouvait dire : « J'avais dans ma main le Dr Ding Schuller » (p. 218) qui, après le commandant du camp, était la plus haute autorité effective et dont il était le secrétaire particulier.

Dans sa thèse « *Croix gammée contre caducée* » le Dr François Bayle rapporte ce curieux témoignage de Kogon à Nürnberg : Ding Schuller, médecin-chef du camp de Buchenwald, lui aurait demandé de s'occuper de sa femme et de ses enfants, en cas de défaite de l'Allemagne (!...) Si cette demande comportait une contrepartie semblable — ce que Kogon ne dirait pas de toutes manières ! — la situation privilégiée de ce singulier détenu s'expliquerait par un contrat de collaboration dont l'inspiration et les buts seraient beaucoup moins nobles qu'il n'a été jusqu'ici convenu de l'admettre. Spéculer sur cette hypothèse serait aventureux : bornons-nous donc à enregistrer que la collaboration

Kogon-S.S. fut, de son aveu même, effective, amicale et souvent intime. Le prix que l'a payée la masse des détenus est évidemment une autre histoire. Car il y avait aussi une collaboration Kogon-P.C. si on le croit lorsqu'il avoue encore qu'il a été porté à son poste de secrétaire particulier du Dr Ding-Schuller « par une habile politique des détenus ». (P. 163) c'est-à-dire de la *Häftlingsführung* qui était communiste.

Qu'entre la S.S. et les communistes, ses sympathies soient allées à ces derniers, on n'en doute pas.

C'est donc leur jeu qu'au camp il jouait. Après la guerre, il a d'abord continué et nous avons eu « *L'Enfer organisé* ». Maintenant, il joue le jeu des Américains. Si cette nouvelle attitude ne consistait pas à passer d'un excès à l'autre, on pourrait seulement dire qu'il est trop tard: le mal est fait. Car son « *Enfer organisé* » reste le meilleur atout des communistes contre l'Allemagne.

Mais je veux encore dire quelques mots sur la méthode historique de M. Kogon… Pour donner à son témoignage la couleur de la vérité voici d'après lui- même, comment il a procédé :

« Pour dissiper certaines craintes et montrer que ce rapport (c'est ainsi qu'il désigne son *Enfer organisé*) ne risquait pas de se transformer en acte d'accusation contre certains détenus qui avaient occupé une position dominante, je le lus, au début du mois de mai 1945, dès qu'il eût été couché sur le papier, et alors qu'il ne manquait que les deux derniers chapitres sur un total de douze à un groupe de quinze personnes, qui avaient appartenu à la direction clandestine[202] du camp, ou qui représentaient certains groupements politiques de détenus. Ces personnes en approuvèrent l'exactitude et d'objectivité.

Avaient assisté à cette lecture :

1. Walter Bartel, communiste de Berlin, président du comité international du camp.

---

[202] Eugen Kogon emploie tantôt le mot « illégale », tantôt le mot « clandestine », pour caractériser la *Häftlingsführung*. En réalité il n'y avait rien, ni de moins illégal, ni de moins clandestin.

2. Heinz Baumeister, social-démocrate, de Dortmund qui, pendant des années, avait appartenu au Secrétariat de Buchenwald ; deuxième secrétaire du Block 50.

3. Ernest Busse, communiste, de Solingen Kapo de l'infirmerie des détenus.

4. Boris Banilenko, chef des jeunesses communistes en Ukraine, membre du comité russe.

5. Hans Eiden, communiste, de Trèves, premier doyen du camp.

6. Baptiste Feilen, communiste, d'Aix-la-Chapelle, Kapo du lavoir.

7. Franz Hackel, indépendant de gauche de Prague. Un de nos amis, sans fonction dans le camp.

8. Stephan Heymann, communiste, de Manheint, membre du bureau d'informations du camp.

9. Werner Hilpert, centriste de Leipzig, membre du comité international du camp.

10. Otto Horn, communiste de Vienne, membre du comité autrichien.

11. A. Kaltschin, prisonnier de guerre russe, membre du comité russe.

12. Otto Kipp, communiste de Dresde, Kapo suppléant de l'infirmerie des détenus.

13. Ferdinand Roemhild, communiste de Francfort-sur-le-Mein, premier secrétaire de l'infirmerie des détenus.

14. Ernst Thappe, social-démocrate, chef du comité allemand.

15. Walter Wolff, communiste, chef du Bureau d'informations du camp. » (Pages 20-21)

À elle seule, cette déclaration, en quelque sorte liminaire, suffit à rendre tout le témoignage suspect :

« Pour dissiper certaines craintes et montrer que ce rapport ne risquait pas de se transformer en acte d'accusation contre certains détenus qui avaient occupé une position dominante dans le camp... »

Eugen Kogon a donc évité de rapporter tout ce qui pouvait accuser la *Häftlingsführung*, ne retenant de griefs que contre les S.S. : aucun historien n'acceptera jamais cela. Par contre, on est fondé de croire qu'agissant ainsi, il a payé une dette de reconnaissance envers ceux qui lui avaient procuré un emploi de tout repos dans le camp et avec lesquels il a des intérêts communs à défendre devant l'opinion.

À mon sens, ces quinze personnes ont été très heureuses de trouver en Eugen Kogon une plume habile pour les décharger de toute responsabilité, aux yeux de la postérité.

Il est impossible de faire une conférence sur les camps de concentration sans y consacrer un paragraphe spécial au problème des chambres à gaz.

Les chambres à gaz sont encore le secret de la dernière guerre : y en eut-il et, s'il y en eut, combien et quel est le nombre des victimes ? Si les deux dernières questions ne se posent pas pour un philosophe ou pour un moraliste, elles se posent pour un historien. Et quant à la première, elle se pose pour tout le monde.

Ici, ce qui est inquiétant, c'est la forme générale des témoignages. Eugen Kogon n'a jamais vu de chambres à gaz. Moi non plus, d'ailleurs : je ne puis donc que comparer les témoignages. Eugen Kogon, lui, préfère répondre catégoriquement par l'affirmative et en donner une description détaillée.

« ...d'après le témoignage d'un jeune Juif de Brno, Janda Weiss qui appartenait, en 1944, au Sonderkommando (crématoire et chambres à gaz) dont proviennent les détails suivants, d'ailleurs confirmés par d'autres personnes. » (P. 155)

Ce Janda Weiss était polonais et... il est mort ! Seul Kogon...

Un autre témoin, le Dr Benedikt Kautsky qui, en trois années d'internement à Auschwitz n'en a jamais vu, en parle aussi « d'après des témoins dignes de foi » dans son livre « *Enfer et damnation* » et leur attribue 3 500 000 victimes rien que pour Auschwitz.

Qui sont ces « témoins dignes de foi », on ne l'a jamais su et on ne le saura jamais.

Il y eut même des fantaisistes, témoin cet étrange abbé Jean-Paul Renard, que j'ai connu à Buchenwald et à Dora, seuls camps que, comme moi et avec moi, il ait connus :

« J'ai vu rentrer aux douches mille et mille personnes sur qui se déversaient, en guise de liquide, des gaz asphyxiants. »

En réalité, l'abbé Jean-Paul Renard n'a rien vu de tout cela, puisque les chambres à gaz n'existaient ni à Buchenwald, ni à Dora. Quant à la piqûre qui ne se pratiquait pas non plus à Dora, elle ne se pratiquait plus à Buchenwald au moment où il y est passé.

Comme je lui en faisais la remarque au début de 1947, il me répondit :

« D'accord, mais ce n'est qu'une tournure littéraire... et, puisque, ces choses ont quand même existé quelque part, ceci n'a guère d'importance. »

Je trouvai le raisonnement délicieux. Sur le moment, je n'osai pas rétorquer que la bataille de Fontenoy était, elle aussi, une réalité historique, mais que ce n'était pas une raison pour dire, même en « tournure littéraire », qu'il y avait assisté. Ni que, si vingt-huit mille rescapés des camps nazis se mettaient à prétendre qu'ils avaient assisté à toutes les horreurs retenues par tous les témoignages, les camps prendraient, aux yeux de l'Histoire, un tout autre aspect que si chacun d'eux se bornait à dire seulement ce qu'il avait vu. Ni non plus qu'il y avait intérêt à ce qu'aucun d'entre nous ne fût pris en flagrant délit de mensonge ou d'exagération.

À propos des chambres à gaz, l'opinion publique semble s'être laissée prendre à un piège grossier. Il est clair, en effet, qu'aucun déporté survivant ne peut avoir vu des chambres à gaz en état de fonctionnement. Mais les réactions de l'opinion publique sont toujours passionnelles et, après une guerre comme celle de 1939-45... Bref.

Ce qui m'étonne, c'est que n'ait jamais été retenu comme significatif qu'au Tribunal de Nuremberg et pas plus que sous aucun des titres de la littérature concentrationnaire, aucun document écrit n'ait pu être produit qui atteste que le gouvernement allemand ait donné l'ordre de construire des chambres à gaz « dans le dessein de procéder à des exterminations massives d'internés ».

Malgré cela et bien que, dans son ensemble, l'opinion publique fasse aujourd'hui les plus expresses réserves sur ce qui a été dit des chambres à gaz, on trouve toujours de temps à autre un témoin qui a vu... et qui dit n'importe quoi sans tenir compte de ce qui a été dit avant lui, avec quoi il est régulièrement en contradiction. Mais, maintenant, ce ne sont plus des déportés qui parlent : ce sont de hauts exécutants du régime nazi. Le dernier en date est Rudolf Hoess qui fut commandant du camp d'Auschwitz et dont, en 1958, on a publié la confession sous le titre « *Le commandant du camp d'Auschwitz parle...* ».

« C'était en été 1951[203], dit-il (je ne me souviens plus de la date exacte), que je fus soudain convoqué à Berlin chez le Reichsführer S.S. (Himmler) par l'un de ses aides de camp. Contrairement à ses habitudes, il me reçut en tête-à-tête et me déclara (!) ce qui suit : le Führer a donné l'ordre de procéder à la « solution finale » du problème juif. Nous, les S.S., sommes chargés d'exécuter cet ordre. » (P. 225)

Et, plus loin (p. 227)

« Quelques jours plus tard, j'expédiai au Reichsführer, par message spécial, un plan détaillé de l'emplacement et une description exacte des installations projetées (les chambres à gaz). Je n'ai jamais reçu de réponse ou de décision à ce propos. »

Les chambres à gaz ont cependant été construites parce que, dit Hoess, « Par la suite, Eichmann me DIT en passant que le Reichsführer était

---

[203] Coquille pour 1941.

d'accord » p. (227). ME DIT, donc toujours verbalement.

Et il répète encore :

« On n'a jamais pu obtenir à ce sujet, une décision claire et nette de Himmler » (p. 233).

Si on en croit ce témoin, Himmler n'aurait alors jamais donné l'ordre de construire des chambres à gaz. Cet aveu est d'autant plus étrange qu'il est fait avec le consentement des communistes qui ont mis le manuscrit en circulation puisque, jusqu'en 1958, ce manuscrit était précieusement conservé à Auschwitz en zone russe.

À ce sujet, voici une petite histoire qui fait état d'un autre ordre soi-disant donné par Himmler et sur lequel la littérature concentrationnaire est très prolixe : celui de faire sauter tous les camps à l'approche des troupes alliées et d'y exterminer ainsi tous leurs occupants, gardiens y compris.

Le médecin-chef S.S. du Revier de Dora, le Dr Plazza le confirma dès qu'il fut capturé et en eut la vie sauve. Au Tribunal de Nüremberg, on le brandit contre les accusés qui nièrent. Or, dans le *Figaro Littéraire* du 6 janvier 1951, sous le titre « *Un juif négocie avec Himmler* » et sous la signature de Jacques Sabille, on a pu lire :

« C'est grâce à la pression de Gunther, exercée sur Himmler par l'intermédiaire de Kersten (son médecin personnel) que l'ordre cannibale de faire sauter les camps à l'approche des alliés — sans ménager les gardiens — est restée lettre morte. »

Ce qui signifie que cet ordre, reçu par tout le monde et abondamment commenté dans la littérature concentrationnaire n'a jamais été envoyé à personne. M. Joseph Kessel l'a encore récemment confirmé dans « *Les mains du miracle* » qui racontent l'aventure du Dr Kersten. Et voici que le commandant du camp d'Auschwitz nous dit qu'il en est de même de l'ordre de construire, des chambres à gaz !

Son livre, d'ailleurs, décrit les exterminations par les gaz et dit qu'on a employé un insecticide : le cyclon B. Un insecticide : aucun gaz non plus n'avait donc été prévu pour exterminer (!!)

Et qu'est-ce que le cyclon B ? Page 228, Hoess nous dit que « Le cyclon B se présente sous la forme de cailloux bleus d'où le gaz se dégage sous les jets de vapeur d'eau ». Nous sommes donc loin des tuyaux d'arrivée de gaz que des guides illettrés présentent toujours aux visiteurs de Dachau et de Mauthausen. Mais, page 236, Hoess dit encore que « l'action d'extermination une fois achevée, on pouvait se servir des chambres de déshabillage et des chambres à gaz pour les douches ».

Si donc il est exact qu'Himmler n'a jamais donné l'ordre de construire des chambres à gaz comme il est dit page 227, ne doit-on pas se demander si les salles de douches n'ont pas été utilisées comme chambres à gaz ?

C'est, en tout cas, la première fois qu'à ma connaissance, dans la littérature concentrationnaire et venant des officiels, les chambres à gaz sont présentées comme pouvant servir indifféremment pour la douche et l'extermination et c'est aussi la première fois que le gaz utilisé a été décrit à la fois si minutieusement et comme ne pouvant être utilisé que dans des salles de douches. Alors, pourquoi avoir construit deux installations pour l'un et l'autre besoin ? De toutes façons, il a fallu douze années pour avoir ces précisions que ni David Rousset, ni Eugène Kogon, ni le communiste hongrois Niyzli Miklos n'avaient jamais données. Encore douze années et, peut-être aura-t-on des témoignages enfin et en tous points cohérents. Il suffit seulement que dans les « ateliers » où ils corrigent l'histoire à longueur de journée, les Russes se décident à ne plus employer que du personnel qualifié pour la fabrication des faux historiques. Il faut d'ailleurs reconnaître qu'ils sont en progrès surtout si l'on tient compte qu'en janvier 1947, ils avaient réussi à faire accepter comme authentique par le Tribunal de Nuremberg jugeant les médecins, le document P.S. 1553 - R.F. 350 (remis au tribunal par un parent d'un témoin qui avait eu la sagesse de se suicider aussitôt après l'avoir rédigé et qui fut publié dans le n° 2 de la revue *Dreimonatliche Hefte neuere Geschichte* en 1953, puis dans le journal suédois *Dagens Nyheter* le 16 juillet 1953) selon lequel les juifs étaient asphyxiés « par groupes de 750 à 800 » dans des chambres à gaz qui avaient « 25 m$^2$ de surface de base et 1 m 80 de hauteur ». Quant au gaz employé, il s'agissait alors du « gaz d'échappement d'un moteur Diesel » et, comprimés dans ces chambres, précisait encore le témoin, les 750 à 800 personnes mettaient « trois heures pour mourir, chronomètre en mains ».

De quoi faire frémir les historiens de l'avenir quand ils se pencheront sur les étranges « documents » que le Tribunal de Nüremberg a pris au sérieux.

Je ne dirai rien du nombre des victimes dont le livre de Hoess fait état, page 229, il dit que « jamais les convois de gens destinés à l'extermination ne comptaient plus de mille personnes » et, page 239, que « les arrivées se succédaient au rythme de 1 000 personnes par convoi » après avoir dit, page 236, qu'il arrivait au maximum « cinq convois par jour » et que cela faisait 15 000. Le « témoignage » est jugé.

Mais je veux encore citer deux petites phrases de lui :

« Fin novembre 1940, je fus convoqué pour la première fois chez le Reichsführer et je reçus l'ordre de procéder à un agrandissement de l'ensemble du territoire du camp… Il s'agit de la construction de Birkenau (Auschwitz II) qui devait être suivi de l'aménagement de l'ensemble des Kommandos de Monowitz pour I.G. Farben (Auschwitz III). La construction d'Auschwitz IV a été interrompue par la défaite hitlérienne. »

À ma connaissance, c'est aussi la première fois que la littérature concentrationnaire fait état de la nécessité dans laquelle se trouvait l'Allemagne en guerre de transporter dans les camps, comme ses autres industries, celles des colorants sous les espèces de I.G. Farben, — celle des colorants où l'utilisation du gaz est indispensable. S'il y a des ordres de construction de chambres à gaz dans les camps, on ne peut, dans cette hypothèse, pas les produire parce qu'ils font sûrement mention du but. Et cela expliquerait que, dans cette affaire, tout soit verbal.

Aujourd'hui — j'en ai souvent fait publiquement la remarque — on ne parle plus guère que des chambres à gaz d'Auschwitz qui sont en zone russe et, à propos desquelles tous les documents produits sont, de ce fait, incontrôlables. Il suffit d'ailleurs de dire que, bien qu'on puisse toujours les visiter, dans *Exodus*, M. Léon Uris nous a appris « qu'elles avaient été détruites en novembre 1944 par les Allemands » et qu'ils se contredisent entre eux — comme Hoess contredit Miklos qui contredit Kogon, lequel n'est pas toujours d'accord avec Rousset — parfois d'une page à l'autre.

À ce propos, voici ma deuxième et dernière citation :

« Le Reischführer a donné l'ordre d'exterminer tous les juifs. » (p.189)

Et :

« Le Reischführer voulait toujours plus de détenus spéciaux (juifs) pour l'industrie des armements. » (P. 225)

Pour tout dire, le moins que l'on puisse penser, c'est que ce « document » a été un peu hâtivement fabriqué et sans doute par les procédés en honneur dans les célèbres « Procès de Moscou » sur lesquels Arthur Koestler a tout dit dans son non moins célèbre livre *Le Zéro et l'Infini*.

Il ne me reste plus maintenant qu'à répondre à ma question du début : pourquoi l'Allemagne a-t-elle été et reste-t-elle seule accusée ?

Dès que, les hostilités ayant à peine pris fin, l'existence des camps allemands de concentration fut révélée au monde — en même temps, d'ailleurs, qu'au peuple allemand — ce ne fut qu'un cri : on n'avait jamais vu cela et il fallait un génie aussi démoniaque que celui de l'Allemagne pour l'inventer. Personne ne remarqua sur le moment que ceux qui criaient le plus fort étaient les communistes. Et, comme les communistes ajoutaient qu'ils s'y étaient le mieux conduits, que grâce à eux beaucoup de gens voués à l'extermination avaient été sauvés d'une mort affreuse, à quelques esprits près, tout le monde leur emboîta le pas et les crut d'autant plus facilement qu'ils avaient trouvé deux écrivains de talent, sinon d'une indiscutable moralité, pour les cautionner : David Rousset en France et Eugène Kogon en Allemagne.

Le temps aidant, si les choses ne rentrèrent pas tout à fait dans l'ordre normal, la vérité sortit peu à peu du puits.

Les historiens, un moment étonnés par la version communiste, et qui n'avaient cependant rien osé dire, les communistes étant au pouvoir dans la plupart des pays de l'Europe occidentale, commencèrent à écrire que l'Allemagne n'avait pas inventé les camps de concentration, que les Anglais les avaient utilisés contre les Boers en Afrique à la fin du siècle dernier, que les Français y avaient parqué les Espagnols en 1938, que les Russes s'en servaient depuis 1,927 et qu'ils y gardaient jusqu'à 20 millions de personnes, etc. Bref, que tous les pays du monde avaient, à une période ou à une autre de leur histoire, utilisé cette institution et que, chaque fois, on avait pu y constater les mêmes horreurs que dans les camps de concentration allemands, quelle que soit la forme du gouvernement.

En France et probablement dans le monde, je crois bien avoir été le premier à avancer cette thèse et cela dès 1947, c'est-à-dire dès que parurent les livres de David Rousset et d'Eugène Kogon, devant lesquels il me sembla aussitôt que garder le silence eût été criminel.

À mes yeux, la manœuvre des communistes était claire : en mettant l'accent sur les camps allemands, ils pensaient faire diversion et détourner l'attention du monde des 20 millions de personnes qu'ils gardaient dans leurs propres camps et auxquels ils imposaient des conditions de vie dont les témoignages aujourd'hui publiés de quelques rescapés (Margareth Buber-Neuman, notamment) ont amplement prouvé qu'elles étaient pires encore que celles que nous avions connues dans les camps allemands. En outre, cultivant l'horreur en s'appuyant sur David Rousset et Eugène Kogon, les communistes dont le thème central était « N'oubliez jamais cela » voulaient maintenir les puissances occidentales en état de division et, plus particulièrement, empêcher tout rapprochement entre la France et l'Allemagne, piliers de l'union générale.

Aujourd'hui seulement, on s'aperçoit que, sur ce dernier point, ils ont atteint leur but et on commence à comprendre que leur thèse sur les camps allemands de concentration ne les a pas peu aidés.

Et on commence aussi à s'apercevoir que la forme même dans laquelle on a prétendu accuser le nazisme faisait pratiquement retomber toutes les fautes et tous les crimes qu'on lui reprochait sur le peuple allemand.

Krouchtchev ne s'y est pas plus trompé que Staline : « Le militarisme allemand, le fascisme allemand », dit-il, toujours tandis que quelques insensés lui font écho avec « la barbarie allemande »...

Il y a donc une pente à remonter.

Pour ma part, je n'ai jamais compris que le peuple allemand n'ait, lui, jamais tenté de constituer un comité d'historiens indépendants qui se serait donné pour but de rechercher la vérité sur les camps de concentration allemands.

Si j'avais quelque conseil à vous donner, ce serait donc le suivant : les partis politiques ne recherchant jamais que des vérités politiques, c'est un comité de ce genre qu'il faut créer, non un parti. Des partis politiques, il y en a déjà d'ailleurs beaucoup trop. Je ne saurais mieux définir l'urgence qu'il y a à s'engager dans cette voie qu'en vous citant pour terminer un passage d'un article de l'écrivain français Pierre Gascar, paru récemment dans *Le Figaro* du 9-2-1960 :

« J'entendis, l'autre jour, le recteur de l'université de Berlin-Ouest évoquer, devant un amphithéâtre empli d'étudiants, les années de honte de l'Allemagne. Il employait des termes énergiques et le ton de sa voix exprimait la sincérité. Je regardais ces jeunes gens et ces jeunes filles qui, silencieusement, recevaient ces paroles : plus exactement, ce fardeau. Et j'éprouvais un peu de tristesse et de gêne. La pensée de ce peuple, un tel passé l'opprime cruellement et je ne crois pas qu'il soit bon de partir, à vingt ans, avec une conscience ainsi lestée.

Je m'étais longtemps interrogé sur certain silence de l'Allemagne intellectuelle qui nous semble plus singulier aujourd'hui qu'une nouvelle génération prend la relève de celle de la guerre et que le pays a retrouvé une vie normale, dans l'ordre matériel.

Peu de romanciers, de poètes, encore moins d'essayistes, pas un seul auteur dramatique dont l'œuvre passe les frontières, une musique qu'on n'entend guère, une peinture qu'on ne distingue pas aisément... Cette jeunesse sage, qui, les bras croisés, apprend, à longueur d'année, à l'occasion de chaque leçon d'histoire contemporaine ou dans une grande partie de la littérature étrangère de ces dernières années, que ses devanciers et ses proches furent indignes, que le déshonneur finit à peine avec elle et reste assez proche pour l'enfermer dans la suspicion, m'apportait une première réponse.

Dès lors, je crus mieux comprendre cette religion du « miracle économique » cet attachement au confort qui a amené une sorte d'américanisation des grandes villes allemandes. En choisissant le réfrigérateur, l'Allemand se dit qu'au moins il est sûr de ne pas se réveiller, un beau matin, coupable de crime envers l'humanité. »

Cet article prouve que si M. Krouchtchev ne s'est pas trompé sur l'utilisation qu'il pouvait faire de la littérature concentrationnaire, le peuple allemand ne s'est lui non plus pas trompé sur l'injure qu'elle constituait pour lui.

J'ai moi-même fait des remarques analogues à celles de Pierre Gascar : la jeunesse vous attend, mettez vite sur pied ce comité pour la recherche de la vérité historique. Et l'espoir renaîtra car, privant ses adversaires de tous leurs arguments, vous aurez ouvert la voie à l'Europe.

Mars-Avril 1960.

# Conclure ?

Ce petit recueil ne comporte pas de conclusion : le lecteur a sûrement compris que le débat restait ouvert et que, tant qu'il le resterait, il ne serait possible de tirer de conclusions que partielles. Or, en l'occurrence, des conclusions partielles se limiteraient à une récapitulation des vérités qui nous ont été « révélées » à la libération et qui peuvent déjà être considérées comme de basses impostures. Et ce serait faire injure au lecteur que de ne le pas croire capable de procéder lui-même à cette récapitulation après lecture.

Ce qui, par contre, le surprendra sans doute, c'est que je n'aie pas fait la moindre allusion au Dossier Eichmann qui vient d'être présenté au public par MM. Edgar Faure, François de Menthon et Joseph Billig.

Je lui dois donc une explication.

À la date à laquelle *Ulysse trahi par les siens* a été envoyé à l'impression, nous savions déjà, mon éditeur et moi, qu'un livre dont le titre n'avait pas encore été rendu public était en préparation sur le cas Eichmann et qu'il consisterait en un commentaire de documents fait par M. Joseph Billig du Centre de documentation juive contemporaine et fonctionnaire du Centre National de la Recherche scientifique. Mais nous ne pensions pas qu'il serait aussi mince — rien d'inédit ! — ni qu'on commettrait l'imprudence de répandre dans l'opinion une thèse aussi fragile à la veille d'un procès qui, s'il a lieu, ne peut manquer de la mettre en pièces.

J'avais, d'autre part, déjà projeté moi-même de constituer un dossier Eichmann pour l'histoire non pour la politique — et donc dans le respect des règles en usage chez les historiens, c'est-à-dire après avoir entendu aussi l'accusé.

C'est cela que je sous-entendais lorsque dans l'introduction de ce recueil, j'écrivais qu'après celle-ci, *Le Mensonge d'Ulysse* « aurait sûrement au moins une autre suite ».

L'empressement de MM. Edgar Faure, François de Menthon et Joseph

Billig à présenter un dossier qui ne pouvait être qu'incomplet m'aura permis de fixer le lecteur sur la nature de cette suite.

Et de prendre date.

Si, soucieux de la forme, le lecteur voulait cependant qu'à tout prix ce petit recueil eût une conclusion, il me suffira de lui dire qu'elle ne pourrait porter que sur l'évolution des interprétations successives, du problème concentrationnaire, du national-socialisme et de ses protagonistes allemands, dont l'opinion mondiale a été, depuis 1945, nourrie par des gens dont le scrupule n'était pas la vertu principale.

Ici encore, on me permettra de rapporter des textes :

« Que l'on se rappelle les prestations de serment des aspirants S.S., à minuit, dans la cathédrale de Brunschwig, écrivait par exemple Eugen Kogon en 1945. Là, devant les ossements de Henri Ier, l'unique empereur allemand qu'il appréciât, Himmler aimait à développer la mystique de la « Communauté des conjurés ». Puis, il se rendait ensuite, sous le gai soleil, dans quelque camp de concentration, pour voir fouetter en série les prisonniers politiques. » (Page 24)

Et, par la suite, cette façon de mettre en évidence le sadisme, fut imitée en l'appuyant sur des exemples identiques multipliés à l'infini, par tous les tâcherons de la littérature concentrationnaire.

Mais, en 1960, voici comment nous fût présenté Himmler par Joseph Kessel :

« Le chef suprême des bourreaux, le maître des supplices, ne supportait pas la vue des souffrances ni d'une goutte de sang. » (*Les Mains du Miracle*, p. 163)

Les ordres d'extermination de la population juive européenne ont, depuis 1945, eux aussi été présentés, quant à leurs origines, sur des formes successives qui trahissent une évolution dans le même sens : Eugen Kogon, David Rousset, Martin Chauffier, Léon Vris[204], Joël

---

[204] Uris.

Brand, Alexandre Weisberg, etc. les ont tous fait émaner de Hitler et de Himmler ; en 1959 encore, dans *Les Mains du miracle*, Joseph Kessel, s'il ne fait de Himmler qu'un agent de retransmission contre son gré, en impute l'initiative et la responsabilité à Hitler.

Mais, le 15 décembre 1960, dans *La Terre retrouvée* (p. 4, 4e col.) on pouvait lire :

« Des documents étudiés, il ressort, d'après le Dr Kubovy, qu'Eichmann est personnellement responsable de l'extermination des Juifs d'Europe Alors qu'il n'existe aucun document signé par Hitler, Himmler ou Heydrich parlant d'exterminer les Juifs et que le mot « extermination » n'apparaît pas dans la lettre de Goering à Heydrich concernant « la solution finale » de la question juive, il existe près de 500 lettres signées par Eichmann prouvant que c'est lui qui est responsable de l'organisation de massacres massifs qui ne lui ont jamais été ordonnés, mais seulement suggérés. »[205]

Parce que, pour avoir suivi d'assez près le déroulement du Procès de Nuremberg, je m'étais, entre autres, cru autorisé à écrire cela — sans citer Heydrich toutefois ! — les officiels de la littérature concentrationnaire ont poussé les cris d'orfraie dont on ne peut pas ne pas se souvenir.

Aujourd'hui...

Je n'en finirais pas de citer des exemples de cette évolution.

Tout est donc très clair : si ce petit recueil me valait à nouveau d'être accusé d'antisémitisme, de fascisme et de vouloir encore minimiser les

---

[205] On ne manquera pas de sourire, je pense, en apprenant aujourd'hui que le responsable de tout ce qui peut être reproché au national-socialisme en matière de « crimes contre la conscience universelle » est un simple colonel ! On savait déjà, depuis les célèbres procès des bourreaux d'Arcq et d'Oradour, qu'en certaines occasions les responsables furent des sous-officiers ou des simples soldats. Ainsi, entre les deux guerres, dans leurs journaux destinés aux casernes, les communistes rendaient-ils les adjudants de la coloniale responsables de toutes les exactions du colonialisme, ce qui disculpait... le colonialisme lui-même ou le système capitaliste qui l'avait engendré ! Qu'on en revienne à ces raisonnements simplistes est un signe des temps.

crimes des nazis ou du nazisme, je ne manquerais de répondre, premièrement que je ne suis plus seul et, deuxièmement, que je ne suis pas en si mauvaise compagnie.

Le 15 janvier 1961.

# ANNEXES (1/2)

Articles de J.P. Bermont [Rassinier] dans *Rivarol* : Le procès des gardiens d'Auschwitz, 1963-1965 :

— Avant le procès des gardiens du camp d'Auschwitz ; la situation après l'armistice de 1940 (*Rivarol* n° 674, 12 décembre 1963)

— L'entrée en guerre de l'Allemagne contre la Russie et la solution finale du problème juif : la conférence de Wannsee ; le nombre des victimes ; les chambres à gaz ; importance de la question (*Rivarol* n° 677, 2 janvier 1964)

— Le procès des gardiens du camp d'Auschwitz (*Rivarol* n° 680, 23 janvier 1964), (*Rivarol* n° 682, 6 février 1964), (*Rivarol* n° 684, 20 février 1964), (*Rivarol* n° 686, 5 mars 1964), (*Rivarol* n° 689, 26 mars 1964).

— Du procès des gardiens d'Auschwitz à la journée de la déportation (*Rivarol* n° 696, 14 mai 1964)

— Le procès des gardiens d'Auschwitz : interview de Paul Rassinier (*Rivarol* n° 692, 16 avril 1964)

Actes de contrition (*Rivarol*, 4 novembre 1965)

Lettre de Rassinier à Kogon (5 mai 1960).

Biographie de Paul Rassinier

## AVANT LE PROCÈS DES GARDIENS DU CAMP D'AUSCHWITZ

*(Rivarol n° 674, 12 décembre 1963)*

Le 17 décembre 1960, dans la région de Hambourg où il vivait sous un faux nom depuis plus de quinze ans, la police allemande arrêta un homme dont elle découvrit rapidement qu'il n'était autre que l'Obersturmbannführer Richard Baer, lequel avait été, du 1er décembre 1943 au 25 janvier 1945 — date de son évacuation devant l'avance des troupes russes — le second et dernier commandant du camp de concentration d'Auschwitz. On sait que, du 14 juin 1940, date de son ouverture, au 1er décembre 1943, le premier commandant de ce camp fut l'Obersturmbannführer Rudolf Höss, aujourd'hui universellement connu par l'aussi immense que peu scrupuleuse campagne de subversion publicitaire faite autour de la publication en cinq langues de ses mémoires sous le titre *Le commandant d'Auschwitz parle...* (en langue française chez Julliard, 1959).

Après avoir, en avril-mai 1946, docilement quoique au prix d'innombrables contradictions — authentifié à la barre du tribunal de Nüremberg les plus invraisemblables accusations portées contre l'Allemagne en matière de crimes de guerre et contre l'humanité, Rudolf Höss fut condamné à mort le 2 avril 1947 par le tribunal suprême polonais pour avoir, dit le jugement, « participé à l'assassinat... par asphyxie dans les chambres à gaz, par incinération de personnes vivantes, fusillades, injections mortelles, expériences médicales, famine, etc., de 2.812.000 personnes, pour la plupart juives ». « ... Le surlendemain 4 avril, il était pendu à Auschwitz même ».

Depuis, on recherchait son successeur sur la conscience duquel pesait l'accusation d'avoir pris son relais, dans cet épouvantable travail d'extermination et porté le total des victimes à un nombre indéterminé, mais généralement estimé aux environs de 4 millions de Juifs par la littérature concentrationnaire. Enfin découvert, il fut aussitôt incarcéré à la prison de Francfort et l'instruction de son procès commença.

Cette instruction ne fut pas facile: nous croyons savoir que, d'entrée de jeu, l'ex-Obersturmbannführer déclara qu'il n'y avait jamais eu de chambre à gaz à Auschwitz sous son commandement, qu'il en avait entendu parler pour la première fois sous les espèces des échos qui, du Tribunal de Nüremberg, lui arrivaient dans sa retraite clandestine et que, s'il s'y était réfugié, ce n'était pas parce qu'il se sentait coupable, mais seulement pour ne pas tomber sous la coupe des justiciers de la saison... Le procureur général Fritz Bauer qui dirigeait l'instruction lui opposa les déclarations de Rudolf Höss à Nuremberg et dans ses mémoires : il a répliqué qu'il ne savait pas ce qui s'était passé sous le commandement de Höss, qu'il ne pouvait répondre que de ce qui s'était passé sous le sien, et il fit citer des témoins. Au fur et à mesure, le procureur général Bauer les fit inculper de complicité et incarcérer. Ils sont aujourd'hui 23 qui attendent de comparaître devant la cour d'assises (*Schwergeritch*) de Francfort.

Mais, jusqu'au bout, Baer s'est maintenu sur sa position et jamais on ne l'en put faire démordre. Jamais non plus on ne réussit à lui opposer la moindre preuve. C'était grave : le procureur général Bauer allait-il être obligé de convenir que jamais « les 434.351 Juifs hongrois, déportés à Auschwitz en 147 trains, du 16 mai au 8 juillet 1944 » dont fait état l'attendu 112 du Procès de Jérusalem, n'y avaient été exterminés par les gaz ? De cette accusation il ne démordit pas, lui non plus, mais... Mais, annoncé pour l'automne 1961, le procès fut, une première fois, repoussé au printemps 1962, une seconde à l'automne 1962, une troisième au printemps 1963, et une quatrième au printemps 1964, Soudain le 17 juin dernier, le procureur général Bauer annonça que, bien que rien ne l'eût laissé prévoir (quelques jours auparavant sa femme, qui lui avait rendu visite dans sa prison, l'avait trouvé plein de santé et de l'espoir d'être très prochainement mis hors de cause par un non- lieu), l'ex-Obersturmbannführer Richard Baer avait pris la décision de mourir d'une défaillance cardiaque: moins d'une semaine après, on apprenait de même source que le procès d'Auschwitz pouvait être avancé du printemps 1964 au début de l'hiver 1963.

Il est actuellement prévu qu'il commencera le 20 décembre prochain à raison de deux jours d'audience par semaine pendant une durée dont, de source qualifiée, on estime qu'elle ne peut pas être inférieure à huit ou neuf mois. Les gens qui se disent informés pensent généralement que, dans ces conditions, il sera reporté au lendemain des fêtes de Noël. Mais on est aujourd'hui assuré qu'il aura lieu : chaque fois qu'un procès spectaculaire de ce genre est sur le point de commencer, on reparle d'Anne Frank par manière de préparation psychologique de l'opinion. C'est ainsi qu'on vient d'annoncer au tam-tam de presse l'arrestation à Vienne (Autriche) du policier S.S. qui, en août 1944, arrêta la malheureuse enfant et toute sa famille à Amsterdam. C'est un signe qui ne trompe pas. Le principal inculpé étant mort, la voie est ainsi, d'autre part, considérablement déblayée devant les entreprises du procureur général Bauer qui, comme un de ses prédécesseurs le fit pour un dénommé Kurt Gerstein à propos des chambres à gaz de Belzec, Chelmno, Sobibor, Maïdanek et Treblinka, pourra, tout à son aise, faire faire toutes les déclarations posthumes qu'il voudra sur celles d'Auschwitz.

Notre collaborateur Jean-Pierre Bermont, qui, depuis quelques années s'est spécialisé dans l'étude des documents produits à la barre du Tribunal de Nuremberg, suivra ce procès pour le compte de Rivarol.

On trouvera ci-dessous le premier des deux articles que, cette semaine et la prochaine, il consacre à la présentation de l'affaire soumise aux méditations de nos lecteurs.

La Rédaction

## LA SITUATION APRÈS L'ARMISTICE DE 1940

De 1933 à 1939, la diplomatie allemande avait vainement essayé d'obtenir de l'Angleterre le transfert de tous les Juifs du Grand Reich en Palestine et, à cette revendication que, depuis 1895, le mouvement sioniste international a faite sienne par la voix et la plume de Théodore Herzl, dont Hitler pense qu'un aménagement adroit de la Convention Balfour (2 nov. 1917) la peut faire entrer dans la voie des réalisations, la diplomatie anglaise a toujours opposé un refus catégorique : elle était incompatible avec sa politique au Moyen-Orient sur lequel le Traité de Versailles lui avait donné la haute main ; elle s'insurgeait contre les aspirations nationales des Arabes et, d'autre part, depuis le 16 mai 1948, date de l'accession de l'état d'Israël à l'existence, la preuve est quotidiennement faite qu'elle n'était pas rationnelle.

Dès le 10 juillet 1940, la débâcle des armées françaises puis l'Armistice ont fait naître chez les dirigeants du IIIe Reich l'espoir d'une autre solution du problème juif. Le gouvernement du maréchal Pétain est assez représentatif d'un mouvement d'opinion qui, en France, se plaint depuis 1937 du sous-peuplement dont Madagascar souffre au point que son développement économique en est à peu près irrémédiablement compromis. Pourquoi, alors, n'accepterait-il pas que tous les Juifs de l'espace européen à l'époque occupé par les troupes allemandes y fussent transportés ? Depuis le 10 juillet donc, la diplomatie allemande sonde Vichy dans ce sens.

L'histoire de ces sondages est racontée en détail dans un document qui porte la date du 24 septembre 1942, la signature du secrétaire d'État aux Affaires étrangères du IIIe Reich Martin Lüther, et qui fut produit à la barre du Tribunal de Nuremberg le 2 avril 1946, sous le P.S. 3688. On y lit que Pierre-Étienne Flandin, qui avait succédé à Pierre Laval au ministère des Affaires étrangères après le 13 décembre 1940, refusa toujours d'en entendre parler. Connaissant ses dispositions d'esprit sur la question, Otto Abetz en fait part à Hitler dès le 13 décembre, mais celui-ci ne s'en émeut pas : son plan étant d'amener le maréchal Pétain à se défaire de P.-É. Flandin connu pour son « anglophilie », il ne doute pas d'y réussir rapidement et il ne change rien à sa politique du moment à l'égard des Juifs européens dont il ne désespère pas de faire, un jour ou l'autre, admettre au gouvernement de Vichy la mise de Madagascar à leur disposition.

Au départ de P.-É. Flandin, le 10 décembre 1941, les sondages dans ce sens reprennent. L'espace européen occupe par les troupes allemandes comprenait alors, outre l'Allemagne et l'Autriche reconstituées en Grand Reich (*Grossdeutschland*) :

– À l'Est, la Bohême-Moravie érigée en protectorat par dislocation de la Tchécoslovaquie dont la Slovaquie a été distraite pour former un état indépendant sous influence allemande et la bonne moitié de la Pologne ;
– À l'Ouest, le Danemark, la Hollande, la Belgique, le Luxembourg et la France jusqu'à la ligne de démarcation qui la coupait en deux. Au total, combien de Juifs ?

Pour ainsi dire pas en Bohême-Moravie : ils avaient à peu près tous fui en Slovaquie d'où, ne s'y sentant pas en sûreté parce qu'à portée de main du national- socialisme, ils s'évadaient lentement vers la Palestine par la voie du Danube jalonnée par la Hongrie, la Roumanie et la Bulgarie non occupées qui ne leur étaient pas hostiles. Lentement parce que c'était un problème de devises qui posait lui-même un problème de passeport ; en avril 1939, l'Angleterre avait décidé de n'autoriser l'entrée libre en Palestine qu'aux Juifs qui s'y présenteraient [avec] 1 000 livres sterling (environ 1 500 000 anciens francs) en poche et, pour tous ceux qui ne posséderaient pas cette somme, de les limiter 1 500 personnes par an. De son côté, l'Allemagne voulait bien laisser partir tous les Juifs de l'espace européen qu'elle occupait ou sur lequel elle exerçait son influence, mais elle s'opposait irréductiblement à ce qu'ils emportassent avec eux les 1 000 livres sterling exigées. En vertu de quoi, s'il était facile à n'importe quel Juif de se procurer 1 000 livres sterling (les communautés juives étaient riches), il l'était beaucoup moins d'obtenir un passeport : pour cela il fallait arriver à Budapest où, nous raconte Joël Brand dans son livre *Un million de Juifs contre dix mille camions*, le comité de salut de Juifs en fabriquait en série qu'il distribuait à la volée. Si l'on consentait à arriver en Hongrie nu comme un ver, il n'y avait pas de problème : les Allemands fermaient les yeux aux frontières polono ou slovaco-hongroises. Mais, si l'on y voulait arriver en possession de 1 000 livres sterling ou de leur équivalent, ce qui était une ambition à la fois légitime et générale, cela posait le problème du passage clandestin de la frontière qui impliquait une longue préparation et ralentissait le mouvement de migration.

Cette première difficulté surmontée, s'en présentait une autre : à l'entrée en Palestine, il y avait le problème du faux passeport obtenu à Budapest. La supercherie était découverte par les autorités anglaises, on était refoulé même si on possédait les 1 000 livres sterling requises et il ne restait plus qu'à prendre le chemin de l'Asie centrale, à gagner le Birobidjan, état juif autonome dans le cadre de la R.F.S.S.R. créé par Staline dans les années 1930, et de là, les États-Unis, le Canada, le Brésil ou l'Argentine via Hong Kong ou Shanghaï. Le nombre de Juifs européens qui, de 1940 à 1945, empruntèrent cette voie et réussirent à atteindre le continent européen est considérable.

En Pologne, les Juifs avaient fui devant les troupes allemandes. Le 11, mai 1961, à la barre du tribunal de Jérusalem, deux Israélites polonais, MM. Zevi Patcher et Yacob Goldfine, sont ingénument venus raconter, non seulement comment les Juifs polonais avaient pu fuir en masse, mais encore comment ceux qui s'y étaient refusés avaient été arrêtés par les soldats allemands, rassemblés et conduits par groupes à la ligne de démarcation définie par les accords germano-russes du 23 août 1939, et les statistiques de source juive examinées dans le détail établissent qu'environ un million de Juifs polonais (sur les trois millions que comptait la Pologne avant la guerre) étaient restés dans la zone d'occupation allemande.

À l'Ouest, à de rares exceptions près, tous les Juifs français avaient fui en zone non occupée et ils y avaient été vite rejoints, fut-il dit au Procès de Jérusalem, par 40 000 Hollandais (sur 120 000), autant de Belges (sur 60 000) et environ 250 000 Polonais et Russes qui, tous, essayaient de gagner la Palestine via l'Afrique du Nord. L'Allemand Korherr, inspecteur général des Services de la population du IIIe Reich, prétendit un jour qu'à la fin de 1940 il y avait en France environ 750 000 à 800 000 Juifs européens de toutes nationalités...

Enfin, des quelque 540 000 Juifs allemands et des 240 000 autrichiens, 510 000 (330 000 Allemands et 180 000 Autrichiens) avaient réussi à quitter leur pays avant le 1er septembre 1939, nous disent les statistiques du Centre mondial de documentation juive contemporaine, ce qui signifie que 270 000 seulement n'avaient pas réussi.

Total au 13 décembre 1940 : approximativement 2 500 000 Juifs dans l'espace européen occupe par les troupes allemandes — un peu plus ou un peu moins. En état de migration vers la Palestine, je le répète, car, pour ceux de l'Ouest, ils sont animés du même désir que ceux de l'Est, de se mettre rapidement hors de portée des entreprises qu'ils redoutent de voir prendre à leur égard par le national-socialisme : par l'Espagne, vers la Corse et même l'Italie — le régime mussolinien n'est pas raciste ils gagnent l'Afrique du Nord d'où ils essaieront de rejoindre la Palestine. Arrivés en Afrique du Nord, ils y renoncent généralement : en raison des difficultés qui leur sont faites par l'Angleterre à partir du moment où ils arrivent à la frontière de l'Égypte. Ils sont plus riches que les Juifs de l'Est, le sionisme les emballe moins. Alors ils prennent l'avion ou le bateau à destination du continent américain. Par cette voie aussi, le nombre des Juifs européens qui ont réussi à atteindre les États-Unis, le Canada, le Brésil ou l'Argentine est considérable.

À l'exception des transferts de fonds qu'ils surveillent étroitement à la ligne de démarcation, au 13 décembre 1940, les Allemands n'ont, de même qu'à l'Est, encore pris aucune mesure contre les Juifs : il leur suffit d'arriver en zone non occupée et la ligne de démarcation est plus facile à franchir clandestinement que la frontière polono ou slovaco-hongroise. On sait aujourd'hui — le Jugement de Jérusalem le reconnaît lui-même expressément — que la politique constante du Gouvernement de Vichy a été de s'opposer résolument à toutes les mesures d'exception qui lui furent proposées par les autorités d'occupation : jusqu'au 8 novembre 1942 (occupation de la zone Sud par les troupes allemandes), une fois arrivé dans son aire d'influence, on était pour ainsi dire sauvé.

Et on y arrivait facilement : les Allemands eux-mêmes en facilitaient l'accès aux Juifs qui ne portaient aucune devise. Dans son attendu 77, le Jugement de Jérusalem, qui fit peser sur la conscience d'Eichmann tant de millions de Juifs européens — dont l'écrasante majorité ne fut, d'ailleurs, jamais à portée de sa main — déportés vers les problématiques chambres à gaz d'Auschwitz y fait aussi assez paradoxalement peser, à la date d'octobre 1940, un train de 7 400 Juifs de Bade et du Palatinat qu'il dirigea sur Gurs (Basses-Pyrénées), c'est-à-dire vers la liberté et le salut…

On sortait aussi très facilement de cette aire d'influence et plus facilement encore par la frontière franco-suisse que par l'Espagne, la Corse ou l'Italie : beaucoup de Juifs gagnèrent très officiellement la Suisse où, à Genève, Sally Meyer, représentant du « Joint de Distribution », qui travaillait en plein accord avec les autorités fédérales, acheminait directement sur le continent américain tous ceux qui lui arrivaient. Si l'aérodrome de Cointrain pouvait parler…

C'est à partir de l'entrée en guerre de l'Allemagne contre l'U.R.S.S., son alliée de la veille, que le cas des Juifs européens prit un tour dramatique.

Jean-Pierre BERMONT

## L'Entré en guerre de l'Allemagne contre la Russie et la solution finale du problème juif

*(Rivarol n° 677, 2 janvier 1964)*

22 juin 1941, à l'aube, sur un front de plus de 700 kms, les troupes allemandes ont commencé à s'enfoncer dans les immensités russes. En tenue d'été, Hitler et l'O.K.W. (*Oberkommando der Wehrmacht* : état-major général de l'armée) ne doutent pas qu'avant les premiers froids elles

auront atteint Moscou et contraint Staline à la capitulation.

Il y a beaucoup de Juifs en Russie : la veille de la guerre, les statistiques de source juive faisaient état de trois millions et il leur faut ajouter les quelque deux millions de Juifs polonais qui, pendant la campagne de Pologne, ont fui devant l'avance des troupes allemandes et y ont trouvé refuge. Au total, environ cinq millions. De même que, pendant la campagne de Russie, beaucoup, certes, fuiront devant les troupes allemandes : on ne saura combien que le 5 décembre 1942 par le journal sioniste *Die Einheit*, qui paraît à Moscou et où le journaliste israélite David Bergelson écrit, ce jour-là, que « grâce à l'évacuation, 80 % d'entre eux ont été sauvés ». Les 20 % qui seront alors tombés aux mains des Allemands représenteront tout de même un million de personnes et, avec deux millions et demi qui y sont déjà, le total des Juifs qui se trouveront dans l'espace européen occupé par les troupes allemandes sera porté aux environs de trois millions et demi.

Mais nous ne sommes qu'au 22 juin 1941 et aussi bien Hitler que l'O.K.W. et les services d'Himmler chargés de la solution du problème juif, en redoutent, ainsi qu'on le verra dans un instant, un nombre voisin du double. Car ils en sont encore au *Blitzkrieg*, à une épopée fulgurante qui, cette fois, ne laissera qu'à un nombre important, mais pourtant limité d'entre eux, la possibilité de fuir.

Au début, la campagne se développe selon le plan prévu : à la fin de juillet, Hitler convoque Göring, le met en présence des données du problème et le charge, au titre de responsable de l'économie allemande, d'en adapter la solution aux circonstances pour le cas improbable, mais qu'il faut néanmoins prévoir, où, Moscou étant prise, la Russie ne capitulerait pas.

Göring convoque Heydrich, chef du R.S.H.A. (*Reichsichereithauptamt* : Service central de la sécurité du Reich) et lui confie la mission de préparer une conférence interministérielle d'étude et de mise au point d'une solution. Pour authentifier cette mission, il lui remet un ordre écrit qui porte la date du 31 juillet 1941 et qui sera produite au Tribunal de Nüremberg sous le numéro P.S. 7 10 (compte rendu des débats, Tome XXVI, p. 267). Il n'y est pas question de solution finale qui rend un son si meurtrier, mais de la « *Gesamtlösung der Judenfrage* : solution globale », expression reprise dans le dernier paragraphe de l'ordre sous la forme « *Endlösung der Judenfrage :* solution définitive » et non finale, employée pour la première fois en 1895 par Théodore Herzl dans son célèbre État juif.

À son tour, Heydrich convoque Müller chef de la Gestapo, dont une récente campagne de presse a laissé entendre qu'il pourrait bien occuper un poste important dans la police est-allemande et dont le service, le célèbre Bureau IV B 4 est chargé de la question juive : celui-ci lui envoie Eichmann... Heydrich le met au fait et lui confie toute la paperasserie relative à la préparation et la convocation de cette conférence interministérielle aujourd'hui entrée dans l'histoire du drame des Juifs européens sous le nom de Conférence de Wannsee (le quartier de Berlin où elle s'est tenue).

*La conférence de Wannsee*

Elle était convoquée pour le 9 décembre 1941

Pearl-Harbourg et l'entrée en guerre du Japon contre les Etats-Unis, laquelle entraînait celle de l'Allemagne à ses côtés (accords internes de l'axe Berlin-Rome- Tokio) la repoussèrent au 20 janvier 1942.

À cette date, les participants qui y avaient été envoyés (ils étaient 30) par les différents ministères intéressés, se trouvent devant la situation suivante : les troupes allemandes se trouvent aux portes de Moscou (elles y sont bloquées, ce qui n'était pas prévu) et, de la statistique établie à leur intention, par l'Allemand Korherr, inspecteur général des services de la population du IIIe Reich ils peuvent déduire que, dans l'espace européen occupe par les troupes allemandes ainsi porté à ces dimensions, il y a entre quatre million et quatre millions et demi de Juifs. Pour être forcé (cf. ci-dessus) ce chiffre n'en est pas moins celui qu'ils ont retenu.

Et voici la conclusion qu'ils en tirent : d'une part, le plan Madagascar auquel la France n'a pas encore donné son adhésion est devenu stratégiquement inapplicable depuis l'entrée en guerre contre les États-Unis (la flotte allemande ne peut plus assurer la sécurité de convois aussi nombreux de Juifs dans une île aussi éloignée : il faut passer par le Cap) et, de l'autre, de ces quatre millions et demi de Juifs les trois quarts se trouvent dans l'Est européen, ce qui leur fait venir à l'esprit qu'en pleine guerre il est à la fois plus facile et plus économique de transporter le million de Juifs de l'Ouest dans l'Est, qu'à l'Ouest (en France libre, par exemple) les trois millions et demi de l'Est. En vertu de quoi, la conférence de Wannsee décide le refoulement (die *Zurückdrängung*, c'est le mot qui se trouve dans le compte rendu de la conférence et qui fut traduit par « élimination » dans le sens « élimination physique » : extermination) de l'espace vital allemand (*Lebensraum*) de tous les Juifs qui seront acheminés vers l'Est où ils seront mis au travail et attendront la fin de la guerre qui décidera de leur sort. Contrairement à tout ce qui a été dit jusqu'ici par des historiens peu scrupuleux, le mot *Vernichtung*, qui signifie extermination, ou le mot *Ausrottung*, qui le signifie parfois aussi par extension de sens, n'y figurent pas. Le Dr Kubovy, directeur du Centre de documentation juive contemporaine de Tel-Aviv, a d'ailleurs reconnu, nous dit *La terre retrouvée* (15 décembre 1960), qu'

« il n'existe aucun document signé par Hitler, Himmler ou Heydrich parlant d'exterminer les Juifs et (que) le mot extermination n'apparaît pas dans la lettre de Göring à Heydrich concernant la solution finale de la question juive... »

L'Est européen dont il est question à Wannsee, c'est la région d'Auschwitz où, depuis le 14 juin 1940, un camp de concentration que Himmler destinait jusqu'alors à 100.000 prisonniers de guerre qu'il projetait d'y rassembler et ses environs à Chelmo, Belzec, Sobibor, Maïdanek et Treblinka, localités que les troupes allemandes en opération ont, depuis le 22 juin 1941, équipées avec des moyens de fortune d'embryons de camps de concentration pour y rassembler les partisans qu'elles ont capturés et particulièrement les Juifs.

C'est dans cette région qu'ayant acquis dès le 13 décembre 1940 la conviction que le Plan Madagascar était irrémédiablement compromis, Eichmann avait projeté de créer un État juif sur les principes exposés en 1895 par Théodore Herzl et commencé, avec l'assentiment de Himmler, à rassembler plusieurs centaines de milliers de Juifs à partir du printemps 1941. Cette affaire dite « Nisko » lui fut véhémentement reprochée par l'attendu 72 du procès de Jérusalem.

*Les chambres à gaz*

Dès le 21 janvier les décisions de la Conférence de Wannsee sont communiquées à tous les services intéressés avec mission d'aménager les camps et embryons de camps de la région d'Auschwitz en commençant par Auschwitz même. Il s'agit, ne l'oublions pas, de prévoir des installations pour recevoir des millions de personnes...

Au vrai, les services du R.S.H.A. et notamment du *Bauleitung* (Service central de la Construction) sont déjà au travail, mais pour un nombre d'internés prévu beaucoup plus bas: il suffira de leur demander d'étendre leurs projets en cours aux dimensions nouvelles.

Dans le document N. 4401 (produit au procès des organisations nazies à Nuremberg) on trouve sous le nom de *Bauleitung*, à la date du 28 janvier 1942, portant les N. 932 et 938, des plans de construction de quatre fours crématoires de chacun 15 cornues, comportant en sous-sol, des salles dénommées, pour deux d'entre eux, *Leichenkeller* (morgues), pour les deux autres *Badeanstalt* (douches). On y trouve aussi, à la date du 3 août 1942, une lettre de commande de ces fours crématoires à la maison Topf und sohn (Topf et fils) de Erfurt, sous le N.N 11, 450/42/B/I.H. Enfin, dans un autre document qui porte le numéro N.O. 4463, produit au même procès, il est dit que ces fours crématoires ont été livrés au camp à Auschwitz, le 20 février 1943 : le temps de les installer, ils ont pu être prêts à être utilisés, au début de mars...

Ce sont ces morgues et installations de douches dont il a été dit qu'il s'agissait là, en langage de code, de chambres à gaz.

Le moins que l'on puisse dire, c'est que c'est un peu gros.

Surtout si, comme le prétend le Dr Kubovy, directeur du Centre de documentation juive contemporaine à Tel Aviv, aucun ordre d'extermination des Juifs n'a jamais été donné par les autorités du IIIe Reich.

*Le nombre des victimes*

Au total, on le sait, 6 millions, du moins la presse sioniste internationale le prétend-elle et l'autre, dans laquelle les financiers de la Diaspora ont assez de participations pour la décider à aligner ses positions sur leurs thèses, leur emboîte le pas. Mais six millions d'exterminés par tous les moyens, chambres à gaz, mauvais traitements, fusillés ou abattus dès que capturés par les Einsatzgruppen.

À Nuremberg, requérant sur ce point le 21 novembre 1945, le procureur américain Jackson était un peu plus modeste :

« Des 9 600 000 Juifs qui vivaient dans l'Europe dominée par les nazis, dit-il, on estime en toute connaissance de cause à 60 % le nombre de ceux qui périrent : 5 700 000 Juifs manquent dans les pays où ils vivaient auparavant et plus de 4 500 000 ne peuvent être portés ni au compte du taux normal des décès, ni à celui de l'immigration dans les autres pays. »

Combien à Auschwitz ?

Les chiffres les plus divers — les plus fantaisistes aussi — ont été avancés par les historiens et statisticiens du Centre mondial de documentation juive contemporaine :

« Birkenau fut, écrit froidement un dénommé Henri Michel, la plus internationale et la plus occidentale des usines de mort et sa terre s'est engraissée des cendres de 4 millions de cadavres. »

La presque totalité donc, des Juifs européens portés manquants à Nuremberg par M. Jackson !

Mais, dans ses Mémoires, Hoess donne les détails suivants sur le nombre total des internés dans ce camp.

| | |
|---|---|
| De Haute-Silésie ou du gouvernement général de Pologne | 250 000 |
| D'Allemagne et de Theresienstadt | 100 000 |
| De Hollande | 95 000 |

| | |
|---|---|
| De Belgique | 20 000 |
| De France | 110 000 |
| De Grèce | 65 000 |
| De Hongrie | 400 000 |
| De Slovaquie | 90 000 |
| **Total** | **1 130 000** |

Il est bien évident que, s'il n'y eut, au total, que 1 130 000 Juifs déportés à Auschwitz, il n'a pas été possible aux Allemands d'en « exterminer » plus. C'est sans doute pour cette raison que, dans une brochure publiée en 1961 à New York l'*Institute of Jewish Affairs* du *World Jewish Congress* dit que « 900 000 Juifs ont péri dans ce camp » (*Eichmann's Confederates and the Third Hierarchy*, p. 18).

*Importance de la question*

En Europe occidentale, chaque fois que les relations ont tendance à se normaliser entre l'Allemagne et les autres peuples, M. Krouchtchev prononce un discours où il est question de l'Allemagne revancharde et néo-nazie, de la renaissance du militarisme allemand, de la responsabilité unilatérale de l'Allemagne dans le déclenchement de la seconde guerre mondiale, etc. et, des communistes amis à ceux qui n'osent pas dire leur nom, tous les journaux auxquels la presse sioniste donne le ton reprennent l'antienne en l'assortissant des chambres à gaz d'Auschwitz, de l'extermination des six millions de Juifs, de génocide délibéré, etc.

Qu'on ne s'y trompe pas : ces campagnes portent dans les masses populaires sans lesquelles, sous quelque forme que ce soit, il n'y a pas d'Europe possible. Chaque fois qu'un historien qualifié remet en cause la responsabilité unilatérale de l'Allemagne dans le déclenchement de la seconde guerre mondiale, chaque fois qu'un homme politique parle de la nécessité de faire l'Europe si l'on ne veut pas que les chevaux des Cosaques du panslavisme viennent non seulement s'abreuver à l'eau du

Rhin et faire pleurer les yeux de pierre de sainte Odile ainsi que le veut une tradition alsacienne, mais encore prendre là le départ pour aller beaucoup plus loin, à l'un et à l'autre on jette à la face les chambres à gaz d'Auschwitz et les six millions de Juifs[]. Convaincue qu'un peuple qui a été capable de ce forfait est capable de tout et ne mérite pas qu'on se penche sur son cas, l'opinion publique ne pousse pas plus avant l'étude de la question.

Et, à la grande satisfaction de Krouchtchev, porte-parole du panslavisme, l'Europe reste divisée contre elle-même par refus d'y intégrer l'Allemagne à part entière, ne se fait pas, ou se présente sous la forme caricaturale rêvée par le couple gérontocratique De Gaulle-Adenauer. Il est donc indispensable de couper les ailes à l'argument qui empêche l'histoire de reprendre son cours normal et de déboucher sur l'Europe qui est la nécessité impérieuse du XXe siècle, je veux dire aux torrents d'insanités qui, depuis bientôt vingt ans, à jet continu, sont déversées sur l'Allemagne.

Ou alors, il faut accepter l'autre terme de l'alternative, c'est-à-dire non seulement que les chevaux des Cosaques se viennent abreuver à l'eau du Rhin, mais encore que leurs tanks aillent faire sur place leur plein au Sahara et leurs avions escale pour aller jeter leurs bombes sur les États-Unis.

Car, nous le disons sans ambages au mouvement sioniste international qui — pour faire et refaire sans cesse la preuve que les indemnités versées par l'Allemagne à l'état d'Israël sont justifiées — chaque fois que Krouchtchev ouvre la bouche l'Europe, lui apporte le renfort des chambres à gaz et des six millions de Juifs, etc. C'est à quoi il ne peut, à la longue, manquer d'aboutir.

On comprend alors que nous ayons décidé d'avoir le cœur net de ces accusations à propos desquelles, contrairement aux espoirs de ceux qui ont conçu ce procès spectaculaire, nous avons, nous, l'espoir — peut-être naïf, il est vrai — qu'il peut faire sortir la vérité historique de son puits et remettre l'Europe sur ses rails.

D'où l'intérêt que nous lui accordons.

Jean-Pierre BERMONT

M. Paul Rassinier, dont les travaux sur la seconde guerre mondiale ont retenu l'attention de nos lecteurs en raison de leur objectivité, avait projeté de se rendre à Francfort pour assister au procès des gardiens du camp d'Auschwitz, dont la première audience eut lieu le 20 décembre dernier. Il y était envoyé par la Fondation Hoover, le Centre d'études historiques de Burlingame (U.S.A.) et divers journaux de différentes nationalités intéressés au problème de la vérité historique en matière de crimes de guerre lui avaient demandé de bien vouloir leur tenir lieu de correspondant particulier. À ce titre, le règlement du tribunal l'imposant en raison du nombre limité des places dans la salle d'audience, il avait demandé une carte de presse à son président et obtenu sans difficulté celle qui portait le n°113. Tous ses papiers étant en règle, le 18 décembre il prit le train pour Francfort.

En gare de Sarrebrück, la police allemande l'attendait : trois policiers le firent descendre et le reconduisirent à Forbach par le train suivant. Aux demandes d'explication de M. Rassinier, ils répondirent que seul l'ambassadeur d'Allemagne à Paris était habilité à répondre.

Dès son retour à Paris, le soir même, M. Rassinier adressait donc une demande d'explication à l'ambassade d'Allemagne et il en communiquait le double à M. Couve de Murville, ministre des Affaires étrangères, excipant près de l'un et près de l'autre, du fait que, chaque année, il passait deux à trois mois en Allemagne, qu'il y avait encore fait une tournée de conférences du 4 au 18 mars 1963, un séjour de dix jours du 26 septembre au 6 octobre dernier et qu'on ne lui avait jamais fait la moindre difficulté.

Le lendemain 19 décembre, l'*Associated Press* et la D.P.A. alertées par l'éditeur allemand de M. Rassinier ayant répercuté cet incident et la presse mondiale en ayant fait état en manifestant soit son étonnement, soit son indignation, le ministre allemand de l'Intérieur, M. Hocherl, communiquait :

1. – Que depuis de longues années l'accès du territoire allemand était interdit à M. Rassinier « en raison de son appartenance à un groupement fasciste international ». Pressé par l'Associated Press de

nommer ce groupement, le ministre a répondu... « qu'il ne serait pas répondu à cette question ». Et pour cause : ancien député socialiste, retiré de la politique depuis 1956, M. Rassinier a communiqué aux agences de presse, sur leur demande, qu'en dehors des travaux d'histoire auxquels il se consacre, son activité publique se limite au soutien du *War Resister's International*, organisation pacifiste internationale dont le siège est à Londres et le mensuel français *La voie de la Paix*, exprime en gros sa conception de la paix en ces termes : Ni Moscou, ni Washington.

2– Que « la présence de M. Paul Rassinier sur le territoire allemand provoquerait des perturbations de l'ordre public » ce qui est démenti par les faits puisque même lorsqu'il y a fait des tournées de conférences, l'ordre public n'a jamais été perturbé.

En vérité, le gouvernement allemand ne voulait pas que M. Rassinier, spécialiste reconnu par ses collègues historiens des U.S.A. en matière de crimes de guerre, assiste aux débats du procès de Francfort. Ainsi, en toute tranquillité, l'accusation pourra produire à la barre les témoins les plus fantaisistes et appuyer leurs témoignages par des documents aussi outrageusement faux que celui sur lequel repose l'argument de la pièce de M. Hochhut qui fait actuellement scandale à Paris, tous les soirs, sous la protection de la police. M. Paul Rassinier et son éditeur allemand ont assigné en diffamation le ministre de l'Intérieur allemand devant la justice de son pays, ainsi que tous les journaux qui auront reproduit ses accusations et refusé de les retirer.

## LE PROCÈS DES GARDIENS DU CAMP D'AUSCHWITZ

*(Rivarol, n° 680, 23 janvier 1964)*

Francfort, 16 janvier.

On comprendra aisément qu'à raison de deux audiences par semaines, au maximum trois, ce procès ait beaucoup de peine à atteindre son rythme de croisière. Au seuil de la cinquième semaine, il n'y est pas encore arrivé. Si peu qu'il y paraisse à la lecture des journaux, tous les envoyés spéciaux sont atterrés : dès le soir de la première journée l'évidence qui leur a sauté aux yeux c'est qu'avec les quelque deux cent cinquante témoins à charge qu'il leur fallait entendre, ils étaient ici pour un moment. Les vingt-deux accusés leur ont, d'autre part, posé un autre problème : la veille de la première audience, lorsqu'ils se sont présentés au secrétariat de la cour pour retirer la carte qui les habilitait à suivre les débats, on leur avait remis un résumé de l'acte d'accusation dont la lecture leur avait donné la chair de poule. Des centaines d'enfants froidement assassinés par injection de phénol directement au cœur, des filles jetées vivantes dans des cornues de four crématoire, des balles dans la nuque, la balançoire de la mort, etc. sur toile de fond de chambres à gaz et de millions de Juifs exterminés. Ils s'attendaient à du sensationnel : je suis bien sûr qu'à la lecture de tout cela, Mme Madeleine Jacob, dite la hyène de Libération, en avait mouillé d'aise. Et voilà que, le lendemain, ils s'étaient trouvés en présence de vingt-deux personnes aux allures aisées de bons bourgeois à propos desquels ils se rendirent compte tout de suite qu'il leur faudrait beaucoup plus d'imagination qu'ils n'en avaient pour donner de l'original et du sensationnel à leurs journaux.

Il y a maintenant un mois que cela dure : à l'audience d'hier le « coin » — car c'est un coin, non un banc — des journalistes s'était considérablement éclairci car beaucoup avaient renoncé à trouver de l'intérêt à cette affaire. Rendons à César : après avoir entendu l'interrogatoire d'identité et les plus importants interrogatoires sur le fond, parmi ceux qui restent — un peu plus de la moitié des cent vingt prévus par la cour — et qui, à de rares exceptions près, parlent de conseiller à leur rédacteur en chef de les rappeler pour les envoyer ailleurs, le sentiment qui domine est que, vingt ans après la guerre, il y a longtemps que le problème posé par ce procès aurait dû être résolu par l'amnistie.

Au cours de l'interrogatoire d'identité et des interrogatoires sur le fond auxquels il a déjà été procédé, si sensationnel il y a eu, ce n'est pas des accusés qu'il est venu, mais du président du tribunal qui dirige les débats et de la méthode qu'il emploie, beaucoup plus que des chefs d'accusation qu'il articule. Les deux cents enfants auxquels, en une seule soirée (celle de Noël 1944) un seul homme a injecté du phénol par piqûre directe au cœur, la fille qu'un autre a jetée vivante dans une cornue de four crématoire (j'attends au tournant le témoin qui viendra attester le fait), les coups de revolver dans la nuque en série, etc. on sent bien que ce n'est pas l'essentiel du débat : l'essentiel, ce qui sera le centre d'intérêt, ce sont les chambres à gaz et les six millions de Juifs exterminés par ce moyen.

Voici comment, dès la première audience, le président a posé le problème :

– À Birkenau (un des trois camps de l'immense complexe d'Auschwitz qui comprenait, en outre, Auschwitz à 3 km et Monowitz à 6 km) il y avait des chambres à gaz et, périodiquement, dans les trois camps du complexe, on procédait à la sélection de milliers de Juifs à y envoyer pour être gazés. À la fin, en 1944, on procédait même à des sélections à la rampe d'arrivée des trains de déportés. Avez- vous ordonné ces sélections ou y avez-vous participé ? demande-t-il à chacun des accusés.

La question est subtilement formulée : il ne leur demande pas s'ils ont envoyé ces milliers de Juifs aux chambres à gaz en question ou s'ils ont participé aux exterminations, mais seulement s'ils ont ordonné les sélections ou s'ils y ont participé.

La réponse est inéluctable : oui.

Mais, pour chacun d'eux, à la poursuite de l'interrogatoire, on s'aperçoit qu'aucun des accusés ne savait qu'il y avait des chambres à gaz à Birkenau et que les sélections avaient pour but d'y envoyer les Juifs. Or, parmi eux, il y a deux adjoints des deux chefs successifs du complexe. Il y a même un détenu polonais, un nommé Bednarec, qui était chef de block et qui y a participé avec zèle, croit-on deviner : on se demande pourquoi tous les détenus chefs de block du camp qui ont tous été dans son cas — ils sont des milliers, tous vivants et à de rares exceptions près tous juifs — ne sont pas, comme lui, au banc des accusés. Réponse : celui-ci n'est pas juif. À ce banc des accusés, s'il n'était pas mort en cours d'instruction, un des deux chefs de camp eût pu être assis : à l'audience du 11 janvier on apprend qu'à l'instruction il a déclaré, lui aussi, qu'il n'avait jamais su qu'il y avait des chambres à gaz, à Birkenau. Pour le moins étrange... Ces sélections pourtant ? Elles avaient, paraît-il, pour but de séparer les malades incapables de travailler, des biens portants capables, les premiers devant être acheminés sur des camps spéciaux à eux destinés. C'est ce qui ressort de l'interrogatoire sur le fond de Robert Mulka (aujourd'hui un des plus grands de l'export-import de la ville de Hambourg) et de Höcker, tous deux adjoints, l'un au premier commandant du complexe (Höss, pendu à Auschwitz par les Polonais, le 4 avril 1947), l'autre du second (Baer, mort en cours d'instruction).

En somme, ils ont sélectionné des gens qui devaient être envoyés dans un camp de concentration bien précis. Sur le traitement qui a été infligé à ces gens, ils ne savent rien. C'est bien possible, bien qu'ils aient appartenu aux S.S. qui gardaient le camp et qu'ils commandaient : ils étaient à la porte du camp et ils ne savent rien de ce qui se passait à l'intérieur — pour ces deux-là au moins — ou ils affirment, au surplus, qu'aucun incident fâcheux ne leur ayant été signalé, ils n'ont jamais eu à mettre les pieds, ce qui est encore possible. Ceci relève de la structure générale des camps de concentration qui comprenaient, en réalité, deux camps : celui de la garde S.S. à l'entrée, et celui des détenus. Et nous avons une déclaration de ce grand pourfendeur du nazisme (après coup !) que fut M. Eugen Kogon, qui fut déporté lui-même, et qui est, dans les milieux officiels, considéré comme le spécialiste par excellence en matière de camp de concentration : « La garde S.S. qui veillait à la porte des camps, dit-il (p. 275 de son livre *L'Enfer organisé*) ignorait ce qui se passait réellement derrière les barbelés ». Il faut savoir que tous les camps de concentration étaient conçus sous le régime du self-government par les détenus eux-mêmes.

Alors, ces exterminations par les gaz auraient-elles été perpétrées par le self-government des détenus à l'insu des S.S. ? La question n'a pas encore été posée par la défense : le sera-t-elle ultérieurement ?

Permettez-moi une incidente : je me trouverais moi-même dans une situation très délicate, si M. Paul Reynaud avait réussi à couper la route du fer en 1940 : c'est simple, l'Axe aurait pu gagner la guerre et je me trouverais au banc des accusés d'un procès semblable à celui de Francfort, mais organisé à la requête de l'Italie.

En juin 1940, après l'entrée en guerre de l'Italie, je fus désigné par le commandement militaire de la ville où je me trouvais pour organiser le recensement de tous les Italiens du département qui, disaient les instructions, devaient être rassemblés dans une caserne du chef-lieu pour être envoyés dans un camp de concentration : on parlait de Gurs que les Espagnols républicains qui y furent enfermés ont rendu célèbre par la description des horreurs qu'ils avaient eu à y subir.

Et j'entends le président du tribunal me dire :

– Dans ce département vous avez sélectionné les Italiens qui ont été envoyés au camp de Gurs où ils ont dû subir ceci, puis cela, puis encore ceci, etc.

Réponse : J'ai sélectionné, c'est vrai, mais je ne savais pas que...

Mon compte serait alors bon.

Heureusement pour moi, vous dis-je, M. Paul Reynaud n'a pas réussi à couper la route du fer !

Ce 16 janvier, trois remarques sont encore à faire : l'une sur la psychologie des accusés, une autre sur celle des journalistes et de la tribune du public et, enfin, la dernière, sur l'accusé Breidweiser.

1 — Psychologie des accusés : à la troisième audience, ils ont compris qu'ils étaient des condamnés en sursis. Alors, peu à peu, ils ont dû se dire que le mieux, pour eux, était de chercher à mériter l'indulgence du tribunal. C'est ainsi que, peu à peu, leurs déclarations sont devenues moins catégoriques. Par exemple, les deux adjoints des deux commandants du complexe ont fini par dire, tout en se maintenant sur leur ligne générale de défense, qu'ils avaient, au camp même, « entendu dire » qu'à l'intérieur du camp de Birkenau, il se passait « des choses horribles » en se retranchant derrière le fait qu'il s'agissait là d'une « *Staatsgcheime Sache* » (secret d'État) ordonnée par les plus hautes instances du IIIe Reich et dans laquelle ils n'avaient « pas à intervenir» — que même « il eût été dangereux pour eux d'y intervenir ».

Le président n'en attendait pas plus : car, au-delà des accusés eux-mêmes, ce qu'il faut condamner, ça n'est pas eux, mais l'Allemagne elle-même pour justifier les astronomiques réparations auxquelles elle est condamnée — principalement au bénéfice de l'état d'Israël : 5 000

D.M. par victime juive ! — en faisant la preuve que toutes les atrocités articulées contre les accusés ont été perpétrées d'ordre gouvernemental.

Une fois engagés dans cette voie, ils déclareront n'importe quoi : à l'audience du 14 janvier, l'accusé Klaus Dylewsky a déclaré avoir vu arriver à la rampe du camp de Birkenau, soixante-dix trains de déportés juifs. Mentalement, j'ai fait le compte : l'attendu 112 du Procès de Jérusalem nous dit que chacun de ces trains contenait environ 3 000 personnes, ce qui fait 210 000 personnes par jour. Je laisse au lecteur le soin de faire le compte général des Juifs qui ont été concentrés sur Auschwitz entre mars 1942 (date à laquelle y sont arrivés les premiers convois de la déportation systématique) et le 8 juillet 1944, date à laquelle semble être arrivé le dernier.

Personne — et même pas la défense n'a relevé cette imbécillité. Le lendemain, je me rendais compte qu'à Paris, France-Soir l'avait répercuté sans sourciller à un million et demi d'exemplaires pour ses lecteurs.

Bien sûr, l'accusé Klaus Dylewsky n'était pas responsable de ces arrivées au camp : là c'était le gouvernement d'alors qui avait ordonné cette concentration massive et, le coupable, c'était l'Allemagne tout entière qui s'était donnée ce gouvernement. Quel sourire d'aise sur la figure du président. Enfin il la tenait, la condamnation de l'Allemagne !

2 – Psychologie des journalistes et du public : pas un seul journaliste et, à la tribune du public, personne qui ne soit dans la disposition d'esprit des tricoteuses de Fouquier-Tinville. Les déclarations de ce Klaus Dylewsky ont provoqué, là des exclamations de sardonique satisfaction parmi lesquelles celles de Mmes Madeleine Jacob de *Libération* et Dominique Auclères du *Figaro* ne sont pas les moins significatives. Elles n'ont pas vu, ces mignonnes un peu montées en graine, que 210 000 Juifs envoyés chaque jour à Auschwitz, pendant 27 mois, ça devait faire pas loin de deux milliards. À la tribune du public — où on n'a pas de peine à distinguer quelques témoins professionnels qu'on entendra plus tard — les « *Nazischwein ! Sauhund ! Nazisau ! ...* » (je ne traduis pas, tout le monde a compris) ne cessent de fuser.

Dans ce petit univers de Comité de salut public (de celui de Fouquier-

Tinville, bien sûr) celui qui provoqua la plus grande révolte des consciences fut Robert Mulka, lorsqu'il déclara qu'il n'avait connu « que deux incidents provoqués par des tentatives de fuite de deux détenus » pendant tout son mandat, et que, dans son ensemble, à ses yeux, le camp d'Auschwitz avait été « un camp sans incidents, pour ainsi dire ».

3 — L'Accusé Breidweiser : on a voulu lui faire dire qu'il avait participé au premier essai d'asphyxie pratiqué en 1941, au cyclon B, dans un bâtiment du camp non prévu à cette fin, de huit cent cinquante prisonniers de guerre russes. Il avait un air si hébété que, visiblement, on n'en pouvait que conclure qu'il ne savait pas de quoi il s'agissait. Il le dit, d'ailleurs, très expressément. Et l'accusation n'a insisté que pour la forme, sans conviction, semblait-il.

J'attends aussi, et avec impatience, son interrogatoire sur le fond : il est le seul sur lequel pèse l'accusation d'avoir participé lui-même à des exterminations.

Dernier fait à noter à ce jour : ce procès rendu libre à tous les danseurs de corde de l'univers journalistique, pour la plupart des ratés des métiers académiques qui ne connaissent rien à la question et, d'autre part, interdit à l'historien Paul Rassinier, spécialiste reconnu en matière de crimes de guerre, est ouvert à l'avocat communiste de l'Allemagne de l'Est Kaul, lequel s'est vu reconnaître la qualité d'adjoint de l'accusation par le tribunal.

*(Rivarol n° 682, 6 février 1964)*

Nous engagerions-nous enfin sur le chemin de la vérité ? Le cas de l'accusé Breidweiser est venu beaucoup plus tôt qu'on ne le pensait.

Il s'agit de ce S.S. — le seul — sur lequel pèse une participation effective à une extermination par les gaz : celle de 850 prisonniers de guerre soviétiques.

« Moi ? Bien sûr, j'ai manié du cyclon B, mais c'était pour désinfecter des vêtements, pas pour asphyxier des gens ! »

Et il décrit à la fois le cyclon B et l'opération. Ainsi apprend-on que ce célèbre gaz qu'on nous a, jusqu'ici, présenté « en pastilles d'où le gaz sortait au contact de l'air » (on dit les uns à Nüremberg), « au contact de la vapeur d'eau » (ont dit les autres devant le même tribunal), se présentait, en réalité, sous la forme d'un « liquide en bonbonnes », d'un liquide très volatil.

La discussion mettant en évidence le faux témoignage commis par tous les témoins de l'accusation dans tous les procès de ce genre qui ont eu lieu au cours de ces vingt années, le président Hoffmaier tourne court.

Je me reporte à la documentation que j'ai emportée avec moi et j'y apprends que ce cyclon B était un insecticide en usage dans l'armée allemande depuis 1924 et que, pendant la Seconde Guerre mondiale, on l'avait utilisé non seulement dans l'armée, mais dans les services d'hygiène du IIIe Reich et dans tous les camps de concentration. À Nuremberg, le 30 janvier 1946, on a retenu à charge contre les accusés deux factures de ce gaz datées du 30 mai 1944, l'une pour Auschwitz, l'autre pour Orianenburg. Or, à Orianenburg, il n'y avait pas de chambres à gaz (compte rendu, débats, vol. 27, p. 740-742).

Question : que faisait-on avec le cyclon B à Orianenburg, puisque là on n'asphyxiait pas ? Il ne semble pas qu'on puisse trouver ailleurs que là la preuve irréfutable que le gouvernement du IIIe Reich n'a jamais conçu le cyclon B pour exterminer les Juifs.

On en a exterminé à Auschwitz par ce moyen ? Premièrement, le fait reste à prouver. Et, deuxièmement, si on arrive à le prouver, le problème de ces exterminations se posera sous un tout autre aspect que celui sous lequel on nous l'a présenté jusqu'ici : à l'insu des autorités du IIIe Reich, ainsi que je l'ai déjà signalé. En même temps se posera le rôle joué dans ces horreurs par le self-government du camp, si tous les Breidweiser accusés arrivent à prouver qu'ils n'y sont pour rien.

On comprend alors que le président Hoffmaïer n'ait pas insisté. C'était, d'ailleurs, la seconde fois. La première s'étant produite lors de l'interrogatoire de l'accusé Hans Stark, le vendredi précédent.

Celui-ci, en effet, a reconnu avoir exécuté cinq ou six déportés juifs par balle dans la nuque :

« Ceux-ci, dit-il, étaient arrivés au camp régulièrement condamnés à mort par les tribunaux alors compétents du IIIe Reich, et j'avais été désigné pour faire partie du peloton... »

C'est évidemment le cas de tous ceux qui font partie d'un peloton d'exécution.

Mais pourquoi le président Hoffmaïer était-il mal à son aise ? pensera le lecteur. Voici : l'accusé Hans Stark et le président Hoffmaïer sont du même âge. En 1943, ils avaient tous deux dix-sept ans et appartenaient tous deux au parti nazi. L'un a été envoyé aux S.S. à Auschwitz (Hans Stark), l'autre (Hoffmaïer) dans un régiment de chasseurs alpins en Italie. Le premier est aujourd'hui professeur d'université (agronomie) et accusé, le second magistrat et... juge. Face à face après avoir été si longtemps côte à côte...

Le second a eu de la chance de ne pas avoir été désigné pour faire partie d'un peloton d'exécution, jusqu'à plus ample informé du moins.

Le lendemain, il confiait à l'envoyée de *France-Soir* : « Heureusement que je n'ai jamais eu à participer à une de ces opérations ! » En effet...

Et heureusement aussi pour M. Eugen Gustenmaier (aujourd'hui président du Bundestag) et Heinrich Luebke (aujourd'hui président de la République fédérale) qui étaient, eux aussi, d'importants personnages sous Hitler et approuvaient chaleureusement sa politique. Le premier était membre du parti nazi (en mission dans une université pendant la guerre). Quant au second, son cas était beaucoup plus grave : chef d'une entreprise industrielle travaillant à la construction des V1 et V2 avec la main-d'œuvre des déportés faméliques du camp de concentration de Seenemünde (Baltique).

Et il n'a jamais figuré au banc des accusés d'aucun procès du type de celui de Francfort pour... participation aux horreurs du camp de concentration de Seenemünde !

Il y a des grâces d'État, on vous le dit.

*(Rivarol n° 684, 20 février 1964.)*

C'est fait : tous les accusés ont été interrogés sur le fond, la première phase du procès est terminée. Le tribunal a fait relâche et n'a repris sa tâche que lundi dernier, 17 février, pour la raison qu'à Francfort, comme à Nice, Carnaval est sacré.

Pour le moment — et cela durera jusqu'au 24 février — on entend les spécialistes de l'Institut d'histoire contemporaine de Munich, parangon mondial du résistantialisme antinazi convoqués comme experts pour authentifier des témoignages écrits — dont les auteurs sont morts ou ne peuvent se déranger — à la lecture publique desquels il est procédé au cours de cette semaine. Il n'est pas indifférent de noter que ces experts sont ceux que, le 19 août 1960, M. Paul Rassinier a contraints à reconnaître qu'il n'y avait « jamais eu aucune chambre à gaz dans aucun camp de concentration situé sur le territoire du Grand Reich », et qui, jusque-là, avaient soutenu le contraire.

Le 27 février, on a entendu le premier — et le plus important — témoin de l'accusation : M. Hermann Langbein, un Israélite autrichien, secrétaire général du Comité international des rescapés d'Auschwitz. La *Frankfurter Allgemeine Zeitung* du 27 janvier avait préparé à son de trompe son audition, en publiant de lui un article qui fut, à mon sens, la sensation de cette semaine-là.

Par son titre d'abord : « La capacité des fours crématoires d'Auschwitz : 4 756 cadavres par jour. » C'est précis. Mais, en 1951, cette capacité était, devant les tribunaux de l'époque, évaluée à 20 000 cadavres par jour sur la foi d'un témoin mort, un docteur hongrois du nom de Miklos Nyiszli, dont le témoignage fut, dans le détail, rendu public en France par *Les Temps modernes* (numéro de mars et avril 1951).

Par son contenu, cet article était encore plus surprenant : il y était dit que M. Hermann Langbein a été interné pendant deux années au camp d'Auschwitz, où il exerçait les fonctions de secrétaire du Dr S.S. Wirths, le chef direct des exterminations par les gaz, et que, dans ce camp, la nourriture était si insuffisante (1 800 calories par jour prévues par le R.J.H.A.) qu'on n'y pouvait survivre plus de quatre mois si on « n'organisait » — dans le jargon des camps, « organiser » signifiait voler à droite et à gauche, du pain par-ci, de la margarine par-là, de la soupe ailleurs, etc.

Mais M. Hermann Langbein, lui, a survécu deux années. Conclusion : il a « organisé » de la nourriture — de la nourriture prise sur les rations des autres détenus. Rien d'étonnant : être secrétaire du Dr Wirths, cela signifiait appartenir au self-government du camp — à cette bande de détenus qui en assumaient l'administration et la police... et dont la principale occupation consistait à se servir d'abord sur la masse des rations de 1 800 calories qui arrivaient chaque jour au camp, à s'en attribuer chacun 3 000 ou 4 000 et à condamner la masse des détenus à vivre avec 600, 800 ou 1 000 calories, c'est-à-dire à mourir de faim à petit feu.

Cela, ce n'est pas moi qui le dis, c'est M. Hermann Langbein qui l'avoue lui-même : s'il a survécu deux ans, dans un camp où on ne pouvait survivre que quatre mois avec les rations allouées, sauf à condition de se résoudre à voler la nourriture de ses compagnons de détention, la conclusion qui s'impose est qu'il a été lui-même parmi les voleurs, qu'il a fait mourir de faim un certain nombre de ses codétenus, qu'il a ajouté à l'horreur des camps et qu'alors sa place est au banc des accusés, non à celui de l'accusation. Dans la logique des organisateurs du procès, au moins, comme son codétenu Bednarek qui était, lui, chef de block et qu'on a entendu jeudi. Mais voilà, Bednarek ne s'appelle pas... Langbein.

Au reste, l'audition de ce Bednarek fut décevante au possible.

Mais quel est le bilan des opérations au terme de l'interrogatoire sur le fond ? Voici : deux accusés sur vingt-trois ont avoué partiellement ce qui leur était reproché, et je dois confesser que c'est un résultat remarquable. En 1946, devant le Tribunal de Nüremberg, ils eussent, tous, tout avoué. C'est bien la preuve que nous ne sommes plus en 1946...

Il faut alors se pencher sur ce qui a été avoué par ces deux-là. Sur les aveux du premier, le lecteur de Rivarol est déjà fixé : il s'agit de l'accusé Hans Stark, aujourd'hui professeur d'agronomie, qui avait été désigné pour faire partie d'un peloton d'exécution de gens régulièrement condamnés par les instances judiciaires du IIIe Reich. Le cas de ceux qui ont exécuté le lieutenant Degueldre, la mort dans l'âme. Il n'y a donc pas à y revenir : voir le dernier numéro de *Rivarol*.

Quant au second, le sous-officier Klaehr, il a reconnu qu'il avait exécuté, par piqûre de phénol au cœur, deux à trois cents détenus juifs. Je conseille au lecteur de lire attentivement un livre remarquable de Me Maurice Garçon: *La Vie exécrable de Guillemette Babin* qui, au Moyen Age, accusée de sorcellerie, avait avoué avoir rencontré tous les soirs à minuit, dans des sabbats orgiaques, des incubes et des succubes, sur promesse que, si elle avouait, elle ne serait pas brûlée comme sorcière. Le dénommé Klaehr était accusé d'avoir exécuté par piqûre au cœur, ces deux à trois cents détenus juifs, le soir de Noël 1942. Il niait. En cours de procès, on s'est aperçu de deux choses : le soir de Noël 1942, il n'était pas à Auschwitz ; et, d'autre part, piquer deux à trois cents personnes en une soirée, pour un seul homme, c'était vraiment un peu beaucoup. Interrogez le premier étudiant en médecine venu. Alors il a avoué avoir atteint ce score en deux mois, à raison d'une dizaine ou d'une quinzaine de personnes par séance. C'était plus vraisemblable. Le malheur, c'est qu'en 1948, l'accusé a déjà été impliqué dans le procès de Dachau et qu'il avait « accepté » qu'il y eût une chambre à gaz dans ce camp, tout en précisant qu'il n'avait pas participé aux exterminations. Or, depuis 1948, on a su qu'à Dachau il n'y avait jamais eu de chambre à gaz (cf. déclaration ci-dessus citée de l'Institut d'histoire contemporaine de Munich). Si ses aveux devant le tribunal de Francfort sont de la même valeur que ceux qu'il a faits en 1948 dans l'affaire de Dachau... Et pourquoi pas ? En vérité, je vous le dis : relisez *La Vie exécrable de Guillemette Babin* et vous comprendrez.

Ce qui est curieux, c'est que, au terme de deux mois de débats, le problème des chambres à gaz, en soi, n'ait pas encore été évoqué. Chaque fois que l'occasion s'en présente, le président Hoffmaïer (ancien nazi S.S. en Italie) limite les réponses des accusés au problème de la « sélection » à l'intérieur du camp ou à la rampe d'arrivée. Chaque fois, le scénario est le même : je n'ai jamais su qu'il y avait des chambres à gaz à Auschwitz, dit l'accusé. Et le président : On a tout de même sélectionné des gens, donc...

L'accusé reste coi. Car il est exact qu'on a sélectionné des gens et il ne peut qu'en convenir. Je dirai donc, dans un prochain article, ce qu'étaient ces sélections —dans tous les camps, pas seulement à Auschwitz — telles qu'elles apparaissent après l'interrogatoire des accusés sur le fond, confronté à la documentation que je suis allé consulter à la bibliothèque de Francfort.

*(Rivarol n° 686, 5 mars 1964)*

À la veille des fêtes de Carnaval, lorsqu'ils décidèrent de faire relâche pour une semaine, les juges du tribunal de Francfort étaient dans le sentiment qu'ils avaient perdu, sur le plan de l'actualité, la vedette que jusque-là, ils n'avaient, d'ailleurs, que très difficilement et assez médiocrement occupée. Les audiences de reprises des 17 et 21 février, entièrement consacrées à l'audition des « experts » de l'Institut (résistantialiste) d'histoire contemporaine de Munich n'y ont rien changé : c'eût été bien impossible, ces fameux « experts » ayant été si souvent pris en flagrant délit de mensonge et de falsification de documents historiques. M. Hermann Langbein, premier et plus important témoin de l'accusation, aujourd'hui président international de l'Amicale des déportés d'Auschwitz et, de son propre aveu autrefois un des quelque huit à dix mille voleurs de nourriture qui constituaient le self-government du camp, y réussira-t-il ?

En matière de poursuites contre les criminels anciens nazis, le centre d'intérêt s'est, pendant les fêtes de Carnaval, à la fois déplacé et étendu à toute l'Allemagne et même à l'Autriche. Au cours de ces trois dernières semaines, une véritable chasse à l'homme ancien nazi et criminel par définition s'est organisée sur toute l'étendue des deux pays. Des procès de même nature que celui de Francfort sont déjà engagés parallèlement dans quatre ou cinq autres villes. Un certain nombre d'entre eux seront déjà terminés quand paraîtra cet article. D'autres auront commencé. D'autres sont en préparation. Il est impossible, actuellement, a déclaré le procureur Bauer, d'en prévoir la fin.

Le plus important d'entre eux fut celui des médecins impliqués dans l'affaire de l'euthanasie, qui se tenait à Limbourg et qui n'est pas terminée. C'est lui qui a ravi la vedette à celui de Francfort. Au point où en sont les débats, rien à en dire encore, sauf que les deux accusés principaux, incarcérés depuis près de quatre années et que les juges d'instruction n'avaient pas réussi à confondre, se sont suicidés à la veille de l'ouverture du procès. Comme Baer, ancien commandant du camp d'Auschwitz, à la veille de l'ouverture de celui de Francfort. Et comme Gerstein (auteur présumé du faux et apocryphe document qui est tout l'argument du *Vicaire*) à la veille de celui de Nuremberg. Tous ces suicides en prison et en cours d'instruction, qui ont lieu chaque fois que l'accusation est en situation délicate et hors d'état de prouver ce qu'elle avance, paraissent, au minimum, suspects. Mais de là à penser qu'une enquête sera ouverte...

*(Rivarol n° 689, 26 mars 1964.)*

Le procès de Francfort n'a toujours pas résolu le problème des chambres à gaz : il n'a encore trouvé d'autres moyens de faire la preuve de leur existence que par les « sélections » qui avaient lieu périodiquement et, à une certaine époque, quotidiennement, soit à l'infirmerie, soit dans le camp, soit même à la rampe d'arrivée des convois du camp de Birkenau.

Il paraît donc nécessaire d'expliquer en quoi consistaient ces opérations. Leur but, on le connaît : séparer les malades incapables de travailler des biens portants. Que devenaient les premiers ? Les témoins de l'accusation qu'on entend depuis le 27 février répondent invariablement : ils étaient envoyés à la chambre à gaz. Ce qui est curieux, c'est que tous les ont vus, chargés sur des camions ou dans des wagons, quitter le camp, mais... aucun ne les a vus arriver à la chambre à gaz en question et n'a assisté à l'opération d'extermination.

Par contre, il suffit de lire *La Tragédie de la déportation* (publié sous la direction de Olga Wormser et Henri Michel chez Hachette, 1962) pour se rendre compte qu'un grand nombre des auteurs de la littérature concentrationnaire ont vu des convois de malades en provenance d'Auschwitz arriver à Bergen-Belsen, Neuengame, Buchenwald, Dora, Ravensbrück, etc. dans le courant de l'année 1943 et plus particulièrement à partir de mai 1944. D'Auschwitz et pas seulement d'Auschwitz : de tous les camps de concentration qui étaient, dans la conception du IIIe Reich, des camps de travail, non des camps d'extermination.

Explication : camps de travail, les camps de concentration, qui louaient les déportés aux entreprises industrielles de la région où ils se trouvaient, devaient être rentables. Et la S.S. de garde à l'entrée veillait à ce que, dans chacun d'eux, le nombre des malades incapables de travailler (les « bouches inutiles », a dit Mme de Beauvoir) ne compromît pas la rentabilité. Chaque fois qu'elle jugeait ce nombre excessif, elle faisait procéder, à l'intérieur du camp, par le self-government des détenus (Kapos, *Vorarbeiter*, etc., *gummi* à la main) à des rafles qui étaient de véritables chasses à l'homme — chaque malade visé cherchant à y échapper parce qu'il était convaincu que, dans le cas contraire, il allait être acheminé sur la chambre à gaz.

Ceux qui avaient été « sélectionnés » ainsi étaient acheminés sur l'un ou l'autre des camps ci-dessus cités, le plus souvent sur Bergen-Belsen et Neuengame, spécialement prévus pour les malades de tous les camps et, comme leurs compagnons d'infortune ne les voyaient plus, ils concluaient qu'on les avait envoyés à la chambre à gaz. Dans le sabir des camps, l'opération était désignée par l'expression *Himmels fahrtkommando* = commando du départ pour le ciel. En réalité...

La raison de ce grand nombre de malades ? Les vols de nourriture commis au préjudice de la masse des détenus par le personnel du self-government et dont j'ai déjà dit qu'ils avaient, pour Auschwitz, été assez ingénument avoués par le dénommé Hermann Langbein. Parce qu'il appartenait à ce self-government, ce Langbein a réussi à survivre « deux ans dans un camp où, si l'on ne volait pas de nourriture, on ne pouvait durer plus de quatre mois ». Il reste seulement à savoir si les 1 800 calories mises, dans tous les camps, à la disposition de chaque détenu, ne permettaient pas de survivre plus de quatre mois. Qu'elles aient été chichement mesurées, on en conviendra aisément. Mais si les Langbein du self-government (en général 10 % de la population de tous les camps) prélevaient encore sur cette maigre portion à leur profit, il n'y a rien d'étonnant à ce que, pour la masse des détenus, le maximum de survie n'ait pu dépasser quatre mois.

*Le Monde* a cité un autre témoin, qui est la réplique féminine de Langbein : une dame Hacha Speter-Ravine, qui était infirmière à l'hôpital d'Auschwitz (il était, lui, secrétaire d'un des principaux médecins du camp) et qui a survécu 26 mois. Mme Dominique Auclères, du *Figaro* a cité un autre témoin, Mme Lindgens, qui a survécu trois ans. Cette Mme Lindgens était, elle aussi, infirmière à l'hôpital et elle cite elle-même une détenue qui a survécu quatre ans... tout en précisant également, « si on ne volait pas de nourriture, on ne pouvait survivre plus de quatre mois » ... Si, maintenant, on se reporte au compte rendu des débats du Procès de Nuremberg, on y verra (tome VI, pp. 211-237) que Mme Vaillant-Couturier, née Vogel, infirmière à l'hôpital, a — de même que les ci-dessus cités — survécu deux années.

Mon opinion est que le tribunal de Francfort devrait commencer à dresser le compte exact de tous les Langbein, Lindgens, Speter-Ravine, Vaillant-Couturier, etc. qui, de leur propre aveu, ont eu la main très lourde en matière de vols de nourriture au détriment de la masse des détenus : on leur doit sûrement le fait que le nombre des malades du camp d'Auschwitz-Birkenau ait été constamment maintenu à un niveau très supérieur à celui qui eût permis au camp d'être « rentable », les sélections quotidiennes à l'intérieur du camp et, à partir de 1943, à la rampe d'arrivée des convois.

Qu'on les amnistie comme on devrait amnistier tous les accusés de ce procès, J'en suis bien d'accord, mais...

Qu'ils soient aujourd'hui les témoins de l'accusation et lui apportent des témoignages qui dissimulent — assez mal. D'ailleurs, puisqu'ils avouent — leurs vols, c'est là qu'est le scandale.

Jean-Pierre BERMONT

# ANNEXES (2/2)

## LE PROCÈS DES GARDIENS D'AUSCHWITZ :

## INTERVIEW DE PAUL RASSINIER

*(Rivarol n° 692, 16 avril 1964)*

Notre collaborateur Jean-Pierre Bermont ayant été pris à partie par M. Louis Martin-Chauffier, dans *Le Figaro Littéraire* (2 avril), et par M. Rémy Roure, dans *Le Figaro* tout court (4-5 avril) au sujet de ses comptes rendus du procès de Francfort, plutôt que d'ouvrir une polémique sur ses droits à parler des problèmes posés par les camps de concentration allemands au regard des crimes de guerre, nous avons préféré répondre à sa place en faisant appel au témoignage d'un Français qui est à la fois un témoin et un historien, c'est-à-dire un homme dont la qualification est indiscutable. Nous nous sommes donc adressés à M. Paul Rassinier — « ancien » de Büchenwald et de Dora — dont les travaux en la matière font, aujourd'hui, autorité et ont été traduits dans plusieurs langues. Interrogé par nous, voici comment, documents en main, il a répondu aux questions que nous lui avons posées :

*Avez-vous, M. Rassinier, lu les comptes rendus des audiences du procès de Francfort que nous avons publiés et acceptez-vous de nous dire ce que vous en pensez ?*

Comment refuser de vous répondre ? Je fais de l'histoire, pas de la politique et, chaque fois qu'on est venu m'interviewer, j'ai toujours accepté d'exprimer très franchement ma pensée, pourvu que mon interlocuteur me promette de ne pas la travestir.

*Nous vous le promettons formellement...*

Bien... En effet, J'ai lu les articles de M. Jean-Pierre Bermont et je puis vous dire que les ai trouvés très objectifs et bien documentés. Peut-être aurais-je pu faire quelque chose de plus complet, sûrement pas de plus pertinent. Cependant, je n'ai pas été étonné de le voir prendre à partie par MM. Martin-Chauffier et Rémy Roure : je le fus moi-même pour les mêmes raisons. Avec le R.P. Riquet nous avons là les trois plus farouches gardiens du sanctuaire français des vérités historiques officialisées par autorité de justice à Nuremberg, Varsovie, Jérusalem et autres hauts-lieux de la germanophobie, qui s'exprime aujourd'hui en millions de morts à porter au compte des camps de concentration allemands...

*M. Martin-Chauffier parle, en effet, de « quatre millions » pour le seul camp d'Auschwitz...*

M. Rémy Roure est plus modeste : des centaines de milliers, dit-il, et ceci est plus proche de la vérité et aussi plus honnête. Je crois qu'effectivement des centaines de milliers de détenus sont morts à Auschwitz.

*Exterminés par les gaz ?*

C'est une autre question. Parlons d'abord chiffres. Sur ce point, les témoins ne sont pas d'accord. M. Broszat, directeur de l'Institut (résistantialiste) de Munich, dit « entre un million et un million et demi » *Frankfruter Allgemeine Zeitung*, 26-2-64.[206]

M. Henri Michel, secrétaire général du Comité d'histoire de la Seconde Guerre mondiale, dit « quatre millions », et c'est vraisemblablement à lui que M. Martin-Chauffier a emprunté le renseignement. Mais l'*Institute of Jewish Affairs* du World Jewish Congress dit « 900 000 »... Si l'on tient compte que Höss, premier commandant de ce camp, a déclaré dans ses mémoires, que 1 130 000 personnes, en tout avaient été internées dans ce camp, 900 000 me paraît un maximum. Déjà très suffisant !

## À LA RECHERCHE DE TÉMOINS

---

[206] Rassinier commet une double erreur : ce n'est pas Broszat qui le dit mais Krausnick, le 18 et non le 26 février 1964; dans le même article, le journaliste déclare qu'« Auschwitz [...] est le symbole de le mort de centaines de milliers de juifs » (*Auschwitz wird eines der größten Vernichtunglager, symbol des Todes für Hunderttausende von Juden*). C'est dans le *Frankfurter Allgemeine Zeitung* du 29 février qu'est rapporté le témoignage de Broszat, qui concerne le traitement des Polonais par les nazis et ne dit rien d'Auschwitz. Nous avons l'article du 18 février 1964.

*Je repose ma question : dans des chambres à gaz ?*

À dire vrai, depuis que j'ai contraint l'Institut d'histoire contemporaine de Munich à convenir, le 19 août 1960, qu'il n'y avait eu aucune chambre à gaz dans aucun camp de concentration situé sur le territoire allemand, depuis surtout qu'on m'a interdit d'assister au procès de Francfort — qui m'aurait permis de savoir ce qu'il en était exactement de celles d'Auschwitz, seules encore en question — je ne crois guère à ces histoires de chambres à gaz.

*Mais les témoins ?*

Pourquoi des chambres à gaz, puisque le Dr Kubovy, directeur du Centre de documentation juive contemporaine de Tel-Aviv, a lui-même, selon *La Terre retrouvée* du 15-12-1960, reconnu qu'il n'existait aucun document portant la signature de Hitler, Himmler ou Heydrich parlant d'exterminer les Juifs et que le mot « extermination » n'apparaît pas dans la lettre de Goering à Heydrich concernant la « solution finale de la question juive » ?

Les témoins ? À ce jour, on n'en connaît qu'un seul qui ait avoué avoir participé à une opération de ce genre, mais son coaccusé, qui aurait effectué la même terrible besogne, soutient, lui, qu'il s'agissait d'une désinfection de vêtements, non d'une extermination d'hommes... Les autres ont « entendu dire... vu partir pour la chambre à gaz, etc. »[207], mais aucun n'a ni assisté, ni participé. C'est ce qu'établissent les débats de Francfort et votre collaborateur J.-P. Bermont a entièrement raison sur ce point...

*Alors, ces centaines de milliers de morts ?*

Justement... ce self-government des camps auquel M. Martin-Chauffier trouve tant de vertus. Avec leurs amis et protégés, les détenus chargés d'administrer le camp représentaient environ 25 % de la population de tous les camps, a dit, à Francfort, un témoin de l'accusation, le Dr Münch, ancien médecin S.S. du camp d'Auschwitz. Si, au lieu des 1 800 calories attribuées à chaque détenu par le règlement des camps de concentration —et qui étaient, effectivement, bien peu— ces 25 % s'en

---

[207] *Frankfurter Allgemeine Zeitung* (27 février 1964) et Figaro (29 février 1964)

attribuaient le double, les 75 % qui restaient ne disposaient plus que des deux tiers d'une ration déjà très maigre, et point n'est besoin de sortir de l'École des Chartes comme M. Martin-Chauffier pour comprendre que, pour eux, c'était alors la condamnation à la mort lente par inanition...

En fait, dans tous les camps, les détenus du self-government s'attribuaient beaucoup plus que le double de leur droit et, dans la pauvre masse, beaucoup ne disposaient plus que de la moitié, et souvent moins, du leur. D'où l'effroyable taux de mortalité.

*Si je ne m'abuse, M. André Frossard a, lui aussi, découvert ce self-government des camps ?*

Oui. Et dans le même journal, mais il ne lui trouve pas de vertus. Au contraire... Le mieux est donc de renvoyer M. Martin-Chauffier à M. Frossard en leur demandant de s'expliquer entre eux...

## LES CONTRADICTIONS DE RUDOLF HOESS

*Et de l'argument de M. Rémy Roure, que pensez-vous ?*

L'argument de M. Rémy Roure, c'est le témoignage de Rudolf Höss, premier commandant du camp d'Auschwitz, publié sous le titre *Le commandant d'Auschwitz parle...* Il ignore malheureusement un autre témoignage du même Rudolf Höss devant le Tribunal de Nüremberg (compte rendu du procès, tome XI, pp. 410 et suivantes) qu'environ trois millions de Juifs avaient été exterminés (dont 2 500 000 par les gaz), il écrit, dans le livre en question (p. 239), qu'au maximum 1 130 000 personnes ont été internées dans ce camp. Et M. Rémy Roure ignore aussi que ce n'est pas la seule contradiction que la comparaison des deux témoignages successifs du même homme met en évidence ; ainsi les convois de Juifs qui « ne comportaient jamais plus de 1 000 personnes » (p. 229), mais qui, à raison de « cinq convois par jour (p. 236), amenaient au camp 15 000 personnes par jour » (p. 239) ; sur les chambres à gaz que Himmler lui donne l'ordre de construire pour exterminer physiquement les Juifs (p. 227), mais au sujet desquelles « on n'a jamais pu obtenir de Himmler une décision claire et nette » (p. 233) ; sur le cyclon B, qui est tantôt un liquide et tantôt se présente sous la forme de tablettes dégageant un gaz au contact de l'air ; l'opération d'extermination elle-même, qui « dure en moyenne une demi- heure » (p. 174), après quoi « on ouvre les portes et le sonderkommando commence aussitôt son travail de déblaiement des cadavres » (p. 230) ; mais « le maniement du cyclon B est si dangereux qu'il faut aérer la chambre à gaz pendant deux jours avant d'y pénétrer » (p. 229 etc.).

Pour tout dire, un document apocryphe : Höss a été pendu à Auschwitz, le 4 avril 1947, et il ne viendra sûrement pas protester contre ce qu'on lui fait dire aujourd'hui. D'ailleurs, le Dr Broszat, directeur de l'Institut d'histoire contemporaine de Munich, a déclaré, le 26 février dernier, devant le tribunal de Francfort, qu'» on ne pouvait pas faire confiance aux déclarations de Rudolf Höss », *Frankfurter Allgemeine Zeitung*, 27 février 64[208]. S'il plaît à M. Rémy Roure d'être plus royaliste que le roi, c'est son affaire...

## HUIT CENT PROCÈS EN PRÉPARATION.

## QUINZE MILLE ACCUSÉS DÉJÀ...

*Une dernière question : comment expliquez-vous ce procès qui, vingt ans après, semble fait pour ranimer toutes les haines ?*

Ce procès ?... Ces procès, devriez-vous dire : pour les cinq années qui viennent, huit cents procès du même genre sont prévus ou en cours de préparation. Environ quinze mille personnes sont déjà sous les verrous et elles y peuvent être encore rejointes par beaucoup d'autres au cours de ces cinq années. C'est dire qu'on n'a pas fini de nous démontrer et redémontrer que l'Allemagne est un pays de barbares, indignes d'être intégrés dans la communauté des peuples européens, pour le plus grand plaisir de M. Krouchtchev, car c'est là tout le problème.

Ou bien se créera une Europe dans laquelle l'Allemagne tiendra sa place à égalité de droits avec les autres peuples européens et, dans ce cas, le bolchevisme commencera à reculer —, ou bien on refusera d'intégrer

---

[208] Rassinier commet la même erreur. Il s'agit, en réalité, des déclarations de Krausnick, le 18 février 1964.

l'Allemagne dans la communauté des peuples européens, et il n'y aura jamais d'Europe.

À cet argument d'ordre politique s'en ajoute un autre d'ordre économique : déclarée seule responsable de la Seconde Guerre mondiale, l'Allemagne doit, à elle seule, supporter la réparation des dégâts et, en premier lieu, le préjudice que l'état d'Israël dit avoir subi. Or, à 5 000 D.M. par victime, six millions de victimes cela « fait du bruit ». Indépendamment de ce qui est réclamé au même titre par la Yougoslavie et les satellites de la Russie, qui vient d'être chiffré aux environs de soixante-dix milliards de dollars (*Express*, 20 février 1964). Je précise bien : milliards... Autant dire qu'on veut faire de l'Allemagne actuelle une nouvelle république de Weimar, et c'est encore une autre façon de tuer l'Europe.

Nous nous sommes quittés sur ces paroles. Mais, à l'appui de son argumentation, M. Rassinier nous a remis deux déclarations extraites de *L'Enfer organisé* de M. Eugen Kogon, et qui — n'en déplaise à MM. Martin-Chauffier et Rémy Roure — confirment les propos de J.-P. Bermont, avalisés par notre interlocuteur. Nous les publions ci-contre :

« Une possibilité résultant du « pouvoir obtenu par la corruption » était l'enrichissement d'un homme ou de plusieurs aux dépens des autres. Cela prit parfois des proportions honteuses dans les camps, même dans ceux où les politiques étaient au pouvoir. Plus d'un qui profitait de sa position a mené une vie de prince, tandis que ses camarades mouraient par centaines. Quand les caisses de vivre destinées au camp, avec de la graisse, des saucissons, des conserves, de la farine et du sucre, étaient passées en fraude hors du camp par des S.S. complices, pour être envoyées aux familles des détenus en question, on ne peut, certes, pas dire que cela étaient justifié. Mais le plus exaspérant, c'était, à une époque où les S.S. territoriaux ne portaient déjà plus les hautes bottes, mais de simples souliers de l'armée, lorsque des membres de la mince couche de « caïds » se promenaient fièrement, avec des vêtements à la mode et taillés sur mesure, comme des gandins, et certains même tirant un petit chien au bout de sa laisse ! Cela dans un chaos de misère, de saleté, de maladie, de famine et de mort ! Dans ce cas « l'instinct de conservation » dépassait toute limite raisonnable et aboutissait à un pharisaïsme certes ridicule, mais dur comme pierre, et qui s'accommodait bien mai avec les idéaux sociaux et politiques proclamés en même temps par ces personnes. » (P. 287)

« Pour l'infirmerie des détenus, il y avait dans les camps une nourriture spéciale pour les malades, ce qu'on appelait la « diète ». Elle était très recherchée comme supplément et sa plus grande part était détournée au profit des personnalités du camp : doyens de blocks, kapos et autres messieurs bien placés. Dans chaque camp, on pouvait trouver des communistes ou des criminels qui, pendant des années, recevaient, en plus de leurs autres avantages, les suppléments pour malades. C'était surtout une affaire de relations avec la cuisine des malades composée exclusivement de gens appartenant à la catégorie de détenus qui dominaient le camp, ou une affaire d'échange de bons services : les Kapos de l'atelier de couture, de la cordonnerie, du magasin d'habillement, du magasin à outils, etc. livraient, en échange de cette nourriture, ce que leur demandaient les autres [...]. Dans le camp de Buchenwald, de 1939 à 1941, près de quarante mille œufs ont été ainsi détournés, à l'intérieur même du camp. » (P. 110)

Eugen Kogon (L'Enfer organisé)

## DU PROCÈS DES GARDIENS D'AUSCHWITZ

## À LA JOURNÉE DE LA DÉPORTATION

*(Rivarol n° 696, 14 mai 1964)*

Aux attaques fielleuses lancées contre moi par M. Rémy Roure (*Le Figaro*) et surtout M. Martin-Chauffier (*Le Figaro littéraire*), Rivarol avait riposté par une interview de M. Paul Rassinier, homme de gauche, ancien déporté de Dora et Buchenwald, qui, avec une conscience exemplaire, s'est donné pour tâche de rétablir la vérité sur les camps de concentrations allemands.

À ce texte étaient jointes deux citations édifiantes d'Eugen Kogon, dont ces messieurs auraient mauvaise grâce à récuser le témoignage, puisqu'il est, somme toute, le chef de file de leur « école historique ».

Les collaborateurs de M. Pierre Brisson, dont le journal célébra en leur temps, la rencontre de Montoire et le statut des Juifs élaboré par Vichy, n'ont, sans doute, rien à répliquer aux faits et aux chiffres avancés par M. Paul Rassinier, puisque M. Martin-Chauffier a dû recourir, une fois de plus, à l'insulte pour me vouer — et *Rivarol* de surcroît — à l'exécration des « bien-pensants » (*Figaro* des 2 et 3 mai).

L'insulte n'a jamais constitué une réponse, ou plutôt si : celui qui en est réduit à cette échappatoire — faute d'arguments dignes d'un honnête homme — prouve par là-même qu'il n'a rien de sérieux à répondre. Il est toujours plus facile d'injurier que de discuter sur le fond. Sommés de s'expliquer et furieux d'être confondus, les maquilleurs de l'histoire essaient vainement de s'en tirer avec une pirouette calomnieuse : procédé classique qui suffit à disqualifier ceux qui l'emploient. Ne gaspillons pas d'avantage de papier en accordant à ces singuliers « contradicteurs » plus de place qu'ils n'en méritent... et passons à l'ordre du jour.

Le procès d'Auschwitz se poursuit dans des conditions chaque jour plus pénibles pour l'accusation : les témoins ne se sont-ils pas mis à réciter purement et simplement ce qu'ils avaient lu dans des livres comme *Le commandant d'Auschwitz parle...* du premier commandant du camp Rudolf Höss, et *Médecin à Auschwitz* d'un certain Dr Miklos Nyiszli ? Presque mot à mot et en respectant jusqu'aux erreurs et aux contradictions évidentes qu'ils contiennent. À tel point qu'à deux d'entre eux déjà, qui ne pouvaient répondre à des questions de la défense, le président du tribunal s'est vu contraint de le faire remarquer non sans manifester une amère déception (audience des 3 et 7 avril). Du coup, Mme Dominique Auclères, envoyée du *Figaro* a trouvé beaucoup plus intéressant (et sans doute plus important) de s'occuper du cas d'Anastasia. Et, dans *Candide* (26 mars) M. Arthur Miller, la célèbre « tête d'œuf » que cette très féale feuille avait fait venir spécialement d'Amérique pour la représenter à quelques audiences, conclut que « à 90 % l'opinion publique est indifférente ou hostile à ce procès ». En précisant qu'il comprend très bien la chose... Cependant, toute l'Allemagne est devenue le champ clos d'une véritable chasse aux sorcières. Pour estomper et compenser cet échec de l'entreprise dont le caractère retentissant n'apparaît qu'aux initiés. La préparation des huit cents procès de criminels de guerre prévus pour les cinq années à venir y bat son plein : tous les jours, un contingent plus ou moins important de « suspects » va rejoindre en prison ceux qui y croupissent déjà ; parfois depuis de longues années...

Sur cette toile de fond, la France a célébré, le 19 avril, la Journée de la déportation à laquelle, voulant profiter au mieux de l'atmosphère créée par le procès de Francfort — et qu'ils croyaient favorable — les organisateurs ont voulu donner un caractère plus sensationnel encore que les années précédentes, Ce fut l'occasion de mettre en circulation tout un lot de fausses nouvelles sur lesquelles la loi prévue pour les réprimer (et dont *Rivarol* a éprouvé la rigueur... en l'occurrence injustifiée !) ferma très pudibondement les yeux.

Trois exemples :

1. L'unique rescapé de la chambre à gaz de Dachau participera à la Journée nationale des déportés (*Figaro*, 15 avril [1964], titre d'article qu'on retrouve dans tous les journaux et que la R.T.F. a le soir, abondamment commenté, interview du personnage à l'appui).
2. Dans le même numéro du *Figaro* en leader, un article de M. Rémy Roure (déjà cité) qui rappelle la mort « de cette religieuse qui, à Ravensbrück, dans le petit camp, prit la place d'une vieille femme dans le funèbre cortège qui allait à la chambre à gaz ».

Or, « il n'y avait de chambre à gaz, ni à Dachau, ni à Ravensbrück, ni dans aucun autre camp de concentration situé en territoire allemand » a déclaré officiellement, le 19 août 1960, le Dr Broszat, directeur de l'Institut (pourtant résistantialiste) d'histoire contemporaine de Munich.

3. Rendant compte de la cérémonie qui se déroula, le 25 avril, dans la crypte où repose la dépouille du déporté inconnu, *Le Figaro* (27/4) écrit encore : « Les porte-drapeaux des associations des résistants et des déportés se sont relayés en une garde immobile à l'entrée du long boyau symbolique ou brillent les facettes des deux cent mille pointes de cristal évocatrices des deux cent mille Français sombrés dans *la nuit et le brouillard.* »[209]

---

[209] Souligné dans le texte.

Or, répondant par la voie du Journal Officiel (24 février 1962, débats parlementaires p. 229) à un député (M. Ziller) qui lui posait la question, le ministre des Anciens combattants et victimes de la guerre précisait que 49 135 Français exactement avaient été déportés et que 19 018 d'entre eux étaient morts à la date du 1er décembre 1961[210]. Ces chiffres ne sont-ils pas suffisants pour qu'on s'abstienne d'en rajouter ?

Je cite ces trois exemples, car il faut bien se borner, mais la liste est loin d'être limitative... J'en ajouterai un quatrième, celui de *La Tragédie de la déportation* (Hachette, 1962), publié sous la direction de Mme Olga Wormser et de M. Henri Michel, livre auquel la Journée de la déportation a permis de faire une « publicité du tonnerre » : il s'agit là d'une anthologie rassemblant 208 témoignages qui placent (ceux de Mme Germaine Tillion et de Mlle Geneviève De Gaulle y compris) des chambres à gaz un peu dans tous les camps allemands où l'Institut d'histoire contemporaine de Munich a établi qu'il n'y en avait pas.

Alors, je pose la question : la loi contre la propagation des fausses nouvelles ne s'applique-t-elle qu'à celles — vraies ou fausses, et de préférence aux vraies — qui égratignent tant soit peu le prestige du Guide ?

Et la France restera-t-elle encore longtemps livrée aux fantaisies journalistiques de fabulateurs auxquels la qualité de déporté conférerait le droit de mettre l'opinion publique en condition, dans le dessein — aussi visible qu'inavoué — de tuer l'Europe en jetant, à longueur d'articles et de déclarations, le discrédit sur l'Allemagne qui, avec la France, en constitue la clé de voûte ?

Priant les lecteurs de Rivarol de m'en excuser tant la chose « va de soi » (mais l'insigne malignité de mes adversaires m'y contraint), je préciserai en terminant qu'avec plus de sincérité que beaucoup d'exploiteurs de cadavres, je m'incline respectueusement devant les souffrances des déportés et la mémoire de ceux qui n'en sont point revenus. Comme je m'incline devant le malheur de tous ceux que la guerre a frappés non moins durement.

Cela fait, hélas ! beaucoup de monde de 1939 à 1945. Je n'en veux pour

---

[210] Cité par M. Paul Rassinier (Le drame des Juifs européens, introduction)

preuve que les bombardements criminels des populations civiles de Hambourg, Dresde, Leipzig, Hiroshima, dont on parle beaucoup moins, bien qu'au regard de la morale ils aient été tout aussi condamnables que les camps de concentration. Puis-je ajouter que ces horreurs sont, historiquement, beaucoup mieux établies que la plupart de celles qui ont fourni ses thèmes à la propagande que vous savez ?

Que ces propagandistes ne cherchent donc pas à dénaturer le sens de mes propos : ce que je veux dire, c'est que, lorsque certains porte-parole des déportés mentent effrontément pour les besoins d'une politique qui, sinon... serait dépourvue de toute référence justificative, ils n'ont plus droit, eux, à aucun respect.

Jean-Pierre BERMONT

Paul Rassinier, poursuivi pour diffamation par Mmes Vaillant-Couturier et Spejter Ravine à la suite d'un article paru dans *Rivarol*, nous a adressé la mise au point que voici, après sa comparution devant la XVIIe chambre correctionnelle. Ce texte se suffit parfaitement à lui-même. Nous n'y ajouterons qu'un « détail » : on aimerait savoir qui a eu le plus à souffrir de l'occupation allemande de Paul Rassinier, détenu dans un camp de concentration durant dix-neuf mois, et des commentateurs de presse qui prétendent l'accabler de leur mépris sous prétexte qu'il s'est élevé contre certains récits historiques ne coïncidant nullement avec sa propre expérience.

(Note de *Rivarol*)

## ACTE DE CONTRITION

*(Rivarol, 4 novembre 1965)*

Dans *France-Soir* (numéro du vendredi 29 octobre), Mme Madeleine Jacob prétend que j'ai « osé écrire que l'on ne pouvait survivre dans les camps au-delà de trois ou quatre mois et que ceux qui revinrent doivent leur survie au fait qu'ils volèrent les rations de nourriture de leurs compagnons de déportation ».

Mille regrets. J'ai seulement cité le témoignage de M. Hermann

Langbein, président de l'Association internationale des anciens déportés d'Auschwitz, lequel dans la *Frankfurter Allgemeine Zeitung* du 27 janvier 1964 et, le 8 mars suivant, devant le tribunal de Francfort, s'était exprimé ainsi :

« Un déporté qui a survécu plus de quatre mois au camp (d'Auschwitz) a sûrement organisé quelque part de la nourriture à son profit, étant entendu, que dans le langage des camps, organiser signifiait voler. »

En précisant :

1. qu'il avait lui-même survécu deux ans au camp d'Auschwitz ;
2. qu'à la forme près, 359 témoins qui y avaient survécu de huit mois à quatre ans et demi, avaient tenu le même propos ;
3. que le tribunal de Francfort avait fait sienne cette opinion ;
4. qu'un autre témoin, le Dr Münch, avait ajouté, à l'audience du 12 mars, que 25 % de la population du camp désignés, par lui, comme travailleurs légers et anciens détenus, mais comme cadres (ce qui est la même chose), par le Dr Wellers, s'attribuaient des rations alimentaires qui pouvaient aller jusqu'à 5 000 calories, alors qu'ils n'avaient droit qu'à 1 500 — les autres 75 % de la population du camp étant, de ce fait, réduits à une ration alimentaire mortelle au bout de trois ou quatre mois. En substance : ce témoignage tient en une quinzaine de pages du livre de M. Poliakov, intitulé Auschwitz (op. cit. pp. 200 et suivantes), qu'il ne peut être question de reproduire ici.

Mon tort est, évidemment, d'avoir précisé que, parmi ceux qui avaient survécu plus de quatre mois au camp d'Auschwitz, se trouvaient Mmes Vaillant-Couturier et Spejter Ravine. Et d'en tirer les conclusions qui me paraissaient s'imposer.

Juridiquement, je n'avais pas ce droit. Même si le président du tribunal de Francfort avait, en son temps, accepté les témoignages ci-dessus cités comme reflétant la réalité des faits.

Mea culpa, mea culpa, mea culpa...

Je tiens, toutefois, à souligner que, si les propos contenus dans ces témoignages sont jugés diffamatoires, ce n'est pas moi qui les ai tenus, n'ayant fait que les rapporter — et seulement parce qu'ils avaient été authentifiés à la barre d'un tribunal.

Cette mise au point était nécessaire puisque, dans son ensemble, la presse du 28 octobre m'a attribué la paternité de ces propos, dans les mêmes termes — ou à peu près — que Mme Madeleine Jacob.

Reste les qualificatifs « odieux » et « ignobles » que la dite presse a appliqués à ma personne en s'abritant derrière l'opinion de M. le président Monzein et de M. le procureur Houdot. J'étais déjà un « agent de l'Internationale nazie ». La gradation est certaine, mon cas s'aggrave ! À ma panoplie ne manque plus que le mot « criminel », appliqué en association à ces qualificatifs, à la personne du pape Pie XII par M. Rolf Hochhuth et les adversaires des thèses historiques que je soutiens.

Et cela fait qu'en fin de compte, je ne me retrouve pas en si mauvaise compagnie...

Paul RASSINIER

## Lettre de Rassinier à Kogon (5 mai 1960)

Asnières, le 5 mai 1960

À M. le Pr Dr Eugen Kogon Monsieur,

Pour éviter tout malentendu qui aurait pu résulter de mon imparfaite connaissance de la langue allemande et, dans un débat aussi important, avoir de regrettables conséquences, j'ai pensé qu'il valait mieux, avant de vous répondre, que je fasse traduire votre lettre du 28.3 dans un français rigoureux. Au reçu de cette lettre donc, c'est-à-dire le 4 avril dernier, je l'ai retournée à Monsieur Priester en le priant de confier ce soin à un traducteur de qualité. Entre temps, Monsieur Priester est tombé si gravement malade qu'il en est mort le 16 du même mois, et si soudainement qu'il n'a pas eu le temps de déférer à mon désir. À sa famille si douloureusement éprouvée, il a fallu le temps de se remettre un peu, de retrouver votre lettre dans ses papiers, de la faire traduire et tout cela est cause d'un premier retard auquel est venu s'ajouter un second, du fait que, pour prévenir toute contestation sur le contenu et le sens de ma réponse, j'ai préféré la penser et l'écrire dans ma propre langue, puis pour votre commodité, la faire traduire dans la vôtre et vous en adresser les deux versions.

Ne serait-ce que par respect des bons usages, je devais d'abord vous donner cette explication d'un retard que vous pourriez être tenté d'interpréter de toute autre façon. Je me permets d'ajouter que si, dans cette lettre, je n'adopte pas le ton assez peu académique de la vôtre, c'est aussi par respect de ces bons usages. Le voudrais- je d'ailleurs, que je ne le pourrais pas : je me crois aussi tenu au respect de moi- même.

Ceci dit, voici, assorties de quelques vues plus générales, les mises au point explicites, correctives ou conjecturales que vous semblez attendre de moi et que, de toutes façons, je vous dois.

Sur les considérations qui servent de préambule à vos questions et observations, il ne me semble pas nécessaire d'insister outre mesure : elles ne traduisent que l'état d'esprit de quelqu'un qui se croit où se veut victime d'un machiavélisme très perfectionné. Or, la vérité est bien plus simple : si Monsieur Priester ne vous a écrit que le 15 mars pour vous inviter à prendre part à un débat public au cours duquel, du 25 mars au 8 avril, vos thèses pourraient être confrontées avec les miennes, c'est seulement parce que, entre les différents libraires de sa chaîne de distribution, d'un part, et de l'autre, entre eux et les propriétaires ou administrateurs des salles de conférences dans les diverses villes où je devais parler, l'accord n'a été réalisé que le 15 mars sur les dates, lieux et heures de mes conférences. Que le délai dans lequel vous avez été prévenu et poliment invité ait été un peu court, cela n'a échappé ni à Monsieur Priester, ni à moi-même : il a été celui dont nous avons nous-mêmes disposé et il n'a pas dépendu de nous qu'il en soit autrement. Je me tiens donc pour dispensé de vous donner plus amples explications à ce sujet ou de vous dire combien il nous eût été, à tous deux, insupportable de vous mettre publiquement en cause sans avoir utilisé au maximum toutes les possibilités que nous pouvions, malgré tout, encore avoir de ne le faire qu'en votre présence. Il vous est, bien sûr, loisible de continuer ou non à penser que nous avons agi par calcul et employé « une méthode vile et bien connue pour mettre l'adversaire dans une situation désavantageuse et créer artificiellement l'impression qu'il était dans son tort ». Mais ici, ce n'est plus pour moi, qu'une question à résoudre, selon ce que vous ferez, dans le sens de votre bonne ou de votre mauvaise foi.

Sur vos questions et observations proprement dites, voici dans l'ordre, ce que j'ai à vous dire :

1.   Si Monsieur Priester vous a écrit qu'il y avait eu entre nous un échange antérieur de lettres, il ne s'agit là que d'une confusion, probablement et pour autant que je me souvienne, née dans son esprit d'une conversation au cours de laquelle nous avons parlé de vous et de beaucoup d'autres dont le pain quotidien est aujourd'hui assuré par la place qu'à la faveur des circonstances, ils ont réussi à se créer dans la littérature concentrationnaire, et dont l'un, après m'avoir écrit une lettre visiblement de dépit mais qu'il aurait voulu vengeresse, ne m'avait même pas accusé réception de ma réponse. Comme j'avais ajouté que vous ne m'avez pas non plus accusé réception de l'exemplaire de l'édition française de mon livre que, par souci de correction, je vous avais adressé dès sa sortie des presses (1949) et que c'était sans doute

parce que vous n'en étiez pas très content[211], pour peu que je ne me sois pas très bien exprimé en allemand, confusion peut provenir de là.

2.     Vous me dites ici, qu'aussitôt en possession de l'exemplaire de mon livre que, fidèle à mes principes, je vous ai fait adresser dans sa version allemande, vous l'avez porté chez un juriste : c'est justement là, Monsieur, de tout ce qui nous oppose, ce qui nous différencie le plus et me sépare radicalement de ceux qui, en France, ont eu la même réaction que vous. Je vous peinerais certainement un peu si je vous disais qu'à de très rares exceptions près, les bons esprits de notre temps assimilent cette réaction à celle de l'enfant qui va se plaindre à son maître d'école et la disent primaire. Je préfère donc vous dire qu'elle ressemble étrangement à son prolongement logique dans le monde des adultes c'est-à-dire par exemple, à celle du Pape faisant condamner Galilée ; qu'à ce titre, elle est attentatrice à la liberté d'examen et le meilleur atout des forces obscurantistes contre les chercheurs de vérités ; et qu'en aucun cas elle ne peut être celle d'un homme cultivé.

Il ne vous échappera peut-être pas que si l'idée a pu venir à l'esprit d'un Pape, de faire trancher un problème scientifique par des juristes, quatre siècles ont tout de même passé depuis, et qu'aujourd'hui, aucun homme vraiment cultivé n'aurait celle de soumettre à ceux de notre temps, un problème historique. J'ai lu avec beaucoup d'attention votre livre, *Der S.S. Staat* — en allemand et en français. À l'époque, j'avais eu l'impression que s'il représentait une somme considérable de travail au plan de la compilation, il ne faisait cependant la preuve que de moyens assez limités à celui de l'analyse et de l'interprétation. M'étant laissé dire depuis, que ce livre vous avait valu vos grades universitaires et n'en ayant rien cru, j'en arrive, après avoir lu votre lettre, à me demander si ce ne serait pas vrai. Quoi qu'il en soit, je puis en tout cas vous assurer qu'en France ce livre aurait, comme celui de votre homologue David Rousset, été considéré comme un pamphlet politique et que, dans aucune université, vous n'auriez trouvé un jury susceptible de l'accepter comme une thèse.

Cette disposition d'esprit que je vous reproche en ce qu'elle me paraît avoir d'incompatible aussi bien avec votre rang social actuel qu'avec les données les plus élémentaires de l'humanisme au nom duquel vous

---

[211] Je sais aujourd'hui, pour l'avoir lu au point 2 de votre lettre que vous n'avez jamais reçu cet exemplaire

croyez parler, je la retrouve en deux autres endroits de votre lettre : celui où vous m'annoncez que vous engagerez des poursuites contre mon éditeur (point 6) et celui ou vous me menacez moi-même de porter l'affaire devant le Conseil de l'ordre académique dont je pourrais relever en France (point 4).

Il ne m'appartient pas de préjuger des résultats que vous pourriez obtenir d'éventuelles poursuites contre mon éditeur. Je sais seulement qu'en France, mon livre a été admis par les tribunaux comme un témoignage digne d'autant d'intérêt que tous les autres et que les griefs produits contre moi par l'accusation (injures et diffamation) n'ont pas été retenus. Si le juriste que vous avez consulté a laissé dormir l'édition allemande dans ses tiroirs pendant cinq mois, c'est peut-être parce qu'il a pensé que les tribunaux allemands adopteraient la même attitude qu'ont adoptée les tribunaux français (à l'exception d'un seul dont le président était un ancien collaborateur et dont la sentence a été cassée).

Quant aux réparations morales et aux sanctions contre moi que vous pourriez demander à un conseil de l'ordre académique, je ne sais pas non plus ce que vous pourriez obtenir de pareille démarche dans l'Allemagne de 1960 où les juges de ce genre semblent de moins en moins être ceux de la saison qui a commencé en 1945, mais je puis vous assurer qu'en France, l'Université reste fidèle aux traditions de liberté nées des circonstances dans lesquelles elle a été fondée, après l'affaire Abélard, au temps d'Albert le Grand, et qui n'ont souffert que de rares exceptions dans les périodes troubles de notre histoire. En 1949, elle n'est donc pas intervenue dans le débat et, sachant que ce serait en pure perte, mes accusateurs eux-mêmes ne le lui ont pas demandé. Comme tous les livres qui traitent de problèmes historiques, le mien a fait l'objet, dans le Bulletin de la société des professeurs d'histoire et de géographie de débats qui ne sont jamais sortis des règles du discours académique et qui se sont poursuivis dans tous les journaux publiés par des universitaires à l'intention de tout le corps enseignant. Pour vous permettre, à la fois de vous faire une idée de ce qu'on en pense dans ce milieu et de mesurer les chances de votre éventuelle intervention, vous trouverez sous ce pli, l'opinion d'un historien français (Maurice Dommanget) spécialiste réputé des problèmes révolutionnaires et qui traduit assez bien l'opinion générale. Croyez-moi, notre différend relève des historiens, non des autorités judiciaires ou administratives et je suis à votre entière disposition pour en soumettre, contradictoirement avec vous, les données aux *Instituten für Zeitgeschichte* qui existent dans toutes les villes allemandes d'université, si vous voulez bien, parallèlement à vos autres entreprises contre mes thèses, admettre ce point de vue. N'ayant jamais été un homme politique que par accident, je ne poursuis d'ailleurs pas d'autre but.

Quelle que soit la nature de mes préoccupations, je n'ai cependant pas le droit d'oublier que vous m'avez demandé tous les renseignements susceptibles de vous permettre d'engager, contre moi, une action devant les autorités dont je relève. En même temps, je vous en fixerai les limites et ce sera ma conclusion sur ce point.

Jusqu'à la date de mon arrestation par la *Gestapo*, j'ai enseigné dans les cours complémentaires (*Oberschule*) de la ville de Belfort, académie de Besançon (département du Doubs). Mon état de santé ne m'ayant pas permis de rejoindre mon poste, à mon retour du camp de concentration, j'ai été mis à la retraite par anticipation à la date du 11 octobre 1950. Je ne relève donc plus d'aucune autorité académique — et croyez qu'en cette circonstance, je le regrette bien plus qu'en toute autre ! — mais seulement comme tout citoyen français, du ministre de la Justice au plan qui vous intéresse. Vous pourrez vérifier ces renseignements, soit en écrivant à l'inspection académique, rue de la Préfecture à Besançon, soit, pour les avoir plus rapidement, au ministère de l'Éducation nationale, 107 rue de Grenelle, Paris (7e).

3.   Parce que je ne vous connais pas (en passant, cette phrase signifie en français que je ne vous ai jamais rencontré, si on veut bien la replacer dans son contexte) vous me déniez le droit de parler de votre témoignage et c'est bien la première fois que je me rencontre avec un raisonnement de ce genre ailleurs que chez les politiciens qui encombrent la vie publique et qui, les auditoires auxquels ils s'adressent n'étant généralement pas très difficiles, ne sont pas tenus à la rigueur dans le choix de leurs arguments. Mais nous ne sommes pas en réunion publique. Vous dirais-je alors que je n'ai non plus jamais connu, ni Platon, ni Socrate, ni Périclès, ni Alexandre, ni Aristote, ni Descartes, ni tant d'autres philosophes, mémorialistes, hommes de guerre ou d'État et que, cependant, je me crois très sincèrement le minimum d'aptitude qui m'a été reconnu à parler soit de leurs actes, soit de leurs

écrits ? Que je me croie plus qualifié encore pour parler de votre témoignage que des traces qu'ils ont laissées dans l'histoire, me paraît une ambition dont la légitimité ne peut pas être discutée si brève et si incomplète qu'ait été mon expérience personnelle des camps ? Je l'ai, au surplus, fait en me conformant rigoureusement aux impératifs de la critique historique dont j'ai respecté les règles dans les termes et dans la forme. Comme si j'avais parlé devant des élèves ou des étudiants, des mémoires de Saint-Simon, des notes que nous a laissées sur son frère la sœur de Pascal[212] ou de n'importe quel autre témoignage ou document. Il y a seulement qu'ayant réussi à mettre en évidence les conséquences et les incohérences de votre travail, votre amour-propre s'en trouvant quelque peu froissé, vous en concluez arbitrairement qu'il s'agit d'attaques personnelles. C'est ce qui arrive presque toujours avec les témoins vivants. Mais je n'ai jamais, ainsi que j'en avais prévenu le lecteur, parlé qu'en fonction de ce que vous avez vous-même dit ou écrit, non de vous, et, pour n'être point accusé de vous avoir trahi, je

---

[212] Pascal (1623-1662) avait deux sœurs, Jacqueline, religieuse, et Guillemette Périer; Mme Périer et sa fille Marguerite ont écrit chacune une vie de leur parent. Celle de Marguerite Périer (*Mémoire sur la vie de Pascal*) rapporte un événement de l'enfance de Pascal qui nous intéresse particulièrement, à savoir l'envoûtement de Pascal, alors âgé d'un an, par une sorcière; il ne fut sauvé, raconte sa nièce, que par une exorcisation effectuée non par un exorciste ecclésiastique mais par la sorcière elle-même, qui accepte de transférer le sort sur deux chats. L'anecdote est très révélatrice d'un état d'esprit que les révisionnistes connaissent bien, celui de l'abandon de la raison pour le fantasme sous la pression de circonstances extraordinaires. Les parents de Pascal, en effet, sont loin d'être des ignorants ou des sots. Il s'agit d'une famille de magistrats de province, profondément catholiques et de formation universitaire ; c'est ce même milieu qui rejette, à la suite du Parlement de Paris, et exactement à la même époque, le principe même du procès de sorcellerie qui avait été l'une des réponses politiques à la crise générale (mentale, religieuse et politique) qui avait secoué l'Europe, et particulièrement la France, du XIVe au XVIe siècle. Or, devant la maladie bien réelle de leur enfant qui est en langueur ou en convulsions pendant plus d'un an (les médecins actuels que cette maladie, appelée « tomber en chartre » à l'époque, est une atrophie mésentérique, maladie sans gravité ni fièvre, qui disparaît spontanément au bout de quelque temps), les parents perdent tout contrôle et croient n'importe quoi. Une fois le danger écarté, ils se ressaisissent et admettent avoir eu une conduite absurde. On est tenté, très tenté, d'attribuer la croyance que les révisionnistes sont des monstres nazis et sanguinaires, pour ne pas dire d'extrême-droite, à l'affolement entretenu dans l'esprit des hommes de bonne volonté par les photos de malades du typhus que l'on fait passer pour des juifs en partance pour les chambres à gaz. Il suffit sans doute de faire disparaître l'affolement, c'est-à-dire d'amener les sujets pensants à lire la légende des photos, pour qu'aussitôt ils aient honte d'avoir cru au boniment.

vous ai toujours très honnêtement cité.

Le témoin qui ne peut pas supporter qu'on le discute et qui met tout en œuvre pour empêcher la confrontation de son témoignage avec ceux de ses contemporains est toujours suspecté et ne mérite pas la qualité qu'il revendique. Cette règle vaut pour moi, comme pour vous. Rien ne vous empêche donc d'agir de même avec mon livre : quels que soient la forme et les termes dans lesquels vous le ferez, je ne vous poursuivrai jamais devant aucun tribunal. Tout au plus soumettrais-je le différend à un collège d'historiens, et pour faciliter la recherche de la vérité, non pour tenter d'obtenir des sanctions. En homme de métier, conscient de la fragilité de tous les témoignages y compris du mien, je suis allé, dans mon livre, jusqu'à étaler mes propres faiblesses sous les yeux du lecteur et à le mettre en garde contre moi-même. Et voyez à quel point vous êtes peu logique : vous me le reprochez aussi !

Cette façon de discuter ne fait pas avancer le problème. Tenez : depuis deux ou trois ans les communistes polonais ont déployé sur ordre, un effort considérable pour distribuer dans le monde entier *Der Lagerkommandant von Auschwitz spricht...* qui démolit à peu près complètement par l'absurde ce que vous avez écrit sur les origines et les conditions des exterminations par les gaz et même quelques témoignages produits à Nuremberg. En relisant attentivement mon livre, vous verrez que se trouvent confirmées bien des choses sur lesquelles j'avais, dès 1949, prié qu'on voulût bien se pencher et c'est là toute la différence qui existe entre ma méthode et la vôtre.

4. Je prends bonne note de la leçon de morale que vous voulez bien me donner ici mais, comme elle ne comporte rien à quoi je n'aie déjà répondu dans ce qui précède, je ne vois pas la nécessité de me répéter ici. Comme, d'autre part, j'ai eu dans ma jeunesse des professeurs de morale dont le vocabulaire au moins était plus distingué, je n'ai aucun goût pour descendre au niveau des épithètes dont vous me gratifiez si généreusement. Enfin, il ne m'est de toutes façons possible, ni de m'exposer à être accusé de nouveau par vous de m'être livré contre vous à des attaques personnelles « viles, malhonnêtes, basses, insidieuses, etc. » ni de faire mentir ce que je vous ai dit au début de cette lettre, à savoir que je me croyais tenu au respect de moi-même.

5.   De passage à Monschen-Gladbach où j'ai parlé le 27 mars, j'ai rencontré une pauvre femme dont le mari avait été arrêté la semaine précédente à la suite d'un de vos écrits. De Hamburg à Vienne, j'ai fait une véritable moisson de cas où des gens vous imputaient des poursuites judiciaires ou des tracasseries administratives dont, à un moment ou à un autre, ils avaient été victimes depuis la fin de la guerre ou dont ils étaient encore victimes. Vous m'avez annoncé que vous aviez l'intention de me traduire devant les autorités dont je pouvais relever. Voici que vous me parlez du procès que vous avez intenté au journaliste Risse de Munchen et, au point 6 de votre lettre, que vous assignerez également mon éditeur en justice. Décidément, vous êtes la Providence des juges et je commence à me demander si, par hasard, vous ne vous prendriez pas réellement pour le Grand Justicier ou le Grand Inquisiteur que vous avez le renom d'être. Me permettez-vous de vous rappeler qu'autrefois, il y avait en Espagne un Monsieur dont le comportement n'était pas essentiellement différent du vôtre ? Qu'il s'appelait Torquemada ? Et que l'histoire n'a généralement beaucoup d'estime, ni pour les justiciers, ni pour les inquisiteurs ?

Je ne sais que peu de choses sur le différend qui vous oppose au journaliste Risse. S'il a prétendu que vous étiez l'ami et le camarade des communistes, je ne crois pas qu'il soit si loin de la vérité : c'est d'ailleurs aussi mon opinion et vous la confirmez vous-même dans votre livre (page 163, cité à la page 201 du mien dans l'édition allemande) en précisant bien que c'est à l'habile politique des détenus communistes que vous avez dû le poste que vous avez occupé à Buchenwald. Que ce poste ait été un poste privilégié, je ne crois pas non plus que ce soit contestable après la description que vous en avez encore vous-même donnée (pages 163, 218 et 270, cité par moi page 202). Pour le reste, vous avez bénéficié, par la force des choses, des avantages matériels de la Häftlingsführung et de la nature de vos rapports (assez intimes) avec le Dr S.S. Ding-Schüler. Si, par « avantages aux dépens des autres », le journaliste Risse entend « les avantages matériels de la *Häftlingsführung* », il est certain qu'il n'a pas tort et il n'est toujours que de reprendre vos propres écrits (pages 107, 110, 111 et 112 cités par moi page 207 et 208) pour faire la preuve que ces avantages étaient prélevés sur les moyens d'existence de la masse des détenus.

...................................[213]

Voilà. J'ai maintenant répondu à tout.

Il reste le fond du problème et, ce fond du problème qui était, dans un échange de correspondances entre nous, la seule possibilité que nous avions d'élever un peu le débat, votre lettre ne l'évoque même pas. D'autre part, commandée par ce que vous m'avez écrit, jusqu'ici, ma réponse n'a pu y faire que de trop brèves allusions et, si j'en voulais traiter maintenant, je risquerais d'être un peu long. Je me bornerais donc à vous dire que, si l'on pousse le raisonnement jusqu'aux extrêmes limites de la logique, il ne fait pas de doute que nous serons, vous et moi, considérés un jour comme ayant témoigné sur un même évènement.

–Vous en donnant le point de vue de la hiérarchie des camps qui fut plus tard la hiérarchie de la société issue de la guerre ou, en d'autres termes, que votre témoignage servit une politique — celle du moment, comme s'il avait été rédigé dans cette intention ;

–et moi en donnant le point de vue de la masse dont l'expérience enseigne que, dans toutes les sociétés, il est le facteur capital de leur évolution dans la voie du progrès et devient, à la longue et en gros, non pas celui de l'histoire puisque l'histoire n'a pas de point de vue, mais celui de toutes les postérités dans la mesure où ces postérités s'expriment.

À partir de ces deux considérations, point n'est besoin de s'écarter beaucoup du langage des historiens dans l'intention de se rapprocher de celui des philosophes (ce qui arrive dans toutes les sciences, le spécialiste étant toujours plus ou moins obligé de céder la place au philosophe au moment des conclusions) pour établir que le point de vue des hiérarchies est toujours conservateur ou réactionnaire et que, pour l'être avec le maximum de chances, il a besoin d'organiser la conspiration du silence autour des documents qui sont contraires à ses thèses. Par là-même, il n'a rien de commun avec la vérité historique : il n'est que la vérité du moment imposée par des rapports de forces. Le point de vue de la masse, au contraire, est ouvert sur l'avenir en ce sens

---

[213] Cette ligne de points figure sur le manuscrit original.

que, victime de la vérité du moment, il appelle toujours de nouveaux documents. Et, s'il n'est pas toujours dans le sens de l'histoire, dont, vous le savez aussi bien que moi, l'évolution en zig-zag est commandée dans une grande mesure par les rapports de forces, il va dans le sens de la vérité historique. Par là- même il est toujours révolutionnaire car la vérité historique est toujours révolutionnaire.

Vous dirai-je, par exemple, que votre livre a justifié le comportement de la Häftlingsführung dans tous les camps et, comme la *Häftlingsführung* était généralement communiste, qu'il a été un des tremplins et non des moindres, de la politique communiste depuis la fin de la guerre ? Que justifiant le comportement de la *Häftlingsführung*, il a en même temps justifié toutes les horreurs dont, pour beaucoup d'entre elles, la responsabilité ne peut-être, à ce niveau, reportée sur personne d'autre ? Ajouterais-je que vous vous êtes tu sur des documents à peu près certainement connus de vous dont je ne citerai qu'un seul : *Le Journal du Comité pour le salut des Juifs de Hongrie de 1942 à 1945* du Dr Rezso Kastner, que le Tribunal de Nüremberg devant lequel il fut produit grâce à la ténacité et aux efforts considérables du résistant hongrois Aloïs Steger (toujours si méconnu et aujourd'hui victime de la plus noire ingratitude) n'a pour ainsi dire pas retenu bien qu'il soit un des plus authentiques et des plus objectifs témoignages sur le comportement du national-socialisme ? Et que vous avez, par action ou par omission, contribué à authentifier les interprétations données à des documents douteux comme le Protocole de Wannsee, les ordres de faire sauter tous les camps, gardiens compris, à l'approche des alliés, la version longtemps officielle des douloureuses noyades de la Baltique, les statistiques produites dans la presse par des journalistes de basse qualité sur les exterminations par les gaz, les descriptions de ces exterminations et que sais-je encore ?

Si donc, je pouvais me permettre de porter un jugement (ce genre d'exercice n'a jamais qu'un caractère subjectif, bien sûr) sur votre livre au niveau de l'histoire, je dirais ceci : visiblement pressé de dresser un acte d'accusation pour les besoins d'une politique, vous avez fait peser toutes les responsabilités de la politique dont elle prenait la suite, sur l'exécutant et sur le gardien de prison. Or je ne crois pas qu'il soit possible de contester que ces responsabilités incombent au régime qui a produit la guerre de 1914-1918, laquelle a été à l'origine d'une politique internationale qui a produit le national-socialisme, lequel a produit en Allemagne les camps de concentration qui, dans le même temps et pour les mêmes raisons, se sont retrouvés avec les mêmes caractères, dans bien d'autres secteurs de la société mondiale où on les retrouve encore. Au niveau de la philosophie, voici ce que je dirais : ayant fait peser toutes les responsabilités sur l'exécutant et sur le gardien de prison, comme vous êtes toujours dans les dispositions d'esprit du conservateur pour lequel la responsabilité entraîne toujours la punition, votre cas s'est encore aggravé du fait que vous avez logiquement été amené à demander la punition de l'exécutant et du gardien de prison, c'est-à-dire à faire payer à des individus arbitrairement choisis, les fautes de la collectivité et le véritable responsable, le régime qui a produit la guerre et le nazisme, court toujours, toute latitude lui étant laissée de recommencer. Et voyez comme tout s'enchaîne : au niveau de la politique, c'est-à-dire le plus bas, vous vous êtes trouvé à l'origine de cette idée abominable et fausse par surcroît qui s'est répandue dans le monde entier, à savoir :

— que l'Allemagne avait inventé les camps de concentration ;
— que ces camps de concentration avaient été le théâtre d'horreurs jusqu'alors inconnues,
— et que le peuple allemand était responsable de tout cela, car, ajoutait-on, quel autre peuple que le peuple allemand pouvait avoir un génie assez démoniaque pour l'inventer ?

Vous avez alors abouti à un résultat que peut-être vous ne cherchiez pas : la transformation du peuple allemand en un peuple de cinquante millions d'accusés qu'il fallait, de toute évidence, mettre au ban de l'humanité et contre lequel se sont immédiatement dressés tous les chauvinismes, en particulier le chauvinisme français. C'était tout ce que demandaient les communistes et, après quinze ans, c'est toujours tout ce qu'ils demandent d'où l'importance qu'à leurs yeux votre témoignage garde… Dans cet ordre d'idées, je n'ai plus rien à ajouter si ce n'est que nous en sommes là, et que, quand l'apprenti-sorcier a déclenché le mécanisme, il est très difficile de ramener l'ordre dans les choses.

J'ai gardé un tout petit fait pour la fin…

Vous savez qu'à Hamburg, ma conférence a été interdite. Or, il m'a été dit par six personnes différentes et le jour même, que vous étiez à Hamburg le 24 mars à 16 heures (Bartel's Hôtel Luftchaussée) en compagnie d'un Monsieur Hoffmann — le 24 mars, c'est-à-dire la veille de ma conférence... Bien que les gens qui m'ont rapporté la chose aient ajouté que le président Buhl était de vos amis, et surtout parce qu'ils établissaient des rapports, à leurs yeux certains, entre votre présence à Hamburg ce jour-là et l'interdiction de ma conférence du lendemain, je me suis, sur le moment, refusé à les suivre dans leurs déductions. Vous dirai-je qu'aujourd'hui, après avoir lu votre lettre et en présence de l'acharnement dont elle fait la preuve contre la liberté d'examen ou d'expression, j'en viens à me demander s'il n'y a pas quelque chose de vrai dans tout cela ? Il vous appartient de confirmer ou d'infirmer : je vous croirai sur parole.

Mais ce n'est pas tout... Le lendemain du jour où ma conférence devait avoir lieu, un journal (*Echo*) a donné les raisons de l'interdiction : « Monsieur K.H. Priester était un ancien S.S.-officier » et, par voie de conséquence ma conférence était « d'inspiration nazie ». Sachant à quel point elles sont fonction de l'évolution des circonstances, je n'attache pas d'importance aux opinions politiques des gens : combien de prêtres défroqués sont devenus libres penseurs, combien d'anciens militaires sont devenus des pacifistes ou vice-versa, combien de communistes sont devenus des fascistes ou vice-versa, ce sont là des problèmes qu'on se pose peu mais qui ont leur importance. Si les opinions politiques des gens n'évoluaient pas, il n'y aurait plus aucune chance de voir un jour les structures sociales évoluer vers le progrès et, par-dessus tout, on pourrait se passer de « professeurs de sciences politiques » dont cette évolution est la justification. En l'occurrence, si l'on veut faire la preuve que mon livre est « d'inspiration nazie » en s'appuyant sur le fait que Monsieur Priester est un « ancien S.S.-Officier » non seulement c'est manqué parce que Monsieur Priester n'a jamais appartenu à la S.S., mais encore, on fait la preuve qu'on n'a pas beaucoup d'arguments à l'appui de cette thèse puisque le seul qu'on produit est faux. Je vous dis cela parce que j'avais déjà trouvé cette accusation sous cette forme dans une publication (*Hessische Jugend* n° 11, nov. 59) gratuitement distribuée dans toutes les écoles de Hesse sous les auspices du ministre de l'Éducation, et parce que, à tort ou à raison, je crois bien que c'est un peu votre avis.

Je suis un socialiste, Monsieur. Bien qu'assez peu mêlé aux luttes politiques, j'ai derrière moi près de quarante années de comportement socialiste. Mon socialisme est un socialisme doctrinal. Il se fonde, non sur le marxisme, mais sur les préoccupations et découvertes de gens comme les Anglais Robert Owen et Keir Hardie, l'Allemand Bernstein, le Suisse James Guillaume, le Français Proudhon, le Russe Kropotkine, etc. et il s'assortit de la philosophie de Tolstoï et de Gandhi. Il ne s'accorde évidemment pas avec le socialisme des partis en ce sens que, refusant la violence, il refuse aussi la guerre, donc le nationalisme d'un autre âge dans lequel ont sombré les partis socialistes européens depuis les années 30, et enfin cette conception romantique de la révolution des barricades. Qu'il soit un peu influencé par les données de l'histoire, je n'en fais pas mystère, non plus que de ce qui lui vient des données de la science moderne : il a besoin de la vérité historique et il s'écarte de toutes les entreprises partisanes qui flattent les bas instincts des foules dans des intentions toujours inavouables. Et si mon livre pouvait être suspecté de quoi que ce soit dans le sens de la partialité, ce serait seulement de s'être inscrit dans cette doctrine qui est celle de l'impartialité.

Veuillez agréer, Monsieur, l'assurance du soin que j'ai pris à ne rien vous dire ici, qui ne fût dans les limites permises par les impératifs de la correction.

Paul RASSINIER

# Biographie de Paul Rassinier

Paul Rassinier est né le 18 mars 1906, à Bermont près de Montbéliard. Son père, militant socialiste, à l'époque où ces mots conservaient encore un sens, fut mobilisé pendant la « grande guerre ». Ses activités pacifistes et internationalistes lui valurent cinq ans d'emprisonnement.

Les révolutions russe et allemande furent accueillies avec espoir dans la famille.

En 1922, à l'âge de seize ans, influencé par Victor Serge, Paul Rassinier adhère au parti communiste ; très rapidement, il rallie l'opposition, puis est exclu en 1932. Il anime alors avec quelques militants ouvriers la Fédération Communiste indépendante de l'Est et publie *Le Travailleur* de Belfort. Il participe à différentes tentatives d'unification du mouvement révolutionnaire, tant sur le plan syndical avec Rosmer, Monatte (*La Révolution Prolétarienne*), que sur le plan politique avec Souvarine (Les Cercles Communistes Démocratiques).

Constatant la débâcle du mouvement ouvrier, et devant l'impossibilité pratique de reconstruire une organisation révolutionnaire indépendante qui soit autre chose qu'une secte, Il préfère, après le 6 février 1934, défendre ses idées à l'intérieur du parti socialiste S.F.I.O.

Secrétaire de la fédération de Belfort, il appartient à la tendance de Marceau Pivert, puis de Paul Faure, et s'efforce de vulgariser en Franche-Comté les positions pacifistes de Louis Lecoin. Suspecté de pacifisme en 1939, Il est arraché par Paul Faure à la répression daladiériste.

Après l'invasion allemande, la même lutte continue. Paul Rassinier sera donc un résistant de la première heure. Co-fondateur du mouvement *Libération-Nord*, il organise la production en grand de faux papiers et fonde le journal *clandestin La IVe République* auquel Radio-Londres fit écho.

Arrêté par la *Gestapo* (octobre 1943), il est torturé pendant onze jours (mains écrasées, mâchoire brisée, un rein éclaté). Son épouse et son fils âgé de deux ans sont également arrêtés et restent incarcérés deux mois.

Il est déporté à Buchenwald puis à Dora (dix-neuf mois), invalide à 95% (révisés à 105%) des suites de déportation, il ne survit que grâce à une discipline draconienne et au dévouement des siens.

Il reprend sa place à la tête de la fédération S.F.I.O. de Belfort et n'hésite pas à déclarer qu'il n'a jamais rencontré dans la résistance la plupart des hommes qui parlent maintenant en son nom.

Élu député socialiste à la deuxième Constituante, il est battu le 10 novembre 1946, le parti communiste lui ayant barré la route en portant ses suffrages sur le candidat radical.

Il se retire progressivement de la vie politique « active » et se consacre à ses recherches historiques et théoriques.

À la suite de la publication du *Mensonge d'Ulysse*, une campagne nationale se déchaîne contre lui, il est exclu de la S.F.I.O. sur l'intervention de Guy Mollet et de Daniel Mayer. Très désabusé, il se rapproche de courants anarchistes et pacifistes et conserve l'amitié et l'estime tenace d'hommes comme Marceau Pivert, Louis Lecoin, Louis Louvet, Alfred Rosmer, André Prudhommeaux, etc., et aussi de quelques militants socialistes et du S.N.I., notamment en Franche-Comté.

Il entretenait également des relations de travail, et aussi amicales avec quelques historiens, et quelques honnêtes hommes d'extrême droite, ou réputés tels, ce qui lui fut véhémentement reproché. Comme si la fréquentation de certains hommes de gauche était moins infamante.

Il mourut le 28 juillet 1967, persuadé que son œuvre ferait son chemin et que l'humanité finirait par produire une génération capable de la comprendre.

Paul Rassinier était titulaire de la médaille de vermeil de la Reconnaissance Française et de la Rosette de la Résistance, décorations qu'il ne portait jamais.

## DÉJÀ PARUS

Omnia Veritas Ltd présente :

**LES ŒUVRES DE PAUL RASSINIER**

### Le drame des Juifs européens & Les responsables de la 2ème Guerre Mondiale

*Que la vérité historique éclate assez tôt, avec assez d'ampleur et avec assez de force pour renverser le cours actuel des événements serait, la grâce que je nous souhaite.*

Je n'avais pas trouvé d'historiens — du moins qui fussent dignes de ce nom

Omnia Veritas Ltd présente :

**LES ŒUVRES DE PAUL RASSINIER**

### Le discours de la dernière chance & Le véritable procès Eichmann

*Des hordes aux empires, il y a deux domaines, au moins, dans lesquels la civilisation est restée rigoureusement semblable à elle-même : la structure des groupes humains, dans ses justifications, les circonstances des révolutions et des guerres.*

La Civilisation, une dans sa conception, est cependant multiple et très diverse

Omnia Veritas Ltd présente :

**Pierre-Antoine Cousteau**
**Lucien Rebatet**

### Dialogues de "vaincus"

*«Pour peu qu'on décortique un peu le système, on retrouve toujours la vieille loi de la jungle, c'est-à-dire le droit du plus fort.»*

Le Droit et la Justice sont des constructions métaphysiques

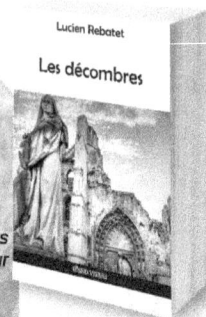

www.ingramcontent.com/pod-product-compliance
Lightning Source LLC
Chambersburg PA
CBHW071940220426
43662CB00009B/933